Das Buch

In der DDR gab es einige Hundert Menschen, die im Dritten Reich Funktionen hatten. Die zweite deutsche Republik hielt sich auf ihren Antifaschismus viel zugute. Er war Staatsdoktrin. Und daher glaubten (und glauben) jene, die mit der DDR abrechnen, dies sei ihr wunder Punkt. Wenn man nachweist, daß sie gar nicht so antifaschistisch war wie behauptet, dann würde auch der letzte das Unrechtmäßige dieses vermeintlichen Unrechtsstaates sehen. Und deshalb verwies und verweist man auf die angebliche nazistische Herkunft führender Personen in der DDR und nunmehr auf Bemühungen insbesondere des MfS als Instrument der DDR, Nazis zu decken oder sie mit ihrer Herkunft zu erpressen.
Detlef Joseph geht den Vorwürfen nach. Er untersucht nicht nur Biographien, sondern auch das gesellschaftliche Umfeld, in dem diese Menschen handelten – vor 1945 und danach. Die unterstellte Kontinuität von einer Diktatur auf die nächste durchs Personal ist jedenfalls schwerer beweisbar als die tatsächliche von einer kapitalistischen Gesellschaft auf die nächste. Die DDR war weder de jure noch dem Geiste nach Rechtsnachfolger des Dritten Reiches, beweist Joseph.

Der Autor

Detlef Joseph, Jahrgang 1934, aufgewachsen in Berlin. Abitur 1953. Danach Jura-Studium an der Humboldt-Universität zu Berlin.
Von 1961 bis 1991 Lehrtätigkeit an der HUB, Sektion Rechtswissenschaft, seit 1978 bis zur Abwicklung Professor für Staat- und Rechtstheorie.
Von 1977 bis 1981 und 1988 Dozent an der Universität Maputo (Mosambik).

W0085382

Detlef Joseph

Hammer, Zirkel, Hakenkreuz

Wie antifaschistisch war die DDR?

edition ost

Inhalt

»Aber es ist ja tatsächlich bis in die Kreise der Linken oder die sogenannten sensiblen gesellschaftlichen Kreise hinein unmodern geworden, Faschismus und Kapitalherrschaft in Zusammenhang zu bringen.«[1]

»Das folgenreichste dürfte der emotionelle Antikommunismus sein. Er ist die offizielle staatsbürgerliche Haltung, und in ihm haben sich ideologische Elemente des Nazismus mit denen des kapitalistischen Westens amalgamiert. So ist eine differenzierte Realitätsprüfung für alles, was mit dem Begriff ›kommunistisch‹ bezeichnet werden kann, ausgeblieben.«[2]

»Der Kommunismus war den Faschisten am bedrohlichsten, und er wurde von ihnen als Todfeind angesehen. Es war indessen bequemer, auf die Giftquelle des Antisemitismus zurückzugreifen und Juden und Marxisten zugleich anzuklagen: jene, daß sie den Marxismus geschaffen haben, diese, daß sie der ›jüdischen Verschwörung‹ gegen die Deutschen dienten.«[3]

»Ein gründlicher und umfassender Abbau der alten Eliten fand im Gegensatz zur Sowjetisch Besetzten Zone (SBZ) innerhalb der westdeutschen Wirtschaft, Verwaltung und Politik nicht statt.«[4]

»In der DDR hatte die Beschäftigung mit der NS-Zeit einen hohen Stellenwert in Staat und Gesellschaft, wenn auch mit einer im Vergleich zum Westen abweichenden inhaltlichen Ausrichtung.«[5]

»Es kann kein Zweifel daran bestehen, daß der Antikommunismus die zentrale Ideologie der Bundesrepublik seit ihren Anfängen gewesen ist. Der westdeutsche Staat war ein Kind des Kalten Krieges. Ohne die Konfrontation zwischen den westlichen Alliierten und der Sowjetunion wäre er nicht zustandegekommen. Sehr schnell wurde der ohnedies von Anfang an nur rudimentär ausgeprägte Antifaschismus in der Bundesrepublik vom Antikommunismus vollständig überlagert und ersetzt. Die ideologiepolitischen Vorteile der Ersetzung des Antifaschismus durch den Antikommunismus liegen auf der Hand: Hier wurde ein zentrales Element des nationalsozialistischen Wahnsystems mit den höheren Weihen der westlichen Siegermächte versehen und konnte so gänzlich unbearbeitet und unaufgehellt aus der NS-Zeit in die neue Bundesrepublik übernommen werden.«[6]

»Es ist auch keine bloße Formsache, wenn westdeutsche Parteien und Politiker schon das Wort Antifaschismus meiden, als wäre es gefährlich wie eine Aids-Infektion. Für die deutschen Bürgerparteien, SPD inklusive, ist der Antifaschismus der wahre Feind, denn er steht links, wo ihr Herz nicht schlägt ... Nichts aber legitimierte die DDR so sehr wie ihr Antifaschismus, dessen klischierte Auswüchse die Sache selbst zwar partiell entwerten, jedoch nicht ungültig machen konnten.«[7]

Seit dem Erscheinen von »Nazis in der DDR« 2002 ist einige Zeit ins Land gegangen. Das Buch hat seine Wirkung gehabt. Wie sich von selbst versteht, waren die Rezensionen, von denen es erstaunlich viele gab, in der Mehrheit negativ. Sie mußten negativ sein, weil ein Thema aufgegriffen worden war, das bis dato unter dem Aspekt der Anklage gegen die DDR behandelt wurde. Die Vertreter dieser Anklage konnten ein dem entgegen wirkendes Buch nicht akzeptieren. Der Antifaschismus der DDR – so die fast unisono erklingende Meinung – sei »verordnet« gewesen und letzten Endes nur ein »Mythos«, was insbesondere daran zu beweisen sei, daß es Nazis in mehr oder weniger allen Lebensbereichen der DDR gegeben habe.

Nun hat sich gezeigt, daß der Angriff gegen den Antifaschismus der DDR zum aktuellen Dauerthema der Diffamierung der DDR geworden ist. Es wurde erkannt, daß gerade der Antifaschismus zu den stärksten Elementen der Legitimation der DDR gehört.

Die Sympathie insbesondere für die sozialen Leistungen der DDR ist für die Herrschenden in der BRD gefährlich, insbesonders wenn man die soziale Lage der Masse des Volkes damals mit der Situation in der Bundesrepublik heute vergleicht.

Was lag daher näher, als den Antifaschismus mit verdoppelter Kraft zu diskreditieren? Zum Zielobjekt wurde dabei insbesondere das Ministerium für Staatssicherheit und dessen Auseinandersetzung einerseits mit den in der BRD mehr oder weniger unantastbar fortwirkenden nazistischen Antikommunisten sowie andererseits mit den in der DDR lebenden ehemaligen Anhängern des Nazismus.

Die Überarbeitung und Neufassung des Buches befaßt sich mit Entwicklungen, die seit der Erstauflage stattgefunden haben. Dabei wird insbesondere eine Publikation analysiert, die als das Nonplusultra der Abrechung mit dem DDR-Antifaschismus gefeiert wird.

Prof. Dr. Detlef Joseph
Berlin, Sommer 2006

Einleitung

Zu den Eckpfeilern der Legitimität der DDR gehört ihr Antifaschismus. »Nach Gründung der Bundesrepublik Deutschland wurden, neben der Weißen Rose, lange Zeit nahezu ausschließlich, die Männer des 20. Juli als Widerstandskämpfer gegen das Nazi-Regime zur Kenntnis genommen. Die ebenso spektakuläre Tat eines Georg Elser[8] wurde jahrzehntelang ebenso ignoriert wie der frühe Widerstand aus der sozialdemokratisch und der kommunistisch orientierten Arbeiterschaft oder aus der freien und der christlichen Gewerkschaftsbewegung. Das war anders in der DDR. Dort waren die antifaschistischen Kämpfer und ihre Familien von Anbeginn hochgeachtet, weil sie die wichtigste ethische Legitimation des Staatswesens verkörperten.«[9]

Was liegt den bundesdeutschen »Siegern der Geschichte« näher, als bei ihrem Versuch, die DDR zu »delegitimieren«, unter Wiederbelebung der Totalitarismustheorie mit ihrem vermeintlichen »Vergleichen«, real jedoch Gleichsetzen der Hitlerdiktatur mit der »SED-Diktatur«, insbesondere auch den Antifaschismus der DDR, zu diskreditieren?[10] Der Antifaschismus bildete »das Zentrum der letzten Versuche zur Rettung der DDR«.[11] Der Antifaschismus, der im Verhältnis der DDR zur BRD angeblich den Zweck gehabt habe, »die parlamentarische Demokratie zu destabilisieren«, behalte, so wird bedauert, auch nach dem Niedergang der DDR »als politisches Manipulations- und Kampfmittel Bedeutung«.[12]

Wer heute auf der Höhe der Zeit sein wolle, so die Suggestion, müsse sich von dem »belasteten Wort ›Antifaschismus‹« trennen, das ja nur ein »Ausdruck kommunistischen Freund-Feind-Denkens in den frühen 20er Jahren« sei und sich »dann zu einer ›Ideologie des Widerstandes‹ gegen jede nicht-sozialistische Gesellschaft« verselbständigt habe.[13] Was bis heute allerdings so recht nicht gegriffen hat. »Noch ist im Bewußtsein der Ostdeutschen der Mythos vom antifaschistischen Bollwerk DDR ungebrochen. Der aufrechte ›Antifaschismus‹ der SED gehört zu dem wenigen, das viele DDR-Bürger bis heute der ehemaligen Staatspartei gutschreiben.«[14] Zu den Bereichen, in denen »eine weitgehende Identifikationen mit Normen und Verhältnissen der DDR abzulesen« sei, schreibt Ilse Spittmann in der Beilage vom *Parlament* im September 1995, gehört »die antifaschistische Ideologie«.[15]

Das begann bereits vor dem Niedergang des Sozialismus mit der

Geburt des Wortes vom »verordneten Antifaschismus«, zu dessen Schöpfern Ralph Giordano gehört. Ein Kapitel seines 1987 veröffentlichten Buches »Die zweite Schuld« trägt die Überschrift »Der verordnete Antifaschismus. Ein Wort zum Thema ›NS-Erbe und DDR««.

Die Frage »Warum verordneter Antifaschismus?« beantwortet Giordano wie folgt: »Weil er ein Staats- und Partei-Antifaschismus ist, ein von oben summarisch dekretierter, und dies unter Vergewaltigung leicht nachprüfbarer Historie. Staat und Bevölkerung der DDR sind von der Führung dort offiziell zu Mitsiegern des Zweiten Weltkrieges erklärt worden, sozusagen postum zu einem Teil der Anti-Hitler-Koalition, und das natürlich Seite an Seite mit der Sowjetunion. Eine abenteuerliche Lüge.«[16] Angeblich habe der »verordnete Antifaschismus, von oben dekretiert, ihr seid jetzt alle Antifaschisten« – »eine wirkliche Massenauseinandersetzung mit dem Nationalsozialismus verhindert«.[17]

Das mit der »abenteuerlichen Lüge« sei dahingestellt. Sie könnte allerdings in der wiedergegebenen Behauptung Giordanos bestehen, der »verordnete Antifaschismus« in der DDR werde heute mit der Frage konfrontiert, »ob er überhaupt mehr gewesen sei als politische Instrumentalisierung oder ein Mythos, durch den man sich der eigentlichen Auseinandersetzung mit dem Nationalsozialismus entzog«.[18]

Allerdings wünschte man sich mit Blick auf den anschwellenden Neofaschismus, es hätte statt des instrumentalisierten und verordneten Antikommunismus der bundesdeutschen Staatsdoktrin auch in der BRD mindestens einen solchen »verordneten Antifaschismus« wie in der DDR gegeben.

Eine Variante der Delegitimierung des DDR-Antifaschismus ist die Behauptung: »Von Beginn der SED-Herrschaft an ist jedoch in der SBZ/DDR keine öffentliche Debatte über den Nationalsozialismus geduldet worden.«[19] Man kann den Autoren nur mangelnde Sachkunde bescheinigen. Ich nenne gegen diese Geschichtslüge als Beispiel nur das 1982 in erster Auflage im Kinderbuch-Verlag erschienene Buch »Als die Faschisten an die Macht kamen« von Helga Gotschlich. Bei 191 Seiten Umfang werden u. a. die Ursachen der Machtergreifung Hitlers, die Warnungen vor den Folgen der Machtergreifung des Faschismus, die Verfolgung der Andersdenkenden, die Methoden und Konsequenzen der faschistischen Erziehung der Jugend dargestellt. Auf den Seiten 113 bis 139 wird im Kapitel »Vom Judenboykott zur Gaskammer« die Judenverfolgung und -ermordung ausführlich behandelt.[20]

Man kann natürlich den wissenschaftlichen Wert der Ansichten von Historikern nicht in erster Linie nach deren Lebensalter bestimmen, aber es ist schon eigenartig, wenn zwischen 1961 und 1971 Geborene derartige apodiktische Urteile über eine Zeit abgeben, die sie nicht selbst erlebt haben. Zumal zur Beurteilung der wahren Verhältnisse noch genug Zeitzeugen leben. Allerdings wird es den Heutigen immer schwerer gemacht, sich über die Tatsachen zu informieren. So hat das Verschweigen von Forschungsergebnissen der DDR-Historiker inzwischen beachtliche Ausmaße erreicht. In den Bibliografien einschlägiger Geschichtsbücher sucht man Hinweise auf die Literatur von DDR-Wissenschaftlern meist vergebens.

Immerhin hatte, und das sei bei der anschwellenden Welle des Neonazismus unmißverständlich gesagt, der »verordnete Antifaschismus« bewirkte, daß »die DDR-Staatsgewalt eine nennenswerte Neonazi-Szene nicht aufkommen« ließ.[21] Im übrigen verschweigen die zeitgeistigen Autoren die tatsächlichen Bemühungen, die nach 1945 in der SBZ/DDR auf allen Ebenen des gesellschaftlichen Daseins unternommen wurden, um die Verbrechen des deutsche Faschismus kenntlich und erkennbar zu machen.

Der Potsdamer Historiker Kurt Finker hat an einige der Tatsachen erinnert.[22] Ich selbst bin Jahrgang 1934 und habe noch heute in meiner Bibliothek solche Bücher wie »Stalingrad« von Theodor Plivier (Berlin 1945), »Häftling ... X ... in der Hölle auf Erden!« von Udo Dietmar (Weimar 1946), »Hitler und die NSDAP in Wort und Tat« von Frida Rubiner, publiziert unter dem Pseudonym Georg Rehberg (Berlin 1946), »Die Gerechtigkeit nehme ihren Lauf!« – die Reden des sowjetischen Hauptanklägers Roman Andrejewitsch Rudenko im Nürnberger Prozeß (Berlin 1946), »Der Irrweg einer Nation« von Alexander Abusch (Berlin, 3. Aufl. 1947), »Reportage unter dem Strang geschrieben« von Julius Fucik (Berlin 1947)[23], »Der italienische Faschismus und sein Zusammenbruch« von S. M. Slobodskoj (Berlin 1948), »Tagebücher aus dem Ghetto« (Leipzig 1961 – enthaltend drei Tagebücher aus dem 1958 bei Rütten und Loening erschienenen Sammelband »Im Feuer vergangen«) – um nur einige der (frühen) antifaschistischen Publikationen zu nennen.

Eugen Kogons 1947 erschienenes Buch »Der SS-Staat« habe ich damals ebenfalls gelesen. Gesehen habe ich den ersten nach 1945 in der sowjetischen Besatzungszone gedrehten antifaschistischen DEFA-Film »Die Mörder sind unter uns« (1946). Ich sah »Ehe im Schatten« (1947), »Affäre Blum« (1948), »Rat der Götter« (1950), »Die Sonnenbrucks« (1951), »Der Untertan« (1951), »Sterne« (1959)[24], »Professor Mamlock« (1961) und »Der Fall Gleiwitz« (1961) – um nur einige Filme mit eindeutig antifaschistischer Diktion zu nennen,[25] in denen auch das Schicksal der von den Nazis verfolgten jüdische Menschen behandelt wurde. Nicht zu vergessen der polnische Film »Die letzte Etappe« (1948), der die Schrecken des Konzentrationslagers auf erschütternde Weise nahebrachte.

Das Lesen der Romane »Das siebte Kreuz« von Anna Seghers, »Die Abenteuer des Werner Holt« von Dieter Noll und des von Bruno Apitz geschrieben Buches »Nackt unter Wölfen« war ebensowenig »verordnet« wie die Lektüre der Erinnerungen von Egbert von Frankenberg (»Tradition im Kreuzverhör«,1982) oder von Rudolf Petershagen (»Gewissen im Aufruhr«,1961). Diese Bücher und Filme »indoktrinierten« nicht und ließen eine echte Auseinandersetzung mit der eigenen Verantwortung gegenüber der faschistischen Vergangenheit zu.

Allerdings gab es in der DDR weder Landser-Hefte noch beschönigende Erinnerungen, die die Ursachen der Nazi- und Kriegsverbrechen verschwiegen. Das, was zum Faschismus geführt hatte und ihn unter bestimmten Umständen hätte reanimieren können, wurde in der DDR zu beseitigen »verordnet«: das Großkapital, der Großgrundbesitz und das imperialistische Großmachtstreben.

Eben das ist es, was der DDR während und nach ihrer Existenz eigentlich angelastet wird – nicht etwa die Tatsache, daß der Antifaschismus im Laufe der Zeit einer gewissen Ritualisierung unterlag und Legitimierungsfunktionen gegenüber den bestehenden Herrschafts- und Gesellschaftsverhältnissen in der DDR hatte. Die DDR mußte nicht weg wegen zuwenig oder zuviel Antifaschismus, wegen zuwenig oder zuviel Demokratie, sondern weil sie die Macht- und Besitzverhältnisse beseitigte, aus denen der Faschismus hervorgegangen war.

Der überwiegenden Mehrheit der DDR-Bürger brauchte der Antifaschismus jedenfalls nicht »verordnet« zu werden. Er gründet auf Kenntnis und Erkenntnis. Auf das Wissen um die Ursachen des Faschismus, seine Wurzeln und sein Wesen und um die Verbrechen des deutschen Faschismus.

Vom »verordneten Antifaschismus«

Das verächtliche Wort vom »verordneten Antifaschismus« suggeriert, man habe den Antifaschismus »instrumentalisiert«, um die »SED-Diktatur« zu legitimieren. Die Hitler-Vergangenheit sei in der

DDR »»abgewickelt‹, … dem Prinzip des verordneten Antifaschismus unterworfen und damit zur Farce« geworden.²⁶ Angeblich ersetzte »ein selbstgefälliger Antifaschismus, von Staats wegen verordnet und stolz zur Schau getragen, … über die Jahrzehnte die Erinnerungs- und Trauerarbeit«.²⁷

Volkhard Knigge, Direktor der Stiftung Gedenkstätte Buchenwald, sieht nach einem Zeitungsbericht über die Jahrestagung der Deutschen Psychologischen Vereinigung eine Ursache des anwachsenden Rechtsextremismus in Ostdeutschland darin, daß die DDR angeblich die NS-Vergangenheit nicht bewältigt habe. Hier könnten, so Knigge, Gründe für eine tiefe Verankerung braunen Gedankenguts liegen. »Den deutschen Kommunisten ist es nicht gelungen, Hitler die Stirn zu bieten. Und das KZ Buchenwald ist von den falschen Befreiern, nämlich der US-Armee, befreit worden.« Dennoch habe sich die DDR stets als Sieger über den Faschismus gebärdet. So sei eine echte Auseinandersetzung mit der Nazi-Vergangenheit verhindert worden.²⁸ Die fremdenfeindlichen Aktionen im Osten Deutschlands nach dem Anschluß der DDR an die BRD werden zum Beweis dafür stilisiert, »wie unbehelligt unter der Stahlglocke der ›antifaschistischen (Ost-) Republik‹ die Hinterlassenschaft des Nazismus weiterbrüten konnte. Nahezu ein Drittel aller SED-Mitglieder in den Gründungsjahren hatte zuvor das Parteiabzeichen der NSDAP am Revers getragen, vom Anhang der Nationaldemokratischen Partei nicht zu reden, die von den Ingenieuren des ›antifaschistischen‹ Blocks als Auffangstation für Nazis und Deutschnationale konstruiert worden war.«²⁹

Nun kann der Autor dieser Ansicht nicht an der Tatsache vorbei, daß NSDAP-Mitglieder zuhauf in den Parteien der Bonner Republik versammelt waren. »In den Bonner Anfängen nahm sich die Präsenz einstiger Nazis im Anhang der CDU und CSU (bei der FDP und der Deutschen Partei ganz gewiß) prozentual kaum anders aus. Spätestens seit den 60er Jahren aber schüttelte Westdeutschland den Bann der kollektiven Verdrängung ab. Die Gesellschaft wurde, ob es ihr paßte oder nicht, zur permanenten Auseinandersetzung mit der Vergangenheit, der sogenannten, gezwungen …« Diese Auseinandersetzung, so behauptet Harpprecht weiter, habe in der DDR nicht stattgefunden. Es habe keine offene Konfrontation mit der »Realität des braunen Totalstaates« gegeben, »denn es wären peinliche Parallelen sichtbar geworden«, mutmaßt Harpprecht.

Nach dieser Diffamierung ist es leicht, die fremdenfeindlichen Exzesse im Gebiet der vergangenen DDR dieser mit der Behauptung anzulasten: »Die antifaschistisch drapierte Verlogenheit, die so tief in totalitärem Denken verwurzelt ist, rumort immer weiter, nach Westen übergreifend.«[30] Interessant ist in diesem Zusammenhang die Sicht von Annette Weinke. Sie monierte zwar die »unzureichenden personellen Säuberungen in den westlichen Besatzungszonen«, aber das schien ihr offenbar nicht so kritikwürdig wie die Abrechnung mit dem Faschismus in der DDR. Das sei angeblich eine »überscharfe, auf politische Gesinnung abzielende Säuberung« gewesen.[31]

Die Zahl der den DDR-Antifaschismus infrage stellenden Behauptungen ist inzwischen Legion. Tenor: Die DDR habe die »NS-Last nie aufgearbeitet und Schuld und Verantwortung für deutsche Verbrechen jahrzehntelang geleugnet«.[32] Als besonders infam müssen Erklärungen von jenen gelten, die es besser wissen. So erklärte die in der BRD lange Jahre mit der Verfolgung von Naziverbrechen befaßte Oberstaatsanwältin Helge Grabitz zu den NS-Prozessen in der DDR: »Neben wenigen wirklichen NS-Tätern, die zumeist nur Mitläufer waren, weil die echten NS- oder Kriegsverbrecher in ihrer überwiegenden Mehrheit vor den Sowjets in den Westen geflohen waren, standen im wesentlichen die Klassenfeinde des kommunistischen Regimes vor Gericht. Das waren Angehörige der bürgerlichen Kreise, Beamte von der Ratsstufe aufwärts, jugendliche sogenannte Werwölfe, kurz alle, die in dem Verdacht standen, Faschisten zu sein. Gelegentlich war auch einmal ein echter NS-Verbrecher dabei, wie beispielsweise der SS-Scharführer Josef Blösche.«[33] Die Ergebnisse der Rehabilitierungsanträge, die nach dem Untergang der DDR aus »rechtsstaatlichen Gründen« gesetzlich zugelassen wurden, sprechen da eine deutlich andere Sprache, wie noch genauer dargelegt wird.

Die Oberstaatsanwältin setzte noch eins drauf, indem sie behauptete: »In der Regel waren aber die Jüdinnen und Juden als die eigentlichen Opfer der NS-Machthaber nicht Gegenstand der Verfahren. Unter Faschismus verstanden sowohl die sowjetische Besatzungsmacht als auch die spätere DDR lediglich die Gegnerschaft zum Kommunismus, in der DDR Sozialismus genannt. Eine Aufarbeitung der NS-Vergangenheit fand in aller Regel nur statt, soweit sich die Untaten der Deutschen gegen das Sowjetvolk und befreundete Bruderstaaten oder gegen kommunistische Widerständler gerichtet hatten.«[34]

Günther Wieland, als Mitarbeiter der Generalstaatsanwaltschaft der DDR ausgewiesener Experte in Sachen Verfolgung von NS- und Kriegsverbrechen, wies diese Behauptung bereits in der Konferenz zurück, bei der Frau Grabitz ihre Unwahrheit kundgetan hatte, und bekräftigte seine Position bei Gelegenheit des 70. Geburtstages des international anerkannten Faschismusforschers Kurt Pätzold: »Diese Bezichtigung widerlegen zahlreiche Prozesse, die hier gegen Verantwortliche für Deportation und Ermordung der Juden von Breslau und Dresden oder der Opfer der Ghettos von Brest, Warschau, Lemberg, Stanislau, Siedlce, Drohobycz, Sarnaki, Kobryn, Libau, Mogilew, Mielec und Trawniki anhängig waren.«[35]

Von der Dummheit der Beurteilung der in der DDR durchgeführten NS-Prozesse durch Frau Grabitz einmal abgesehen, kommt es mir darauf an anzumerken, daß die permanente Behauptung absurd ist, eine Grundthese der DDR sei es gewesen, daß die DDR »kein Täterproblem in ihrer Bevölkerung habe, da die höheren NS-Chargen praktisch alle den Weg in den Westen gesucht hatten«.[36]

Eine solche These hat es nicht gegeben. Obwohl es durchaus richtig ist, daß die Flucht vor der Roten Armee in Richtung Westen zweifelsohne die berechtigte Sorge zur Basis hatte, daß von deren Seite nicht unbedingt friedfertig mit den Aggressoren umgegangen würde.

Eine Tendenz ist auffällig, aber nicht zufällig. Es gibt kaum einen Artikel über Ereignisse in der DDR, in dem nicht – wenn denn handelnde Personen namentlich genannt werden – deren Beziehungen zum Nazireich herausgestellt werden. Man suggeriert damit ungebrochene Tradition an Personen, was offenkundig viel schlimmer ist als das frühe Bekenntnis der Bundesrepublik, sie sei Rechtsnachfolger des Dritten Reiches. Beispielsweise heißt es in einem Artikel über die Dresdner Frauenkirche: »Noch 1945 verzeichnete eine Liste der städtischen Bauverwaltung 190 kunsthistorisch wertvolle Gebäude. Sieben Jahre später waren 145 Denkmale von der Liste verschwunden. Der Leiter des Stadtplanungsamtes, Hans Bronder, strich sie auf 29 Objekte zusammen. Bronder war in den Jahren des zerstörenden Aufbaus einer der Hauptgegner der Denkmalschützer und ein Handlanger der Diktatur. Seine Erfahrung im Dienste der vorhergehenden Herrschaft hat ihm dabei geholfen: Seit 1937 hatte Bronder der NSDAP angehört. 1945 durften er und sein damaliger Vorgesetzter im Stadtplanungsamt, Kurt Walter Leucht, den ersten Dresdner Aufbauplan zeichnen. Auch Leucht war Mitglied der NSDAP gewesen, seit 1. April 1933. Seinen raschen Aufstieg zum Abteilungsleiter im DDR-Ministerium für Aufbau hat das nicht behindert.«[37]

Es wäre unbedenklich, wenn man in derselben Weise Aufsätze über die BRD mit der nazistischen Parteizugehörigkeit der darin genannten Personen schmücken würde. Was selbstverständlich nicht geschieht und geschehen wird. Gegen den DDR-Antifaschismus wird dagegen permanent subtil angeschrieben.

Hans-Peter Friedrichsfeld meinte zu Recht: »Die Lüge vom ›verordneten Antifaschismus in der DDR‹ ... ist wahrscheinlich Ergebnis des schlechten Gewissens derer, deren Staat nie auf antifaschistischer Grundlage gestanden hat. Im Gegenteil: Die Justiz wurde von den Nazirichtern beherrscht, die Verwaltung von den alten Berufsbeamten aus dem Dritten Reich, die Bundeswehr von Hitlergenerälen. Namen wie Oberländer und Globke waren nur die Spitze des Eisberges. Die radikale Trennung von der faschistischen Vergangenheit wurde weder angedacht noch ›verordnet‹, obwohl das auch der BRD gutgetan hätte. ›Verordneter‹ Antifaschismus – das zeigt zumindest den Willen, einen Trennstrich zu der blutigen und verbrecherischen Vergangenheit zu ziehen, etwa durch Entlassung der durch ihre Vergangenheit belasteten Angehörigen der Verwaltung und Justiz. Aber es gab in der DDR natürlich mehr als dieses ›Verordnete‹. An die Spitze des Staates rückten ausgewiesene Kämpfer gegen den Faschismus; die Pflege der Traditionen des antifaschistischen Kampfes war nicht einfach verordnete Pflicht, sondern den meisten Menschen Herzenssache.«[38] Die nach den Forderungen des Potsdamer Abkommens[39] und der Alliierten Kontrollratsgesetzgebung auch von den westlichen Alliierten in ihren Zonen verordnete Entnazifizierung, die deutscherseits nur widerwillig unterstützt wurde, fand mit dem Kalten Krieg ihr rasches Ende. »Nationalsozialist gewesen zu sein wurde zum geringeren Makel, als es mit den Kommunisten zu halten.«[40]

Das Verschweigen der ersten Opfer der Faschisten an der Macht

Bei den Angriffen auf den Antifaschismus der vergangenen DDR wird in geschichtlichen Rückblicken zunehmend verschwiegen, wer die ersten Opfer der 1933 einsetzenden nazistischen Verfolgungen waren: Das waren die Kommunisten und die Sozialdemokraten. Reinhard Rürup benannte die Gruppen der politischen Gefangenen, die im Spätsommer des Jahres 1933 im »Hausgefängnis« der Gestapo-Zentrale in der Prinz-Albrecht-Straße inhaftiert wurden: »Opfer der Gestapo waren in den ersten Jahren vor allem Kommunisten, Sozialdemokraten und Gewerkschafter, auch Mitglieder der sozialistischen Jugendbewegung und Angehörige kleinerer sozialistischer Parteien und Widerstandsorganisationen ... Hinzukamen andere ... wie die Zeugen Jehovas oder einzelne Vertreter der Kirchen.«[41] Bei Ernst

Cramer hieß es lediglich: »In den Kellern des ›Hausgefängnisses‹ wurden Mißliebige gefoltert. Juden und Zigeuner ebenso wie politische Regimegegner, zum Beispiel Mitglieder der ›Roten Kapelle‹, Beteiligte am 20. Juli 1944 und Verschwörer des ›Kreisauer Kreises‹«.[42] So ist wohl auch der Inhalt des »Lexikons des Widerstandes 1933 bis 1945« kein Zufall. Kriterien, nach denen die Auswahl der Biographien erfolgte, werden nicht angegeben. Von den Nazis hingerichtet worden zu sein, war nicht das Merkmal, denn es sind auch Personen genannt, die den faschistischen Terror überlebten. Die Mehrzahl der Hingerichteten, die biographisch vorgestellt werden, kamen aus der kommunistischen Bewegung. Kommunisten bzw. Sympathisanten, die im Widerstand und nach 1945 in der DDR aktiv tätig waren, sind mit elf Personen deutlich unterrepräsentiert. Zu den bekannteren gehören Fritz Große, Robert Havemann, Theodor Leiparth und Max Seydewitz. Einst führende Politiker der SED werden verschwiegen. So sucht man vergebens beispielsweise Hermann Axen, der das Brandzeichen von Auschwitz am Unteram trug, Franz Dahlem, Erich Honecker, der zehn Jahre im faschistischen Zuchthaus saß, Heinz Hoffmann, Heinz Keßler, Alfred Neumann oder Walter Ulbricht … Hingegen werden ungefähr 65 Personen aufgeführt, die den Faschismus überlebten und nach 1945 in Westdeutschland tätig waren, – etwa Hermann Brill, Fritz Erler, Franz Halder, Andreas Hermes, Jacob Kaiser, Waldemar von Knoeringen, Heinz Kühn, Richard Loewenthal, Hans Lukaschek, Martin Niemöller, Rudolf Pechel, Hans Peters, Kurt Schumacher und Herbert Wehner. Im Vorwort zur 1. Auflage bedauern die Herausgeber: »Die deutsche Teilung und der Kalte Krieg förderten allerdings die Neigung, Exklusivitäten zu formulieren – und dies hieß: auszugrenzen –, denn der in jeweils einem der deutschen Teilstaaten geehrte Widerstand hatte es schwer, im anderen Anerkennung zu finden.«[43] Nach dem Wegfall des einen deutschen Teilstaates hatten auch die Herausgeber mit ihrem »Lexikon« offensichtlich Probleme, von dieser Neigung zu lassen.

Waren Kommunisten und Faschisten »Bundesgenossen«?

Jahrelang ist der SED berechtigt der Vorwurf gemacht worden, Tabus in der Geschichte aufgerichtet zu haben. Bestimmte Personen wurden einfach aus den Büchern oder von den Fotos getilgt, manche Zusammenhänge und Sachverhalte wurden verschwiegen, einzelne Themen nicht erörtert. Einige Perioden unserer Vergangenheit wurden so selektiv dargestellt, wie das Staatsratsgebäude erbaut wurde: Aus dem kaiserlichen Schloß nahm man sich den Balkon, von dem Karl Liebknecht am 9. November 1918 die freie sozialistische Republik ausgerufen hatte – den Rest jagte man in die Luft. Den Balkon integrierte man in die Fassade eines Neubaus. Architektonisch war das Ganze zweifellos gelungen, aber politisch war es falsch.

Für die Gegenwart und für die Geschichtsschreibung muß man jedoch fragen: Warum werden heute neue Tabus geschaffen? Zu den »modernen« Tabus gehört sichtlich die angemessene Würdigung des kommunistischen Teils des deutschen Widerstandes und die Tatsache, daß für die Nationalsozialisten die Kommunisten die ersten und erklärten Feinde waren.

Die Sympathie des deutschen Industrie- und Finanzkapitals sowie des Großgrundbesitzes für die Nazis gründete nicht zuletzt auf dem programmatischen Antikommunismus der Nationalsozialisten, der als »marxistischer oder jüdischer Marxismus« apostrophiert wurde.[44] Hitler schrieb in seinem Machwerk »Mein Kampf«, daß ihm in Wien »das Auge geöffnet« worden sei »für zwei Gefahren«: »Marxismus und Judentum.«[45] Er verband den Marxismus mit dem Judentum, indem er den Marxismus in eine »jüdische Lehre« verwandelte und erklärte: »Siegt der Jude mit Hilfe seines marxistischen Glaubensbekenntnisses über die Völker dieser Welt, dann wird seine Krone der Totenkranz der Menschheit sein, dann wird dieser Planet wieder wie einst vor Jahrmillionen menschenleer durch den Äther ziehen.«[46] In den Jahren 1913 und 1914 habe er »denn auch zum ersten Male in verschiedenen Kreisen … die Überzeugung ausgesprochen, daß die Frage der Zukunft der deutschen Nation die Frage der Vernichtung des Marxismus ist.«[47] Hitler rief auf zum Kampf gegen den »politischen Bolschewismus« im allgemeinen[48] und den »russischen Bolschewismus« im besonderen.[49] »An dem Tage, da in Deutschland der Marxismus zerbrochen wird, brechen in Wahrheit für ewig seine Fesseln.«[50]

Joseph Goebbels, der Chefpropagandist der Nationalsozialisten, verkündete 1935 auf dem Reichsparteitag: »Juden waren es, die den Marxismus erfanden, Juden sind es, die mit ihm seit Jahrzehnten die Welt zu revolutionieren versuchen, Juden sind es, die heute noch in allen Ländern an seiner Spitze stehen. Nur in den Gehirnen rasse-, volks- und raumloser Nomaden konnte diese Teufelei erdacht werden, und nur mit der Gewissenlosigkeit leibhaftiger Teufel konnte sie revolutionär zum Angriff vorgehen, denn der Bolschewismus ist nichts anderes als der brutale, auf die niedrigsten Instinkte spekulierende Materialismus, und er bedient sich in seinem Kampf gegen die abendländische Kultur der dunkelsten Triebkräfte im Menschen im Interesse des internationalen Judentums. Die Theorie dieses politischen und wirtschaftlichen Wahnsinns wurde erfunden von dem Juden Karl Mordechai, genannt Marx, Rabbinersohn aus Trier.«[51]

Vor dem Düsseldorfer Industrieclub erklärte Hitler am 27. Januar 1932 unmißverständlich, er habe »den unerbittlichen Entschluß gefaßt, den Marxismus bis zur letzten Wurzel in Deutschland auszurotten«.[52] Dieses Credo prädestinierte Hitler und seine »Bewegung« dafür, sukzessive von der Großindustrie, dem Finanzkapital und dem Großgrundbesitz unterstützt zu werden, um zum gegebenen Zeitpunkt die politische Macht zu erhalten. Unmißverständlich erklärte denn auch Hermann Göring vor dem Nürnberger Militär-Tribunal gegen die Hauptkriegsverbrecher bei seiner Vernehmung am 13. März 1946: »Es war wohl keinem unklar, der sich irgendwie mit den deutschen Verhältnissen befaßt hatte, weder im Ausland noch vor allem im Inland, es konnte kein aber auch nur geringster Zweifel darüber bestehen, daß wir so rasch wie möglich mit der Kommunistischen Partei Schluß machen würden. Es war eine absolute Folge zwangsläufiger Art, daß diese verboten wurde.«[53]

Und eben diese Zusammenhänge verschwinden in der heutigen Flut an Literatur über den deutschen Faschismus, der grundsätzlich nicht so bezeichnet wird, sondern in seiner verschleiernden Selbstbenennung als »Nationalsozialismus« vorgeführt wird – konzentriert auf die Person Hitler als dem allein Verantwortlichen für das 1933 bis 1945 in Deutschland wütende Terrorregime. Und nach dem Film »Der Untergang« (2004) erscheint Hitler auch noch als ein armer und bedauernswerter Mann, verlassen und verraten von allen, die bislang seine Getreuen waren.[54] Die Verbindung zum deutschen Kapital verschwindet ebenfalls hinter einem Nebelvorhang. Wenn einmal dieses Verhältnis benannt wird, dann in der Regel in jener Weise, daß sich die deutschen Eliten in der Person Hitlers getäuscht hatten: Sie glaubten, ihn beherrschen zu können – und wurden von ihm selbst beherrscht und ins Verderben geführt.

Die DDR-Historiker haben die Beziehungen und Verflechtung zwischen Großbourgeoisie und Faschismus, zwischen Großindustrie, Banken und Großagrariern speziell untersucht. Das allein ist der Grund, weshalb ihre Veröffentlichungen heutzutage ignoriert werden. Das Verschweigen hat Methode und verfolgt eine Absicht. Der Hinweis auf die Beziehungen zwischen dem deutschen Faschismus und dem deutschen Kapital ist jedoch bedeutsam, weil damit auch deutlich wird, daß der konsequente Antifaschismus der SBZ/DDR sich eben nicht nur in den Maßnahmen erschöpfte, die nach 1945 in Erfüllung des Potsdamer Abkommens auf ideologisch-politischer Ebene realisiert werden sollten (beispielsweise Entnazifizierung der Justiz und des Bildungswesens). Er richtete sich zwangsläufig auch gegen die wirtschaftlichen Grundlagen, auf denen der Faschismus fußte. Es versteht sich, daß für die ideologischen Parteigänger des Kapitalismus der Antifaschismus zum Schrecknis wurde. Der *Spiegel* meinte fälschlich, »Antifaschismus wurde zur Tarnformel für eine antikapitalistische Revolution nach bolschewistischem Vorbild«.[55] Er hatte aber insofern recht, als der Antifaschismus sehr wohl eine antikapitalistische Komponente aufwies. Das lag nun mal im Ursprung der Sache. Deutsche Kapitalisten wurden im Osten enteignet, sofern sie an Nazi- und Kriegsverbrechen beteiligt waren – und zwar unabhängig davon, ob sie Mitglieder der NSDAP waren oder nicht. Es betraf auch »Auftraggeber und Nutznießer des Hitler-Regimes«. Das von der DDR herausgegebene »Braunbuch Kriegs- und Naziverbrecher«[56] nennt im einleitenden Kapitel »Die Rüstungsmonopole erneut am Hebel der Macht« auch unmißverständlich Verantwortliche für die Naziherrschaft, die nach 1945 im Westen – »demokratisch gewendet« – ihre Karriere und Herrschaft fortsetzen konnten.

Fußnoten

1   Gespräch mit dem Berliner Maler Thomas J. Richter. In: jW vom 4./5. September 1999.
2   Alexander und Margarete Mitscherlich: Die Unfähigkeit zu trauern, München/Zürich 1994, S. 42.
3   Franciszek Ryszka, Vorwort zu Kazimierz Moczarski: Gespräche mit dem Henker, Berlin 1981, S. 10.
4   Manfred Funke: Ein Fragment namens Deutschland. In: APuZ, 1-2/95 vom 6. Januar 1995, S. 12.
5   Thomas Lutz: Gedenkstätten für NS-Opfer in Deutschland. In: APuZ, 1-2/95 vom 6. Januar 1995, S. 18.
6   Helmut König: Anti-Antikommunismus und NS-Vergangenheit in Deutschland. In: Lev, 4/1992, S. 459.
7   Gerhard Zwerenz: Auf die Socken, Genossen! In: ND vom 16./17. September 2000.
8   Helmut Ortner: Der Attentäter. Georg Elser – der Mann der Hitler töten wollte, Tübingen 1999.
9   Antje Dertinger: »Ich habe die Männer alle an meinem Vater gemessen«. In: P, Nr. 29-30 (10./17. Juli 1998), S. 20. Bert Pampel: Was bedeutet »Aufarbeitung der Vergangenheit«? schreibt: »Zudem gewann die SED-Diktatur ihre wirkungsvollste Legitimation aus der Abgrenzung vom Dritten Reich und von der Art und Weise, wie man im ›Paradies der Nazi- und Kriegsverbrecher‹ [Braunbuch Nazi- und Kriegsverbrecher in der Bundesrepublik und in Westberlin, Berlin/DDR 1965, S. 7], der Bundesrepublik der fünfziger Jahre, damit umging. So wird nicht zufällig vor dem Hintergrund des gegenwärtigen radikalen Personaltauschs immer wieder auf die starke personalpolitische Kontinuität in der Ära Adenauers hingewiesen.« (APuZ, Nr. B 1-2/95 vom 6. Januar 1995, S. 33). Es sei angemerkt, daß die aus dem »Braunbuch« zitierte Passage im Original lautet: »Paradies für Nazi- und Kriegsverbrecher« [Hervorhebungen nicht im Original].
10 Kurt Finker: Antifaschistischer Widerstand: Kriterien. Spektrum. Gewichte. In: Günter Judick/Hans-Joachim Krusch (Hg.): Wider die Verfälschung deutscher Geschichte: Beiträge zum antifaschistischen Widerstand in Deutschland und zur Gründung der BRD und der DDR, Essen 1999; – Kurt Finker: Zwischen Integration und Legitimation. Der antifaschistische Widerstandskampf in Geschichtsbild und Geschichtsschreibung der DDR, Schkeuditz 1999.

11 Damian van Melis: »Der große Freund der kleinen Nazis«. Antifaschismus in den Farben der SED. In: Heiner Timmermann (Hg.): Erinnerung an einen untergegangenen Staat, Berlin 1999, S. 245.

12 Hans-Helmuth Knütter: Antifaschismus und politische Kultur in Deutschland nach der Wiedervereinigung. In: APuZ Nr. B 9/91 vom 22. Februar 1991, S. 17.

13 Sven Felix Kellerhoff: Zwischen Mangel und Mythos. In: BZ vom 3. Februar 1994.

14 Spiegel Nr. 19 vom 9. Mai 1994, S. 89.

15 Ilse Spittmann: Fünf Jahre danach – Wieviel Einheit brauchen wir? In: APuZ, Nr. B 38/95 vom 15. September 1995, S. 6.

16 Ralph Giordano: Die zweite Schuld oder Von der Last Deutscher zu sein, München 1990, S. 219.

17 Rechtsextremismus hatte lange Inkubationszeit – Interview mit Ralph Giordano. In: jW vom 30. November 1992.

18 Agnes Blänsdorf: Die Einordnung der NS-Zeit in das Bild der eigenen Geschichte. In: Werner Bergmann/ Rainer Erb/Albert Lichtblau (Hg.): Schwieriges Erbe. Der Umgang mit Nationalsozialismus und Antisemitismus in Österreich, der DDR und der Bundesrepublik Deutschland, Frankfurt/New York 1995 (Schriften des Zentrums für Antisemitismusforschung Berlin; Bd. 3), S. 31 f.

19 Jan C. Behrends/Dennis Kuck/Patrice G. Poutrus: Die DDR selbst ist die Hypothek. In: ND vom 28. August 2000. Die Berliner Politologin Marion Brabant-Busch verkündet: »Eine Aufarbeitung des Dritten Reiches hat es in der DDR nicht gegeben: Unter der Decke des ›Antifaschismus‹ fand keine Auseinandersetzung über die Wirkungsweise der Nazi-Diktatur statt« (P, Nr. 37/38 vom 8./15. September 2000, S. 6).

20 Das Buch ist für Leser von 12 Jahren an geschrieben. Es enthält erschütternde Fotografien über das Schicksal der Juden im »Dritten Reich« und schildert die wesentlichen Etappen der Judenverfolgung. Die zweite Auflage erschien 1986.

21 Peter Rau: Wenn's 13 schlägt. In: jW vom 14. August 2000.

22 Kurt Finker: Antifaschistischer Widerstand, S. 17-27; – ders.: Von Anfang an nicht geduldet und gedeckelt? In: ND vom 28./29. Oktober 2000. Es soll dabei keineswegs verschwiegen werden, daß in der DDR z.B. die Bewertung des 20. Juli 1944 einer widersprüchlichen Entwicklung unterlag oder daß sukzessive eine Konzentration auf den kommunistischen Widerstand unter weniger Beachtung des Antifaschismus anderer politischer Richtungen und geistiger Anschauungen erfolgte.

23 Dieses 1943 im Prager Gestapo-Gefängnis geschriebene Buch erschien in 89 Sprachen und rund 300 Auflagen. Es übte in meiner Generation großen Einfluß aus und wirkte auf die Formung antifaschistischen Denkens und Fühlens. Es sei daran erinnert, daß das Deutsche Theater in Berlin lange Zeit eine Bühnenfassung spielte.

24 Man muß es anmerken: Den Westdeutschen wurde als Form ihrer »Bewältigung« der faschistischen Vergangenheit u.a. das Geschichtsbild einer Macht- und Verantwortungslosigkeit des Individuums verordnet. Albert Norden schrieb am 16. Januar 1960 in dieser Sache an Walter Ulbricht: »… die westdeutsche Filmzensur hat sich bereit erklärt, den Film … ›Sterne‹ für die Bundesrepublik anzunehmen … Jedoch macht die westdeutsche Filmzensur zur Bedingung, daß der Schluß des Filmes gestrichen wird, also jene Stelle, wo der deutsche Soldat dem Partisanen die Waffen gibt. Also gerade die Stelle wird eliminiert, wo gezeigt wird, daß man gegen den Faschismus aktiv kämpfen muß« (SAPMO-BArch, DY/30/IV 2/2.028/2, Bl. 3 f.). »Dieses Ohnmachtsdogma war so zentral, daß abweichende Darstellungen sogar unterbunden wurden. Der DDR-Film ›Sterne‹, in dem sich ein deutscher Soldat in ein jüdisches Mädchen verliebt und sich nach dessen Deportation nach Auschwitz bulgarischen Partisanen anschließt, wurde für das westdeutsche Publikum umgearbeitet. Die Schlüsselszene entfiel, so daß am Ende nicht ein aktiver Widerstandskämpfer, sondern ein ohnmächtiger Soldat stand« (Hartmut Berghoff: Zwischen Verdrängung und Aufarbeitung. In: GWU, Heft 2/1998, S. 108).

25 Gelegentlich ist Vernünftiges zu lesen: »Über die Kulturabteilung des ZK der SED, über das Kulturministerium und über die Besetzung der Chefetage in der DEFA nahm die Parteiführung direkten Einfluß auf Umfang und Art der DEFA-Produktion. Mit Illusionsfilm und Starkult Marke Ufa und Hollywood wollte man brechen, statt dessen die Menschen umerziehen, die den Faschismus mitgetragen hatten. Antifaschismus, der spontan mit Staudtes ›Die Mörder sind unter uns‹ oder Maetzigs ›Ehe im Schatten‹ entstanden war, wurde zum Programm« (Bärbel Dalichow: »Die Mörder sind unter uns«. In: 1000 Jahre Potsdam. Das Buch zum Stadtjubiläum mit dem Festprogramm, 3. Aufl., Frankfurt am Main/Berlin 1993, S. 212).

26 Günter Bohnsack/Herbert Bremer: Auftrag: Irreführung. Wie die Stasi Politik im Westen machte, Hamburg 1992, S. 56.

27 Wolfgang Benz/Barbara Distel, Editorial. In: Dachauer Hefte 6: Erinnern oder Verweigern. Das schwierige Thema Nationalsozialismus, München 1994, S. 1.

28 Vgl. Sandra Trauner: Ein Land liegt auf der Couch. In: Sächsische Zeitung vom 27. November 2000.

29 Klaus Harpprecht: Im Niemandsland. Die Crux der ehemaligen DDR ist die geistige Heimatlosigkeit ihrer Bürger, die sich in der Abwehr des Westens und Europas verkrampfen. In: Wohin steuert unsere Republik? ZEIT-Punkte 4/1999, S. 45.

30 Klaus Harpprecht: Im Niemandsland, S. 45f.

31 Annette Weinke: Der Umgang mit der Stasi und ihren Mitarbeitern. In: Helmut König/Michael Kohl-struck/ Andreas Wöll (Hg.): Vergangenheitsbewältigung am Ende des zwanzigsten Jahrhunderts. Lev – Sonderheft 18/1998, S. 169.
32 Spiegel Nr. 12 vom 16. März 1992, S. 99.
33 Helge Grabitz: Die Verfolgung von NS-Verbrechen in der Bundesrepublik Deutschland und in der DDR: In: Claudia Kuretsidis-Haider/ Winfried R. Garscha (Hg.): Keine »Abrechnung«. NS-Verbrechen, Justiz und Gesellschaft in Europa nach 1945, Leipzig/Wien 1998 S. 160 f.
34 Helge Grabitz: Die Verfolgung von NS-Verbrechen in der Bundesrepublik Deutschland und in der DDR: In: Claudia Kuretsidis-Haider/Winfried R. Garscha (Hg.): Keine »Abrechnung«. NS-Verbrechen, Justiz und Gesellschaft in Europa nach 1945, Leipzig-Wien 1998. S. 160 f.
35 Günther Wieland: Verdienst und Defizit der DDR-Justiz beim Verfolgen von Naziverbrechen. In: Rassis-mus, Faschismus, Antifaschismus: Forschungen und Betrachtungen gewidmet Kurt Pätzold zum 70. Geburtstag/hg. von Manfred Weißbecker und Reinhard Kühnl unter Mitw. von Erika Schwarz, Köln 2000, S. 302.
36 Henry Leide, NS-Verbrecher und Staatssicherheit. Die geheime Vergangenheitspolitik der DDR, Göttin-gen 2005, S. 106.
37 Peter Carstens: Die zweite Zerstörung Dresdens. Nach dem Bomben kamen die Ideologen. Parteidiktatur gegen Bürgertum. In: FAZ vom 19. Februar 2000.
38 Hans-Peter Friedrichsfeld: Politik der Phrasen, Lügen und Halbwahrheiten. In: ND vom 4. Mai 1992.
39 Vgl. Protokoll der Berliner Konferenz der drei Großmächte vom 1. August 1945, Abschnitt II. In: Die Sowjetunion auf internationalen Konferenzen während des Großen Vaterländischen Krieges 1941 bis 1945, Bd. 6: Die Potsdamer (Berliner) Konferenz der höchsten Repräsentanten der drei alliierten Mächte – UdSSR, USA und Großbritannien (17. Juli–2. August 1945). Dokumentensammlung, Moskau/Berlin 1986, S. 385 ff.
40 Christian Zentner (verantw. Redakteur): Große Geschichte des Dritten Reichs und des Zweiten Weltkriegs. Zusammenbruch 1945, München/Köln 1989, S. 178.
41 Reinhard Rürup (Hg.): Topographie des Terrors. Gestapo, SS und Reichssicherheitshauptamt auf dem »Prinz-Albrecht-Gelände«. Eine Dokumentation, Berlin (West), 5. Aufl. 1989, S. 83.
42 Ernst Cramer: Bei der Gestaltung des NS-Gedenkstätten in Berlin darf es keine Tabus geben. In: W vom 24. November 1996.
43 Peter Steinbach/ Johannes Tuchel (Hg.): Lexikon des Widerstandes 1933–1945, 2., überarb. und erw. Aufl., München 1998, S. 8.
44 »Die nazistische Propagandafigur eines angeblich jüdischen Marxismus war in gleicher Weise gegen Kom-munisten wie Sozialdemokraten gerichtet.« (Mario Keßler Die SED und die Juden – zwischen Repression und Toleranz. Politische Entwicklungen bis 1967, Berlin 1995, S. 27).
45 Adolf Hitler: Mein Kampf. Zwei Bände in einem Band, 484./488. Aufl., München 1939, S. 20.
46 A. a. O., S. 69 f.
47 A. a. O., S. 171.
48 A. a. O., S. 287.
49 A. a. O., S. 750 ff.
50 A. a. O., S. 775.
51 Joseph Goebbels, Kommunismus ohne Maske, Berlin 1935, S. 22.
52 Max Domarus: Hitler-Reden und Proklamationen, Bd. 1 (1932-38), Würzburg 1962, S. 88.
53 Der Nürnberger Prozeß gegen die Hauptkriegsverbrecher vom 14. November 1945 – 1. Oktober 1946, Nürnberg 1947 bis 1949 (nachfolgend: IMT), Bd. IX, S. 286 (fotomechanischer Nachdruck).
54 Joachim Fest/Bernd Eichinger: Der Untergang. Das Filmbuch, Reinbek bei Hamburg 2004.
55 Spiegel Nr. 12 vom 16. März 1992, S. 101.
56 Braunbuch Kriegs- und Naziverbrecher in der Bundesrepublik und in Westberlin. Staat, Wirtschaft, Armee, Verwaltung, Justiz, Wissenschaft (nachfolgend: Braunbuch Kriegs- und Naziverbrecher). Hg. vom Nationalrat der nationalen Front des demokratischen Deutschland/Dokumentationszentrum der Staatli-chen Archivverwaltung der DDR, Berlin 1965, S. 11–54.

21

1. Warum der kommunistische Widerstand ausgeblendet wird

Kommunisten und Sozialdemokraten waren die ersten Opfer der Faschisten, nachdem diese am 30. Januar 1933 die Macht übernahmen. Der Gerichtspsychologe Gustave M. Gilbert teilte in seinem 1962 erschienenen »Nürnberger Tagebuch« mit, Hermann Göring habe im Gespräch mit ihm erklärt, »daß ihm der Titel des obersten Kommunistenhetzers gebühre, da er seine Gegnerschaft mit Taten und nicht nur mit leeren Worten zum Ausdruck gebracht hätte«. Gilbert schilderte im weiteren Görings selbstgefällige Darstellung: »Genußvoll begann er zu erzählen, wie er sofort, nachdem Hitler an die Macht gekommen war, die Kommunisten verfolgt habe. ›Ha, als Polizeichef von Preußen ließ ich Tausende von Kommunisten einsperren! Hauptsächlich dafür richtete ich die Konzentrationslager ein, um die Kommunisten unter Kontrolle zu halten …‹«[57]

Auch wenn in der DDR im Laufe der Zeit durch Überbetonung des kommunistischen Widerstandes die Darstellung der Leistungen anderer Gruppen und Schichten der antifaschistischen Opposition eher marginalisiert wurde, bleibt es eine Tatsache, daß die ersten Insassen der nazistischen Konzentrationslager Kommunisten und Sozialdemokraten waren.[58] Die Kommunisten waren die ersten, die organisierten Widerstand leisteten, sie brachten zahlenmäßig auch die größten Opfer bei der Gruppe der politischen Nazigegner.

Nach dem Reichstagsbrand wurde am 28. Februar 1933 die »Verordnung des Reichspräsidenten zum Schutz von Volk und Staat« erlassen, deren Präambel lautete: »Auf Grund des Artikels 48, Absatz 2 der Reichsverfassung wird zur Abwehr kommunistischer staatsgefährdender Gewaltakte folgendes verordnet[59] …« Joseph Goebbels kommentierte in seinem Tagebuch: »Das Kabinett hat eine sehr scharfe Verordnung gegen die K.P.D. beschlossen. Diese Verordnung sieht die Todesstrafe vor. Das ist auch notwendig. Das Volk verlangt das jetzt. Es erfolgen Verhaftungen über Verhaftungen. Nun wird die rote Pest mit Stumpf und Stiel ausgerottet. Widerstand zeigt sich nirgendwo.«[60] Fritz Stern, selbst Jude, bemerkte: »Als Historiker kann ich nicht oft genug betonen, daß die ersten Opfer des Regimes Sozialisten und Kommunisten waren. Wenn sie außerdem noch Juden waren – umso schlimmer.«[61] Der Sozialdemokrat Richard Loewenthal schrieb1990: »Die offen politische Opposition begann eindeutig auf der Linken, in den Reihen der Arbeiterbewegung. Die kommunistische Partei wurde als erste noch vor Hitlers Wahlen verboten und blutig verfolgt, und rief sofort zum illegalen Widerstand gegen das Regime auf.«[62] Die bürgerliche *Frankfurter Allgemeine Zeitung* konstatierte 1998: »Der politisch motivierte Widerstand war ... zu 75 Prozent kommunistischer, zu zehn Prozent sozialdemokratischer und nur zu drei Prozent christlich-bürgerlicher Widerstand.«[63]

Rosemarie Reichwein, Witwe des Sozialdemokraten Adolf R., beteiligt am 20. Juli 1944, erklärte auf die Frage einer Zeitung, warum sie sich dafür engagiere, daß der Widerstand der Kommunisten gegen den Nazismus nicht vergessen werde, obwohl doch ihr Mann von einem Kommunisten verraten worden war: »Es schmerzt mich, und es ist historisch nicht gerechtfertigt, wenn jener Widerstand von konservativen Parteipolitikern vereinnahmt wird. Die Kommunisten haben die größten Opfer gebracht. Sie füllten als erste die Konzentrationslager. Nach den Juden haben sie am meisten gelitten.«[64]

Hermann Weber, Historiker aus Mannheim, meinte: »Von allen Parteien der Weimarer Republik, die 1933 durch die Hitler-Diktatur zerschlagen wurden, hatte die Kommunistische Partei Deutschlands die meisten Opfer zu beklagen. Tausende Kommunisten wurden von 1933 bis 1945 hingerichtet, in KZ und Zuchthäusern ermordet, angeblich ›auf der Flucht‹ erschossen oder in den Selbstmord getrieben.«[65] Nach seiner Einschätzung »wurden 1933 und 1934 60.000 Kommunisten inhaftiert, 1935 wurden 15.000 verhaftet. Insgesamt befanden sich von den ca. 300.000 KPD-Mitgliedern (1932) etwa 150.000 Kommunisten mehr oder weniger lang in Haft. Bereits in den beiden ersten Jahren der Nazi-Diktatur sind etwa 2.000 Kommunisten ermordet worden, bis Kriegsende soll deren Zahl auf 20.000 gestiegen sein. Solche Dimensionen der Verfolgung durch die Gestapo unterscheiden den kommunistischen Widerstand von dem aller übrigen politischen Gruppen, denen auch nicht annähernd so viele Opfer abverlangt wurden.«[66]

Ralph Giordano kommt nicht umhin festzustellen, daß in der BRD »ein gewisser Widerstand nie ›gesellschaftsfähig‹ geworden ist und deshalb in der Regel quer durch die Parteienskala von der konservativen Rechten bis zur Sozialdemokratie schlicht unterschlagen wird: nämlich der Widerstand links von der SPD, vor allem der der Kommunisten. Von den politischen Gegnern des Nationalsozialismus haben sie den höchsten Blutzoll bezahlen müssen.«[67] Die Stoß-richtung Hitlers und seiner Banden waren der »Marxismus« und die Kommunistische Partei Deutschlands.

Die Nazis gelangen an die Macht

Am 1. August 1932 notierte Joseph Goebbels in seinem Tagebuch: »Gestern: Gewählt … Wahlergebnis: wir haben eine Kleinigkeit gewonnen. Der Marxismus sehr … Resultat: Jetzt müssen wir an die Macht und den Marxismus ausrotten. So oder so!«[68] Nach der Reichs-tagswahl vom 6. November 1932, die den Nazis gegenüber der Wahl vom 31. Juli 1932 Verluste gebracht hatte[69], hielten es bestimmte Repräsentanten des deutschen Kapitals angesichts der sozialen Un-ruhe unter den Massen für angezeigt, vor einem möglichen weiteren Verlust an Einfluß der Nazis darauf zu dringen, daß Hitler endlich die alleinige politische Macht erlangen sollte. Am 19. November 1932 wurde dem Reichspräsidenten Paul von Hindenburg bekanntlich eine Eingabe führender Kapitalisten und Großgrundbesitzer überreicht, in der es unter anderem hieß: »Wir erkennen in der nationalen Bewe-gung, die durch unser Volk geht, den verheißungsvollen Beginn einer Zeit, die durch Überwindung des Klassengegensatzes die unerläßliche Grundlage für einen Wiederaufstieg der deutschen Wirtschaft erst schafft. Wir wissen, daß dieser Aufstieg noch viele Opfer erfordert. Wir glauben, daß diese Opfer nur dann gebracht werden können, wenn die größte Gruppe dieser nationalen Bewegung führend an der Regierung beteiligt ist. Die Übertragung der verantwortlichen Lei-tung eines mit den besten sachlichen und persönlichen Kräften aus-gestatteten Präsidialkabinetts an den Führer der größten nationalen Gruppe wird die Schlacken und Fehler, die jeder Massenbewegung notgedrungen anhaften, ausmerzen und Millionen Menschen, die heute abseits stehen, zu bejahender Kraft mitreißen.«[70]

Wie bürgerliche Geschichtsschreibung in diesem Kontext mitun-ter Fakten unterschlägt, machte der *Deutschlandfunk* am 24. August 2000 hörbar. Trotz Nazi-Terror hatten bei der vorgezogenen Reichs-tagswahl am 5. März 1933 so viele Menschen für die KPD votiert, daß die Partei 81 Mandate erhielt. Diese wurden den gewählten Par-lamentariern entzogen. Zur Abstimmung über das »Gesetz zur Behe-bung der Not von Volk und Reich« (Ermächtigungsgesetz) hieß es lapidar in dieser Rundfunksendung: »Nur die Sozialdemokraten stimmten gegen das Ermächtigungsgesetz.«

Das stimmte, aber es war nicht die Wahrheit.

Zu dieser hätte nämlich die Feststellung gehört, daß gewiß auch die Kommunisten gegen das Ermächtigungsgesetz gestimmt hätten, wenn sie denn zur Sitzung zugelassen worden und nicht bereits mehrheitlich inhaftiert gewesen wären. Auch die SPD-Fraktion war nicht mehr vollständig. 26 ihrer Mitglieder waren ebenfalls in Haft.[71]

Und zur Wahrheit gehört auch, daß der erste Bundespräsident Theodor Heuss als Reichstagsabgeordneter der Deutschen Staatspartei ebenso für dieses undemokratische Gesetz votierte wie Hans Ritter von Lex (Bayerische Volkspartei), der in den 50er Jahren als Bevollmächtigter der Bundesrepublik im Verfahren zum Verbot der KPD in Erscheinung trat.[72]

Was hat das alles mit den »Nazis« in der DDR zu tun?

Warum dieser Rückblick in die Geschichte, wenn es in diesem doch um die Frage gehen soll, warum (und welche) ehemalige NSDAP-Mitglieder in der SBZ/DDR Gelegenheit erhielten, am gesellschaftlichen und politischen Leben teilzunehmen? Um deutlich zu machen, daß Rot nicht gleich Braun ist, wie gern behauptet wird! Es gab (und gibt) keine politische und/oder ideologische Gemeinsamkeit von Links und Rechts. Wer ein Gleichheitszeichen setzt, hat das Wesen dieser beiden politischen Strömungen nicht begriffen. Der Rückblick soll zudem erhellen, warum die Kommunisten sehr wohl unterschieden zwischen den terroristischen Vollstreckern der Herrschaftsansprüche des deutschen Großkapitals und den irregeleiteten Mitläufern. Er macht deutlich, daß es keine Gemeinsamkeiten gab mit jenen, die als politische Stabilisatoren und Repräsentanten des deutschen Imperialismus das faschistische Terrorregime errichteten und den Zweiten Weltkrieg vom Zaun brachen. Der kategorische, inhaltlich begründete Antagonismus zwischen Faschismus (als einer Herrschaftsform des Kapitals) und Kommunismus (als antikapitalistischer Bewegung) schloß aus, daß Exponenten des Dritten Reiches zu Exponenten der DDR werden konnten.

Das umfangreichste Verzeichnis der »Nazis« in DDR-Diensten legte Olaf Kappelt mit dem Titel »Braunbuch DDR. Nazis in der DDR« (Berlin 1981) vor.[73] Bei den Aufgeführten war grundsätzlich nur zu vermelden, daß sie als ehemalige Anhänger des Nazismus damals mehr oder weniger bedeutende Funktionen ausübten. Gelegentlich wurde aufgedeckt, daß eine Mitgliedschaft in der NSDAP oder in einer anderen nazistischen Organisation verschwiegen worden war. Das zog bestimmte Konsequenzen nach sich. Generell allerdings galt: Nazi- und Kriegsverbrecher waren unter den namentlich genannten 876 DDR-Bürgern nicht auszumachen. Das war der fundamentale Unterschied zwischen den DDR- und BRD-Nazis.

Hermann Weber schloß 1976, daß der Faschismus in der Entwicklung des deutschen Kommunismus »eine gravierende Rolle« gespielt habe. In der Traditionslinie der SED hätte der Faschismus »eine fast traumatische Bedeutung für die Politik der Parteiführung behalten: Die bitteren Erfahrungen mit der Hitler-Diktatur, deren Gewaltherrschaft Zehntausende Kommunisten das Leben kostete und die über Hunderttausende von Parteimitgliedern lange Freiheitsstrafen verhängte, wirken bis heute nach.«[74] Wenn dem so war, woran ich nicht zweifele, dann erklärt dies zwingend, warum die SED wenig mit Nazis, ob alten oder jungen, am Hut hatte.

Fußnoten

57 Gustave M. Gilbert: Nürnberger Tagebuch, Frankfurt a. M. 1962, S. 133.
58 Am 31. Juli 1933 befanden sich im Reichsgebiet 26.789 Personen in »Schutzhaft« (Rundschreiben des Reichsministers des Innern vom 11. September 1933). »Man mag sich … dessen bewußt werden, daß man 1933 … dazu geschwiegen hat, als zunächst Kommunisten, dann Sozialdemokraten und schließlich auch Funktionäre bürgerlicher Parteien festgenommen, ohne Gerichtsurteil in Lager gesperrt und dort gequält worden waren … Unmittelbar nachdem Hitler am 30. Januar 1933 die Regierungsgewalt übernommen hatte, begannen die Nationalsozialisten, gegen ihre politischen Gegner mit allen Mitteln der Unterdrückung und des Terrors vorzugehen. Der erste Stoß richtete sich gegen Kommunisten, Sozialdemokraten und Gewerkschaftsfunktionäre; bald wurden aber auch Anhänger der bürgerlichen demokratischen Parteien in die Verfolgung einbezogen« (Adalbert Rückerl: NS-Verbrechen vor Gericht, Heidelberg 1982, S. 15 und 23).
59 RGBl. I, Nr. 17/1933, S. 83.
60 Joseph Goebbels, Tagebücher 1924-1945. Herausgegeben von Ralf Georg Reuth. Bd. 2 1930-1934, a.a.O., S. 770. Mehr als 10.000 Kommunisten und Sozialdemokraten wurden im Gefolge des Reichstagsbrandes verhaftet.
61 Zitiert nach: Horst Schneider – Leserbrief. In: ND vom 28. Oktober 1999. Man sollte es nicht vergessen: »Die ersten Opfer des Nationalsozialismus und der wiedereingeführten Folter waren so genannte Arier.« (Fritz Stern, »Warum« – So beginnt das Denken. In: ND vom 23./24. Oktober 1999).
62 Richard Löwenthal: Widerstand im totalen Staat. In: Richard Löwenthal/Patrik von zur Mühlen (Hg.): Widerstand und Verweigerung in Deutschland 1933 bis 1945, Bonn 1990 (1. Aufl. 1981), S. 15.
63 FAZ vom 15. Juli 1998.
64 taz vom 20. Juli 1994.
65 Hermann Weber, Die KPD in der Illegalität. In: Richard Löwenthal/Patrik von und zur Mühlen (Hg.): Widerstand und Verweigerung, S. 83.
66 Hermann Weber: Kommunistischer Widerstand gegen die Hitler-Diktatur 1933–1939. Beiträge zum Widerstand 1933–1945, Heft 33, 2. Aufl., Berlin 1990, S. 3.
67 Ralph Giordano: Die zweite Schuld, S. 70.
68 Joseph Goebbels, Tagebücher. Bd. 2: 1930-1934, a.a.O., S. 676.
69 Am 31. Juli 1932 erhielten die Nazis 230 Reichstagsmandate gegen 133 für die Sozialdemokraten und 89 für die Kommunisten. Am 6. November standen 196 Nazi-Mandate gegen 121 der Sozialdemokraten und 100 der Kommunisten.
70 Emil Carlebach: Hitler war kein Betriebsunfall. Hinter den Kulissen der Weimarer Republik: Die vorprogrammierte Diktatur, Frankfurt a. M. 1983, 3. Aufl., S. 94 f. Unterzeichner bzw. Sympathisanten des Dokuments waren unter anderem: Fritz Thyssen (Aufsichtsratsvorsitzender der Vereinigten Stahlwerke), Dr. Hjalmar Schacht (ehemaliger Reichsbankpräsident), Kurt Freiherr von Schröder (Bankier), Dr. Albert Vögler (Generaldirektor der Vereinigten Stahlwerke), Kommerzienrat Dr. Paul Reusch, Dr. Fritz Springorum, Frie-

drich Reinhardt (Direktor der Commerzbank), August Rosterg (Generaldirektor Kali-Syndikat) unterzeichnet. Abwiegelnd schreibt Ian Kershaw dazu: »Jedenfalls hatte die Petition keinen Einfluß auf Hindenburgs Verhandlungen mit Hitler. Der Reichspräsident blieb, wie die Beratungen Mitte November zeigen sollten, äußerst mißtrauisch gegen den NS-Führer.« (Ian Kershaw: Hitler 1889–1936, Stuttgart 1998, S. 489).

71 Register zu den Verhandlungen des Reichstages und zu den Anlagen VIII WP 1933. Erster Teil: Sachregister: »V. Unwirksam gewordene Mandatszuteilung: Auf Grund des § 10 des Vorläufigen Gesetzes zur Gleichschaltung der Länder mit dem Reich vom 31. März 1933 –RGBl. I S. 153 – und der Verordnung zur Sicherung der Staatsführung vom 7. Juli 1933 – RGBl. I S. 462 – ist die Mandatszuteilung für sämtliche Abgeordnete der Kommunistischen Partei, der Sozialdemokratischen Partei Deutschlands und der Deutschen Staatspartei unwirksam geworden« (S. 2).

72 Naziseits wurde das wie folgt beschrieben: »Es war eine Selbstverständlichkeit, daß die 81 Mandate, die die kommunistischen Staatsfeinde damals noch errungen hatten, nicht anerkannt werden konnten; die kommunistischen Abgeordneten wurden deshalb zur ersten Sitzung des Reichstags nicht eingeladen.« (Ernst Rudolf Huber: Verfassung, Hamburg 1937, S. 26). Daß Huber 1933 zum Ordinarius ernannt worden war und u.a. sein zitiertes Buch das nazistische Rechtssystem glorifiziert hatte, tat seiner Karriere in der BRD nach 1945 keinen Abbruch. Hans Ritter von Lex hielt eine dem Ermächtigungsgesetz Hitlers zustimmende Rede, in der es heißt: »Die Bayerische Volkspartei ... hat nach der schmachvollen Revolution von 1918 in vorderster Linie für die Erhaltung und Wiedergewinnung nationaler Gesinnung in allen Ständen und Schichten des Volkes gekämpft. Der von ihr gestellte bayerische Ministerpräsident hat als einer der ersten deutschen Staatsmänner schon im Jahre 1922 die Lüge von der deutschen Kriegsschuld vor aller Welt zurückgewiesen. ... Die Bayerische Volkspartei hat unentwegt mitgearbeitet an der schwierigen und entsagungsvollen Arbeit, die dem deutsche Volke trotz der fürchterlichen Folgen des verlorenen Weltkrieges, der außenpolitischen Drangsale und der Zerrüttung der Wirtschaft Bestand und Glauben an seine eigene Kraft bis in die Tage der nationalen Erhebung bewahrt hat. Es ist selbstverständlich, daß eine Partei, die von solcher Einstellung beseelt war und beseelt ist, auch in der geschichtliche Wende dieser Tage zur tatkräftigen Mitarbeit am nationalen Aufbauwerk entschieden bereit ist. ...[.] Die Verantwortung für die Durchführung des Gesetzes im einzelnen legen wir vor Gott, dem deutschen Volke und der deutschen Geschichte in die Hände der Reichsregierung.« Verhandlungen des Reichstags. VIII. Wahlperiode 1933. Bd. 457. Stenographische Berichte, 2. Sitzung vom 23. März 1933, S. 37 f.).

73 Die biographischen Angaben zu den DDR-Bürgern werden in dieser Arbeit im allgemeinen nicht im einzelnen belegt. Benutzt wurden insbesondere folgende Veröffentlichungen: – Wer ist wer in der SBZ? Ein biographisches Handbuch, Berlin-Zehlendorf 1958; – Ehemalige Nationalsozialisten in Pankows Diensten. 5., ergänzte Ausgabe. Zusammengestellt und hg. vom Untersuchungsausschuß Freiheitlicher Juristen, Berlin 1965; Thomas M. Forster: NVA. Die Armee der Sowjetzone, Köln 1966/67; – Namen und Daten. Biographien wichtiger Personen der DDR. Bearbeitet von Günther Buch, Berlin-Bonn-Bad Godesberg 1973; – Jürgen Radde: Der Diplomatische Dienst der DDR. Namen und Daten. Köln 1977; – Günther Buch: Namen und Daten wichtiger Personen der DDR, Berlin-Bonn 1979; – Olaf Kappelt: Braunbuch DDR. Nazis in der DDR, Berlin 1981 (nachfolgend: Kappelt I); – Günther Buch: Namen und Daten wichtiger Personen der DDR, Berlin-Bonn 1982; – Günther Buch: Namen und Daten wichtiger Personen der DDR, Berlin-Bonn 1987; – Who's Who in the Socialist Countries of Europe, Vol. 2, München-New York-London-Paris 1989, edited by Juliusz Stroynowski; – SBZ-Handbuch. Staatliche Verwaltungen, Parteien, gesellschaftliche Organisationen und ihre Führungskräfte in der Sowjetischen Besatzungszone Deutschlands 1945-1949. Hg. von Martin Broszat und Hermann Weber, München 1990; – Prominente ohne Maske DDR, München 1991, Hg. von Gerhard Frey; – Wer war wer – DDR: ein biographisches Lexikon/hg. von Jochen Cerny, 2. Aufl., Berlin 1992; – Andreas Herbst/Winfried Ranke/Jürgen Winkler: So funktionierte die DDR, Band 3, Lexikon der Funktionäre, Reinbek bei Hamburg 1994; – Karl Wilhelm Fricke: Nazigrößen in der DDR. In: DB (Hg.): Materialien, Bd. III/1, S. 140 ff.; – Olaf Kappelt: Die Entnazifizierung in der SBZ sowie die Rolle und der Einfluß ehemaliger Nationalsozialisten in der DDR als ein soziologisches Phänomen, Hamburg 1997 (nachfolgend: Kappelt II); – Biographisches Handbuch der SBZ/DDR 1945–1990. Hg. von Gabriele Baumgarten und Dieter Hebig, Bd. 1, München-New Providence-London-Paris 1996, Bd. 2, München 1997. Bei diesem »Handbuch«, das über 4.500 Namen enthält, ist bei 404 Personen deren Aufnahme in das Handbuch offensichtlich in erster Linie der Tatsache zu verdanken, daß sie 1981 bei Kappelt in seinem »Braunbuch DDR« als »Nazis in Pankows Diensten« aufgeführt wurden. In einer Reihe haben sich allerdings in einigen Fällen der spezifischen Negativbehauptungen Kappelts zur NS-Vergangenheit enthalten. – Die SED. Geschichte-Organisation-Politik. Ein Handbuch. Hg. von Andreas Herbst/Gerd-Rüdiger Stephan/Jürgen Winkler, Berlin 1997; – Deutsche Biographische Enzyklopädie. Hg. von Walther Killy/Rudolf Vierhaus, Bd. 7, München 1998; – Helmut Müller-Enbergs/Jan Wielgohs/Dieter Hoffmann (Hg.): Wer war wer in der DDR? Ein biographisches Lexikon, Berlin 2000; – Ernst Klee: Das Personenlexikon zum Dritten Reich. Wer war was vor und nach 1945?, Frankfurt am Main 2003.

74 Hermann Weber: DDR – Grundriß der Geschichte 1945–1990, Hannover 1991, S. 11 f.; siehe auch: ders.: Geschichte der DDR. Aktualisierte und erweiterte Neuausgabe, München 1999, S. 12.

2. Der Antifaschismus und die Legitimität der DDR

Rudolf Bahro hat jenen, die die historische Legitimität der DDR deshalb bezweifeln, weil deren Partei- und Staatsführung sich spätestens seit 1950 der Durchführung geheimer Wahlen versagte, ins Stammbuch geschrieben: »Was meinen wir mit der Legitimität der DDR? Honecker selbst hat eigennützig nicht wenig Schindluder mit den Namen von Karl Liebknecht und Rosa Luxemburg getrieben. Dennoch ist da eine Linie, die vom Widerstand gegen den Ersten Weltkrieg über die Ausrufung der sozialistischen Republik … und die Gründung der KPD … zur Entstehung der DDR führte. Wer wie Honecker in dieser Tradition gegen Hitler gekämpft hat, wollte nachher mit Recht einen neuen Staat. … War es etwa nicht legitim, nach dem Desaster jener 12 Jahre ein neues Deutschland anzufangen, statt wie im Westen die alte Grundstruktur neu aufzuputzen? Allerdings hat die DDR nicht wirklich auf dieser Basis – einer massenhaft gar nicht vorhandenen deutschen revolutionären Kontinuität – existiert. Sondern mit dem Oderübergang der Roten Armee hob ihre eigentliche Begründung an … Wenn die rote Fahne auf dem Reichstag 1945 legitim und mehr als legitim war, dann hat die DDR nicht nur sein dürfen, sondern sein müssen.«[75]

Man weiß durchaus um die Rolle des antifaschistischen Bekenntnisses der DDR-Bürger für die Rechtfertigung der DDR-Existenz. Im Abschlußbericht der Enquete-Kommission des Deutschen Bundestages »Aufarbeitung von Geschichte und Folgen der SED-Diktatur in Deutschland« heißt es daher: »Der vielleicht wirksamste ideologische Integrationsfaktor für das SED-System war der Antifaschismus.« Es ließe sich feststellen, daß er »eine gewisse emotionale und politische Bindungskraft besaß, die der Marxismus-Leninismus in vergleichbarer Weise nicht auszuüben vermochte«.[76] Offenkundig und zweifellos hatten ehemals führende und für Verbrechen verantwortliche Nazis in der DDR keine Wirkungs- und Einflußmöglichkeit. An der Spitze der SED sowie des Staates und seiner Organe standen ausgewiesene Antifaschisten, die insbesondere dafür wirkten, den Faschismus in seinen ökonomischen, politischen und ideologischen Wurzeln zu beseitigen und eine Wiederkunft zu verhindern.

»Die SED-Ideologie mit ihrem Selbstverständnis von der DDR als antifaschistischem Staat hat sich im Selbstbewußtsein der Bevölkerung niedergeschlagen ... Für viele ist der Antifaschismus der legitimatorische Steinbruch, aus dessen Reservoir der Glaube an das prinzipiell Gute in der ehemaligen DDR abgeleitet wird. Die DDR wird als das Land betrachtet, das aus der Widerstandsbewegung hervorgegangen ist und einen konsequenten Bruch mit der NS-Vergangenheit vollzogen hat, was für die alte Bundesrepublik so nicht zutreffe.«[77]

Und genau diese Legitimität, die eben auch aus dem Kampf gegen den deutschen Faschismus erwachsen war, wurde und wird geleugnet. Der antifaschistische Charakter und Inhalt der sozialistischen Gesellschaft, des Staates und des Rechts der DDR und der in ihr agierenden Institutionen und Organisationen werden in Abrede gestellt. Es geht, wie seinerzeit Justizminister Kinkel an die bundesdeutsche Justiz appellierte, um die *Delegitimierung der DDR*. Bedauernd wird geschrieben: »Eine positive Grundeinschätzung der Idee des Sozialismus ist in den neuen Bundesländern noch tief verwurzelt. Zusammen mit dem Mythos des Antifaschismus und anderem SED-Gedankengut wird einerseits eine endgültige Aufarbeitung des Nationalsozialismus blockiert und andererseits eine Tendenz zur Verklärung des SED-Staats deutlich.«[78] Deshalb ist davon die Rede, der Antifaschismus als Legitimation des DDR-Systems sei abzulehnen, »insofern er auf einer Theorie basierte, die den originären Antagonismus zwischen feindbildbetonter totalitärer Zwangsherrschaft und liberaler Demokratie nicht nur unterschlug, sondern beide sogar in ein Verwandtschaftsverhältnis setzte«.[79] Deshalb verbreitete 1991 die Bundeszentrale für politische Bildung: »Auf Anweisung der sowjetischen Besatzungsmacht wurde der ›Antifaschismus‹ zu einer der ideologischen Grundorientierungen des in der SBZ und später in der DDR errichteten Systems.«[80] Folglich wird die konsequente antifaschistische Erziehung und Bildung sowie die Erinnerung an die Opfer des antifaschistischen Kampfes als »verordneter Antifaschismus« diskreditiert[81] und der reale Antifaschismus zum »Mythos« erklärt. Dem Staatsvolk der DDR sei ein »ahnungslose(s), antifaschistische(s) Selbstverständnis« verordnet worden, das die eigene Geschichte »formalisierte und tabuisierte.«[82] Deshalb wird behauptet: »Die Erinnerung an den Widerstand gegen den Nationalsozialismus erstarrte in der DDR zum staatserhaltenden Ritual. Ein Mythos wurde beschworen, der zudem die lebendige Beschäftigung mit der Vergangenheit verstellte.«[83] Deshalb die Behauptung, der »staatlicherseits ›verordnete Antifaschismus‹« habe »jede wirkliche Aufarbeitung des NS-Erbes in der DDR verhindert«.[84] Deshalb wird behauptet, die DDR habe die NS-Vergangenheit verdrängt und sich mit ihr nicht auseinandergesetzt. Gleichzeitig werden in Arbeiten bundesdeutscher Historiker über die Nazizeit, die *nach* 1990 erscheinen, die Schriften der DDR-Historiker zum Thema Faschismus und Zweiter Weltkrieg nicht einmal mehr im Literaturverzeichnis genannt, geschweige denn sind sie Gegenstand wissenschaftlicher Diskussion. Deshalb werden antifaschistische Gedenkstätten der DDR seit 1990 »umgewidmet«. Aus den konkreten »Opfern des Faschismus und Militarismus« werden abstrakte »Opfer von Krieg und Gewaltherrschaft«. Deshalb wird von »Nazis in Pankows Diensten« geschwätzt, um die »braune« mit der »roten« Diktatur angeblich nur zu »vergleichen«, letztlich aber gleichzusetzen, wobei die »rote Diktatur« gelegentlich als die schlimmere offeriert wird. Deshalb wird die »Frage nach Kontinuität und Neubeginn im militärischen Bereich nach 1945« gestellt und der »bis heute postulierten ›antifaschistischen‹ Legitimation der Nationalen Volksarmee in der zweiten deutschen Diktatur« als Problem »von besonderer Relevanz« auf den Leib gerückt.[85]

Der Grund für das ignorante Verhalten der vermeintlich neutralen und unparteiischen Geschichtswissenschaft ist wohl weniger ihre eingeschränkte Wahrnehmung, sondern die Tatsache, daß DDR-Historiker *zum Kern der kapitalistischen Gesellschaft* vorstießen.

Ein Hauptgegenstand der DDR-Forschung auf diesem Felde war: 1. Kriegsursachen, 2. die an der Front, im besetzten Gebiet und im deutschen Hinterland begangenen Verbrechen und 3. die Kriegsziele. Die »DDR-Historiographie trug dazu bei, den Krieg als die entfesselte Herrschaft gesellschaftlicher Widersprüche darzustellen. Sie ließ keinen Zweifel daran, daß die Führungsschichten in Deutschland arbeitsteilig den bereits im Weimarer Staat eingeschlagenen Kurs zum 1. September 1939 hin getrieben hatten. Diese waren in den Krieg nicht hineingeschlittert. Sie hatten ihn gewollt.«[86]

Die DDR publizierte die Dokumentation »Europa unterm Hakenkreuz. Die Okkupationspolitik des deutschen Faschismus (1938 bis 1945)« in acht Bänden (ab 1990 dank der Übernahme der Herausgeberschaft durch den Präsidenten des Bundesarchivs). Die DDR brachte die sechsbändige Darstellung »Deutschland im Zweiten Weltkrieg« heraus. Und Dietrich Eichholtz vollendete in den 90er Jahren sein dreibändiges Mammutwerk zur Kriegswirtschaft des Dritten Reiches, das im wesentlichen noch zu DDR-Zeiten entstanden war.

Auf dem Friedhof der mecklenburgischen Kleinstadt Crivitz erinnert eine »Kapelle des Todesmarsches« daran, daß zahllose Häftlinge der Konzentrationslager Ravensbrück und Sachsenhausen am Ende des Krieges von SS und Wehrmacht bei »Evakuierungsmärschen« getötet wurden. 1991 wurde folgender Text angebracht: »Kapelle des Todesmarsches der KZ-Lager Sachsenhausen und Ravensbrück. Den Opfern faschistischer Willkür und ideologischer Anmaßung 1933-1945-1989. Stadt Crivitz und Stiftung Kulturfonds Berlin 1991. Dona Nobis Pacem.«[87]

Wozu antikommunistischer Haß heute fähig ist, zeigt u. a. die Tatsache, daß man die Büste des von den Nazis ermordeten Kommunisten Walter Krämer (1892-1941), der erster Kapo des Häftlingskrankenhauses war und als »Arzt von Buchenwald« bekannt wurde, »wegsäuberte«. Krämer wurde im Jahre 2000 auf Antrag der israelischen Holocaust-Gedenkstätte »Yad Vashem« der Titel »Gerechter der Völker« verliehen. Er wurde damit in den Kreis jener aufgenommen, die während der Naziherrschaft jüdischen Bürgern das Leben gerettet haben.[88] Die Büste steht heute in seiner Geburtstadt Siegen ...

Das Bestreiten der Legitimität der DDR aus ihrem Antifaschismus heraus und das schlechte Gewissen jener, deren eigener Staat nie auf einer konsequenten antifaschistischen Grundlage gestanden hat, sind zwei Seiten einer Medaille.

Fußnoten

75 Rudolf Bahro: Wenn Erich heimkommt – oder von der Legitimität der DDR. In: F, Nr. 31 vom 24. Juli 1992, S. 3.
76 Bericht der Enquete-Kommission »Aufarbeitung von Geschichte und Folgen der SED-Diktatur in Deutschland«. Deutscher Bundestag. 12. Wahlperiode. Drs. 12/7820 (31.5.1994), S. 52.
77 Werner Weidenfeld/Karl-Rudolf Korte (Hg.): Handbuch zur deutschen Einheit, Bonn 1996, S. 345.
78 A. a. O., S. 348.
79 A. a. O., S. 273 f.
80 Michael Richter: 1945–1949: Sowjetische Besatzungszone Deutschlands (SBZ). In: Geschichte der DDR. Informationen zur politischen Bildung, Heft 291, Hg.: Bundeszentrale für politische Bildung, Bonn, München 1991, S. 2.
81 Kurt Pätzold: Die Legende vom »verordneten Antifaschismus«. In: Ansichten zur Geschichte der DDR, Bd. III. Hrsg. von PDS/Linke Liste im Deutschen Bundestag, Bonn-Berlin 1994, S. 111 ff. (nachfolgend: Ansichten).
82 Detlef Balke: Das Gefühl der Fremdheit blieb. In: ND vom 12. September 1996.
83 Paul Ostberg: Mythos Antifaschismus? In: antiFa 5/1992, S. 5.
84 Ralph Giordano: Die trauerunfähige Linke. In: S, Nr. 12/1992, S. 54 f.
85 Rüdiger Wenzke: Das unliebsame Erbe der Wehrmacht und der Aufbau der DDR-Volksarmee. In: Die Wehrmacht. Mythos und Realität. Im Auftrag des Militärgeschichtlichen Forschungsamtes hg. von Rolf-Dieter Müller und Hans-Erich Volkmann, München 1999, S. 1115 (nachfolgend: Die Wehrmacht).
86 Kurt Pätzold. In: jW vom 8. Mai 2000.
87 jW vom 26./27. August 2000.
88 jW vom 4. Mai 2000.

3. Wo Nazis nach 1945 ihre wahre »Heimstatt« fanden

Mit dem Hinweis, man dürfe die Fehler bei der »Integration« der Ostdeutschen nicht wiederholen, die beim Aufbau der Bundesrepublik begangen wurden, ging man rigoros gegen Staatsdiener und Staatsnahe der DDR vor, allen voran gegen inoffizielle und hauptamtliche Mitarbeiter des MfS. Mit dieser Erklärung provozierte man zunehmend bei Nachgeborenen die Frage: Welche Fehler hat man denn bei der Gründung der Bundesrepublik begangen?

Bislang waren diese vierzig Jahre zwischen 1949 und 1989 doch als eine makellose Erfolgsstory von Freiheit und Demokratie erzählt worden. Die undifferenzierte, antikommunistisch geprägte Verdammung der DDR erweist sich zunehmend als Bumerang. Er kehrt zurück als Debatte um Vergangenheit und aktuelle Verfaßtheit der (west-)deutschen Gesellschaft. Das »Braunbuch« aus der DDR von 1965 findet plötzlich wieder Aufmerksamkeit. Die ARD fragt nach Hitlers Eliten – aber nicht wie bislang, was jene *vor* 1945 taten, sondern wo sie *nach* 1945 unterkamen. Das ist neu.

Die Auseinandersetzung um die DDR, so merken immer mehr Menschen, ist ein bewußt inszenierter Nebenkriegsschauplatz. Solange sich das Augenmerk auf den »Unrechtsstaat« richtet, blickt man nicht auf das »Hauptschlachtfeld«. Die Frage lautet beispielsweise nicht: Wie staatsnah und unabhängig war der DDR-Richter Müller aus Leipzig?, sondern: Warum konnte ein Altnazi wie Filbinger Ministerpräsident in einem Bundesland werden und der Auffassung folgen, was bis 1945 Recht gewesen sei, könne nach 1945 kein Unrecht sein? Diese Frage aber wird nicht gestellt.

Daß die Schonung der Nazis kein »Fehler« gewesen ist, wird auch durch das ideologische »Umfeld« sichtbar, das sich in der BRD entwickelte. »Die deutsche Justiz fällte in der nationalsozialistischen Zeit mindestens 32.000 Todesurteile«, schrieb Jörg Friedrich. »Über 30.000 Todesurteile fallen in die Zeit zwischen 1941 und 1944. Vom Jahr der Kriegswende, 1942, an töteten die deutschen Richter durchschnittlich 720 Personen im Monat. Dies ist mehr als doppelt so viel wie im Ersten Weltkrieg innerhalb von vier Jahren (291 Todesurteile im Militär- und Zivilbereich).«[89]

Dieser schaurige Umstand wurde jedoch nicht als Anlaß zu kritischer Selbstbetrachtung genommen, sondern als Kampfansage. Auf dem Umschlag eines Buches von Rudolf Wassermann heißt es: »Der Autor zeichnet auf, wie die Bundesrepublik an der Bewältigung des Justizunrechts der Nazizeit versagte. Daran ist gerade heute zu erinnern, wo wir uns fragen, ob dem Freispruch der NS-Justiz auch das Verdrängen und Beschönigen des SED-Unrechts folgen muß.«

Kurt Pätzold hat die Memoirenliteratur von Nazigeneralen, die in den 50er Jahren immense Auflagen erlebte, sowie die Vervielfältigung des ideologischen Inhalts dieser Literatur in Landserheften, in »Tatsachenberichten« der Illustrierten, in Filmen und anderen Massenmedien analysiert und nachgewiesen, daß der Antikommunismus in der BRD die gewünschten Entfaltungsbedingungen fand.[90]

Der »Fehler«, der keiner war

Tatsächlich war die mangelnde Konsequenz bei der Verfolgung von NS- und Kriegsverbrechern kein Fehler. Man brauchte, wie Klaus Fritzsche 1989 zutreffend urteilte, ehemalige Nazis als antisozialistisches Potential. »Zweifellos war es für den Aufstieg im bundesdeutschen Establishment besser, im ›Dritten Reich‹ dafür als dagegen gewesen zu sein.«[91] Die Nazis ahnten bereits zum Zeitpunkt der Niederlage, daß sie bald von den westlichen Alliierten gegen »den Osten« gebraucht werden würden. »Die Partei-Bonzen, die führenden SS- und Gestapo-Beamten waren in den Westen geflohen, noch vor Ende des Krieges. Sie erhofften sich von den westlichen Alliierten ein milderes Urteil, und ihre Hoffnung trog sie nicht.«[92] Sie versuchten schon in den letzten Kriegstagen möglichst nahe an den Einflußbereich der Westalliierten zu gelangen, da sie ahnten, daß die Sowjets die zu erwartende Entnazifizierung schon aus Gründen des Selbstschutzes ernst nehmen würden. »In der sowjetischen Besatzungszone … (waren) in den Jahren 1945 bis 1948 aus den verschiedenen Dienststellen, Behörden, Ämtern, Unternehmungen usw. insgesamt 520.000 Nazis entfernt« worden.[93] 1948 waren in der SBZ von deutschen Gerichten 5.422 Personen verurteilt worden[94], während in den Westzonen zu diesem Zeitpunkt mit einer um das dreifache größeren Bevölkerungszahl »und einer entsprechend höheren Zahl alter Nazis … nur 6.450 Personen verurteilt« worden waren.[95] Seit dem 30. November 1945 sind auf dem Gebiet der Westzonen/BRD von deutschen Staatsanwaltschaften gegen rund 105.000 Personen Ermittlungsverfahren eingeleitet worden. Hiervon wurden 6.488 Angeklagte rechtskräftig verurteilt. Ausgesprochen wurden (vor dem Inkrafttreten des Grundgesetzes) zwölf Todesstrafen, 163 lebenslange Freiheitsstrafen, 6.198 zeitige Freiheitsstrafen und 114 Geldstrafen. Bei 91.466 Personen wurden die Verfahren eingestellt oder endeten mit Freispruch.[96] Verfahrenseinstellungen erfolgten »ohne jede Kontrolle der Öffentlichkeit«.[97] Von den Gerichten der SBZ/DDR wurden bis zum 2. Oktober 1990 12.881 Personen rechtskräftig verurteilt.[98] Selbst wenn man die in den Waldheimer Prozessen Verurteilten aus dieser Zahl herausnimmt, bleiben in der DDR 9.442 Verurteilungen übrig.[99]

Neben dem Prozeß gegen die Hauptkriegsverbrecher führten die USA zwölf Nürnberger Nachfolgeprozesse durch, in denen gegen 185 Personen Anklage erhoben wurde. 24 Angeklagte wurden zum Tode verurteilt, 20 zu lebenslänglich und 98 zu Freiheitsstrafen zwischen 18 Monaten und 25 Jahren. Freispruch erging in 35 Fällen. Von den zum Tode Verurteilten wurden zwölf hingerichtet, einer an Belgien ausgeliefert (dort verstorben), elf zu lebenslänglicher Haft begnadigt. Mit Gnadenerlaß vom 31.1.1951 setzte US-Hochkommissar McCloy zahlreiche Strafen herab. Auf der Grundlage des Kontrollratsgesetzes Nr. 10 führten die USA 489 Prozesse gegen 1.672 Angeklagte; verkündet wurden 400 Todesurteile, von denen ca. 300 vollstreckt wurden. Frankreich klagte 2.107 Personen an und verhängte 104 Todesurteile. Großbritannien sprach in 1.085 Anklagen 240 Todesurteile. Die UdSSR verurteilte 17.175 Personen.

1945 gab es auf dem Gebiet der Sowjetischen Besatzungszone 39.348 Lehrer und Lehrerinnen. Davon hatten zwei Drittel, exakt 28.719, der NSDAP angehört. Ungefähr 25.000 gingen in die Westzonen, weil sie in der SBZ auf Grund ihres Verhältnisses zur NSDAP aus ihren Positionen entfernt worden waren, »während man sie in den Westzonen alsbald wieder einstellte. Der Einfluß dieser faschistischen Lehrer auf die politische Atmosphäre in der BRD kann nicht unterschätzt werden«, meinte Reinhard Kühnl aus Marburg 1980.[100]

Und Michael Jäger schrieb: »Mit der CDU Konrad Adenauers ergriff vor allem der deutsche Katholizismus die politische Macht. Seine verschiedenen Soziallehren wurden den Wahlbürgern als Wahrheit aufgedrängt, dabei hätte man ja auch an die vatikanische Verwicklung in Hitlers ›abendländische‹ Abwehr des Bolschewismus erinnern können. Diese Verwicklung setzte sich sogar fort. Die CDU war eine Formation des Übergangs, in der beträchtlich viele Leute, die faschistisch oder faschistoid gewesen waren, sich nach und nach zu westlichen Formaldemokraten umerziehen ließen. Sie ließen sich das gefallen, weil sie sich immer noch als antibolschewistisches Bollwerk fühlen durften.«[101]

Werner Moche, ein Leser der *taz*, schrieb im Januar 1990 in einem Leserbrief: »Wir leben in einem Land, in dem es ohne weiteres möglich und normal war, daß ehemalige Mitglieder der NSDAP führende Ämter und Stellungen in Politik, Justiz und Wirtschaft einnehmen konnten. Und es waren nicht nur ›einfache‹ Mitglieder. Ein ›furchtbarer Richter‹ konnte Ministerpräsident von Baden-Württemberg werden (Herr Filbinger), ein Kommentator der ›Nürnberger Gesetze‹ (1935) konnte Staatssekretär im Bundeskanzleramt und engster Berater des Kanzlers werden (Herr Globke). Ehemalige Mitglieder der NSDAP konnten Bundeskanzler und Bundespräsidenten werden. Alle diese Menschen wurden (und werden) als durchaus geeignet angesehen, in einem demokratischen Staat hohe und höchste Ämter zu bekleiden. Immer war die bundesrepublikanische ›Lesart‹: Sie waren nicht verantwortlich für die Naziverbrechen; was konnte man damals als einfaches Mitglied schon tun usw.? Neuerdings liest und hört man es ganz anders, nämlich: Die SED hat abgewirtschaftet, auch einfache Mitglieder sind mitverantwortlich, also dürfen sie nicht in eine demokratische Regierung. Wie sind solche unterschiedlichen Beurteilungen möglich, besonders wenn man bedenkt, daß Mißwirtschaft, Rechtsverletzungen und Unterdrückung durch die SED wohl kaum mit den Verbrechen der Nazis auf eine Stufe zu stellen sind. Ich bin kein Kommunist, noch nicht einmal ein ›Sympathisant‹, aber ich habe noch ein wenig Sinn für historische Wahrhaftigkeit, und ich habe die historischen Tatsachen nicht einfach vergessen.«[102]

Man muß einen weiteren Aspekt hinzufügen. Mit zunehmender Intensität und steter Regelmäßigkeit wird betont, eine der demokratischen Höchstleistungen der alten BRD und insbesondere der politischen Meisterschaft Adenauers habe darin bestanden, die Nazis in die BRD integriert und zu wahren Musterdemokraten gewendet zu haben, da man eben auch nicht ohne den Sachverstand dieser Experten ausgekommen sei. Der Reichtum der BRD und ihre politische Stabilität sei nicht zuletzt diesen Experten zu danken.

Die DDR sei mit den Nazis faktisch ebenso verfahren. Aber sie hätte die Nazis nach politischem Bedarf und Kalkül tätig werden lassen. Nach Ansicht von Siegfried Stadler habe es eine »spezifisch ostdeutsche Bewältigungsstrategie des Antifaschismus« gegeben. Diese habe aus Zuckerbrot und Peitsche bestanden. Der Antifaschismus

»erlaubte Enteignung und Bestrafungen, wobei der Vorwurf ›Faschist‹ willkürlich handhabbar war. Sein Angebot bestand andererseits in einem großzügigen Schlußstrich – unter der Voraussetzung, daß man sich dem ›Neuanfang‹ nicht verschloß, den die zweite deutsche Diktatur verhieß. Insofern galt es möglicherweise als Erfolgsbilanz, daß Mitte der 50er Jahre sich die SED zu fast einem Drittel aus ehemaligen NSDAP-Mitgliedern zusammensetzte.«[103]

Die Historikerin Wilfriede Otto hingegen ermittelte für Dezember 1950 rund 175.000 »ehemalige Offiziere, Oberfeldwebel, Feldwebel und Angehörige der NSDAP oder ihrer Formationen«. Und das bei insgesamt etwa 1,5 Millionen Mitgliedern und Kandidaten der SED. Über 200.000 kamen übrigens aus amerikanischer oder englischer, etwa 84.000 aus sowjetischer Kriegsgefangenschaft.[104]

Fußnoten

89 Jörg Friedrich: Freispruch für die Nazi-Justiz. Die Urteile gegen NS-Richter seit 1948, Berlin 1998, S. 15.
90 Kurt Pätzold: »Ihr waret die besten Soldaten«, Leipzig 2000. Kurt Finker schreibt in seiner Rezension: »Zu dieser neofaschistischen Propaganda gab es in der SBZ/DDR kein Pendant – dank des sogenannten verordneten Antifaschismus! Nach 1990 flossen braune Publikationen aber auch massenhaft nach Osten. Währenddessen antifaschistische Literatur weitgehend aus Buchläden und Bibliotheken verschwand« (ND vom 23. Oktober 2000).
91 Klaus Fritzsche: Faschismus als Vergangenheit und Gegenwart. In: Gegen Barbarei. Essays Robert M. W. Kempner zu Ehren. Hg. von Rainer Eisfeld und Ingo Müller, Frankfurt am Main 1989, S. 51.
92 Simon Wiesenthal: Doch die Mörder leben. Hg. und eingeleitet von Joseph Wechsberg, München/Zürich 1967, S. 73 f.
93 Karl-Heinz Schöneburg u. a.: Vom Werden unseres Staates. Eine Chronik. Bd. 1: 1945-1949, Berlin 1966, S. 224.
94 Die Haltung der beiden deutschen Staaten zu den Nazi- und Kriegsverbrechen, S. 32.
95 Mario Keßler: Die SED und die Juden, S. 31.
96 Vgl. die Zahlenangaben bei Helge Grabitz: Die Verfolgung von NS-Verbrechen in der Bundesrepublik Deutschland und in der DDR. In: Keine »Abrechnung«, S. 156.
97 Günther Schwarberg: Die Mörderwaschmaschine. Wie die bundesdeutsche Justiz die Verbrechen der Faschisten mit Hilfe von Einstellungsbeschlüssen bewältigte oder: Von den Massenerschießungen abgesehen, war die Sterblichkeit gering. In: Gegen Barbarei, S. 324.
98 Günther Wieland: Der Beitrag der deutschen Justiz zur Ahndung der in den besetzten Gebieten verübten NS-Verbrechen. In: Europa unterm Hakenkreuz: Die Okkupationspolitik des deutschen Faschismus (1938-1945); achtbändige Dokumentenedition, hg. vom Bundesarchiv. Bd. 8: Analysen, Quellen, Register; zsgest. und eingel. von Werner Röhr, Heidelberg 1996, S. 400.
99 Vgl. Friedemann Bedürftig/Christian Zentner (Hg.): Das große Lexikon des Dritten Reiches, Augsburg 1993, S. 424 f.; Gerd R. Ueberschär (Hg.): Der Nationalsozialismus vor Gericht, Die alliierten Prozesse gegen Kriegsverbrecher und Soldaten 1943–1952, Frankfurt a. M. 1999, S. 229; DB, 4. Wahlperiode, Drs. IV/3124 vom 26. Februar 1965; Günther Wieland: Der Beitrag der deutschen Justiz zur Ahndung der in den besetzten Gebieten verübten Verbrechen. In: Europa unterm Hakenkreuz, S. 356.
100 Reinhard Kühnl (Hg.): Geschichte und Ideologie. Kritische Analyse bundesdeutscher Geschichtsbücher, Reinbek bei Hamburg 1980, S. 269.
101 Michael Jäger: Von der ›Personenwürde‹ blieb nur die Machttechnik. In: F, Nr. 5 vom 28. Januar 2000, S. 5.
102 Werner Moche – Leserbrief. In: taz vom 22. Januar 1990.
103 Siegfried Stadler: Brauner Rock, rote Socken. In: FAZ vom 14. Februar 1998.
104 Wilfriede Otto: Widerspruch und Widerstand in der SED. In: Ansichten, Bd. I, Bonn/Berlin 1993, S. 132.

4. Was Untersuchungen über die Integration von NSDAP-Mitgliedern beweisen

Die SED-Führung hat westliche Dokumentationen mit den Namen von ehemaligen Nazis in mehr oder weniger wichtigen Positionen der DDR-Gesellschaft zwar totgeschwiegen, aber keineswegs ignoriert. »Nach dem Erscheinen solcher Publikationen erfolgten durch die HA [Hauptabteilung] IX/11 umfassende Prüfungen zumeist im Rahmen speziell angelegter Vorgänge (SV 1/79, 3/82, 14/83 u. a.)« schrieben Generalmajor des MfS a. D. Dr. Karli Coburger und Oberstleutnant a. D. Dieter Skiba in ihrem Beitrag in »Die Sicherheit«. Jedoch: »Nicht in einem einzigen Falle konnte bei den namhaft gemachten ›Nazis in der DDR‹ ein Tatverdacht der Beteiligung an NS-Verbrechen zweifelsfrei nachgewiesen werden.«[105]

Und dennoch hat die SED-Spitze niemals dementiert. Das war die typische Vogel-Strauß-Methode der DDR: Tatsächlich oder scheinbar Unangenehmes wurde nicht öffentlich verhandelt. Das Schweigen wurde anderenorts als Schuldeingeständnis gewertet – vor allem nach 1990. Vorwurfsvoll merkte darum der ostdeutsche Historiker Mario Keßler an: »Die DDR-Presse führte, oft mit vielen Einzelheiten, die nationalsozialistische Vergangenheit prominenter Politiker und Wirtschaftsführer der Bundesrepublik an. Doch arbeiteten ehemalige Nazis auch in der DDR an verantwortlicher Stelle.«[106] An anderer Stelle geht Keßler sogar so weit zu erklären: »Es ist kaum zuviel gesagt, wenn man festhält, daß sich durch eine ›Dosis‹ Antisemitismus des Regimes *(gemeint ist die DDR – D. J.)* sogar ehemalige kleine Nazis, Mittäter (nicht Mitläufer!) der Hitlerdiktatur in gewisser Weise ›rehabilitiert‹ fühlen konnten. Dies kann man freilich nicht mit Zitaten belegen.«[107] Aber heutzutage ohne Beweisführung behaupten.

Die jungen PDS-Funktionäre Matthias Gärtner, Angela Marquardt und Halina Wawzyniak erklärten am 8. Mai 1999 in einem Zeitungsartikel, Nazis hätten in der DDR Karriere machen können: »Es stimmt, daß in der BRD die NS-Geschichte nie aufgearbeitet wurde, daß eine Karriere unter Hitler nicht hinderlich war für eine Karriere unter Adenauer. Aber – mal abgesehen davon, daß gerade letzteres auch in der DDR nicht zwangsläufig ein Manko darstellte – dies ist nur eine Seite der Medaille.«[108]

Die Gnade der späten Geburt schützt weder vor Unkenntnis noch vor der Gefahr, dem oberflächlichen Zeitgeist zu erliegen.

Hermann Weber betonte zwar, daß mit der rigorosen Ausschaltung der Nationalsozialisten aus dem öffentlichen und beruflichen Leben die SMAD »eine weitgehende Entnazifizierung« erreichte. Aber 1999 ging er hinter seine früheren Feststellungen zurück und erklärte, daß »in beiden deutschen Staaten ehemalige Nazis wieder Funktionen« erhielten. Es zeige sich, »daß auch in der DDR NS-Tradition und Militarismus durchaus noch Spuren hinterlassen hatten«.[109]

André Brie, einst stellvertretender PDS-Bundesvorsitzender und heute Europa-Parlamentarier, verstieg sich im Sommer 2000 in einem Interview gar zu der Behauptung, zu den Ursachen des Neofaschismus im Osten Deutschlands gehöre, daß »die DDR … einen Antifaschismus postuliert (habe), der nicht demokratisch erstritten wurde. In den konnte 1945 jeder problemlos reinschlüpfen.«[110]

Interne Analysen von SED-Organen und des MfS aus den 50er Jahren über die Anzahl ehemaliger NSDAP-Mitglieder in der SED, den Kampfgruppen oder/und Leitungsgremien der Volkseigenen Betriebe, veröffentlichte der *Spiegel* im Mai 1994 als Beleg für die These, wegen der inhaltlichen Gemeinsamkeiten von NSDAP und SED habe nur ein Stellungswechsel der Mitglieder von »Braun« nach »Rot« stattgefunden.[111] Das Nachrichtenmagazin verfuhr m. E. wie stets nach der Methode, nur jene Fakten zu bringen, die die eigene Hypothese stützen – Gegenteiliges wird weggelassen. In diesem Falle die kritische Wertung eben jener Gremien, die damals die Zahlen zusammengetragen hatten. Sie wiesen ausdrücklich auf die Gefahren einer solchen Personalkonzentration hin. Vor allem nach dem 17. Juni 1953 wurde untersucht, ob sich möglicherweise in der sozialen Zusammensetzung der Betriebskollektive und Herkunft der Mitglieder politischer Sprengstoff angehäuft hatte.

Abgesehen davon: An den Schalthebeln der Macht saßen jene Leute in der DDR nicht. Im Unterschied zur Bundesrepublik. »Unter den Kanzlern und Ministern in Bonn bildeten Widerstandskämpfer, Naziopfer und Emigranten die Ausnahme, in der Führungsspitze Ost-Berlins waren sie die Regel. Die Politiker der Bundesrepublik hatten in ihrer Mehrzahl das ›Dritte Reich‹ mitgetragen oder in irgendwelchen Nischen überstanden. Die Kommunisten hatten die größten Blutopfer gebracht; der Kampf und Widerstand gegen Hitler bildeten die prägende Erfahrung der Generation, die nach 1945 in Ost-Berlin an die Macht gelangte.« So urteilte Peter Bender.[112]

Die Totalitarismustheorie ist für die wissenschaftliche Analyse ebenso unbrauchbar wie das als »Vergleichen« getarnte heutige Gleichsetzen von »brauner« und »roter Diktatur« Die Fragwürdigkeit einer solchen Herangehensweise demonstrierte Hans Christoph Buch in der *taz* vom 3. Februar 1992. Um »Parallelen von Nazismus und Stalinismus« zu behaupten, meinte er, daß das »zeitweilige Bündnis« zwischen Hitler und Stalin »Ausdruck ihrer gegen die bürgerlichen Demokratien des Westens gerichteten Politik« gewesen sei. Diese These ist absurd.

Stalin – wie sehr man seine Sozialismusvorstellungen auch ablehnen und verurteilen muß – stand gegen die kapitalistische Gesellschaftsordnung, Hitler hingegen war nie ein Antikapitalist, weshalb er in seiner Rede zur Begründung des Ermächtigungsgesetzes auch erklärte: »Grundsätzlich wird die Regierung die Wahrnehmung der wirtschaftlichen Interessen des deutschen Volkes nicht über den Umweg einer staatlich zu organisierenden Wirtschaftsbürokratie betreiben, sondern durch stärkste Förderung der Privatinitiative unter Anerkennung des Privateigentums.«[115] Die Errichtung der faschistischen Diktatur durch Hitler stützte und schützte die Existenz des Kapitalismus in Deutschland, die am Ende der Weimarer Republik durch die bürgerliche Demokratie als Staatsform der politischen Herrschaft des Kapitals nicht mehr hinreichend gesichert zu sein schien.

Mindestens ebenso fragwürdig ist darum die Gleichsetzung einer Mitgliedschaft in der NSDAP und in der SED, die zum »Beweis« für die Nazifizierung der SED genommen wird. So wenig wie ehemalige NSDAP-Mitglieder, die einer der Blockparteien beitraten, diese nazifizierten, so gering war die »Faschismusgefahr«, die von jenen ausging, welche in verschiedenen Staatsorganen oder Institutionen der DDR tätig waren – als Angehörige der NVA, als Journalisten oder als Hochschullehrer. Abgesehen vom tatsächlichen Gesinnungswandel dieser Personen waren die gesellschaftlichen Verhältnisse, die ein Fortwirken nazistischen Gedankengutes zur Folge hätten haben können, grundsätzlich andere.

Der Berliner Strafrechtler Volkmar Schöneburg wurde dafür angegriffen, daß er die antifaschistische Legitimation der DDR verteidigte. Er hatte recht, wenn er in seinem Beitrag für das Handbuch »Die SED« meinte, daß »Rechtsdenken und Rechtspraxis ... 1945 in der SBZ als völliger Bruch mit der Theorie und Praxis des nazifaschistischen Staates«[114] verstanden wurden. Der Angriff gegen Schöneburg wurde von einem Rezensenten damit begründet, daß »der Name ihres *(der DDR – D. J.)* Generalstaatsanwalts Ernst Melsheimer ... im Handbuch zwar einmal genannt (wird), aber ohne jeden Hinweis auf seine NS-Vergangenheit; bei Schöneburg kommt er überhaupt nicht vor. Für ihn war – die Waldheimer Prozesse ausgenommen – ›die Durchführung der Mehrzahl der Prozesse gegen Nazi- und Kriegs- verbrecher unanfechtbar‹.«[115]

Ein Melsheimer – auf ihn komme ich später noch zurück –, der keine Nazi- und Kriegsverbrechen begangen hat, als »Beweis« für den Nazismus der DDR!

Fußnoten

105 Reinhard Grimmer/Werner Irmler/Willi Opitz/Wolfgang Schwanitz (Hg.): Die Sicherheit. Zur Abwehr- arbeit des MfS. Bd. 2, Berlin 2002, S. 480 f.
106 Mario Keßler: Die SED und die Juden, S. 139.
107 Mario Keßler: Zwischen Repression und Toleranz. In: Olaf Groehler/Mario Keßler: Die SED-Politik, der Antifaschismus und die Juden in der SBZ und der frühen DDR. hefte zur ddr-geschichte, Nr. 26, Berlin1995, S. 41 f.
108 Matthias Gärtner, Angela Marquardt und Halina Wawzyniak: »Grenzen einer Logik: Helmut Kohl ist kein Linksradikaler«. In: ND vom 8./9. Mai 1999.
109 Hermann Weber: Geschichte der DDR, München 1999, S. 62 f.
110 »Ohne uns gäbe es eine machtvolle rechte Partei« – Interview André Brie mit der »Berliner Zeitung«. In: Berliner Zeitung vom 7. August 2000.
111 Spiegel Nr. 19 vom 9. Mai 1994, S. 91.
112 Peter Bender: Episode oder Epoche? Zur Geschichte des geteilten Deutschland, 2. Aufl., München 1996, S. 35. Zit. nach: Kurt Finker: Zwischen Integration, S. 8 f.
113 Verhandlungen des Reichstags. VIII. Wahlperiode 1933. Bd. 457. Stenographische Berichte. 2. Sitzung vom 23. März 1933, S. 28.
114 Volkmar Schöneburg: Rechts- und Justizpolitik. In: Die SED. Ein Handbuch, Berlin 1997, S. 378.
115 Hannes Schwenger: Zwischen Schönreden und Enttäuschung. In: Tagesspiegel vom 8. Dezember 1997.

5. Wie sollte man nach 1945 mit Nazianhängern umgehen?

Wie war die Lage im Jahr 1945? Es gab einerseits Täter, die aktiv an den Verbrechen des deutschen Faschismus mitgewirkt und diesen erst möglich gemacht hatten. Andererseits gab es das Heer von Mitläufern, das der Nazipropaganda erlegen war Millionen Deutsche hatten sich der NSDAP angeschlossen, ohne selbst aktive Nationalsozialisten geworden zu sein. Sie stellten das Gros der Hitler-Anhänger. »Niemand wird ernsthaft behaupten, in der Zeit der Naziherrschaft habe es nennenswerte Unterschiede im Verhalten der Ost- und der Westdeutschen gegenüber dem Staat gegeben: Die begeisterte Zustimmung war im Schwarzwald wohl kaum schwächer als im Thüringer Wald, die Bereitschaft zur Unterordnung in Frankfurt am Main kaum kleiner als in Frankfurt an der Oder, der antifaschistische Widerstand in Sachsen genauso winzig wie der in Niedersachsen.«[116] In der Tat, die Geographie hatte noch nie primär Einfluß darauf, hinter welcher Fahne einer trottete.

Und es galt das Potsdamer Abkommen vom 2. August 1945 für ganz Deutschland. Die Gesetzgebung des Alliierten Kontrollrates und die Rechtsvorschriften der Besatzungsmächte für ihre Besatzungszonen zielten landesweit auf Überwindung des Nazismus und Militarismus. Das Ziel der alliierten Besatzungspolitik in Deutschland war neben der Entmilitarisierung und Demokratisierung die Entnazifizierung und die Bestrafung der Kriegsverbrecher.

Im Potsdamer Abkommen heißt es im Abschnitt III (Über Deutschland):

»5. Kriegsverbrecher und jene, die an der Planung oder Verwirklichung nazistischer Maßnahmen teilgenommen haben, die Gräueltaten oder Kriegsverbrechen nach sich zogen oder zum Ergebnis hatten, sind zu verhaften und vor Gericht zu stellen. Nazistische Führer, einflußreiche Nazianhänger und das leitende Personal der nazistischen Einrichtungen und Organisationen sowie alle anderen Personen, die für die Besetzung und ihre Ziele gefährlich sind, sind zu verhaften und zu internieren.

6. Alle Mitglieder der nazistischen Partei, die mehr als nominell an ihrer Tätigkeit teilgenommen haben, und alle anderen Personen, die

den alliierten Zielen feindlich gegenüberstehen, sind aus dem öffentlichen oder halböffentlichen Dienst und von verantwortlichen Posten in wichtigen Privatunternehmen zu entfernen. Diese Personen müssen durch Personen ersetzt werden, die nach ihren politischen und moralischen Eigenschaften für fähig befunden werden, an der Entwicklung wahrhaft demokratischer Einrichtungen in Deutschland mitzuwirken.«[117]

Der Alliierte Kontrollrat bestimmte am 20. Dezember 1945 mit dem Kontrollratsgesetz Nr. 10 die Tatbestände der Kriegsverbrechen, Verbrechen gegen Frieden oder die Menschlichkeit sowie die Strafen für diese Verbrechen,[118] definierte am 12. Januar 1946 diesen Personenkreis genauer[119] und erließ am 12. Oktober 1946 eine gemeinsame Richtlinie für ganz Deutschland, nach der die Kriegsverbrecher, Nationalsozialisten, Militaristen und Industriellen, die das nationalsozialistische Regime gefördert und gestützt hatten, bestraft bzw. beurteilt werden sollten.[120] Die Direktive Nr. 38 unterschied fünf Gruppen: »1. Hauptschuldige, 2. Belastete (Aktivisten, Militaristen und Nutznießer), 3. Minderbelastete (Bewährungsgruppe), 4. Mitläufer, 5. Entlastete (Personen der vorstehenden Gruppen, welche vor einer Spruchkammer nachweisen können, daß sie nicht schuldig sind).«[121] Der Entnazifizierung im eigentlichen Sinne wurden die Angehörigen der Kategorien 2 bis 4 unterworfen. Einerseits ging es um die Bestrafung der Naziverbrecher und andererseits um die Läuterung und Integration der Mitläufer in die neue, zunächst durchaus in allen Besatzungszonen antifaschistisch geprägte Gesellschaft. Der Historiker Wolfgang Benz schreibt, daß die Entnazifizierung in der Praxis bereits vor dem Erlaß der Kontrollratsdirektive in Gang gekommen sei, wobei die vier Alliierten in ihren Besatzungszonen unterschiedlich verfuhren. »Die Briten handhaben das Problem am laxesten, in der französischen Zone gab es regionale Unterschiede, in beiden Zonen wurde die Entnazifizierung pragmatisch betrieben mit dem Ziel, die Funktionseliten auszuwechseln. In der sowjetischen Besatzungszone wurde am konsequentesten entnazifiziert und die Prozedur am schnellsten beendet, sie stand auch in engem Zusammenhang mit dem Umbau des ganzen Gesellschaftssystems, wie ihn die sowjetische Besatzungsmacht betrieb. Ende 1946 wurde zoneneinheitlich verfahren, NSDAP-Mitglieder, die mehr als nominell aktiv gewesen waren, wurden mit Entlassung aus öffentlichen Ämtern und anderen wichtigen Stellungen bestraft, zusätzlich mußten, je nach Kategorie, Arbeits-, Sach- und Geldleistungen erbracht, Kürzungen der Versorgungsbezüge, Einschränkung der Versorgung hingenommen werden, und die politischen Bürgerrechte wurden entzogen. Auch nur nominelle Nazis (›Mitläufer‹) durften nur nachrangig beschäftigt werden. Die letzte Phase der Entnazifizierung begann in der Ostzone im August 1947, als die Sowjetische Militäradministration befahl, mit dem Ziel der baldigen Beendigung (Frühjahr 1948) die Rehabilitierung der Minderbelasteten zu betreiben. Das Ziel war mit der Räumung wichtiger Positionen im öffentlichen Dienst, der Industrie und Wirtschaft erreicht.

Im Gegensatz zu den Westzonen blieben Entlassungen auf zwei Gebieten definitiv. Die innere Verwaltung war von ehemaligen Nationalsozialisten vollständig gesäubert worden, ebenso die Justiz. Dort hatte man 90 Prozent des Personals entlassen, die Mühen, ganz neue Leute auszubilden, und die daraus entstehenden Engpässe nahm man bewußt in Kauf.«[122] In der amerikanischen Zone, so Benz weiter, wurde ein riesiger bürokratischer Aufwand betrieben. 13 Millionen Fragebögen wurden ausgefüllt, deren Auswertung und Folgen in keinem Verhältnis zum Aufwand stand. »Ab Frühjahr 1948 wurde die Entnazifizierung, im Zeichen von Kaltem Krieg und Wiederaufbau, in der US-Zone hastig zu Ende gebracht. Diskreditiert blieb das Säuberungsverfahren in jedem Fall, auch deshalb, weil überall Fachleute durchkamen, die für bestimmte Funktionen unentbehrlich schienen.«[123]

Fußnoten

116 Jurek Becker: Der Defekt ist der Normalfall. In: S, Nr. 36 vom 6. September 1993, S. 86.
117 Mitteilung über die Berliner Konferenz der drei Mächte (2. August 1945). In: Die Potsdamer (Berliner) Konferenz der höchsten Repräsentanten der drei alliierten Mächte – UdSSR, USA und Großbritannien (17. Juli–2. August 1945). Dokumentensammlung, Moskau/Berlin 1986, S. 404 f.
118 Gesetz des Kontrollrats Nr. 10 vom 20. Dezember 1945 »Bestrafung von Personen, die sich Kriegsverbrechen, Verbrechen gegen Frieden oder gegen die Menschlichkeit schuldig gemacht haben«.
119 Direktive des Kontrollrats Nr. 24 vom 12. Januar 1946 »Entfernung von Nationalsozialisten und Personen, die den Bestrebungen der Alliierten feindlich gegenüberstehen, aus Ämtern und verantwortlichen Stellungen«.
120 Direktive des Kontrollrats Nr. 38 vom 12. Januar 1946 »Verhaftung und Bestrafung von Kriegsverbrechern, Nationalsozialisten und Militaristen und Internierung, Kontrolle und Überwachung von möglicherweise gefährlichen Deutschen«.
121 Direktive Nr. 38 des Kontrollrats, Abschnitt II, Artikel I »Gruppen der Verantwortlichen«.
122 Wolfgang Benz: Entnazifizierung. In: Wolfgang Benz (Hg.): Legenden, Lügen, Vorurteile. Ein Wörterbuch zur Zeitgeschichte, 3. Aufl., München 1993, S. 70.
123 Wolfgang Benz: Entnazifizierung, S. 71.

6. Warum im Westen auch Naziaktivisten »integriert« werden konnten

Es war insofern kein Kunststück, die aktiven wie passiven Nazis für die westzonale und später bundesdeutsche Demokratie zu gewinnen. Beide Gesellschaftsordnungen, die vor 1945 und die nach 1945, fußten auf demselben Wirtschaftssystem. Das »Bertelsmann Lexikon Geschichte« bestätigt das auch ausdrücklich. Faschismus ist »ein politisches System, das gekennzeichnet ist durch antiparlamentarische, oft antisemitische, totalitäre Führerstaatstendenzen und sich vielfach einer sozialrevolutionären Ausdrucksweise bedient. Der an die Macht gelangte Faschismus läßt jedoch die bestehende Gesellschaftsordnung grundsätzlich unangetastet. ... Der herrschende Faschismus sucht ... den Ausgleich mit dem Großkapital, während er demokratisch-unabhängige Arbeiterorganisationen (Gewerkschaften, Arbeiterparteien) zerstört bzw. verbietet.«[124] Genau diese Hintergründe und Zusammenhänge waren grundsätzlicher Bestandteil der Erforschung des Faschismus durch die DDR-Geschichtswissenschaft. Es mutet eigenartig an, wenn zu lesen ist, daß die »Geschichtsinterpretationen und historischen Instrumentalisierungen der SED-Führung ... nicht nur eine spezifische – sozialistische – DDR-Identität aufbauen (sollten), sie mußten gleichzeitig die offene Auseinandersetzung mit der NS-Vergangenheit verhindern und zusätzlich das eigene System legitimieren.«[125] Felix Philipp Lutz, der Verfasser des zitierten Beitrages, behauptet weiter, daß mit dem »selbstgerechten moralischen Anspruch der DDR, ein antifaschistischer Staat zu sein, ... der Aufgabe der Vergangenheitsbewältigung des Nationalsozialismus entsagt (wurde). Die Rechtsnachfolge Deutschlands bzw. des Dritten Reichs wurde von der Bundesrepublik beansprucht, die DDR leistete in keiner Weise Wiedergutmachung, weder moralisch noch finanziell. Die Nazi-Vergangenheit wurde praktisch aus der politischen Kultur ausgeblendet, sie wurde externalisiert und auf die Bundesrepublik übertragen.«[126]

Lutz disqualifiziert sich als Historiker allein mit der Bemerkung, die DDR habe weder moralisch noch finanziell Wiedergutmachung geleistet. Deutschland war in Potsdam zur Zahlung von Reparationen verpflichtet worden. Und nachdem diese Art von Wiedergutmachung an die Sowjetunion und Polen von den Westzonen bzw. der Bundesrepublik nicht mehr geleistet wurde, mußte die SBZ/DDR auch noch diese Forderungen übernehmen. Über Saldo bedeutete dies: Bis 1980 leistete die BRD Wiedergutmachung in Höhe von 43 Milliarden Mark – die DDR war mit 66 Milliarden Mark belastet. Auf die Bevölkerungszahl bezogen brachte Ostdeutschland bis dahin »etwa das Fünffache an Wiedergutmachung auf«.[127] Laut Brockhaus Enzyklopädie betrugen die Reparationen an die Westmächte 517 Mio. Dollar (Handelsflotte, Auslandswerte, Erträge von Demontagen). »Die UdSSR zog nach westl. Angaben Reparationsleistungen im Wert von 13 Mrd. Dollar aus ihrer Besatzungszone (Demontagen, Beschlagnahmen, Lieferungen aus der laufenden Produktion).«[128] Demzufolge zahlte die SBZ/DDR an die Sowjetunion etwa 22mal soviel »Wiedergutmachung« wie Deutschland insgesamt an die Westmächte. Nun kann man der Sowjetunion möglicherweise vorwerfen, daß sie in bezug auf ihren späteren Bundesgenossen die falsche Politik betrieben habe – aber man kann der DDR gewiß nicht vorhalten, keine Wiedergutmachung geleistet zu haben für die Verbrechen des Hitlerreiches.

Allerdings räumt das »Handbuch zur deutschen Einheit« 1996 ein, daß in der BRD die Vergangenheitsbewältigung im Laufe der Jahre auf vielfältige Weise vorangetrieben worden sei, »doch die justitielle Aufarbeitung muß kritisch gesehen werden«.[129] Für die BRD ein folgenloses Eingeständnis. Dafür korrigierte man diesen »Fehler« seit 1990 in der juristischen Auseinandersetzung mit den Bürgern der DDR.

In der DDR beging man diese Form der Aufarbeitung bei der »Vergangenheitsbewältigung« nicht. Die Naziaktivisten wurden politisch und ökonomisch entmachtet und – soweit sie greifbar waren und ihnen Verbrechen nachgewiesen werden konnten – auch strafrechtlich zur Verantwortung gezogen. Die sozialökonomischen Wurzeln des Faschismus wurden analysiert und nach Feststellung der Verantwortlichkeit des deutschen Großkapitals auch die entsprechenden Konsequenzen gezogen.

»Vergangenheitsbewältigung« erfolgte also auf unterschiedlichen Ebenen. Die eine: eine ideologische »Entgiftung« der Massen, die Beseitigung der Naziideologie. Die andere: die ökonomische und politische Macht des Kapitals zu brechen sowie grundsätzliche sozialökonomische Veränderungen vorzunehmen. Insofern mutet es sehr kühn an, wenn der bereits zitierte Lutz behauptet: »Der Nationalsozialismus ... spielt in der ehemaligen DDR nur ein untergeordnete Rolle, auch ist der Umgang mit der NS-Zeit offener und unverkrampfter als in der alten Bundesrepublik. Die SED-Ideologie mit ihrem Selbstverständnis von der DDR als antifaschistischem Staat hat sich im Selbstbewußtsein der Bevölkerung niedergeschlagen. ... Für viele ist der Antifaschismus der legitimatorische Steinbruch, aus dessen Reservoir der Glaube an das prinzipiell Gute in der ehemaligen DDR abgeleitet wird. Die DDR wird als das Land betrachtet, das aus der Widerstandsbewegung hervorgegangen ist und einen konsequenten Bruch mit der NS-Vergangenheit vollzogen hat, was für die alte Bundesrepublik so nicht zutreffe.«[130] Und anderswo heißt es bei ihm: »Zusammen mit dem Mythos des Antifaschismus und anderem SED-Gedankengut wird einerseits eine endgültige Aufarbeitung des Nationalsozialismus blockiert und andererseits eine Tendenz zur Verklärung des SED-Staats deutlich.«[131] Der Antifaschismus ist in der Tat eine Säule der historischen Legitimation der DDR. So kommt es, daß Lutz einerseits manches richtig erkennt, doch andererseits dafür die falschen Gründe annimmt.

Von den soziökonomischen Gründen des Faschismus

Die sozialökonomischen Ursachen des Faschismus, die Verantwortung des deutschen Kapitals für Nazi-Diktatur und Krieg, waren und sind kein Schulstoff in der Bundesrepublik. Der gesellschaftliche Kontext wird (wie auch bei anderen Themen) ausgeklammert. Männer machen Geschichte, und darum werden auch deutsche Katastrophen individualisiert. Schuld war Hitler.

Es wird zuweilen darüber gestritten, in welchem Umfang das deutsche Großkapital die Nazibewegung vor 1933 und ab wann intensiv unterstützt hat und ob das Überleben der NSDAP während der Weimarer Republik zeitweilig nur durch die Beiträge ihrer Mitglieder gesichert worden ist. Aber daß die faschistische Herrschaftsausübung eine Form der Systemerhaltung des deutschen Kapitalismus war, wird nicht debattiert oder gar gelehrt.

Das aber ist der entscheidende Grund dafür, daß die Akteure dieser politischen Macht ohne größere Probleme in das Herrschaftsgefüge der kapitalistischen Bundesrepublik integriert werden konnten und selbst nicht wenige der von den Alliierten verurteilten Nazi- und

Kriegsverbrecher seitens des bundesdeutschen Staates wohlwollend schonende Behandlung erfuhren. »Die 50er Jahre brachten das Kunststück zustande, die ehemaligen Nazis zu integrieren und zugleich die politische und ökonomische Verfassung der Bundesrepublik zur Negation des Nationalsozialismus zu erklären. Es galten, zumal unter den Bedingungen des heraufziehenden Kalten Krieges, die ermäßigten Maßstäbe der politischen Zweckrationalität«, meint zutreffend Helmut König 1992.[132] Und Gerd Irrlitz schrieb von einer »Periode konservativer Versiegelung der NS-Vergangenheit, mit der die Westrepublik die Rückkehr zum parlamentarischen Verfassungsstaat begann.«[133] So läßt sich auch umschreiben, was damals geschah.

Den Nachgeborenen schien es in den 50er, 60er Jahren angezeigt, nicht nach der Vergangenheit ihrer Lehrer zu fragen. Der *Spiegel* höhnte 1998 im Zusammenhang mit der »verspäteten« Aufdeckung des Wirkens bundesdeutscher Historiker wie Theodor Schieder[134], Werner Conze und Hermann Aubin in der Nazizeit: »Seit 50 Jahren versuchen ganze Heerscharen von Historikern herauszufinden, wie es zum Holocaust kam. Auf die Spuren der damals dienstbaren Geister in der eigenen Zunft sind sie mit großer Verspätung gestoßen – aus naheliegenden Gründen. Wer nach dem Zweiten Weltkrieg als Nachwuchshistoriker in der Vergangenheit der Lehrstuhlinhaber wühlte, gefährdete sein Fortkommen.«[135]

Wie durchgreifend konnte die westdeutsche »Vergangenheitsbewältigung« eigentlich sein, wenn die politisch Handelnden des Nazireiches nach einer mehr oder weniger kurzen »Besinnungszeit« in der BRD wieder ein reiches Betätigungsfeld fanden?! Die Urteile nunmehr »demokratisch« geläuterter ehemaliger Nazirichter gegen Kommunisten und linke Demokraten in den 50er und 60er Jahren beantworten diese Frage eindeutig. Nach einer relativ kurzen Periode der Verurteilung von Naziverbrechern durch die Alliierten tat die deutsche Neudemokratie in den Westzonen und später in der BRD den Nazis – von wenigen Ausnahmen abgesehen – grundsätzlich nichts mehr. Der kalte Krieg hatte dieses Kapitel beendet. »Gerade der westliche Schulterschluß gegen die rote Diktatur verleitete nicht wenige Deutsche dazu, die braune Diktatur nur selektiv aufzuarbeiten. Deutsche Verbrechen wurden gegen die Greueltaten der Roten Armee, deutsche Vernichtungsaktionen gegen die Bombardierung Hiroshimas und Nagasakis oder Dresdens und Hamburgs gestellt. Abrechnungen wurden zu Aufrechnungen.«[136]

Für die Nazis in Bonner Diensten mag generell gelten, was Robert

Jay Lifton für die von ihm interviewten früheren NS-Ärzte konstatierte. Kein einziger von ihnen kam, so Lifton, »zu einer klaren moralischen Bewertung dessen, was er getan hatte und wovon er ein Teil gewesen war. Sie konnten Vorfälle außerordentlich detailliert beschreiben, ja sogar ihre Gefühle mit einbeziehen und im allgemeinen mit erstaunlicher Offenheit reden – aber nahezu wie unbeteiligte Dritte. Die Erzähler waren in moralischer Hinsicht eigentlich nicht dabeigewesen.«[137] »Trauerarbeit«[138], wie sie von den Mitscherlichs benannt worden war, wurde von diesen Leute weder gefordert noch geleistet.

Der US-amerikanische Hohe Kommissar, John McCloy, äußerte am 17. November 1949 gegenüber Adenauer: »Wir haben von Zeit zu Zeit Gelegenheit gehabt, uns ernsthaft Sorge zu machen über die Rückkehr von führenden Persönlichkeiten der früheren Naziperiode in bedeutende Positionen.« Adenauer erwiderte: »Ich verstehe die Sorgen, und ich muß sagen, daß ich mich manchmal innerlich sehr über gewisse Vorgänge ärgere. Wenn ich zum Beispiel sehe, daß der Gründer der Gestapo, der früherer Regierungspräsident Diehls von Köln, jetzt in Düsseldorf seine Memoiren erscheinen läßt, … so bedauere ich sehr, daß die Bundesregierung keine größeren Rechte hat, dagegen etwas zu unternehmen. Ich habe mich allerdings auch sehr gewundert, daß dieser Herr Diehls viele Monate lang Gast der alliierten Regierungen in Nürnberg gewesen ist.« Worauf McCloy erwiderte: »Wenn Sie wieder einmal hören, daß wir mit einem Vertreter der Gestapo Feste feiern, bitte ich Sie doch, mich rechtzeitig zu benachrichtigen.« »Ich versicherte«, so Adenauer, »daß ich das mit dem größten Vergnügen tun werde.«[139] Wir können unterstellen, daß es Adenaue in diesem Falle weniger um den Ruf der Amerikaner ging, der durch derart zwielichtige Gäste Schaden nahm. Es war der diplomatisch verklausulierte Hinweis darauf, daß den Amerikanern nicht das Recht zustünde, die Deutschen in ihrer Haltung zu kritisieren. Was der Besatzungsmacht zustand, stand den Deutschen allemal zu.

Die ideologischen Grundlagen der »Integration« von Nazis

Adenauer und die Seinen machten den Westalliierten deutlich, daß es die antikommunistische Frontbildung erforderte, die »alten Kameraden« nicht mehr zu verfolgen. Deren Geisteshaltung kann an der sogenannten Generalsdenkschrift, den eidesstattlichen Erklärungen der chargierten Wehrmachtsangehörigen zum Nürnberger Hauptkriegsverbrecherprozeß und an weiteren Veröffentlichungen über die

Kriegszeit nachvollzogen werden.[140] Zur beabsichtigten Wirkung derartiger Veröffentlichungen auf die »Konsumenten dieser Literatur« schreibt der renommierte Faschismusforscher Kurt Pätzold, daß diese »weit um die Fragen nach Kontinuität und Diskontinuität deutscher Geschichte herumgeleitet und direkt in die Befehlsstände und -wagen der Generale und Offiziere hineingeholt und gleichsam animiert (wurden), das Kriegsgeschehen aus dem Sehschlitz eines Panzers zu betrachten.«[141] Und diese Panzer hatten gegen den »asiatischen Bolschewismus« gekämpft, der nunmehr bedauerlicherweise als Sieger in einem großen Teil Europas erschien. »Das strategische Interesse der USA an einem deutschen Wehrbeitrag kam ihr *(der Bundesregierung – D. J.)* jedoch zu Hilfe, denn die Militärs der ersten Stunde forderten ganz selbstverständlich: Ohne Freilassung der wegen Kriegsverbrechen verurteilten Kameraden kein deutscher Wehrbeitrag!«[142]

Die in der Nazizeit aktiven und antikommunistischen Eliten durften nicht weiter ins Abseits gestellt und ausgewechselt werden. Und diese »Eliten« waren sich der Tatsache des verordneten Antikommunismus wohl bewußt.

Harry Haffner, nach Freisler Chef des berüchtigten Volksgerichtshofes, hatte nach 1945 lange Zeit unter falschem Namen gelebt – nach eigenen Angaben mit Wissen eines Justizministers, eines Innenministers und des Verfassungsschutzes. 1953 teilte er dem Oberstaatsanwalt in Kassel mit, er sei der NSDAP am 1. Mai 1933 aus der Überzeugung beigetreten, daß die »NSDAP die einzige Partei sei, die dem Vordringen des Kommunismus Einhalt bieten könne, und zwar in letzter Stunde«.[143] Das tat er wohl, weil unterstellt wurde, daß der Oberstaatsanwalt genau diese Haltung teilte.

Der pathologische Antikommunismus/Antisowjetismus wurde und wird gemeinhin mit den stalinistischen Verbrechen begründet. Aber man war doch schon antikommunistisch, als es die Lager in der Sowjetunion und die Massengräber bei Katyn noch nicht gab! Der Kampf gegen die revolutionäre Sozialdemokratie und später gegen die Kommunistische Parteien war kein Kampf für die Durchsetzung von Demokratie und Menschenrechten, sondern ein Kampf gegen jene, die die Allmacht des Kapitals brechen und eine menschenwürdige, gerechte Gesellschaft schaffen wollten. Insofern wurzelt diese Haltung tief in der deutschen Geschichte, auch wenn ihr stets ein aktuelles Mäntelchen umhängt. Und eine Spielart des latenten Antikommunismus (»Schlagt ihre Führer tot!« hieß es am Anfang 1919) war der Antisowjetismus. Denn in Rußland war 1917 erstmals eine nichtkapitalistische Gesellschaft gegründet worden. Daß der Aufbau eines sozialistischen Staats im Laufe von mehr als sieben Jahrzehnten riesige Opfer kostete, daß der Stalinschen Politik viele Menschen zum Opfer fielen, steht auf einem anderen Blatt. Auf dem Blatt, das hier zur Debatte steht, ist festgehalten: Die Sowjetunion hat die weltweite Spielwiese des Großkapitals um ein Sechstel reduziert. Sie hat ihm Absatzmärkte und Rohstoffe einfach weggenommen. Anderes außer dieser Feststellung war nur Propaganda. Das Wesen der Auseinandersetzung hat Bertolt Brecht 1935 auf dem Ersten Internationalen Schriftstellerkongreß zur Verteidigung der Kultur kurz, aber treffend benannt: »Kameraden, sprechen wir von den Eigentumsverhältnissen!«[144]

Und deshalb fielen zu Beginn der 20er Jahre die Armeen jener Staaten in Sowjetrußland ein, deren Konzerne man enteignet hatte. Und darum rollten 1941 deutsche Panzer über den Bug. Und darum verbündeten sich nach 1945 die geschlagenen Deutschen mit den 1917 geschlagenen Briten, Franzosen und Amerikanern in einer gemeinsamen Front des kalten Krieges gegen die Sowjetunion und deren Verbündete.

Wer das weiß, der findet es – im Unterschied zu manch westdeutschen Zeitgenossen – keinesfalls verwunderlich, daß die Frage angeblich noch immer »unbeantwortet (sei), warum nach dem Krieg so viele ehemalige Gestapomitarbeiter, Mitarbeiter des Reichssicherheitshauptamtes *(RSHA – D. J.)* und der NS-Sondergerichtsbarkeit sowie einstige Kriegsgerichtsräte wieder zu Amt und Würden kamen und warum kaum Gerichtsverfahren zur justiellen Aufarbeitung der NS-Gewaltverbrechen stattfanden«.[145] So formulierte 1994 Beate Mazzi ihr Erstaunen, als sie über die Bemühungen der Ministerin für Wissenschaft, Forschung und Kultur von Schleswig-Holstein, Marianne Tidick, berichtete, die Nazizeit in Schleswig-Holstein aufzuarbeiten. Man wechselte die Kappen, nicht aber die Gesinnung.

Gideon Hausner, Generalstaatsanwalt Israels und Ankläger im Jerusalemer Eichmann-Prozeß, schrieb über die Verhandlung vor dem Berufungsgericht im März 1962. Er machte auf die Kontinuität beim Geschäftemachen aufmerksam. Bruchlos liefen Unternehmerkarrieren nach 1945 weiter. Wer davor wußte, wie Geld und politisches Kapital zu beschaffen waren, der wußte es auch danach. Und war wieder mit dabei. Die »Kleinen« fing man, die »Großen« ließ man laufen. »Mit bitteren Worten verglich Dr. Servatius Eichmanns Situation auf der Anklagebank in Jerusalem mit der Kurt Bechers, der inzwischen so reich geworden war, daß er viele Millionen deutscher Mark an Vermögenssteuer zahlte. Dafür, erklärte der Verteidiger, habe Eichmann kein Talent. Auch besitze er nicht die Gewandtheit eines Veesenmayer, der ›alles vergaß‹, oder die Schlauheit und das Geschick des Professors Six, der es verstanden hatte, sich trotz all seiner dunklen Taten in der Vergangenheit in eine geachtete Stellung im heutigen Deutschland zu manövrieren. Bei diesem Argument hatte Dr Servatius meine volle Sympathie. Es ist in der Tat empörend, wie viele an den Nazigräueln aktiv Beteiligte praktisch straflos davongekommen sind.«[146]

Deutsche Generäle haben die Erfahrung des Kampfes mit den Russen

Konrad Adenauer hatte den »westlichen Freunden« unentwegt deutlich gemacht, daß es für die Wiederaufrüstung in Westdeutschland zwingend sei, die »Diffamierung des deutschen Soldaten« aufzugeben und eine »befriedigende Regelung der Frage (zu finden), wie mit den teils zu Recht, teils zu Unrecht wegen Kriegsverbrechen verurteilten Personen zu verfahren sei.«[147] Am 16. November 1950 bat Adenauer »um die schnellstmögliche Beendigung aller Kriegsverbrecherprozesse und die Umwandlung aller noch nicht vollstreckten Todesurteile in Freiheitsstrafen.«[148]

Am 5. April 1951, kein halbes Jahr später, legte der Bundeskanzler nach und empfahl den Hohen Kommissaren laut seinen »Erinnerungen«: »Jede Armee habe ihre eigenen Methoden; das gelte insbesondere von den Russen. Nun habe aber weder ein amerikanischer noch ein französischer noch ein englischer General bisher mit den Russen gekämpft. Die deutschen Generäle hätten darin Erfahrungen.«(!) Es sei zu erwägen, »ob es nicht gut wäre, wenn diese Experten mit ihrem sachverständigen Urteil von den maßgebenden westalliierten militärischen Stellen herangezogen würden.«[149]

In einer Unterredung mit dem US-Außenminister John Foster Dulles am 7. April 1953 bekräftigte Adenauer seinen Standpunkt und erklärte, daß es die künftige Rekrutierung erschweren würde, »falls Leute, denen Kriegsverbrechen nicht nachgewiesen seien, weiterhin in Gefängnissen säßen. Bei dem Aufbau des deutschen Verteidigungskontingentes würden zunächst 60.000 bis 70.000 Freiwillige, vor allem Spezialisten, gebraucht. Es würde schwer sein, hier die besten Leute zu bekommen, falls bis dahin nicht Erleichterungen einträten.«[150] Bekanntlich ließen sich die Westalliierten darauf ein. Den verurteilten Kriegsverbrechern wurde Gnade zuteil.

Auf entsprechende Vorhaltungen erklärte der Staatssekretär und Bundespressechef von Eckardt, die Rolle einer Armee in Deutschland hänge nicht davon ab, von welcher Art von Generälen sie geführt werde, sondern von der parlamentarischen Kontrolle, die über sie ausgeübt werde. Der DDR-Außenminister Otto Winzer reagierte darauf polemisch: »Wie sieht denn die parlamentarische Kontrolle in der Bundesrepublik aus? Da gibt es oder gab es eine berühmte Einrichtung, den sogenannten Personalgutachter-Ausschuß. Von den 38 Mitgliedern dieses Personalgutachter-Ausschusses sind 16 hohe Offiziere und Generale in der Naziwehrmacht gewesen. ...Wundern Sie sich da, daß die überwiegende Mehrzahl der Generale der Bundeswehr Generale in der Hitlerwehrmacht waren und daß nicht ein einziger darunter ist, der kein hoher Hitleroffizier war?«[151]

Der Umgang mit den DDR-Eliten nach 1990 war selbstverständlich ein anderer. Sie waren als Akteure einer nichtkapitalistischen Gesellschaftsordnung nicht gefragt. Die faschistischen deutschen Generäle hatten den Kapitalismus nicht in Frage gestellt, wie das die DDR-Generale taten. Der »Austausch der Eliten« wurde folgerichtig von politischer Strafverfolgung begleitet.

Die Methodik der »entnazifizierenden Integration«

Der Bundestag hatte am 15. Dezember 1950 Empfehlungen an die Bundesländer für eine einheitliche Beendigung des Entnazifizierungsverfahrens gegeben. In den einzelnen Bundesländern wurden Entnazifizierungs-Schlußgesetze erlassen, das letzte verabschiedete Bayern am 15. Dezember 1954.

Der Bundestag beschloß am 11. Mai 1951 das »Gesetz zur Regelung der Rechtsverhältnisse der unter Art. 131 des Grundgesetzes fallenden Personen«.[152] Es hatte zur Folge, daß beispielsweise im Land Schleswig-Holstein im Februar 1954 ungefähr 6000 ehemalige Angehörige des öffentlichen Dienstes aus der NS-Zeit wieder im Regierungsdienst arbeiteten. Die Vorgabe des Paragraphen 13 des 131er Gesetzes, wonach mindestens 20 Prozent der Gesamtzahl der Planstellen für Altnazis bestimmt sein mußten (nicht etwa konnten), war damit weit übererfüllt. Die Quote lag bei 50 Prozent.[153]

Am Ende zeigte sich, daß die Zahl der ehemaligen Mitglieder der NSDAP, die in den Ämtern der BRD beschäftigt waren, größer war als die Zahl der NSDAP-Mitglieder in Ämtern des Dritten Reiches.

Hingegen wurde »ein Teil des deutschen Widerstandes gegen Hitler unter Ausnahmerecht gestellt«, schreibt 1993 Conrad Taler. »Gleichzeitig (konnten) alte Nazis in führende Positionen zurückkehren …, angefangen von mordverdächtigen ehemaligen SS-Leuten bei Polizei und Verfassungsschutz über ehemalige Blutrichter Hitlers im Justizdienst bis hin zum Mitverfasser des amtlichen Kommentars zu den Nazi-Rassegesetzen, Hans Globke, im Bundeskanzleramt und den ehemaligen NSDAP-Mitgliedern im Auswärtigen Amt. Rund 85 Prozent der einstigen mittleren und hohen NSDAP- und SS-Funktionäre, soweit sie vor 1933 Beamte waren oder von der braunen Diktatur in Schlüsselstellungen gesetzt worden waren, bekamen wieder ihre vollen Pensionen, unter ihnen auch der Ankläger im Prozeß gegen die Männer des 20. Juli, Oberreichsanwalt Lautz, Hitlers Justizminister Schlegelberger und alle sonstigen blutbefleckten NS-Juristen.

Die Summe der Pensionszahlungen an diesen Personenkreis übertraf im Bundeshaushalt 1958 fast um die Hälfte den Betrag aller Wiedergutmachungsleistungen an Opfer des NS-Regimes nach dem Bundesentschädigungsgesetz.«[154]

Norbert Frei meinte, daß es zu den verbreiteten Irrtümern bei der Beurteilung der »131er«-Gesetzgebung gehöre, alle Wiedereingestellten seien politisch belastet gewesen.[155] Tatsächlich waren nicht alle belastet, aber sie wurden auch nicht dazu angehalten, die objektiv vorhandene Kontinuität ihre antikommunistisch geprägten Gesinnung abzulegen. Dem Grunde nach sieht auch Frei das, wenn er darauf aufmerksam macht, daß jene äußerst zögerlich in die neue nachfaschistische Gesellschaft integriert worden wären, die nach den Verfolgungen durch das Naziregime Anspruch auf Wiedergutmachung hätten, der sogar gesetzlich fixiert worden wäre – pikanterweise an demselben Tag, an dem die »131er«-Gesetzgebung zur Entlastung der Nazis beschlossen wurde.[156]

Geht man von den Zahlen aus (mit der »131er«-Gesetzgebung zogen ungefähr 30.000 Nazis in die Amtsstuben der BRD), dann wird sichtbar, daß nicht die Integration ehemaliger NSDAP-Mitglieder und anderer Mitläufer das eigentliche »Ärgernis« war, sondern die Tatsache, daß auch und vor allem Nazi- und Kriegsverbrecher in einflußreichen Positionen wieder das Sagen bekamen.

Die DDR kritisierte das scharf. Aber es wurden in ihren Veröffentlichungen ausschließlich Nazi- und Kriegsverbrecher angeprangert. Die Millionen ehemaliger NSDAP-Mitglieder, die ihren Platz in der bundesdeutschen Gesellschaft gefunden hatten und verschiedene Berufe und Tätigkeiten ausübten, wurden aus gutem Grund ignoriert. Es ging immer um rund 3.000 Personen, gegen die sich die juristischen und propagandistischen Angriffe richteten, darunter Blutrichter und -staatsanwälte.

1956 hatten 80 Prozent der am Bundesgerichtshof tätigen Richter bereits im Justiz- und Staatsdienst des Dritten Reiches gearbeitet. Nach offiziellen Angaben aus dem Jahre 1960 amtierten etwa 70 Prozent aller Richter und Staatsanwälte schon unter Hitler.

Aus dem Auswärtigen Dienst des NS-Staates übernahm das Bonner Auswärtige Amt 83 Botschafter und Abteilungsleiter, was immerhin 84 Prozent des Personals ausmachte. »Ähnlich hoch war der Anteil einstiger Beamter des Hitlerstaates unter den Ministerialdirigenten und Ministerialräten im Bundesinnenministerium. Auch die Bundeswehr, der Justiz- und Polizeiapparat übernahmen jene schuldbeladenen Erfüllungsgehilfen Hitlers«, recherchierte der Publizist Hans George.[157] »Im Mai 1959 zählte die Bonner Wehrmacht 139 Generale und Admirale. Alle 139 waren schon in der Hitler-Wehrmacht hohe Offiziere gewesen. Alle haben sie sich, teilweise in den höchsten Stellen, bis 5 Minuten nach zwölf an Hitlers Weltherrschaftsplänen aktiv beteiligt.«[158]

Zu den bemerkenswertesten Publikationen dieses Themas gehört das Buch von Dieter Schenk »Die braunen Wurzeln des BKA«.[159] Der Autor, Honorarprofessor und selber früherer Kriminaldirektor beim BKA, erklärte im Dezember 2001 anläßlich der Herausgabe seines Buches über die braune Vergangenheit des BKA in einem Interview im Kanal 3sat, das Braunbuch der DDR habe »nur einen Makel: Es untertreibt.« Diese Aussage bezieht sich auf die Anzahl der dort aufgelisteten Nazis in Bonner Diensten. Schenk betonte, man wisse heute, »daß das ›Braunbuch‹ nicht annähernd alle einschlägigen Namen aufführt, was sich unter anderem dadurch erklärt, daß den DDR-Historikern die Benutzung des Berlin Document Centers nicht gestattet war. Aus dem BKA sind zum Beispiel nur drei Namen enthalten. Trotzdem war die Publikation Mitte der sechziger Jahre aufsehenerregend, denn wer hatte bis dato davon gehört, daß die Chefs der Kriminalpolizeidienststellen von Krefeld, Dortmund, Essen, Köln, Duisburg, Opladen, Leverkusen und Düsseldorf, der Präsident der Bayrischen Bereitschaftspolizei oder drei Leiter von Landespolizeischulen ehemals hochrangige SS-Schergen mit einschlägigen Karrieren waren.«[160] Schenk betonte, »daß das Bundeskriminalamt von Nazi-Tätern aufgebaut wurde ... 1959 bestand der Leitende Dienst des BKA aus 47 Beamten – bis auf zwei hatten alle eine braune Weste. Für das rechtsstaatliche Selbstverständnis des BKA ist es rückblickend als moralische Katastrophe zu bewerten, daß fast die Hälfte der 47 BKA-Chefs als NS-Verbrecher im kriminologischen Sinne bezeichnet werden müssen.«[161]

In seinem Buch hat Schenk für diese Behauptung ausreichend Tatsachen mitgeteilt, die für Bundesdeutschland allerdings kein hinreichender Grund waren, eine strafrechtliche Verfolgung der Täter zu realisieren.

Zu unterstreichen ist: Die NS-Vergangenheit bestand beileibe nicht lediglich aus einer Mitgliedschaft in der NSDAP oder in der SS, sondern in begangenen Verbrechen. Das Erbe der Nazigeneration wirkt noch heute. »Wer glaubt, daß mit dem Ausscheiden der Generation sogenannter Alt-Kriminalisten der Spuk ein Ende hatte, irrt. Das wachsame Auge des BKA blickte stets nach links und hatte Rechtsextremismus und Rechtsterrorismus nie im Fadenkreuz. Die Langzeitwirkung ist bis heute zu spüren und kommt insbesondere in der Halbherzigkeit zum Ausdruck, mit der Rechtsradikalismus, Antisemitismus und Fremdenfeindlichkeit bekämpft werden.«[162]

Weiter Schenk: »Wenn die Leute von der SG *(Sicherungsgruppe – D. J.)* als Kommunistenhasser bezeichnet wurden, dann hatte das seine Berechtigung; man wird sogar das Gefühl gehabt haben, einer Art Avantgarde des kalten Krieges anzugehören, denn hatte man nicht schon immer den ›Feind im Osten‹ bekämpft. Für Nationalsozialisten waren jüdische und bolschewistische ›Untermenschen‹ nahe Verwandte … Sicherlich ist dem Staat zuzubilligen, gegen Spionage vorzugehen und Verrat zu bestrafen, doch bei der Verfolgung des linken Extremismus lagen die Dinge anders. Denn von den staatlichen Maßnahmen war die eigene Gesinnung nicht zu trennen, und die Kriminalisierung nahm da ihren Anfang, wo ein dubioser ›Kommunismusverdacht‹ vorlag, während der Bereich des Rechtsextremismus weitgehend unbeachtet blieb.«[163]

In einer Rezension des Buches heißt es, der Titel »Die braunen Wurzeln des BKA« wirke fast verniedlichend, denn die Gründer-Crew sei nicht bloß »›braun‹, sondern personell, strukturell und vom Selbstverständnis her ein ›Abklatsch‹« des Reichskriminalpolizeiamtes im Reichssicherheitshauptamt (RSHA).[164]

In einer Vorbemerkung zu seinem Buch schrieb Schenk, daß diese Männer niemals in den Beruf hätten zurückkehren dürfen. »NS-Verbrecher – Schreibtischtäter wie Massenmörder … fühlten sich berufen, nach dem Krieg in einer Bundesinstitution tätig zu sein, die die Verfolgung von Verbrechern zur Aufgabe hat.« Dies sei möglich gewesen, nicht, weil sie ihre Vergangenheit geschickt verschleiern konnten, sondern »weil jeder jeden deckte«.[165]

Dieser Feststellung müßte man allerdings hinzufügen, daß die Handlungsgrundlage insbesondere der Antikommunismus war – für die politisch Führenden der Bundesrepublik ebenso wie für die im Nazismus formierten »Fachleute«.[166] Es ist merkwürdig, daß diese Erkenntnis – die Rolle des Antikommunismus – bei vielen Autoren, die sich kritisch mit dem Nazismus und der schonenden Behandlung von NS-Verbrechen nach 1945 befassen, außen vor bleibt. Aus dieser Einstellung resultiert dann auch die Wertung der DDR-Aktivität, auf die Existenz und Wirkung von NS-Tätern im Bonner System aufmerksam zu machen, als »Propaganda« oder »Hetze«. Charakteristisch dafür ist Ulrich Brochhagen, der das DDR-Braunbuch kurzerhand als »hetzerisch« abqualifiziert.[167] Dabei haben kritische Überprüfungen des Inhalts des »Braunbuchs« wie diverser anderer DDR-Publikationen zum Thema – von wenigen Irrtümern abgesehen – den Wahrheitsgehalt der Anklagen bestätigt. Selbst Schenk, der das Braunbuch als bemerkenswert und wichtig wertet, hält es für nötig festzustellen, es sei ein »Werk der Propaganda gegen die BRD, was seinen Inhalt aber nur bedingt schmälert, vor allem wenn man die redundanten ideologischen Begriffe einfach überliest und sich an die Fakten hält, die durch Quellen der DDR-Archive abgesichert sind«.[168] Diese Abwertung bezieht sich im wesentlichen auf die völlig berechtigte und richtige Nachweisführung der DDR, welche gesellschaftlichen und politischen Ursachen es für die schonungsvolle Integration der Nazis gibt. Oder anders gesagt: Die wesentliche Aussage ist, daß das faschistische politische System eine Machtausübung auf der Basis des Kapitalismus war und daß es sich auch bei der Bundesrepublik um einen Staat handelt, der dem Kapitalismus verpflichtet ist. Das erklärt die antikommunistische Gesinnungsgleichheit der diversen politischen Funktionäre.

Jörg Osterloh, wissenschaftlicher Mitarbeiter am Hannah-Arendt-Institut für Totalitarismusforschung an der TU Dresden, nannte die Gründe, warum sich die militärische Führung der Wehrmacht im Zweiten Weltkrieg auf die nationalsozialistische Vernichtungspolitik im Osten einließ. Zu diesen gehört der »extreme und im Offizierskorps der Wehrmacht weit verbreitete Antibolschewismus«, der sich »deutlich bei der Ausarbeitung der ›verbrecherischen Befehle‹ und bei der Zusammenarbeit der Wehrmacht mit der Einsatzgruppen im Osten sowie der Gestapo in Deutschland« zeigte.[169] Wilhelm Deist, ehemals Historiker am Militärgeschichtlichen Forschungsamt, unterstreicht: »Das von den Nationalsozialisten propagierte Feindbild vom ›jüdischen Bolschewismus‹ war daher den Militärs durchaus vertraut. Im Kampf gegen diesen ubiquitären Feind schien jedes Mittel erlaubt. Vor diesem Hintergrund muß die weitgehende Akzeptanz der verbrecherischen Befehle im höheren Offizierskorps der Wehrmacht und die Rolle der führenden Militärs im Vernichtungskrieg gegen den sowjetischen Gegner gesehen und beurteilt werden.«[170]

Es verwundert insofern, wenn Rolf-Dieter Müller, Historiker am Militärgeschichtlichen Forschungsamt, meint, die Geschichte der Wehrmacht sei der politischen Instrumentalisierung beider Seiten verfallen, »angestachelt durch die Diffamierungskampagne der DDR, die eine ungebrochene Kontinuität von den Hitler-Generalen zu Bundeswehr und NATO behauptet.«[171] So einfach war es denn doch nicht.

In den sowjetischen Kriegsgefangenenlagern gelangten nicht wenige ehemalige Wehrmachtsangehörige zu erhellenden Einsichten. 1943 schlossen sie sich zum Nationalkomitee »Freies Deutschland« (NKFD) zusammen, die höheren Chargen gründeten den Bund der Offiziere (BDO). Mir ist kein Fall bekannt, daß einer aus diesem Kreis in die Bundeswehr eingetreten ist – dort wollte man mit solchen »Verrätern« nichts zu tun haben. Hingegen fanden diese, die ihre antifaschistische Gesinnung etwa als Frontbevollmächtigte des NKFD oder in anderer Form unter Beweis gestellt hatten, in der DDR eine neue Heimat und eine neue Aufgabe.

Exemplarisch vielleicht die Biographie des Grafen Heinrich von Einsiedel. Der junge Wehrmachtsleutnant und nach eigenem Bekunden glühende Nationalsozialist wurde bei Stalingrad vom Himmel geschossen. Die Lehre war heilsam. Von Einsiedel wurde schließlich Vizepräsident des NKFD. Die offizielle Bundesrepublik hatte nichts mit ihm im Sinn. 1995 zog der Urenkel Bismarcks für die PDS in den Bundestag … Sieht so eine »politische Instrumentalisierung« der Wehrmacht von »beiden Seiten« aus? Nein, bereits in der Wehrmacht schieden sich vor deren Untergang die Geister.

Die DDR verwies zu Recht in ihren Dokumentationen auf die Tatsache, daß offensichtlich Unbelehrbare gerade wegen ihrer antikommunistischen Überzeugung in den Aufbau des Bonner Staates (und seiner Armee) einbezogen wurden.

Erinnert sei an den Staatssekretär im Bundesinnenministerium, Hans Ritter von Lex. Am 23. März 1933 hatte er namens der Bayerischen Volkspartei Hitlers Ermächtigungsgesetz zugestimmt, bis 1945 diente er im faschistischen Reichsinnenministerium. Als es später wieder gegen den alten Feind ging, schien er bestens geeignet, den Antrag der Bundesregierung zum Verbot der KPD durchzusetzen. Am 5. Juli 1955 erklärte er in Goebbelscher Diktion: »Sie ist ein gefährlicher Infektionsherd im Körper unseres Volkes, der Giftstoffe in die Blutbahn des staatlichen und gesellschaftlichen Organismus der Bundesrepublik sendet.«[172]

Ein anderer Politiker wußte 1925 zu schreiben, »die marxistische Lehre und Weltanschauung sowie ihre organisatorische Auswirkung« ist eine »Lehre der Zerstörung«, die »Ausgeburt eines verbrecherischen Gehirns«, ein »Leichengift« und man muß »dieser Weltpest Herr« werden.[173] Die »Volksgesundheit« lag den Antikommunisten schon immer sehr am Herzen.

Der Historiker Clemens Vollnhals, Leiter einer Abteilung beim BStU, schrieb im April 1995: »In den Westzonen stellte die Rückflut ehemaliger NSDAP-Mitglieder die bürokratische Kontinuität in den Ämtern weitgehend wieder her. Dennoch fand keine Renazifizierung statt, so skandalös auch viele Personalentscheidungen erschienen (und es häufig genug auch tatsächlich waren). Die Wiedereingestellten paßten sich, sei es aus besserer Einsicht oder als ›Zwangsdemokraten‹, den neuen normativen Vorgaben an und entfalteten keine neonazistischen Aktivitäten. Zu bedenken ist auch, daß jede bürokratische Massenentnazifizierung allein an dem hohen Erfassungsgrad der deutschen Gesellschaft durch das NS-Regime scheitern mußte. Schließlich zählte die NSDAP bei Kriegsende rund sechs Millionen Mitglieder (›Altreich‹); hinzu kamen weitere Millionen von Personen, die einer der zahlreichen NS-Organisationen angehört hatten.«

Vollnhals hatte recht, wenn er meinte: »Die Bildung einer konsensfähigen Demokratie bedurfte der Integration und ließ sich nicht auf der dauerhaften Ausgrenzung großer Bevölkerungsteile aufbauen. Als problematisch erweist sich im historischen Rückblick deshalb weniger der vielschichtige, insgesamt jedoch geglückte Integrationsprozeß des Millionenheeres ehemaliger Nationalsozialisten, sondern in erster Linie die mangelnde Sensibilität im Umgang mit der NS-Vergangenheit.

So hätte es der jungen Bundesrepublik gut angestanden, wenn hohe und höchste Ämter in Politik, Verwaltung und Justiz ausschließlich Personen vorbehalten geblieben wären, deren Vergangenheit keiner peinlichen Rechtfertigung bedurfte.[174]

Diese Peinlichkeit blieb der DDR erspart. Und das mit Vorsatz, weil sie eben nicht »hohe und höchste Ämter« mit belasteten Personen besetzte. Während in der Bundesrepublik Antikommunismus als hinlängliche Qualifikation genügte, war es in der DDR der Antifaschismus. Und eben dies wird der DDR seit 1990 als »antidemokratisch« vorgehalten und auch von Vollnhals mit der falschen Feststellung garniert, in der DDR sei die Auseinandersetzung mit der faschistischen Belastung der »Elterngeneration« ausgeblieben, während man eine solche in der BRD insbesondere mit der 68er-Bewegung radikal verwirklicht hätte.

In einer Art »kollektiver Amnesie«, so Eckart Gillen, seien in der DDR die eigentlich schuldigen Anhänger des deutschen Faschismus integriert worden. Beweis: Mitte der 50er Jahre habe die SED-Mitgliedschaft zu fast einem Drittel aus ehemaligen NSDAP-Mitgliedern bestanden.[175] Und wie viele waren es bei der CDU oder den anderen bürgerlichen Parteien der Bundesrepublik?

Richtig ist, und diese Kritik an der DDR hat ihre Berechtigung: Zunehmend geriet der Antifaschismus zum Ritual, er erschöpfte sich in wiederkehrenden Übungen und wurde besonders von nachwachsenden Generationen, die keinen persönlichen Bezug zu Krieg und Faschismus hatten, mehr oder weniger als lästige Pflicht gesehen. Der Auftrag permanenter Auseinandersetzung mit der Vergangenheit reduzierte sich auf die Übungen, die sein mußten. Die Einschränkung der Demokratie fand ihren Niederschlag in der Einschränkung eines aktiven Antifaschismus. Was aber nicht hieß, daß es keine individuelle Aneignung antifaschistischer Grundüberzeugungen gab – wie es eben auch Demokraten in der »Diktatur des Proletariats« gab. Deformation der Demokratie bedeutete ja nicht deren Abschaffung, sondern allenfalls deren Einschränkung.

Allerdings offenbart die heutige Bundesrepublik, daß ihr Verhältnis zur 68er-Bewegung, die ja angeblich die Inkarnation des demokratischen Aufbruchs und Ausdruck der Selbstläuterung und -reinigung des demokratischen Gemeinwesens bedeutete, mehr als zwiespältig ist. Bekanntlich protestierten damals junge Leute nicht nur gegen den Muff von tausend Jahren unter den Talaren, sondern auch gegen Notstandsgesetze, gegen den Vietnamkrieg, gegen die Medienmacht eines Pressekonzerns und gegen die verkrusteten Strukturen in der Gesellschaft.

Danach begann der lange Marsch durch die Institutionen. Einige, die sich damals auf den Weg machten, sind heute Minister. Und nachdem die Herrschenden in dieser Republik die DDR zur Strecke gebracht hatten, richteten sich die Kanonen der Medienmonopole auch gegen sie – stellvertretend für jene, die 1968 aufbegehrten. Offenkundig wollte man wieder in die Verhältnisse der Adenauerzeit zurück.

Das heißt: Geht es gegen die DDR und ihr Erbe, beruft man sich gern auf die Urgewalt der Demokratiebewegung von 1968. Beruft man sich hingegen auf 1968, wenn man mehr Demokratie einfordert, bekommt man es mit der Allmacht der Antidemokraten zu tun. Mehr Demokratie wagen ist heute mehr denn je ein Wagnis.

Den 68ern wird das Verdienst abgesprochen, die Nazivergangenheit zum Thema gemacht zu haben. »Es wäre ... vermessen, ihnen die Autorschaft eines Bewußtseinswandels im Umgang mit dem Nationalsozialismus zuzuschreiben.«[176] Ihre Wirksamkeit wird darauf reduziert, in den Familien die Vergangenheit aufgerufen zu haben, was allerdings in der Tat in seinen Folgen kaum objektivierbar ist.[177]

Der Beweis dafür, daß eine individuelle Auseinandersetzung mit der nazistischen Vergangenheit Wirkung erzielt hat, wurde weder in der Bundesrepublik noch in der DDR angetreten. Es gibt darüber keine wissenschaftlichen Untersuchungen. Allerdings gibt es Belege dafür, wie die Erziehung zum Antifaschismus in Ost wie in West betrieben wurde und welche Wirkungen dies zeitigte. Die Auseinandersetzung mit dem Faschismus erfolgte beispielsweise im künstlerischen Bereich, und man kann feststellen, ob und wie die Hervorbringungen rezipiert wurden. Besucherzahlen bei Filmen und Ausstellungen, Verkaufszahlen von Büchern und Schallplatten kamen nicht durch Zwang zustande oder weil die Literatur preiswert war. In der DDR wurden Lebensmittel grundsätzlich subventioniert (über den Sinn müssen wir hier nicht diskutieren). Da aber auch Kunst und Kultur als ein notwendiges »Lebensmittel« betrachtet wurde, gab es hier ebenfalls Zuwendungen, um durch den Preis nicht Menschen von der Teilnahme auszuschließen. Jeder sollte die Möglichkeit haben, ins Kino, ins Theater, in Ausstellungen und in Museen gehen zu können. Jeder sollte Bücher lesen können – etwa den Buchenwald-Roman »Nackt unter Wölfen« von Bruno Apitz. Er wurde bis 1992 weit über zwei Millionen Mal gekauft ... Es seien noch genannt: Die Besucherzahlen der Filme: »Die Verlobte«; »Nackt unter Wölfen«; »Die Abenteuer des Werner Holt«; »Ich war Neunzehn« und die Auflagenhöhen der Bücher: Theodor Plivier: »Stalingrad« [120.000]; Dieter Noll: »Die Abenteuer des Werner Holt«; Rudolf Petershagen: »Gewissen im Aufruhr« [1988: 23. Aufl.]; Wilhelm Adam: Der schwere Entschluß [300.000].[178] Die Diskussionen, Buchlesungen und anderen Formen der Auseinandersetzung waren Reflex des vorhandenen Interesses, der tiefen Erschütterung über die faschistischen Verbrechen und der Anteilnahme mit den Opfern des Faschismus wie mit den Kämpfern gegen den Faschismus. Erinnert sei auch an das bereits 1947 veröffentlichte Buch Victor Klemperers »LTI« (Lingua Tertii Imperii = Sprache des Dritten Reiches), das in der DDR in hoher Auflage erschien, während es in Westdeutschland erst in den 60er Jahren debattiert wurde.[179] Daß manche dogmatische Engstirnigkeit und Parteiborniertheit dem sozialistisch-humanistischen wie antifaschistischen Anliegen künstlerischer Gestaltung großen Schaden verursachte, ist inzwischen hinlänglich bekannt und dokumentiert. Beispielsweise brachte 1945/46 Fritz Lettow, der als Häftlingsarzt vier Konzentrationslager durchlitten hatte, seine Erinnerungen zu Papier. Vermutlich war es einer der ersten authentischen Dokumentationen über die Nazigreuel, die nach der Befreiung entstanden. Obgleich Genosse Lettow es bis zum »Verdienten Arzt des Volkes« brachte, vermochte er nicht, in der DDR einen Verlag zu finden, der dieses wohl einmalige Zeugnis veröffentlicht hätte. Die Zentralleitung des Komitees der Antifaschistischen Widerstandskämpfer verhinderte die Drucklegung, weil Lettows realistische Darstellung nicht die heroischen Stereotype bediente. Und der Gedenkstätte in Buchenwald, die das Manuskript archivierte, wurde von Berlin aufgetragen, es besser unter Verschluß zu halten. Es sei doch sehr subjektiv und damit fragwürdig. Lettows Buch erschien erst nach seinem Tode 1998 in der edition ost, inzwischen gibt es eine Taschenbuchausgabe eines großen Münchner Verlages, 2002 erschien in Paris die französische Ausgabe.

Natürlich: Der DEFA-Film »Die Abenteuer des Werner Holt« hatte auch ein Gegenstück in Bernhard Wickis »Die Brücke«. Aber die unzähligen Filme und Publikationen, die die vermeintliche Landserromantik behandelten, oder Memoiren von Nazigrößen, Militaria-Trödel und Auktionen, auf denen Reliquien der NS-Zeit verhökert werden – all das kannte man in der DDR nicht.

Die als Wirkung der 68er-Bewegung behauptete geistige »Aufarbeitung« der faschistischen Ideologie in der altbundesdeutschen »Elterngeneration« darf nach der in der BRD publizierten und vertriebenen Flut an revanchistisch-nazistischer Literatur, nach den Besucherzahlen der die Kriegsereignisse mehr oder weniger beschönigenden Filmen, nach dem jahrzehntelang wirkenden staatlich verordneten Antikommunismus und nicht zuletzt nach den Erfahrungen mit der Wehrmachtsaustellung ernsthaft bezweifelt werden. Wenn die geistigen Folgen des Nationalsozialismus/Faschismus tatsächlich überwunden worden sein sollen, dann ist beispielsweise die Reaktion auf die Darstellung des verbrecherischen Charakters der deutschen Wehrmacht im Zweiten Weltkrieg unverständlich.

Es kann nicht an der Tatsache vorbeigegangen werden, daß noch heute die Erinnerung an nazistische Untaten Protest nicht nur von Rechts hervorruft. Auch wenn man Goldhagens Thesen über den allmächtigen Antisemitismus der Deutschen als Grundlage ihres Mitwirkens beim Massenmord an den Juden nicht unbedingt akzeptiert, ist es doch bedenklich, daß allein das Aufrufen der Erinnerung in den Altbundesländern Ablehnung hervorrief.

Noch entlarvender ist der Widerstand gegen die Wehrmachtsausstellung »Vernichtungskrieg. Verbrechen der Wehrmacht 1941 bis 1944«, die im November 2001 in überarbeiteter Fassung unter dem Titel »Verbrechen der Wehrmacht. Dimensionen des Vernichtungskriegs 1941-44« erneut eröffnet wurde.[180] Bei der vorgeblichen Wandlung der ehemaligen Nazis zu »Demokraten« ist die Reaktion der alten »ehrlichen Soldaten« und der jungen »sauberen Deutschen« recht unverständlich. Bemerkenswert ist, daß – entgegen der Behauptung, die Erziehung in der DDR sei verantwortlich für den Rechtsextremismus unter Jugendlichen in den neuen Bundesländern[181] – hinsichtlich der Reaktion auf die Wehrmachtsausstellung in Städten der neuen Bundesländer angemerkt wird, daß die Rolle der faschistischen Wehrmacht in den Schulen der DDR hinreichend dargestellt worden sei. Deshalb habe es solche neonazistischen Proteste wie in den alten Bundesländern nicht gegeben.

Was denn nun?

Man biegt sich die Fakten, wie man sie gerade benötigt.

Fußnoten

124 Bertelsmann Lexikon Geschichte, Gütersloh 1991, S. 236.
125 Felix Philipp Lutz: Geschichtsbewußtsein. In: Werner Weidenfels/Karl-Rudolf Korte (Hg.): Handbuch zur deutschen Einheit. Sonderausgabe für die Bundeszentrale für politische Bildung Bonn 1996, S. 340. (S. 345).
126 Felix Philipp Lutz: Geschichtsbewußtsein, a.a.O., S. 345.
127 Kurt Finker: Von Legenden und Wahrheiten. In: ND vom 12./13. September 1998.
128 Brockhaus Enzyklopädie, 19. Aufl., Bd. 18, Mannheim 1992, S. 301.

129 Felix Philipp Lutz: Geschichtsbewußtsein, a.a.O., S. 345.

130 Felix Philipp Lutz: ebenda.

131 Felix Philipp Lutz a. a. O., S. 348.

132 Helmut König: Politische Anomalien im Deutschlandbild? Debatte über die Stellung der Linken zum neuen Deutschland. In: Lev, 3/1992, S. 363 f.

133 Gerd Irrlitz: Nicht versinken im bitteren Brunnen seines Herzens. In: FAZ vom 7. Oktober 2000.

134 Zu Schieder siehe: Hans-Ulrich Wehler: In den Fußstapfen der kämpfenden Wissenschaft. Braune Erde an den Schuhen: Haben Historiker wie Theodor Schieder sich nach dem Krieg von ihrer Vergangenheit ganz verabschiedet? In: FAZ vom 4. Januar 1999.

135 Spiegel Nr. 39 vom 21. September 1998, S. 102.

136 Manfred Funke: 1954: Ein Fragment namens Deutschland. Prägekräfte im Grenzraum zwischen Katastrophe und Neubeginn. In: APuZ, Nr. B 1-2/95 vom 6. Januar 1995, S. 14.

137 Robert Jay Lifton: Ärzte im Dritten Reich, Berlin 1998, S. 28.

138 Alexander und Margarete Mitscherlich: Die Unfähigkeit zu trauern, 23. Aufl., München/Zürich 1994.

139 Konrad Adenauer: Erinnerungen 1945–1953, Frankfurt am Main/Hamburg 1967, S. 268ff.

140 Vgl. Kurt Pätzold: Ihr waret die besten Soldaten, Leipzig 2000, S. 65-88.

141 Kurt Pätzold: Ihr waret die besten Soldaten, Leipzig 2000, S. 80.

142 Kurt Sontheimer: Ausgebliebene Sühne. In: Z, Nr. 41 vom 4. Oktober 1996, S. 32.

143 Ernst Klee: Was sie taten – Was sie wurden. Ärzte, Juristen und andere Beteiligte am Kranken- oder Judenmord, Frankfurt a. M. 1986, S. 269.

144 Paris 1935. Erster Internationaler Schriftstellerkongreß zur Verteidigung der Kultur. Reden und Dokumente, Berlin/DDR 1982, S. 141.

145 ND vom 21. Dezember 1994. In der Rezension eines Buches über die Euthanasie-Verbrechen heißt es: »De Mildts Bilanz der bundesdeutschen Rechtsprechung in Sachen ›Euthanasie‹ und ›Aktion Reinhard‹ ist niederschmetternd. Unrechtsbewußtsein bewiesen Richter nur in einigen frühen Prozessen; danach kamen Massenmörder ungeschoren oder mit Minimalstrafen davon. Daß sich die Täter nach 1945 problemlos in die Demokratie einfügten, ist nach De Mildt keine wunderliche Wende, wie sie Goldhagen konstruierte. Die Männer und Frauen, die nicht als Monster, sondern als gehorsame Vollstrecker getötet hatten, blieben Bürger. Brav töteten sie nach 1933, brav töteten sie nach 1945 nicht mehr« (Paul Stoop: Gewöhnliche Mörder, gewöhnliche Bürger. In: TS vom 9. Juni 1997).

146 Gideon Hausner: Gerechtigkeit in Jerusalem, München 1967, S. 667 f.

147 Konrad Adenauer: Erinnerungen 1945–1953, Frankfurt a.M./Hamburg 1967, S. 371.

148 Konrad Adenauer: Erinnerungen, S. 376.

149 Konrad Adenauer: Erinnerungen, S. 438.

150 Konrad Adenauer: Erinnerungen, S. 555.

151 Minister Otto Winzer. In: Bonner Lügen geplatzt. Aus der Pressekonferenz mit dem Stellvertreter des Ministers für Nationale Verteidigung Generalleutnant Karl-Heinz Hoffmann in Genf am 29. Mai 1959, o. O. u. J. (1959), S. 11.

152 BGBl I S. 307.

153 Vgl. Hans George: Suche nach braunen Akten. In: ND vom 15. Mai 1995.

154 Conrad Taler: Vertanes Erbe. Von der Deformation und der notwendigen Renaissance des Antifaschismus. In: Lev, Nr. 2/1993, S. 259 f.

155 Vgl. Norbert Frei: Vergangenheitspolitik. Die Anfänge der Bundesrepublik und die NS-Vergangenheit, München 1999, S. 87.

156 Vgl. Norbert Frei: Vergangenheitspolitik, S. 85.

157 Hans George, ... und dann kamen sie aus der Versenkung ans Tageslicht. In: ND vom 25./26. Mai 1991.

158 Aller Welt Feind. Eine Dokumentation, Berlin/DDR 1960, S. 27.

159 Dieter Schenk: Die braunen Wurzeln des BKA, Frankfurt a. Main 2003. Das Buch erschien bereits 2001 in Köln unter dem Titel »Auf dem rechten Auge blind. Die braunen Wurzeln des BKA«.

160 Dieter Schenk..., S. 289. Schenk verwies auf die Seiten 86 bis 104 der 3. Aufl. des »Braunbuch« (1968). Verfügbar als Reprint 2002 der edition ost, hg. von Norbert Podewin.

161 Dieter Schenk..., S. 282. In einem Vortrag erklärte Schenk, er mache die »Einschränkung ›im kriminologischen Sinne‹, weil sie ja nie bestraft wurden« (Vortrag am 25.10.2005 bei der »Topographie des Terrors« – Internet-Ausdruck).

162 Dieter Schenk..., S. 19 f.

163 Dieter Schenk..., S. 212 f.

164 Friedemann Bedürftig: Wessen Freund und Helfer? In: Die ZEIT – Literaturbeilage November 2001.

165 Dieter Schenk..., S. 18

166 Daß es dem Grunde nach vermieden wird, auf die Funktion des Antikommunismus hinzuweisen, mag auch bei Schenk eine Rolle gespielt haben. So nennt er unter den integrierten Nazis des BKA Dr. Walter Zirpins, ohne auf die Tatsache zu verweisen, daß Z. nach dem Reichstagsbrand derjenige war, der van der

Lubbe vernahm. Und von Z. stammen die folgenden Worte in seinem Abschlußbericht zur Vernehmung: »So ein Bursche, der schon von sich aus bereit ist, umstürzlerische Machenschaften vorzubereiten, konnte der kommunistischen Partei für ihre Ziele nur willkommen sein. In ihren Händen war Lubbe ein vorzügliches Werkzeug, das in dem Glauben, selbst zu schieben, geschoben wurde. Kein Wunder also, wenn sich die KPD seiner mit Freuden bedient hat, zumal es ihr nachher möglich war, von der Tat abzurücken. Dieser dringende Verdacht, daß van der Lubbe im Auftrage von kommunistischen Führern gehandelt hat, wird durch unzweideutige Hinweise bestätigt.« Abschlußbericht des Kriminalkommissars der Politischen Polizei Dr. W. Zirpins über die Ermittlungen zur Reichstagsbrandstiftung und zur Person M. van der Lubbe (vom 3. März 1933). In: Der Reichstagsbrandprozeß und Georgi Dimitroff. Dokumente, Band 1, 27. Februar bis 20. September 1933, Berlin/DDR 1982, S. 76. Zur Nachkriegskarriere von Z. vgl. Frank Liebert: »Die Dinge müssen zur Ruhe kommen, man muß einen Strich dadurch machen.« In: Gerhard Fürmetz/Herbert Reinke/Klaus Weinhauer (Hg.): Nachkriegspolizei. Forum Zeitgeschichte Bd. 10, Hamburg 2001, S. 96-100.

167 Vgl. Ulrich Brochhagen: Nach Nürnberg. Vergangenheitsbewältigung und Westintegration in der Ära Adenauer, Berlin 1999, S. 409.

168 Dieter Schenk …, S. 289.

169 Jörg Osterloh: »Hier handelt es sich um die Vernichtung einer Weltanschauung…«. In: Die Wehrmacht, S. 802.

170 Wilhelm Deist: Einführende Bemerkungen. In: Die Wehrmacht, S. 43.

171 Rolf-Dieter Müller: Die Wehrmacht – Historische Last und Verantwortung. Die Historiographie im Spannungsfeld von Wissenschaft und Vergangenheitsbewältigung. In: Die Wehrmacht, S. 19.

172 Zit. in: Weißbuch der Kommunistischen Partei Deutschlands über die mündliche Verhandlung im Verbotsprozeß vor dem Bundesverfassungsgericht in Karlsruhe, Berlin 1955, S. 16.

173 Adolf Hitler: Mein Kampf, München 1939, S. 169 f., 351, 361.

174 Clemens Vollnhals: Neubeginn mit altem Personal? In: P, Nr. 18-19 vom 28. April/ 5. Mai 1995, S. 8.

175 Vgl. Eckart Gillen: Die Vergangenheit bewältigt. In: Berliner Zeitung vom 10./11. Februar 2001.

176 Thomas Schmid: Ein deutsches Wunder. Wie die Bürgergesellschaft laufen lernte und was die Staatsfeinde von ehedem damit zu tun haben. In: FAZ vom 3. Februar 2001, Beilage.

177 »Die Sponti-Bewegung war … auch ein Aufbegehren dagegen, daß unsere Eltern niemals ihre Rolle während der Nazizeit erklärt haben. Ständig lag ein Nebel über diesen Dingen, keiner hatte was gesehen, und doch saßen viele Ehemalige in verantwortlichen Posten in der Justiz, in der Verwaltung, in großen Firmen.« (Christiane Kohl: Der Sponti. In: FAZ v. 24. Januar 2001). Die Wichtigkeit der 68er wird heute hohnlächelnd beschrieben: »Die Atmosphäre, in der sich die bundesrepublikanische Modernisierung vollzog, haben die Rebellen bestimmt, und sich dabei stets eingebildet, über die Richtung des Prozesses zu entscheiden« (Jens Bisky: Flammende Herzen. In: Berliner Zeitung vom 12. Januar 2001).

178 Bereits 1945 hatte Max Fechner unter dem Titel »Wie konnte es geschehen. Auszüge aus den Tagebüchern und Bekenntnissen eines Kriegsverbrechers« ein Buch zur Aufklärung über den Faschismus herausgegeben. Fechner hatte ein »Tagebuch« des Nazipropagandaministers Joseph Goebbels vorgespiegelt, in dem in aller Deutlichkeit die verbrecherischen Ziele und Praktiken der Nazipolitik dargelegt wurden. Das Buch erreichte mit seiner 5. Auflage 1946 bereits die Zahl von 550.000 Exemplaren. Das wirkliche Tagebuch von Goebbels war damals noch nicht veröffentlicht. Fechner hat zur Auflösung des Rätsels dieses »Tagebuchs« im Nachwort des Herausgebers geschrieben: »So hätte er schreiben müssen, wenn er ehrlich gewesen wäre. Er war aber ein Großlügner und blieb es bis zum Gift. Wir haben ihm die Feder aus der Hand genommen und für ihn den Ablauf der verhängnisvollen Zeit deutscher Geschichte beschrieben, wie sie hinter dem Vorhang von Lüge und Propaganda von einer Schar ehrgeiziger Gewaltpolitiker im Auftrag des Großkapitals und Militarismus gemacht wurde« (S. 131).

179 Vgl. Carsten Otte: Wörter können (nicht) lügen. In: jW vom 27. Februar 2001.

180 Hamburger Institut für Sozialforschung (Hg.): Verbrechen der Wehrmacht. Dimensionen des Vernichtungskriegs 1941-1944. Ausstellungskatalog. Hamburg 2002.

181 Siehe dazu die Behauptungen des Kriminologen Christian Pfeiffer, der behauptet, die angeblich höhere Ausländerfeindlichkeit der Jugendlichen im Osten erkläre sich unter anderem aus der autoritären Erziehung im Kinderalter, indem die Kinder beispielsweise gemeinsam getöpft wurden. »Der Kollektivzwang begann tatsächlich in der Krippe mit dem Gruppensitzen auf dem Topf per Befehl« (LVZ vom 13. März 1999). Vgl. auch: Christian Pfeffer: Untertanengeist zählte mehr als Individualität. In: ND vom 26. März 1999; dies.: »Wir könnten viel mehr voneinander lernen« – Interview. In: Z, Nr. 28 vom 8. Juli 1999. Es soll nicht verschwiegen werden, daß Pfeiffer für seine Thesen schon vor Jahren eine Steilvorlage von dem ostdeutschen Chefarzt der Psychotherapeutischen Klinik im Evangelischen Diakoniewerk Halle, Hans-Joachim Maaz, erhalten hatte, der 1990 mit seinem Buch »Der Gefühlsstau. Ein Psychogramm der DDR« (München 1992) Furore machte, in dem er verkündete, die sozialistische Erziehung habe eine »ängstigende und demütigende Repression« praktiziert, einen »unvorstellbaren Anpassungsdruck« erzeugt, mittels »Gruppendruck« die »Infantilisierung und Unterwerfung« gesichert und »Normabweichungen einer Hölle ausgesetzt« (S. 28 ff.).

7. Veröffentlichungen über »Nazis in Bonner Diensten«

Die von der DDR publizierten Dokumentationen richteten sich keineswegs dagegen, daß ehemalige »NS-Mitläufer« in die Gesellschaft integriert worden waren. Sie zeigten vielmehr, daß Naziverbrecher und ehemals einflußreiche Naziaktivisten im Rahmen der Stabilisierung des Kapitalismus und der antikommunistischen Front in der Bundesrepublik eine führende Rolle spielten. Die »alten Eliten« dominierten die Justiz, den Geheimdienst, die Polizei, das Militär, sie waren im höheren Staatsapparat, in der Außenpolitik, an den Universitäten und anderen Wissenschaftseinrichtungen vertreten.

Man habe auf »Steine aus den Trümmern des alten Justizgebäudes« zurückgreifen müssen, weil man sich in der Praxis mit der Aufgabe eines radikalen Neuaufbaus »schon bald überfordert« gezeigt hätte. Andererseits sei eine entschlossene Entnazifizierung der Justiz »auch daran« gescheitert, »daß das Ausmaß individueller Schuld auch unter den Richtern und Staatsanwälten in den massenhaft durchgeführten Entnazifizierungsverfahren nicht zu ermitteln« gewesen sei.[182] Immerhin hatten nicht wenige der »neuen« BRD-Funktionsträger beispielsweise in der Nazi-Justiz verantwortlich am Vernichtungsfeldzug gegen »rassische« und andere »Volksschädlinge« mitgewirkt. Weit über 16 500 Todesurteilen ergingen gegen Mitglieder des Widerstandes, gegen »Asoziale« und »Fremdvölkische«. Die Zahlen der politisch motivierten Todesurteile schwanken. Martin Hirsch, ehemaliger Bundesverfassungsrichter, vermutet 40 bis 50 000 Todesurteile, die von zivilen sowie Sonder- und Kriegsgerichten verkündet wurden. Ingo Müller meint unter Hinweis auf die Angaben im Braunbuch Kriegs- und Naziverbrecher (1968, S. 113), daß die Zahl von 80 000 Justizopfern der Realität am nächsten käme.[183] Im Zusammenhang mit Untersuchungen, die im Land Nordrhein-Westfalen über die Nazi-Sondergerichte durchgeführt wurden, schreibt Ulrich Sander: »Auf 800 Todesurteile der regionalen Sondergerichte gegen deutsche Zivilisten, Kriegsgefangene und ›Fremdarbeiter‹ ist man bei Untersuchungen der Justizbehörde allein fürs heutige Nordrhein-Westfalen gestoßen. Hinzu kommen 700 weitere Bluturteile, über die keine Akten mehr existieren. In Nazi-Deutschland hatten Sondergerichte in

55 Städten 12000 mal die Todesstrafe verhängt. Hinzu kommen 5000 Todesurteile des Volksgerichtshofs und rund 30000 Todesurteile der Kriegsgerichte, davon 20000 vollstreckte«.[184]

Von »Erbgesundheitsgerichten« wurden mindestens 200000 Sterilisierungen von »Fortpflanzungsunwürdigen« angeordnet. Über 2000 »Entmannungen« wurden gerichtlich angeordnet, rund 14900 Justizgefangene wurden der SS zur »Vernichtung durch Arbeit« ausgeliefert. Die Justizbehörden duldeten die Euthanasiemorde.[185]

Die DDR wies auf die personelle Kontinuität hin. Das war einerseits legitim, weil es solches in der DDR nicht gab. Andererseits auch politisch notwendig, um zu zeigen, daß die zweite deutsche Republik die richtigen Lehren aus der Geschichte gezogen hatte. Das Thema wurde folglich Gegenstand der deutsch-deutschen Auseinandersetzungen

Als das Material über die Vergangenheit des Staatsekretärs Globke am 28. Juli 1960 in der DDR-Hauptstadt präsentiert wurde, richtete ein Journalist an Albert Norden die Frage: »Was ist zu der Ankündigung des Westberliner Innensenators Lipschitz zu sagen, daß er demnächst Listen über Nazis veröffentlichen werde, die angeblich in der DDR hohe Funktionen einnehmen?«

Der Herausgeber Norden antwortete: »Wenn die Leute sehen, daß wir mit Listen über die schwerbelasteten, aktiven Nazi- und Kriegsverbrecher an der Spitze des Bonner Staates aufwarten, kommen sie mit solchen Geschichten. Wir klagen die Globkes und Oberländer nicht an, weil sie Mitglieder der NSDAP gewesen sind. Den einfachen Nazis, die ihre Pflicht tun, die sich dem Gesetz gegenüber richtig verhalten, will niemand etwas. Was wir feststellen und festhalten wollen, ist: Wo sind in Deutschland faschistische Kriegsverbrecher und prominente Nazis wieder an der Macht und tun dasselbe, was sie im Dritten Reich getan haben?

Wir klagen die Globkes und Oberländer darum an, weil sie Millionen Menschen entweder direkt ermordeten oder die intellektuellen Urheber, Mitorganisatoren und Fürsprecher dieser schrecklichen rassistischen Politik, dieser Politik der Herrenrasse, gewesen sind. Bonn kann keinen einzigen finden, der bei uns in der DDR an prominenter Stelle steht und dem irgendein solches Verbrechen nachgewiesen werden könnte. Wir haben – und tun das noch – früheren Nazis die Chance gegeben, sich politisch zu rehabilitieren. Es sind meist solche, die rechtzeitig, oft unter eigener Gefahr und unter Androhung oder gar Vollstreckung der Sippenhaft für ihre Familien, mit Hitler gebrochen haben und auf die Seite des Antifaschismus übergegangen sind, die seit 15 Jahren im Kampf gegen die Elemente des Krieges und des Faschismus eine positive Rolle spielen.«[186]

Bei den von der DDR genannten Nazis in »Bonner Diensten« handelte es sich grundsätzlich um jene, die sich mit Wort und Tat in den Dienst des deutschen Faschismus gestellt hatten und auch nach dem Ende der Naziherrschaft weder die Unterstützung des Kapitalismus aufgaben, der den Nazismus hervorgebracht hatte, noch ihren Antikommunismus überwanden. Das ist leicht festzustellen, wenn man das »Braunbuch Kriegs- und Naziverbrecher in der Bundesrepublik« zur Hand nimmt.

Das Braunbuch: Kriegs- und Naziverbrecher in BRD und Westberlin

Bereits die erste Auflage von 1965 hatte 1.800 Namen »solcher Personen (genannt), die durch führende Tätigkeit bei der Vorbereitung und Durchführung der nazistischen Verbrechen und Aggressionsakte tatsächlich schwer belastet sind und entweder unmittelbar an Massenmorden teilgenommen, dafür Befehle erteilt oder sie als intellektuelle Urheber vorbereitet haben«. Dabei handelte es sich, wie es hieß, um »in beträchtlichen Größenordnungen« tätige Nazis: 151 Minister und Staatssekretäre, 100 Generale und Admirale der Bundeswehr, 828 hohe Justizbeamte, Staatsanwälte und Richter, 245 leitende Beamte des Auswärtigen Amtes, der Botschaften und Konsulate, 297 hohe Beamte der Polizei und des Verfassungsschutzes[187], wobei es sich um nachweislich aktive Nazis handelte, die teilweise sogar der Kriegsverbrechen beschuldigt wurden. Auch die Zahlen der neben den Nazieliten in den bundesdeutschen Staatsdienst integrierten mittleren und unteren Angehörigen des Nazi-Apparates waren exorbitant.

Bonn war sich im übrigen dieses Problems durchaus bewußt. Adenauer richtete zur Jahreswende 1953/54 eine Kommission zur Aufarbeitung von Geschichte und Folgen des NS-Staates ein. Zu deren Vorsitzenden wurde Hans Globke bestimmt, mithin: Der Kanzler machte den Bock zum Gärtner. Die Kommission sollte ermitteln, ob tatsächlich Ex-Nazis, wie Zeitungen gelegentlich berichteten, Posten und Einfluß erlangt hätten. Sollte das der Fall sein, so Adenauer, seien »die Anstrengungen zu verstärken, ehemalige verantwortliche Funktionsträger im öffentlichen Dienst … zu entfernen.« Wie zu erwarten war, fand die Kommission, bis auf wenige Ausnahmen, keine »Belasteten«, die von ihren Posten zu entfernen waren.[188] (Zum Vergleich: Für die »Reinigung« nach 1990 bedurfte es nicht des Nachweises, gegen DDR-Gesetz gehandelt zu haben, um entlassen zu werden. Es reichte allein die Tatsache, ein höherer Partei- oder Staatsfunktionär gewesen zu sein oder, beispielsweise, dem MfS angehört zu haben oder für dieses tätig gewesen zu sein. Dazu kreierte die »Eppelmann«-Kommission des Deutschen Bundestages die Kategorie der »objektiv Kompromittierten«.)

Die Globke-Kommission übersah beispielsweise: Von mehr als 3.000 Militärrichtern im Dienste Hitlers war nicht einer nach 1945 juristisch belangt worden, und sie waren mehrheitlich noch im Dienst.

Und nicht nur diese waren in der »neuen« Ordnung an- und untergekommen. Als Beispiel nannte Norden Otto Ambros – bis 1945 Vorstandsmitglied der IG Farben, Sonderbeauftragter für Forschung und Entwicklung beim »Beauftragten für den Vierjahresplan«, Hermann Göring, und Leiter des Sonderausschusses »Chemische Kampfmittel«. Ambros war verantwortlich für den Bau des vierten Buna-Werkes der IG Farben in Auschwitz, in dem allein für dieses Unternehmen 370.000 KZ-Häftlinge und Zwangsarbeiter schuften mußten. In einem Brief hatte Ambros die »neue Freundschaft mit der SS« als »sehr segensreich« bezeichnet.[189] Von den Nazis war Ambros mit dem Ritterkreuz zum Kriegsverdienstkreuz dekoriert worden. In Nürnberg verurteilt, saß er inzwischen wieder in zahlreichen Aufsichtsräten und gehörte damit zu den wichtigen Wirtschaftkapitänen der Bundesrepublik, die sich bekanntlich nicht nur um die Wirtschaft sorgten.

Das Braunbuch nannte als belastet: den amtierenden Bundespräsidenten Heinrich Lübke, 20 Mitglieder des Bundeskabinetts und Staatssekretäre; 189 Generale, Admirale und Offiziere der Bundeswehr, die zum Teil auch in NATO-Stäben arbeiteten; 1.118 hohe Justizbeamte, Staatsanwälte und Richter; 244 leitende Beamte des Auswärtigen Amtes, der Botschaften und Konsulate; 300 leitende Beamte der Polizei, des Verfassungsschutzes und anderer Bundesministerien. In die dritten Auflage 1968 waren weitere 515, zum Teil schwer belastete Bonner Staatsfunktionäre aufgenommen worden.[190] Die in der ersten Auflage des »Braunbuches« Genannten waren überwiegend noch immer »in Bonner Diensten« aktiv, einige waren zu Staatspensionären geworden – nicht zuletzt als Folge ihrer Nennung im »Braunbuch«, allerdings ohne daß sie gerichtlich für ihre Untaten in der Nazizeit zur Verantwortung gezogen worden wären.[191] Das große Interesse, das das Braunbuch auch international fand, bewirkte unter anderem die Herausgabe von Übersetzungen in englischer, französischer und spanischer Sprache.

Vom »Eifer« der BRD bei der Verfolgung von NS-Verbrechern

Der »Eifer« bundesdeutscher Stellen bei der Verfolgung von NS-Verbrechen sei nachfolgend an einigen Beispielen dargestellt. Das 1936 gegründete Reichskriegsgericht fällte 1.189 aktenkundige Todesurteile, von denen 1.049 vollstreckt wurden. Kein Kriegsrichter wurde nach 1945 verurteilt.[192] Nach Feststellung von Ralph Giordano hat die NS-Justiz »zwischen 1933 und 1945 etwa 32.000 Todesurteile gefällt, davon über 30.000 zwischen 1941 und 1944. Von 1942 an, dem Jahr der Kriegswende, haben NS-Richter durchschnittlich 720 Personen im Monat zum Tode verurteilt. Bis auf ganz geringe Ausnahmen sind die Verantwortlichen dieses justitiellen Enthauptungswesens davongekommen, darunter alle Mörder in der Robe. Bundesjustiz – NS-Justiz: die untilgbare Schmach!«[193]

In diesem Kontext ist mir folgende Anmerkung wichtig: Im »Schlußbericht« der Bundestags-Enquetekommission »Überwindung der Folgen der SED-Diktatur im Prozeß der deutschen Einheit«[194] wird zum Beweis für den »SED-Unrechtsstaat« im allgemeinen und die »Unrechtsjustiz« im besonderen mitgeteilt, daß in der »SBZ/DDR von deutschen Gerichten in der Zeit von 1945 bis 1981 in erster Instanz 372 Todesurteile verkündet« worden seien, von denen nicht alle erstinstanzlichen Urteile vollstreckt wurden. Nachgewiesen seien 206 Vollstreckungen. »Wegen des Tatvorwurfs von NS-Verbrechen wurde in 136 Fällen die Todesstrafe verhängt« und in 88 Fällen vollstreckt. »Der Vorwurf der Begehung von Staatsverbrechen, Spionage und Wirtschaftsverbrechen lag 72 Todesurteilen zugrunde, von denen 52 vollstreckt wurden.« Wegen vorsätzlicher Tötungsdelikte wurde die Todesstrafe in 164 Fällen verhängt und in 66 Fällen vollstreckt. Bei sechs Todesurteilen ist die Strafvollstreckung nicht geklärt.[195]

Das genügte, die DDR-Justiz als »Blutjustiz« zu diffamieren und Hilde Benjamin, Richterin der DDR und spätere langjährige Justizministerin, als »Blutrichterin« zu apostrophieren, obgleich Hilde Benjamin lediglich in zwei Fällen die Todesstrafe verkündet hatte. So schreibt man vom »Arbeiter-und-Bauern-Staat, dessen oberste Blutrichterin Hilde Benjamin gewesen ist«[196], oder von der »»roten Hilde« (der blutigen DDR-Justizministerin)«.[197]

Keiner der etwa 100 führenden Juristen – darunter alle Oberlandesgerichtspräsidenten und Generalstaatsanwälte, die am 23./24. April 1941 an der vom Reichsjustizminister nach Berlin einberufenen Beratung teilnahmen, bei der ihnen Staatssekretär Franz Schlegelberger die geheime Euthanasieaktion T 4 zur »Vernichtung unwerten Lebens« erläuterte und anwies, daß alle eingehenden Strafanzeigen gegen die Euthanasiemorde von den Generalstaatsanwälten unbearbeitet an das NS-Justizministerium weiterzuleiten waren – wurden je vor Gericht gestellt.[198]

1965 eröffnete der hessische Generalstaatsanwalt Fritz Bauer ein Verfahren, in dem er allen noch lebenden Teilnehmern der Konferenz wegen Beihilfe zum Mord in 71.088 Fällen den Prozeß machen wollte. Das Verfahren wurde nach seinem plötzlichen Tod im Juni 1968 zunächst auf Eis gelegt und 1970 sang- und klanglos eingestellt. »Die 15 Aktenbände, in denen Fritz Bauer seine Ermittlungsergebnisse gegen die Teilnehmer der Apriltagung im ›Haus der Flieger‹ gebündelt hatte, verschwanden spurlos. Auf dem rund 100 Meter langen Weg vom Gebäude der Bonner Staatsanwaltschaft zum Gebäude des Amtsgerichts wurden sie niemals mehr gesehen.«[199] Die Staatsanwaltschaft unterließ es, die Öffentlichkeit über die Einstellung des Verfahrens zu informieren. Bekannt wurden die Fakten erst 1984. Es mutet wie ein Hohn an, wenn die *taz* in einer Rezension schreibt: »Fritz Bauers im Buch abgedruckte Anklageschrift gegen zwanzig führende Juristen gilt heute als eines der bedeutendsten Dokumente zur Rechtsgeschichte in der Bundesrepublik.«[200]

Und im *Spiegel* 36/99 schrieb der Historiker Götz Aly zum gleichen Komplex: »In der Zivilverwaltung des besetzten Ostgalizien waren die Landräte, nach der österreichischen Verwaltungstradition Kreishauptleute genannt, für den Massenmord administrativ zuständig – überwiegend Juristen. Anders als die Chargen der Polizei wurde nach 1945 nicht einer von ihnen bestraft. Ihre soziale Zusammensetzung zeigt sich in den Nachkriegsfunktionen: Oberregierungsrat in Hildesheim Heinz Albrecht, Kreisdirektor von Wipperfürth Viktor von Dewitz, Rechtsanwalt in Düsseldorf Hermann Görgens, angesehener links-liberaler Journalist in Hamburg Klaus Peter Volkmann (Pseudonym Peter Grubbe), Staatssekretär in Niedersachsen Otto Wendt, Leiter des Deutschen Industrie-Instituts Ludwig Losacker (ehemals Amtschef beim Distriktgouverneur in Lemberg), Geschäftsführer der Gesellschaft für Kernforschung Josef Brandl, Richter am Bundesverwaltungsgericht Hans-Walter Zinser, Sozialminister in

Schleswig-Holstein Hans-Adolf Asbach. Diese Herren, die in den ersten Jahrzehnten zur Elite der Bundesrepublik gehörten, hatten sich alle kraft Amtes mit der Vernichtung von insgesamt 500.000 ostgalizischen Juden befaßt.«[201]

Peter Steinbach, der die Diskussion über die NS-Verbrechen in der »deutschen Öffentlichkeit nach 1945« untersucht hatte, kam 1981 zu dem Schluß, es werde vielfach behauptet, daß in der BRD ehemalige Nationalsozialisten in führende Positionen von Verwaltung, Wirtschaft, Justiz und Militär gelangten, wodurch die schonungslose Abrechnung mit Verbrechen der Vergangenheit unmöglich sei. Dabei werde auf singuläre Fälle verwiesen, die zu Recht öffentlich kritisiert würden, aber eben doch Einzelbeispiele seien und durch die öffentliche Meinung und politische Kontrollmechanismen überprüft und korrigiert würden.[202] Sodann äußerte er sein Unverständnis darüber, daß es zu den seines Erachtens »kaum erklärbaren Phänomenen der öffentlichen Meinung (gehöre), daß sie sich so willig von den Schuldthesen etwa der DDR beeindrucken ließ. Durch ihre Farbbücher ... erzielte die DDR, so scheint es, fast mehr Publizität als die westdeutsche Seite durch ihre NSG-Verfahren.«[203] Zweifellos hing dieses »Phänomen« mit der Tatsache zusammen, daß die von der DDR vorgelegten Beweise für die Schuld der in das bundesdeutsche Gesellschaftssystem »integrierten« Nazis offenkundig überzeugender waren.

Nur einige Beispiele – allerdings nicht unbedeutende

Es ist unmöglich, hier die Verzeichnisse jener NS-Belasteten zu wiederholen, die in der BRD nach 1945 ohne Probleme auf verschiedensten Ebenen und auf verschiedenste Weise – oft mit zeitlich nur geringem Aussetzen – agieren konnten. Wenigstens einige der »wiederverwendeten« NS-Exponenten, gewissermaßen die Spitzen des Eisbergs, sollen aber doch vorgestellt werden, um zu verdeutlichen, daß den tatsächlich NS-Belasteten in der BRD, die in den Dokumentationen der DDR aufgelistet[204] bzw. von demokratischen Historikern und Publizisten der BRD behandelt wurden[205], in den Veröffentlichungen über »Nazis« im Dienste der DDR nur ehemalige Anhänger des Nationalsozialismus entgegengestellt wurden, die regelmäßig keine mit NS-Verbrechen Belasteten waren.

Hans Karl Filbinger (*1913), CDU, Innenminister von Baden-Württemberg 1960 bis 1966, danach Ministerpräsident bis August 1978. Als Anklagevertreter beantragte Filbinger am 16. Januar 1945 die Todesstrafe für den 22jährigen Matrosen Walter Gröger und leitete im März 1945 die Vollstreckung. Sein Sturz begann mit dem Aufsatz Rolf Hochhuths in der *Zeit* vom 17. Februar 1978, der Filbinger als »furchtbaren Juristen« brandmarkte.[206] Bald nach dem Fall Gröger wurden auch Todesurteile gegen zwei nach Schweden geflohene Fahnenflüchtige bekannt, an denen Filbinger als Richter ebenfalls mitgewirkt hatte. Filbinger bezeichnete diese Urteile als »Phantomurteile«, da sich die Verurteilten außerhalb des Machtbereichs der deutschen Militärjustiz befunden hätten – wobei er allerdings zu erwähnen vergaß, daß Schweden noch unmittelbar vor Kriegsende Fahnenflüchtige an Deutschland auslieferte.[208] Filbingers Verteidigungsversuch mündete in der Feststellung: »Was damals Recht war, kann heute kein Unrecht sein.« Unter dem Druck der empörten Öffentlichkeit mußte Filbinger dann zurücktreten. Seitens der CDU wurde eine »Ehrenerklärung« für Filbinger abgegeben. Filbinger blieben Dienstvilla, das Großkreuz des Bundesverdienstordens, der Ehrenvorsitz in der CDU des Landes Baden-Württemberg und achtzehn Jahre lang die Präsidentschaft des Studienzentrums Weikersheim, das zuweilen als »rechte Kaderschmiede« bezeichnet wurde.[209]

Dr. Wolfgang Immerwahr Fränkel: Der nach einem Gutachten der NS-Gauleitung Kurhessen »überzeugte Anhänger der nationalsozialistischen Bewegung« war Reichsanwalt beim Reichsgericht Leipzig. Er war unter anderem mit der 1940 eingeführten sogenannten Nichtigkeitsbeschwerde befaßt. Diese war darauf gerichtet, auch rechtskräftige Urteile in Strafverfahren durch das Reichsgericht zu kassieren, um die Strafe zu vermindern oder zu erhöhen. »1951 wurde Fränkel Bundesanwalt. Als er 1962 zum Generalbundesanwalt ernannt werden sollte, wurde er ... über eine eventuelle Mitwirkung an Todesurteilen im Rahmen der Nichtigkeitsbeschwerde befragt. Fränkel verneinte eine solche Mitwirkung.«[210] Kurze Zeit nach Fränkels Ernennung am 30. März 1962 zum Generalbundesanwalt wurden belastende Unterlagen bekannt. Die von der DDR vorgelegten Beweise überführten Fränkel, an über 30 Todesurteilen beteiligt gewesen zu sein.[211] Im Ergebnis des gegen Fränkel durchgeführten Disziplinarverfahrens wurde dieser im Juli 1965 vom BGH als dem Dienstgericht des Bundes »vom Vorwurf eines fahrlässigen Verhaltens bei der Prüfung seines Erinnerungsbildes« freigesprochen.[212] Das Disziplinargericht vermochte Fränkel trotz der vorhandenen Beweise nicht als überführt anzusehen, »bei seinen Auskünften gegenüber dem damaligen Bundesjustizminister sein Gedächtnis an jene verhältnismäßig wenigen Einzelvorkommnisse aus seiner mehrjährigen, umfangreichen, weit zurückliegenden Tätigkeit nicht genügend angespannt zu haben« wie Bernt Engelmann zitierte.[213] Heinrich Brentano, damals CDU/CSU-Fraktionsvorsitzender im Deutschen Bundestag, schrieb zu Fränkel in einem Brief vom 12. Juli 1962 an den Staatssekretär im Bundesjustizministerium, Walter Strauß, er »habe das ungute Gefühl, … ›daß hier ein Mann von sogenannten Kollegen gedeckt wurde, der auf die Anklagebank, aber nicht auf den Richterstuhl gehört‹. Harsche Kritik am ›schlechten Geist‹ im Bundesverfassungsgericht verband sich mit der Empörung darüber, ›daß es eines Hinweises aus der Zone *(gemeint ist die DDR – D. J.)* bedurfte, um den höchsten Vertreter der Bundesanwaltschaft zu Fall zu bringen‹. Die Sache ›ekle‹ ihn ›im höchsten Maße‹ an.«[214]

Reinhard Gehlen (1902–1979), Generalmajor und Leiter der Abteilung »Fremde Heere Ost« (FHO) in Hitlers Generalstab des Heeres. Er äußerte während des Krieges: »Der Russe ist objektiv minderwertig; er ist somit als rechtloses Ausbeutungsobjekt anzusehen, zwecks hoher Arbeitsleistung kärglich am Leben und auf niedrigstem Wissensniveau zu erhalten.«[215] Gehlen ergab sich am 22. Mai 1945 der US-Armee und stand bald als Organisation Gehlen im Dienst des US-Geheimdienstes. 1956 wurde die Organisation als »Bundesnachrichtendienst« (BND) in deutsche Dienste rücküberführt.[216] Gehlen leitete den BND von 1956 bis 1968.

Dr. Hans Maria Globke (1898–1973), Oberregierungsrat im nazistischen Innenministerium. Verfasser (gemeinsam mit seinem Vorgesetzten Staatssekretär Wilhelm Stuckart) eines offiziellen Kommentars zu den Nürnberger Rassegesetzen, der »in Sprache und Argumentation eine juristische Exegese des Unrechts und der Barbarei« war.[217] Von 1953 bis 1963 war Globke Staatssekretär Adenauers im Bundeskanzleramt. »Bis zuletzt war G. an der Schaffung der Rechtsgrundlagen für die Judenverfolgung beteiligt. … Nach 1945 zunächst als Angehöriger der nat.-soz. Führungsschicht verhaftet, wurde G. später als ›Mitläufer‹ eingestuft und konnte – nun CDU-Mitglied – seine Beamtenlaufbahn fortsetzen«,[218] heißt es im Großen Lexikon des Dritten Reiches. Im 1999 erschienenen »Ploetz: 50 Jahre Deutschland« heißt es zu Globke höchst »neutral« und »neutralisierend«: »1932–45 Ministerialrat im Reichsinnenministerium; Verfasser eines Kommentars zu den Nürnberger Gesetzen; 1953–63 als Staatssekretär im Bundeskanzleramt unter Adenauer von administrativem und politischem Einfluß.«[219] Im übrigen: Die Papiere Globkes, »mit dessen Name das

Thema ›Vergangenheitsbewältigung‹ verbunden ist wie mit keinem anderen, sind im Archiv für Christlich-Demokratische Politik weiterhin nur wenigen Forschern zugänglich, zu denen die Witwe von Hans Globke nach Beratung durch die Stiftung Vertrauen schöpft.«[220]

Es wurde in der Bundesrepublik zur Entlastung Globkes verbreitet, dieser habe mit seinem Kommentar beabsichtigt, die nazistischen Rassegesetze in ihrer Anwendung zu entschärfen. Strauß schrieb in seinen »Erinnerungen« 1989: »Globke hatte diesen Kommentar zu den Nürnberger Gesetzen von 1935 in der Absicht geschrieben, sie rechtlich einzugrenzen, aber in den 50er Jahren hatte niemand den Mut, dies in der deutschen Öffentlichkeit klar auszusprechen.«[221] Mary Ellen Reese verkündete: Viele untadelige Zeugen eilten ihm *(Globke – D. J.)* jedoch zur Seite, und es gelang ihm, seinen Beitrag zu den Gesetzen als Versuch zur Milderung des Schicksals der Juden hinzustellen.«[222] Und in der »Enzyklopädie des Holocaust« hieß es: »Adenauer akzeptierte Globkes Behauptung, daß er versucht habe, die von Hitler geforderten gesetzlichen Maßnahmen zu mildern.«[223]

Globkes vermeintliche »Entschärfung« irritiert. Wieso wurde sein Kommentar dann in der Nazizeit so gelobt? Fielen die Nazis auf seine »Abschwächungen« herein? Offenkundig merkten sie das nicht.[224] Der berüchtigte Präsident des Volksgerichtshofes Roland Freisler jedenfalls meinte, »auf die Gediegenheit der Kommentierung der Gesetze und zugehörigen Verordnungen besonders hinzuweisen, erübrigt sich. Der Kommentar kann wohl in keiner Handbücherei eines Rechtswahrers fehlen.«[225]

Bei Michael Lemke, Historiker und Mitarbeiter beim Forschungsschwerpunkt Zeithistorische Studien Potsdam, heißt es: »Der Persönlichkeit Hans Globkes gerecht zu werden, fällt auch heute noch schwer. Schon zu Lebzeiten geriet ihm zum Nachteil, daß jedermann zwar seine Mitarbeit am Kommentar zu den ›Nürnberger Gesetzen‹ bekannt war, weitgehend unbekannt blieb aber, daß er ›den Opfern eben dieser Nürnberger Gesetze in vielen Einzelfällen mit Rat und Tat geholfen (hat)‹. (Schwarz, Adenauer. Der Staatsmann, S. 528).«[226]

1980 hatte Klaus Gotto in Stuttgart eine Entlastungsschrift herausgegeben, die die These von der Hilfe für Opfer zu beweisen suchte und »Persilscheine« für Globke abdruckte.[227] Lemke bezeichnet in seinem Artikel den Beitrag in Gottos Buch von Robert Kempner, ehemaliger Kollege Globkes im Preußischen Ministerium des Innern und späterer US-Anklagevertreter im Nürnberger Hauptkriegsverbrecherprozeß, als »aufschlußreich«.[228]

In der Tat ist das Zeugnis Kempners von einer merkwürdigen Zurückhaltung geprägt.[229] Lediglich seine Bemerkungen über Globkes angeblich nicht vorhandene Verantwortung bei der Ausarbeitung der Nürnberger Rassegesetzgebung ist von einiger Relevanz, obwohl das Nazi-Innenministerium den Kommentar ausdrücklich mit dem Hinweis empfahl, dieser hätte »schon deswegen besondere Bedeutung ..., weil die beiden Verfasser am Zustandekommen der Rassengesetzgebung amtlich beteiligt waren und daher zu ihrer Auslegung in erster Linie berufen sind.«[230]

Der gewissenhafte Beamte Globke hat diese Feststellung jedenfalls damals nicht korrigieren lassen. Daß Kempner behauptet, »Kenner der damaligen Sachlage« hätten erklärt, daß dieser Kommentar eine besonders für sogenannte Mischlinge günstige Interpretation enthalten hätte, mag zutreffen.[231] Gegenüber der Gesamtrolle, die der Kommentar gespielt haben dürfte, ist diese »Entlastung« mehr als fragwürdig.

Zu Globke meint der Mitbegründer des Zentralrats der Juden in Deutschland, Norbert Wollheim, in einem Buch zur Geschichte der Juden in Deutschland: »Wir wußten genau, was er getan hat, sein Kommentar über die Rassengesetzgebung hat viele das Leben gekostet. Aber Adenauer meinte, er habe vielen das Leben gerettet mit dem Kommentar.«[232] Der Schlimmste sei, so schreibt Inge Deutschkron, dieser Dr. Hans Globke gewesen, die rechte Hand Adenauers. »Sich so einen Mann an die Seite zu holen, ist mir unerklärlich. Und das ist nicht das einzige, was man Globke ankreiden kann, als er im Innenministerium bei den Nazis arbeitete. Es gibt heute Stimmen, die behaupten, er hätte den Juden geholfen, so was sind ja Gerüchte, was zählt, ist die Tatsache, was geschrieben stand in diesem Kommentar.«[233] Globke schuf »unter anderem durch die Produktion personenstandsrechtlicher Erlasse (z. B. Unterscheidung zwischen sog. ›Voll- und Halb-Juden‹ und ähnliche Differenzierungen) wichtige verwaltungstechnische Voraussetzungen für die Durchsetzung der Morde.«[234] Friedemann Bedürftig meinte: »Seine Bedeutung liegt weniger in seiner politischen Rolle als in der Beispielhaftigkeit seines Falles für dem Umgang mit der NS-Vergangenheit: Der Jurist Globke trat nie der NSDAP bei, wurde aber als Ministerialrat im Reichsinnenministerium einer der eifrigsten Verfechter der Entrechtung der Juden. Er verfaßte einen Kommentar zu den Nürnberger Rassegesetzen, setzte sich für das zwangsweise Führen der Vornamen ›Sara‹ und ›Israel‹ durch Juden ein und zeichnete 1944 persönlich eine Erlaß ab, der den Übergang des Vermögens ermordeter Juden auf das Reich regelte. Nach dem Krieg ... behauptete Globke stets, mit seinen Kommentaren die NS-Gesetze abgemildert zu haben.«[235] Allerdings war Globke deshalb nie Mitglied der NSDAP, »weil sein Aufnahmeantrag in die NSDAP vom 24. Oktober 1940 nach Einspruch Martin Bormanns vom Obersten Parteigericht im Februar 1943 schließlich abgelehnt wurde«.[236]

Kürzlich veröffentlichte die Gedenk- und Bildungsstätte Haus der Wannsee-Konferenz den 11. Band ihrer Publikationsreihe. Im Abschnitt »Juristen als willige Helfer des antisemitischen Gesetzgebers« heißt es, daß die »zahlreichen antisemitischen Gesetze im nationalsozialistischen Staat ... weder von Hitler allein noch von einem kleinen Kreis überzeugter Parteianhänger geschaffen werden (konnten). Zur Ausarbeitung der Gesetzesentwürfe waren sie auf in der Gesetzestechnik erfahrene Spezialisten angewiesen.«[237] Die antisemitische Gesetzgebung war das Werk von Juristen aus der Zeit vor 1933. Die verschwommenen Begriffe der Nürnberger Rassegesetze wurden konkretisiert unter anderem durch die Verfasser von Gesetzeskommentaren. Zu diesen gehörte Hans Globke, »der bereits an dem Zustandekommen des Blutschutzgesetzes ›in ganz hervorragendem Maße‹ beteiligt gewesen und mit eben dieser Begründung im Jahre 1938 zur Beförderung zum Ministerialrat vorgeschlagen wurde.« Der Autor des Aufsatzes verweist an dieser Stelle ausdrücklich auf das Urteil des Obersten Gerichts der DDR vom 23. Juli 1963.[238] Bei der sogenannten Rassenschanderechtsprechung – die Grundlage war das »Gesetz zum Schutz des deutschen Blutes und der deutschen Ehre« (Blutschutzgesetz) vom 15. September 1935 – wurde der Begriff »Geschlechtsverkehr« grenzenlos extensiv ausgelegt. Kommentare und das Reichsgericht beschränkten sich nicht auf den Beischlaf, sondern es wurden »alle geschlechtlichen Betätigungen mit einem Angehörigen des anderen Geschlechts« umfaßt. So das Reichsgericht, der Stuckart/Globke-Kommentar und Globke in einem Artikel der Zeitschrift der Akademie für Deutsches Recht. »Damit entschieden sich Reichsgericht wie Globke für die schärfste der diskutierten Interpretationen des Begriffs.«[239] In der Folge dieser Auslegung wurde ein Jude zu einem Monat Gefängnis ohne Bewährung verurteilt, weil er eine 15jährige »über die Straße hinweg ›wenn auch nicht aufdringlich, so doch auffallend ansah‹, ein Verhalten, das ›offenbar auf erotischer Grundlage‹ beruht habe.«[240]

Auch Henry Leide darf bei einer negativen Beurteilung des

Umgangs der DDR mit Globke nicht fehlen. Er konstatiert, »als Höhepunkt und gleichzeitig Abschluß der Globke-Eichmann-Kampagne« habe die DDR Globke im Mai 1963 vor dem OG der DDR angeklagt. Wie kann Leide eigentlich die Tatsache in sein »Kampagnen-Schema« unterbringen, daß die DDR Globke ursprünglich überhaupt nicht selbst anklagen wollte? Die DDR hatte zwar frühzeitig Materialien über die nazistische Vergangenheit Globkes veröffentlicht[241], ein Verfahren gegen ihn aber erst 1963 eröffnet und mit einem Urteil beendet,[242] nachdem die Bemühungen von Fritz Bauer um ein Verfahren gegen Globke gescheitert waren. Der hessische Generalstaatsanwalt Bauer hatte 1960 ein Vorermittlungsverfahren eingeleitet.[243] Ihm waren am 16. Januar 1961 seitens der DDR Beweise übergeben worden, die die Frankfurter Staatsanwaltschaft beschlagnahmte. Noch bis zum 20. Dezember 1962 übergab die DDR im Auftrage von Josef Streit, Generalstaatsanwalt der DDR, Dokumente gegen Globke, die dessen völkerrechtswidrige Verbrechen bis 1944 nachwiesen.[244] Die Anklageerhebung wurde Bauer verwehrt, und Bonn zog das Verfahren an sich. Mit der bekannten Folge des Nichthandelns.[245] Daß die DDR neben der Unterstützung von Fritz Bauer vorsorglich parallel eigene Prozeßvorbereitungen traf, war mit Bauer abgesprochen[246] und versteht sich aus der Kenntnis des Unwillens Bonns in Sachen Globke von selbst.

Henry Leide wertet, seiner Voreingenommenheit gemäß, wie folgt: »Der Prozeß war aufgrund seiner ausschließlich politischen Zielsetzung, vorrangig das ›Bonner Regime‹ zu diffamieren, nicht dazu geeignet, einen Beitrag zur Aufarbeitung bis dahin unbeachteter Aspekte des Völkermordes an Juden zu leisten.«[247] Nun sollte man das Urteil vorher gründlich lesen, bevor man derartige Bewertungen abgibt. Minutiös sind die Dokumente – unter anderem sowohl faschistische Dokumente jener Zeit wie originale Verlautbarungen Globkes – dargelegt, die die Schuld von Globke beweisen.[248]

In die Sparte der Unterstellungen gegen die Verfolgung von NS-Verbrechen durch die DDR gehört, was Annette Weinke zum Prozeß gegen Globke mitzuteilen weiß. Sie bezeichnet den Prozeß als »Justizspektakel gegen Globke«[249] und als »Schauprozeß«.[250] Der Gipfel ist es, wenn Weinke die Strafverfolgung von NS-Tätern durch die DDR in diesem Zusammenhang als Beitrag der Sicherheitsorgane und der DDR-Justiz »zur propagandistischen Untermalung des Eichmann-Prozesses« bezeichnet. Den »Beweis« für ihre Behauptung liefert sie mit den Worten, die DDR-Gerichte hätten zwischen 1956 und 1958 nur zwei Urteile in NS-Sachen ausgesprochen, und die Ahndungsintensität sei seit 1958 »aufgrund des westlichen Konkurrenzdrucks wieder deutlich gestiegen«.[251] Dazu führt sie, sich auf Falco Werkentin stützend, Zahlen an, die allerdings ihre These keineswegs beweisen können. Tatsache ist, daß die Zahlen einer Strafverfolgung von NS-Tätern nach 1950 rapide zurückgingen. Und wo nichts ist, kann nichts verfolgt werden. Weinke würzt ihre Verdächtigungen hinsichtlich der niedrigen Strafverfolgungszahlen dann allerdings noch mit der bösartigen Feststellung, daß in den Jahren nach 1960 »weitere Urteile gegen tatsächliche oder *vermeintliche* NS-Täter« folgten.[252] Leide stützt sein Urteil auf die Meinung des amerikanischen Historikers Jeffry Herf, der die Verurteilung Globkes »wegen in Mittäterschaft begangenen fortgesetzten Kriegsverbrechens und Verbrechens gegen die Menschlichkeit in teilweiser Tateinheit mit Mord« mit den Worten abfertigt, das seien »absurde, aber wirkungsvolle Übertreibungen«.[253] Herf hält es offenbar für eine bestechend exakte Argumentation, das »Braunbuch« als »das schwerste Geschütz in der ostdeutschen Schmutzkampagne über die Zugehörigkeit ehemaliger Nationalsozialisten zum westdeutschen Establishment« zu bezeichnen. Er gibt allerdings zu, daß das Braunbuch für die westdeutsche Neue Linke »nicht so leicht als kommunistische Propaganda und folglich falsch abzutun (war). Ein Teil des Schmutzes blieb haften.«[254] Nicht die Echtheit des Dargelegten zählt, sondern alles ist nur »Schmutz«. Und das nennt sich dann objektive Geschichtsschreibung.

Ralph Giordano: »Die Adenauer-Ära war ein brauner Epilog … Nicht nur, daß sie straffrei davonkamen, sie konnten auch in allen Sparten ihre Karriere weiter fortsetzen. Die Funktionselite der alten BRD war bis in die 70er nahezu identisch mit der unter Hitler. Und das war Adenauers Werk. Adenauer ist für mich der Schöpfer der zweiten Schuld. Der auch einen Mann wie Globke nicht nur aufgebaut, sondern gehalten hat, sein erster Staatsminister, die graue Eminenz der Adenauer-Ära, dieser Mann, der ein 300-Seiten-Opus zu den sogenannten Nürnberger Rassegesetzen zum Schutz des deutschen Blutes und der deutschen Ehre geschrieben hat, was sich jetzt als nichts anderes als die erste Stufe in das Inferno der Gaskammern erweist. Und wenn Globke das vorher nicht wußte – die Geschichte hat es erwiesen. Und einen solchen Mann zur grauen Eminenz der ersten Legislaturperiode der zweiten deutschen Demokratie, der BRD, zu machen, zeugt von einem Ungeist, der unüberbietbar ist.«[255] 1999 schrieb Georg Paul Hefty: »Adenauer hielt jedoch an ihm unerschütterlich fest. Damit gab er ein Signal all den Beamten und Angestellten des öffentlichen Dienstes, die schon in der Nazi-Zeit in der Staatsverwaltung, aber außerhalb der direkt von der NSDAP-Führung besetzten Posten gearbeitet hatten.«[256]

Am 9. Oktober 1999 öffnete in Leipzig eine Ausstellung des »Zeitgeschichtlichen Forums«. Entgegen nunmehr gesamtdeutsch gesicherter Erkenntnis hieß es dort: »Die SED-Propaganda stellt die Bundesrepublik dar, als wirke in ihr der Nationalsozialismus weiter. Sie diffamiert hohe Beamte, Politiker und Militärs wegen ihrer Funktion und Tätigkeit in der NS-Zeit und schreckt dabei nicht vor Verleumdungen zurück ... Ein Ziel der Angriffe ist vor allem Hans Globke, Staatssekretär im Bonner Bundeskanzleramt. Der Name des Juristen ist verbunden mit dem Kommentar zu den Nürnberger Gesetzen, die 1935 zur Entrechtung der deutschen Juden führen.«[257] Dazu kein einziges kritisches Wort. Der »Jurist« wird zum Opfer der »SED-Propaganda« erklärt.

Gern wird aus der Notiz vom 28. Mai 1960 zitiert, die Albert Norden an Walter Ulbricht richtete und in der es heißt: »Wir bemühen uns, den Fall Eichmann ... maximal gegen das Bonner Regime zuzuspitzen.«[258] Es ist damals nicht gelungen, eine Verbindung zwischen Eichmann und Globke herzustellen. Im Eichmann-Prozeß erfolgte eher beiläufig, aber dem aufmerksamen Leser nicht nebenbei, die Namensnennung Globkes. Dem Gericht lag als Dokument die »Anwesenheitsliste 15. Januar 1941« vor, in der als Teilnehmer Globke vom Reichsministerium des Innern, Abt. I, genannt war. Der Niederschrift dieser Sitzung ist der »Entwurf einer Verordnung über das Vermögen von Juden im Ausland, die die deutsche Staatsangehörigkeit verlieren« angefügt. Der Vorsitzende Richter merkte in der 38. Sitzung an: »Hier sind bereits die ersten Anzeichen der elften Verordnung?«[259] Gemeint ist die elfte Verordnung vom 25. November 1941 zum Reichsbürgergesetz (RGBl. I S. 722). Der Verteidiger Servatius fragte Eichmann: »... jetzt ist das Referat vergrößert um Einziehen volks- und staatsfeindlichen Vermögens, Aberkennung der deutschen Reichsangehörigkeit. Wollen Sie dazu Stellung nehmen, wie es zur Vergrößerung dieses Referates *(IV B 4 – D. J.)* kam und was das bedeutete.« Antwort von Eichmann: »Es war zweifellos eine Folgeerscheinung der Initiative der Abt I, ich glaube die des Innenministeriums unter Ehlich und Globke im Hinblick auf die Bemühungen der Aberkennung der deutschen Staatsangehörigkeit unter Einziehung des Vermögens von Juden.«[260] Am 22. Juni 1961 beurteilte Eichmann den Entwurf der elften Verordnung als »die Basis schlechtweg, die gesetzliche Basis schlechtweg, um Deportationen von Juden aus dem Reichsgebiet, d. h. von Juden deutscher Staatsangehörigkeit, in der Folge frei zu ermöglichen. […] diese gesetzliche Basis, die machte es den Spitzenbehörden sehr bequem, ihre Deportationsanordnungen in grundsätzlicher Hinsicht zu erteilen. Darüber hinaus wurde die Frage der Vermögensregelung mit dieser Frage angeschnitten und erledigt und beide Fragen waren späterhin gleichsam Vorbild für eine ähnliche Regelung z. B. in Frankreich.«[261] Servatius erläuterte die Folgen dieser 11. VO: »Man verliert die deutsche Staatsangehörigkeit als Jude, wenn man seinen Aufenthalt im Ausland hat oder dorthin verlegt. Das wird später so, man verlegt ihn auch, wenn man mit Gewalt über die Grenze geschoben wird. Und dann ergibt sich der juristische Trick, …, aus dem Abs. 2, dann heißt es dort, das Vermögen der Juden, die auf Grund des § so und so die Staatsangehörigkeit verloren haben, verfällt kraft dieser VO dem Reich, sofern es nicht schon vorher verfallen ist. So ging es denn auch den Franzosen, so bald sie über die französische Grenze herübertransportiert waren, trat der ähnliche Fall ein.«[262]

Wie wir nach jüngsten Verlautbarungen allerdings vermuten können, ist es offensichtlich keine Beiläufigkeit, wenn der Name Globke genannt wurde. Am 7. Juni 2006 erfuhr man, daß der amerikanische Geheimdienst CIA den Aufenthaltsort Eichmanns verschleierte, um »ranghohe westdeutsche Persönlichkeiten vor Enthüllungen über ihre Nazivergangenheit zu schützen … Die CIA habe der Bundesrepublik auch geholfen, einen Teil von Eichmanns Tagebuch zurückzuhalten, das Adenauers Sicherheitsberater Hans Globke belastete.«[263] Im Zusammenhang mit dieser Nachricht wird mitgeteilt, daß Material veröffentlicht werde, welches »sich auf die Kontakte der CIA zu ehemaligen Nationalsozialisten, darunter Kriegsverbrechern (erstreckt). In den 50er Jahren entsprach es nicht der US-Politik, ehemalige Nazis zu verfolgen. Diese wurden statt dessen im Kalten Krieg mit der Sowjetunion als Spione angeworben.«[264] Israel wie die BRD waren nicht daran interessiert, Globke in irgend einen direkten Zusammenhang mit Eichmann zu bringen. Es wurde auch erreicht, daß die Passagen des Tagebuchs von Eichmann, in denen Globke erwähnt wird, nicht publiziert wurden. Westdeutsche und US-Geheimdienste deckten Eichmann, »weil sie unter anderem befürchteten, er könne über die Nazi-Vergangenheit von Hans Globke … auspacken.«[265]

Doch zu weiteren Exponenten des NS-Staates, die in der Bundesrepublik Karriere machten.

Mathias Hoogen, Kriegsgerichtsrat bei der Luftwaffe und Oberstabsrichter bei der Kurlandarmee. Auf seinen Antrag hin wurde der Soldat Felix Stolz am 18. Juli 1944 wegen Fahnenflucht zum Tode verurteilt und hingerichtet. 1949 war er Bundestagsabgeordneter der CDU, später Vorsitzender des Rechtsausschusses des Bundestages und 1964 Wehrbeauftragter des Bundestags.[266]

Kurt-Georg Kiesinger (1904–1988): Bundeskanzler der BRD (1966–1969), 1933 NSDAP, 1940 wissenschaftlicher Hilfsarbeiter im Auswärtigen Amt. 1943–1945 war er stellvertretender Abteilungsleiter der Rundfunkpolitischen Abteilung und Verbindungsmann zum Reichspropagandaministerium von Joseph Goebbels. In einem von Kiesinger unterzeichneten Bericht vom 21. August 1940 über eine Reise mit Rundfunkberichterstattern heißt es über den Zweck der Reportagen: »1. den Hörern einen Eindruck zu geben von der unwiderstehlichen Kraft der deutschen Waffen im Kriege, und 2. von der Haltung und Leistung des Siegers während des Krieges und nach der Beendigung der Kampfhandlungen ... Von der Kraft der deutschen Waffen zeugen die Berichte über die Spuren des Krieges in Belgien und Frankreich«[267]; 1949–1980 (mit Unterbrechungen) CDU-Bundestagsabgeordneter; 1958–1966 Ministerpräsident von Baden-Württemberg.

Dietrich Klagges (1891–1971), SS-Obergruppenführer. Seine Behandlung in der BRD ist hinsichtlich des Ernstes und des tatsächlichen Effekts der Abrechnung mit den »normalen« Naziaktivisten exemplarisch. Klagges war 1925 in die NSDAP eingetreten. Als Innenminister des Landes Braunschweig hatte er den staatenlosen Österreicher Adolf Hitler im Februar 1932 zum braunschweigischen Regierungsrat ernannt und auf diese Weise zum deutschen Staatsbürger gemacht. Das befähigte Hitler, staatliche Funktionen in Deutschland zu übernehmen. Unter Klagges hatten in Braunschweig bereits 1933 Folterungen von Landtagsabgeordneten, Verhaftungen von 1.500 Stahlhelmern und Sozialisten begonnen; zehn Sozialisten wurden in Rieseberg (Landkreis Helmstedt) erschossen. Einer Terroraktion der SS fielen 16 Menschen zum Opfer. »Im April 1950 wurde Klagges vom Schwurgericht Braunschweig zu lebenslangem Zuchthaus verurteilt. Grundlage war das Kontrollratsgesetz 10 der – Siegermächte, das Verbrechen gegen die Menschlichkeit betraf. Dieses Gesetz der Alliierten wurde Anfang der 50er Jahre aufgehoben. Damit

begann im Fall Klagges der deutsche Teil der juristischen Bewältigung: Der Bundesgerichtshof hob das Urteil auf und wies es an das
Landgericht Braunschweig zurück zur Neufestsetzung des Strafmaßes
mit der Maßgabe, daß sie ausschließlich auf Grund deutscher Gesetze
erfolge. Die Folge war eine erstaunliche Milde: Das Urteil wurde im
November 1952 zunächst auf 15 Jahre reduziert. Und das Oberlan-
desgericht Braunschweig entließ Klagges im Oktober 1957 aus dem
Zuchthaus – drei Jahre vor Ablauf der Haftzeit.«[268] Damit war es aber
nicht genug. 1970 erstritt sich Klagges eine Pensionsnachzahlung in
Höhe von 100.000 DM. Der 6. Senat des Bundesverwaltungsgerichts
begründete 1969 den Rentenanspruch Klagges', der ursprünglich
Lehrer von Beruf war, in folgender Weise: »Die Sozialversicherung ist
Ausdruck einer allgemeinen sozialen Grundhaltung des Staates im
Sinne des Sozialstaatsgedankens.« Der 2. Senat urteilte 1970 zum Fall
Klagges, daß das System der Sozialversicherung von strafrechtlicher
und moralischer Schuld unabhängig sei.[269] Bei den Hoheitsträgern
der DDR gilt diese Rechtsauffassung merkwürdigerweise nicht.

Heinrich Lübke (1894–1972)[270], Bundespräsident (1959–1969);
in der Nazizeit Mitwirkung am Bau nazistischer Konzentrationslager
und Rüstungsanlagen; 1945 CDU, Landwirtschaftsminister in Nordrhein-Westfalen (1947–1952), danach Bundesminister im gleichen
Ressort. »Mit Kriegsbeginn 1939 Mitarbeiter im Bau- und Ingenieur
Schlempp … hatte er als dessen stellv. Leiter seit 1944 Bauten für das
mit Zwangsarbeitern betriebene Raketenwaffenprogramm durchzuführen, die nach 1960 Gegenstand erheblicher Anwürfe wurden.«[271]
Lübke habe während seiner Amtszeit als Bundespräsident zunehmend
Kritik erregt, »zumal ein spürbares Nachlassen seiner Kräfte … unverkennbar war und die massiven Angriffe der DDR gegen seine Tätigkeit 1944/45 mit bemerkenswertem Ungeschick abgewehrt und auch
durch die von Bundesinnenminister Lücke 1966 vorgelegten Dokumentationen nicht entkräftet wurden.«[272]

Mit den Veröffentlichungen der DDR zu Lübke setzte Bonn auf
die Behauptung, das MfS habe das Material gefälscht. Nach 1990
wurden Anstrengungen unternommen, um die Fälschungsthese zu
belegen. Entlastung für Lübke brachten aber auch jene ehemaligen
MfS-Offiziere nicht, die 1992 verkündeten: »In diesem (Globke-Fall
– D. J.) wie in anderen Entlarvungsfällen erhielt das MfS den Auftrag,
die erforderlichen Dokumente zu beschaffen. Wenn die vorhandenen Akten nicht ausreichten, wurden sie durch ›Zugaben‹ ergänzt. In
den ersten Jahren der Abteilung Aktive Maßnahmen war die Beschaf-

fung und Fälschung historischer Quellen ein Schwerpunkt ihrer Tätigkeit.«[273] Und zu Lübke erklärten sie: »Über Lübke fanden sich im Archiv der Abteilung IX/11 Akten, die seine Tätigkeit in einer Baugruppe namens Schlempp während der Nazizeit dokumentierten. Es gab auch Baupläne für Baracken; aber daß diese für Gefangene in Konzentrationslagern gedacht waren, ging aus den Zeichnungen nicht hervor, auch aus jenen nicht, an denen Lübke mitgearbeitet hatte. So konnte nur unterstellt werden, daß er von der späteren Nutzung wußte. Beweisen ließ sich diese Behauptung aufgrund der Akten jedoch nicht. Also ergänzten wir das vorliegende Material, so daß es zweifelsfrei ›bewies‹, was wir beweisen wollten: daß Bundespräsident Lübke dereinst mitgebaut hatte an den KZ der Nazis. Die Verfälschungen wurden mit großer Sorgfalt angefertigt, damit sie einer Prüfung standhielten. So waren die Deckblätter derartig geschickt bearbeitet worden, daß sogar Kriminalisten der Humboldt-Universität nicht dahinterkamen. Und trotzdem gab es schon damals Indizien dafür, daß etwas nicht stimmte. So hatte Norden bei der Durchsicht der Akten moniert, daß Lübkes Unterschriften zu schwach seien, die Genossen sollten sie ›erkennbar‹ machen. Das taten sie, und bald hatte das Bundeskriminalamt die Nachbesserungen entdeckt.«[274]

Die CDU gab der »Gauck-Behörde« das »Dossier Lübke« in Auftrag. Bereits 1994 wurde geliefert, danach kehrte bei der CDU merkwürdige Stille ein. Die informierende Zeitung meint, der Grund werde darin bestehen, daß die Unterlagen zu belegen scheinen, »daß Heinrich Lübke sehr wohl wissentlich und tatkräftig an der Konzipierung und dem Aufbau von Arbeits- und Konzentrationslagern in Deutschland beteiligt war.«[275] Von Fälschung des Materials konnte keine Rede sein. So liege auch ein Schreiben eines MfS-Offiziers vom 15. Dezember 1966 an Minister Mielke vor, in dem es heißt: Diese Dokumente »sind in ihrer Echtheit über jeglichen Zweifel erhaben und bergen insofern keine politischen Gefahren«.[276] Die Zeitung weiter: »Eine Lübke-Unterschrift aber wurde von der Stasi tatsächlich manipuliert. Der Grund ist banal: Albert Norden bemängelte in der Vorbereitung der Pressekonferenz 1966, daß eine Unterschrift Lübkes unter der Bauzeichnung einer KZ-Baracke nicht deutlich genug zu erkennen war. Durch Vergrößerung der Schautafeln war sie nur noch mit Mühe leserlich. Oberst Halle, der von Seiten des MfS die Lübke-Kampagne betreute, nahm sich Nordens Kritik zu Herzen – und ließ den Namenszug einfach nachziehen.«[277]

2001 legte Jens-Christian Wagner, Leiter der KZ-Gedenkstätte

»Dora-Mittelbau« Nordhausen, in seinem Buch »Produktion des Todes – Das KZ Mittelbau Dora« neue Dokumente vor, die Lübke schwer belasten. Das, was damals von der DDR publiziert worden war, war echt – bis auf den Aktendeckel. Wagner konstatierte gegenüber dem Spiegel: »Die Unterlagen aus Neu-Staßfurt waren authentisch. Doch das reichte Ost-Berlin nicht, weil das Wort KZ in den Unterlagen nicht vorkam. Also stellte die Fälscherwerkstatt der Stasi zwei Aktendeckel her, auf denen das böse Wort vom Konzentrationslager zu lesen war. Dieser Schwindel flog auf. Damit war das gesamte Material diskreditiert.«[278]

Dr. Franz Schlüter (*1907), Amtsgerichtsrat, Ankläger und »Vollstreckungsleiter« beim Oberreichsanwalt des VGH, der 21 Todesurteile unterzeichnete; er war bis zu seiner Pensionierung 1970 Senatspräsident beim Bundespatentamt in München.

Franz Schlegelberger (1876–1970), NSDAP seit 1938, von 1931 bis 1942 Staatssekretär im Justizministerium, nach dem Tode des Justizministers von 1941 bis 1942 dessen Nachfolger. Als er mit 66 Jahren den Ruhestand trat, erhielt er von Hitler neben einem persönlichem Dankschreiben eine Gratifikation von 100.000 RM. 1947 wurde er im Nürnberger Juristenprozeß von einem US-amerikanischen Militärgerichtshof zu einer lebenslangen Freiheitsstrafe verurteilt. In der Urteilsbegründung wurde u.a. dargelegt, daß Schlegelberger (und die anderen Angeklagten) »das Justizministerium als ein Werkzeug zur Vernichtung der jüdischen und polnischen Bevölkerung, zur Terrorisierung der Einwohner der besetzten Gebiete und zur Ausrottung des politischen Widerstandes im Inland« benutzt hätte.[279] Schlegelberger wurde 1951 wegen Krankheit aus der Haft entlassen und 1951 begnadigt. Bereits 1950 erhielt er eine Pension von monatlich 2.894 DM (das Siebenfache des damaligen Durchschnittseinkommens mittlerer Beamter) und eine Pensionsnachzahlung in Höhe von 160.000 DM für seine Haftzeit. Schlegelberger wurde in der BRD zwar nicht mehr direkt »wiederverwendet«, aber die bundesdeutschen Streicheleinheiten waren keineswegs geeignet, ein Unrechtsbewußtsein bei dem ehemaligen Nazijuristen zu entwickeln.

Prof. Erich Schwinge, Militärstrafrechtler an der Universität Marburg. Er verfaßte einen vielbenutzten Kommentar zum Militärstrafgesetzbuch von 1936, in dem es unter anderem heißt: »Beherrschende Stellung kommt im Wehrstrafrecht demjenigen allgemeinen Gesichtspunkt zu, ohne den der innere Zusammenhalt der Truppe und die

Schlagkraft der Wehrmacht nicht gewährleistet werden kann: dem Gedanken der Manneszucht.«[280] Während des Krieges lobte Schwinge gesetzliche Regelungen, die eine uferlose Strafverschärfung vorsahen, da es dadurch möglich geworden sei, »in jedem Einzelfall ... bis zur Todesstrafe zu gehen.«[281] Schwinge selbst verfuhr als Kriegsgerichtsrat bzw. Oberstabsrichter gnadenlos. Er verurteilte einen 17jährigen wegen Bagatelldiebstahls zum Tode. Das Urteil erschien selbst Himmler überzogen, so daß er es kassierte.[282] Schwinge verurteilte noch im Februar 1945 einen Obergefreiten zum Tode, der sich durch Selbstverstümmelung einem neuerlichen Fronteinsatz hatte entziehen wollen.[283] Nach 1945 wirkte Schwinge weiter als Professor für Straf- und Strafprozeßrecht, Militär- und Kriegsvölkerrecht und wurde 1954 Rektor der Universität Marburg.

Zur Wirkung des »Aufstands« der jungen Generation

Unmut über diese Art der »Vergangenheitsbewältigung« regte sich nicht nur in der DDR, sondern auch in der Bundesrepublik. Vor allem bei der jüngeren Generation entstand im Laufe der Zeit ein gewisses Unbehagen über die reibungslose personelle Integration der Altnazis. Zumal unübersehbar war, daß sich »konservatives« Denken dieser »Eliten« in der Verfolgungs- und Unterdrückungspraxis gegen linke und liberale Demokraten niederschlug. Insbesondere die Abwertung antifaschistischen Widerstandes bis 1945, das Verbot der KPD im Jahre 1956 und die rigorose Verfolgung von Kommunisten und anderen linken Demokraten in den Prozessen nach dem Verbot der KPD (im krassen Gegensatz zur Zurückhaltung bei der Verfolgung von Naziverbrechern) provozierten Widerspruch.

Die Auseinandersetzung mit dem deutschen Faschismus bracht seither eine umfangreiche Literatur hervor. Konsequenzen aber wurden kaum gezogen. Jetzt, nachdem unmittelbar Beteiligte nicht oder kaum noch zur Verantwortung gezogen werden können, tut man es. So verurteilte der 99. Deutsche Ärztetag in Köln im Juni 1996 anläßlich des 50. Jahrestages des Nürnberger Ärzteprozesses die Verbrechen von NS-Medizinern. Der Gehörlosenpfarrer Hans Jürgen Stepf sah sich zu einer Leserzuschrift veranlaßt, in der es u.a. heißt: »Spät, zu spät für viele Opfer wird Trauer für die Betroffenen bekundet, jetzt, wo keiner der damaligen Ärzte mehr praktiziert. ... Ein Beitrag im Dt. Ärzteblatt vom 22. Oktober 1987 über die ›Zulässigkeit einer Sterilisation geistig Behinderter aus eugenischer oder sozialer Indikation‹ zeigt, daß der Ärztetag damals nicht willens war, den Opfern der Zwangssterilisationen gegenüber sein Bedauern zum Ausdruck zu bringen. Die Ärzte, die im ›Dritten Reich‹ eine Zwangssterilisation durchführten, haben danach durch ihre Gutachten eine Rehabilitierung und Anerkennung der Opfer verhindert. Allein Berlin hat Zwangssterilisierte als rassisch Verfolgte anerkannt. Jetzt, nach 50 Jahren, kommt das Bedauern, …, für viele Opfer zu spät.«[284]

Norbert Frei konstatierte, daß die BRD ab Mitte der 50er Jahre das Bekenntnis zu den »Lehren aus der Vergangenheit« in eine »antitotalitäre Frontstellung (verwandelte), der die Abgrenzung gegenüber der überwundenen braunen Diktatur zusehends weniger galt als die Auseinandersetzung mit der gegenwärtigen roten.« Frei hält es deshalb für eine besondere Ironie, »daß die Bundesrepublik entscheidende Anstöße zu einem kritischeren Umgang mit der Vergangenheit gegen Ende der fünfziger Jahre ausgerechnet aus der DDR ereilten. Ein Regime, das sich selbst auf den längst schon hohl gewordenen Antifaschismus zurückgezogen hatte, entdeckte im Vorwurf der ›unbewältigten Vergangenheit‹ ein vorzügliches Instrument zur politisch-moralischen Diskreditierung der Bonner Demokratie. Mit Kampagnen beispielsweise gegen Hans Globke, den Staatssekretär im Kanzleramt und vormaligen Kommentator der Nürnberger ›Rassegesetze‹, gegen den nationalsozialistischen ›Ostexperten‹ und dann zum Vertriebenenminister berufenen Theodor Oberländer oder ganz pauschal gegen ›Hitlers Blutrichter in Adenauers Diensten‹ ließ sich Wirkung erzielen – bei der westdeutschen Jugend ebenso wie im westlichen Ausland.«[285]

Es ist merkwürdig, daß ausschließlich Propagandagründe für die Aktionen der DDR ins Feld geführt werden. Völlig übersehen wurde und wird, daß es in der DDR tatsächlich Sorge, wenn nicht gar Furcht gab, daß die wiederverwendeten Naziaktivisten Morgenluft wittern und erneut einen »Ritt gen Osten« wagen könnten. Schließlich hatte selbst Kurt Schumacher auf dem Parteitag der SPD 1948 in Hannover erklärt: »Die Nazis von gestern konnten bleiben, wer sie waren. Sie brauchten sich nicht entscheidend zu ändern. Sie sind jetzt in der Lage, die Formen der Demokratie zu handhaben, ohne ein positives Verhältnis zu ihrem Inhalt zu gewinnen. Das gilt besonders von beträchtlichen Teilen des Beamtentums, die stärker von Nazismus als von der Weimarer Republik geformt sind.«[286]

182 Ralph Angermund: Opfer oder Täter – die Rolle der Juristen im »Dritten Reich«. Literatur über die NS-Justiz und ihre Aufarbeitung. In: P, Nr. 27 vom 28. Juni 1991, S. 22f.

183 Ingo Müller: Furchtbare Juristen, München 1989, S. 201.

184 ND vom 20. Dezember 1994.

185 Diese Angaben sind der Rezension von Angermund (P, Nr. 27 vom 28. Juni 1991, S. 22) entnommen. Dem Zeitgeist verpflichtet, sicherte sich Angermund gegen etwaige Kritiker, er übersehe die »Unrechtsjustiz« der DDR, sogleich dadurch ab, daß der Hinweis auf die Nazijustiz »keineswegs die DDR-Justiz und die von ihr begangenen, begünstigten oder vertuschten Verbrechen verharmlosen« solle.

186 Aus den Fragen und Antworten auf der Pressekonferenz (am 28. Juli 1960). In: Ausschuß für Deutsche Einheit (Hg.): Globke und die Ausrottung der Juden. Über die verbrecherische Vergangenheit des Staatssekretärs im Amt des Bundeskanzlers Adenauer, Berlin 1960, S. 118.

187 Braunbuch Kriegs- und Naziverbrecher, S. 7. Siehe auch: Sondervotum der Mitglieder der Gruppe der PDS und des Sachverständigen Mocek. In: Schlußbericht der Enquete-Kommission »Überwindung der Folgen der SED-Diktatur im Prozeß der deutschen Einheit«, Bt-Drs 13/11000 (10. Juni 1998), S. 550.

188 Hans George: Die Globke-Kommission. In: ND vom 8./9. Januar 1994.

189 Braunbuch Kriegs- und Naziverbrecher, S. 30 f.

190 Vgl. Zitat aus: ND vom 25. Juli 1968. In: ND vom 31. Juli 1998. »Das ›Braunbuch‹ mit etwa 2.300 Kurzbiographien von NS-Aktivisten, die problemlos in der frühen BRD erneut an Spitzenplätzen ›ankamen‹, ist noch heute, wie Veranstaltungen und Zuschriften beweisen, ein politischer Dauerbrenner« (Norbert Podewin: Erinnerungen an Schauprozesse. In: Antifa, 9/2000, S. 23).

191 Vgl. Hans Daniel: Weiß alles. Ein Lesetip für Kohls Neuen. In: W vom 5. Juni 1998. Hans George, »Adelstitel« aus dem Osten. In: ND vom 8./9. Juli 1995.

192 Marlies Emmerich: Auseinandersetzung mit Nazi-Vergangenheit gefordert. In: Berliner Zeitung vom 3. September 1992.

193 Ralph Giordano: Die zweite Schuld, S. 157.

194 BT-Drs. 13/11000 vom 10. Juni 1998.

195 BT-Drs. 13/11000, S. 37/38.

196 Die Zeit Nr. 29 vom 15. Juli 1999, S. 48.

197 B.Z. vom 2. März 1999.

198 Karin Steinmann: Auf den Spuren eines unbequemen Anwalts, Leipzig 1999, S. 266.

199 Frankfurter Rundschau vom 6. Februar 1989.

200 Christiane Haas: Der moralische Tiefpunkt der deutschen Justizgeschichte. In: taz vom 3. September 1996.

201 Götz Aly: Das unbewältigte Verbrechen. Die Ausrottung der europäischen Juden. In: S, Nr. 36 vom 6. September 1999, S. 198f.

202 Peter Steinbach: Nationalsozialistische Gewaltverbrechen. Die Diskussion in der deutschen Öffentlichkeit nach 1945. Beiträge zur Zeitgeschichte: Band 5, Berlin 1981, S. 11.

203 Peter Steinbach: Nationalsozialistische Gewaltverbrechen, S. 93, An m. 13 (NSG = Nationalsozialistische Gewaltverbrechen).

204 Die Überprüfung der Tatsachen ist jetzt allerdings nicht mehr einfach. Literatur der DDR wird man in den öffentlichen Bibliotheken kaum noch finden: In der Alt-BRD handelte es sich um »verbotene« Bücher, die nicht verfügbar waren; in den »neuen Bundesländern« wurden die Bestände sorgfältig »gereinigt«.

205 Als Beispiele seien genannt: Ingo Müller: Furchtbare Juristen. Die unbewältigte Vergangenheit unserer Justiz, München 1989.

206 Siehe auch: Rolf Hochhuth: Parteien und Autoren. Antwort auf Dr. Helmut Kohls »Ehrenerklärung der CDU für Filbinger«. In: Freimut Duve/Heinrich Böll/Klaus Staeck (Hg.): Briefe zur Verteidigung der bürgerlichen Freiheit. Nachträge 1978, Reinbek bei Hamburg 1978, S. 182 ff.; – Ulrich Klug, Die Verurteilung zum Tode war rechtswidrig. In: a.a.O., S. 213 ff.; – Hans Filbinger: Die geschmähte Generation, München 1986. Zu Filbingers Entlastung verfertigte Franz Neubauer: »Das öffentliche Fehlurteil. Der Fall Filbinger als ein Fall der Meinungsmacher«, Regensburg 1990.

207 Günter Bohnsack/Herbert Bremer: Auftrag: Irreführung, S. 59: »Im Fall Filbinger genügte es, die Akten zu lancieren, aus denen hervorging, daß er als Marinerichter an drei Todesurteilen beteiligt war.«. Das Verb »lancieren« soll offensichtlich den ganzen Vorgang der Aktivität des MfS zur Entlarvung Filbingers diffamieren, behauptet aber weder eine Fälschung der Dokumente, noch stellt es die Existenz dieser Todesurteile in Frage. Was im übrigen auch nicht von den vehementen Verteidigern Filbingers in Frage gestellt wird. »Nur« die Bewertung der Urteile und die Umstände ihres Zustandekommens unterliegen der Debatte.

208 jW vom 11./12. Juli 1998 – Beilage. Siehe: Pressemitteilung des Staatsministeriums Nr. 444/78 vom 5. Juli, zit. nach: Franz Neubauer: Das öffentliche Fehlurteil, Regensburg 1990, S. 286.

209 ND vom 1. Juli 1999; – jW vom 11./12. Juli 1998 – Beilage; – W vom 10. August 1998; – ND vom 4. Juli 1995; – S, Nr. 17 vom 24. April 1995, S. 26; – FR vom 5. April 1995.

210 Günter Plum: Anmerkungen. In: Hannah Arendt: Eichmann in Jerusalem. Ein Bericht von der Banalität des Bösen, Leipzig 1990, S. 445.

211 Vgl. Hans George: Konsequente Weltsicht. In: ND vom 1. Dezember 1997; – Lutz Lehmann: Legal & Opportun. Politische Justiz in der Bundesrepublik, Berlin 1966, S. 15-18; – Bernt Engelmann: Die unsichtbare Tradition. Bd. 2: Rechtsverfall, Justizterror und das schwere Erbe, Köln 1989, S. 165-172; – Ingo Müller: Furchtbare Juristen, S. 218; – Im Namen des Volkes. Justiz und Nationalsozialismus-Katalog zur Ausstellung des Bundesministers der Justiz, Köln 1989, S. 373-381.

212 Günter Plum: Anmerkungen, S. 446.

213 Zit. nach: Bernt Engelmann: Die unsichtbare Tradition, S. 170.

214 Zit. nach: Michael Lemke, Kampagnen gegen Bonn. Die Systemkrise der DDR und die West-Propaganda der SED 1960–1963. In: VfZ, 1/1993, S. 172, Anm. 62.

215 Alexander Dallin: Deutsche Herrschaft in Rußland 1941–1945, Düsseldorf 1958, S. 561. Zit. nach: Jörg Friedrich: Das Gesetz des Krieges. Das deutsche Heer in Rußland 1941-1945. Der Prozeß gegen das Oberkommando der Wehrmacht, München-Zürich, 3. Aufl. 1995, S. 820.

216 Vgl. Otto Köhler: Geschichtsunterricht. In: K, Nr. 11/1993, S. 22. Siehe auch: Mary Ellen Reese: Organisation Gehlen. Der Kalte Krieg und der Aufbau des deutschen Geheimdienstes, Berlin 1992.

217 Stephan Reinhardt: Der Fall Globke. In: Die neue Gesellschaft/Frankfurter Hefte, Heft 5, Mai 1995, S. 440.

218 Friedemann Bedürftig/Christian Zentner (Hg.): Das große Lexikon des Dritten Reiches, S. 218.

219 50 Jahre Deutschland: Ereignisse und Entwicklungen; deutsch-deutsche Bilanz in Daten und Analysen/ Rainer Eckert ... Hg.: Hermann Schäfer. Freiburg im Breisgau 1999, S. 195.

220 Norbert Frei: Vergangenheitspolitik, S. 410.

221 Franz Josef Strauß: Die Erinnerungen, Berlin 1989, S.154.

222 Mary Ellen Reese: Organisation Gehlen, S. 294, Anm. 19.

223 Israel Gutman (Haupthrsg.): Enzyklopädie des Holocaust. Die Verfolgung und Ermordung der europäischen Juden, Bd. I, 2. Aufl., München-Zürich 1998, S. 546.

224 Vgl. Hans Daniel: Verwirrung um ein Dokument ... und keiner spricht vom Kommentar. In: jW vom 14. Juli 1999. Ders.: Der Weg zum Gaskammerstaat. Vor 65 Jahren veröffentlicht: Die Nürnberger Gesetze und der Globke-Kommentar. In: jW vom 3./4. März 2001.

225 Faksimile der am 3. April 1936 in der Zeitschrift »Deutsche Justiz« erschienenen Rezension Freislers in: Reinhard M. Strecker (Hg.): Dr. Hans Globke. Aktenauszüge. Dokumente, Hamburg 1961, S. 98. Siehe auch: Ingo Müller: Die Beihilfe der Justiz zur Entrechtung der jüdischen Deutschen. In: Senatsverwaltung für Justiz (Hg.): Rassenwahn als Norm – die Nürnberger Gesetze von 1935. Drei Vorträge, Berlin 1996, S. 12. Vgl. Urteil des OG gegen Globke. In: NJ Nr. 15/1963, S. 467–470.

226 Michael Lemke: Kampagnen gegen Bonn, S. 162, Anm. 21.

227 Klaus Gotto (Hg.): Der Staatssekretär Adenauers. Persönlichkeit und politisches Wirken Hans Globkes, Stuttgart 1980.

228 Michael Lemke: Kampagnen gegen Bonn, S. 162, Anm. 21.

229 Robert M. W. Kempner: Begegnungen mit Hans Globke. In: Klaus Gotto (Hg.): Der Staatssekretär Adenauers, S. 213-229.

230 Faksimile des Ministerialblattes des Reichs- und Preußischen Ministeriums des Innern Nr. 11 vom 11. März 1936. In: Globke und die Ausrottung der Juden. Über die verbrecherische Vergangenheit des Staatssekretärs im Amt des Bundeskanzlers Adenauer. Hg. vom Ausschuß für Deutsche Einheit, 2. Aufl., Berlin o. J. (1959), S. 13.

231 Robert M. W. Kempner: Begegnungen mit Hans Globke. In: Klaus Gotto (Hg.): Der Staatssekretär Adenauers, S. 224. Das ist, nebenbei bemerkt, die einzige Seite, die aus dem 17seitigen Beitrag Kempners als »Persilschein« von Bedeutung wäre. Siehe auch Robert M. W. Kempner: Ankläger einer Epoche. Lebenserinnerungen. In Zusammenarbeit mit Jörg Friedrich, Frankfurt a. M./Berlin/Wien 1983, S. 302.

232 Norbert Wollheim: »Wir haben Stellung bezogen«. In: Richard Chaim Schneider: Wir sind da! Die Geschichte der Juden in Deutschland von 1945 bis heute, München 2000, S. 116.

233 Inge Deutschkron: »Ich mache weiter!« In: Richard Chaim Schneider: Wir sind da, München 2000, S. 184.

234 Helmut Kramer: Das Nürnberger Juristenurteil (Fall 3) – eine Lektion für die Justiz der BRD? In: Betrifft Justiz, Nr. 5 – März 1986, S. 237.

235 Friedemann Bedürftig: Lexikon Deutschland nach 1945, Hamburg 1996, S. 185. Siehe auch: Jörg Friedrich: Die kalte Amnestie. NS-Täter in der Bundesrepublik, Frankfurt/Main 1988, S. 294-298; – Ralph Giordano: Die zweite Schuld, S. 106-111. Für die »Güte« dieser nazistischen Gesetzgebung spricht allerdings u.a. die Feststellung des stellvertretenden Oberstaatsanwalts Gabriel Bach im Eichmann-Prozeß, daß SS-Hauptsturmführer Wisliceny ausgesagt habe, »wie er durch den Angeklagten nach der Slowakei geschickt wurde und sagt, daß es seine Aufgabe gewesen ist, ... zu sehen, daß die slowakische Judengesetzgebung der deutschen Gesetzgebung soweit wie möglich angepaßt werden solle.« (Protokoll der Verhandlung gegen Eichmann, 51. Sitzung vom 24. Mai 1961- unrediegiert).

236 Robert Wistrich: Wer ist wer im Dritten Reich. Anhänger, Mitläufer, Gegner aus Politik, Wirtschaft, Militär, Kunst und Wissenschaft, München 1983, S. 86. Siehe auch: Hermann Weiß (Hg.): Biographisches Lexikon zum Dritten Reich, Frankfurt am Main 1998, S. 147.

237 Helmut Kramer: Die Verrechtlichung des Unrechts. Der Beitrag der Juristen zur Entrechtung und Ermordung der Juden. In: Alfred Gottwaldt/Norbert Kampe/Peter Klein: NS-Gewaltherrschaft. Beiträge zur historischen Forschung und juristischen Aufarbeitung. Publikationen der Gedenk- und Bildungsstätte Haus der Wannsee-Konferenz, Band 11, Berlin 2005, S. 87-103.

238 Christian Frederik Rüter u.a. (Hg.): DDR-Justiz und NS-Verbrechen. Sammlung ostdeutscher Strafurteile wegen nationalsozialistischer Tötungsverbrechen, Amsterdam-München 2002, Bd. III, S. 75 ff. (Nr. 1068); Urteil des Obersten Gerichts der DDR gegen Dr. Hans Globke vom 23. Juli 1963. In: NJ, 15/1963, S. 449-512a.

239 Helmut Kramer …, S. 94.

240 Ebenda.

241 Vgl.: – Globke und die Ausrottung der Juden. Über die verbrecherische Vergangenheit des Staatssekretärs im Amt des Bundeskanzlers Adenauer. Hg. vom Ausschuß für Deutsche Einheit, Berlin 1960; – Im Namen der Völker – Im Namen der Opfer. Auszüge aus dem Protokoll des Prozesses gegen Dr. Hans Globke vor dem Obersten Gericht der DDR. Hg. vom Ausschuß für Deutsche Einheit und der Vereinigung Demokratischer Juristen Deutschlands, Berlin 1963.

242 Urteil des Obersten Gerichts der DDR gegen Dr. Hans Globke vom 23. Juli 1963. In: NJ, 15/1963, S. 449-512a. Bei diesem Verfahren handelte es sich »um eines der wenigen Verfahren gegen Schreibtischtäter, das sich – ebenfalls eine Seltenheit – fast ausschließlich auf Urkundenbeweis stützt.« (HYPERLINK »http://www.jur.uva.nl/junsv/neue« www.jur.uva.nl/junsv.neue 2004html – Kurzbeschreibung zu DDR-Band III. 2003.

243 Vgl. Carlos Foth: Günther Wieland und die internationale Abteilung beim Generalstaatsanwalt der DDR. In: Günther Wieland: Naziverbrechen und deutsche Strafjustiz. Bulletin für Faschismus- und Weltkriegsforschung. Beiheft 3, Berlin 2004, S. 398.

244 Auskunft von Carlos Foth, dem ich dafür danke.

245 Vgl. Carlos Foth: Mein Anteil an der Ahndung von NS-Straftaten. In Die Linkspartei.PDS-Fraktion im Landtag Sachsen-Anhalt (Hg.): Die historische Aufarbeitung von NS-Verbrechen und deren Widerspiegelung in der Gedenkkultur. Konferenz zum 60. Jahrestag der Befreiung vom Faschismus, Halberstadt 2005, S. 47.

246 Auskunft von Carlos Foth, dem ich auch dafür danke.

247 Henry Leide: NS-Verbrecher und Staatssicherheit, Göttingen 2005, S. 82.

248 Helmut Kramer …., S. 88. Es sei angemerkt, daß das Globke-Urteil nach dem Untergang der DDR nicht aufgehoben wurde. Es gab keinen »Rehabilitierungsantrag«. Dabei hätte man es, wie das Oberländer-Urteil, in bundesdeutscher Rechtsauffassung einfach als ›rechtsstaatswidrig‹, da »in Abwesenheit« ergangen, ohne jegliche inhaltliche Begründung aufheben können. Die Beweise waren wohl doch zu eindeutig, als daß man diesen Fehlgriff hätte tun wollen. Was die »Rehabilitierung« Oberländers angeht, die eine Rechtsstaatswidrigkeit lediglich mit der Abwesenheit des Angeklagten begründet, ist zu sagen, daß Abwesenheitsverfahren nach § 262 Abs. 1 und 2 StPO/DDR gesetzeskonform waren. Übrigens ist das keine Besonderheit der DDR. Über Abwesenheits-Regelungen verfügen auch andere Staaten.

249 Annette Weinke: Die Verfolgung von NS-Tätern im geteilten Deutschland. Vergangenheitsbewältigungen 1949–1969 oder: Eine deutsch-deutsche Beziehungsgeschichte im Kalten Krieg, Paderborn-München-Wien-Zürich 2002, S. 289.

250 Annette Weinke, …, S. 461, Anm. 11.

251 Annette Weinke, …, S. 157.

252 Annette Weinke, …, S. 157.

253 Jeffrey Herf: Zweierlei Erinnerung. Die NS-Vergangenheit im geteilten Deutschland, Berlin 1998, S. 220 (zitiert bei Leide, S. 82).

254 Jeffrey Herf, … S. 221

255 Ralph Giordano: »Es war kein anderes Volk da.« In: Richard Chaim Schneider: Wir sind da! Die Geschichte der Juden in Deutschland von 1945 bis heute, München 2000, S. 167.

256 Georg Paul Hefty: Von Adenauer bis Schröder, von Würmeling bis Steinmeier. In: FAZ vom 10. Juli 1999.

257 Zit. nach: Peter Fellenberg: Globke als SED-Opfer. In: ND vom 11. Februar 2000 (Auslassung im Original).

258 SAPMO-BArch, ZPA IV 2/2/2028/2.

259 Unredigiertes Protokoll der 38. Sitzung vom 12. Mai 1961.

260 Unredigiertes Protokoll der 76. Sitzung vom 21. Juni 1961.

261 Unredigiertes Protokoll der 77. Sitzung vom 22. Juni 1961.

262 Ebenda. Siehe auch Urteil des OG gegen Globke. In NJ Heft 15/1963, S. 475 f.

263 FAZ/FAZ.NET vom 7. Juni 2006. Siehe auch: FR vom 7. Juni 2006; Handelsblatt vom 7. Juni 2006; Die Presse vom 8. Juni 2006.

264 Die Welt vom 7. Juni 2006 (welt.de).

265 Märkische Allgemeine vom 8. Juni 2006.

266 Braunbuch Kriegs- und Naziverbrecher, S. 111 f.

267 Zitiert in: ND vom 13. Dezember 1996.

268 Vgl. Jochen Kummer: Dem SS-Mann, der Hitlers Machtergreifung ermöglichte, wurde eine Rente zuge-sprochen. In: WamS vom 27. November 1994.

269 Ebenda. Für DDR-Bürger wurde, wie man weiß, dieser Rechtsgrundsatz aufgehoben. Antifaschisten genießen nicht den Schutz ihrer erworbenen Versicherungsansprüche aus Wiedergutmachung wegen erlit-tener Verfolgung durch das NS-System, wenn sie der DDR aktiv gedient hatten und sich deshalb nach bundesdeutscher Ansicht wegen ihrer Mitwirkung am »DDR-Unrechtsregime« für eine »freiheitlich demo-kratische Ehrung« als unwürdig erwiesen haben.

270 Siehe: »Lübke-Skandal.« In: Sachwörterbuch der Geschichte Deutschlands und der deutschen Arbeiterbe-wegung, Bd. 2: L-Z, Berlin 1970, S. 48 f.

271 Biographisches Wörterbuch zur deutschen Geschichte. 2., völlig neubearb. Aufl., bearb. von Karl Bosl/ Günther Franz/ Hanns Hubert Hofmann. Bd. 2, Augsburg 1995, Sp. 1732.

272 Ebenda.

273 Günter Bohnsack/Herbert Brehmer: Auftrag Irreführung, S. 49.

274 Günter Bohnsack/Herbert Brehmer: Auftrag Irreführung, S. 59 f.

275 Berliner Zeitung vom 9. März 1994.

276 Ebenda.

277 Ebenda.

278 Spiegel Nr. 22 v. 28. Mai 2001, S. 218.

279 Urteilsbegründung. In: Fall 3. Das Urteil im Juristenprozeß. Hg. von Peter Alfons Steiniger/K. Leszczynski, Berlin/DDR 1969, S. 218; Lore-Maria Peschel-Gutzeit (Hg.): Das Nürnberger Juristen-Urteil von 1947, Baden-Baden 1996, S. 146.

280 Zitiert nach: Volker Ullrich: Den Mut haben, davonzulaufen. In: Gehorsam bis zum Mord? Der verschwie-gene Krieg der deutschen Wehrmacht – Fakten, Analysen, Debatte. ZEIT-Punkte 3/1995, S. 66.

281 Zitiert nach: Volker Ullrich: Den Mut haben, S. 66.

282 Hans George: Da war ja nicht nur Filbinger ... In: ND vom 17./18. Juni 1995.

283 Vgl. Volker Ullrich: Den Mut haben, S. 66.

284 Hans Jürgen Stepf: Für viele kommt das Bedauern zu spät. In: TS vom 16. Juni 1996.

285 Norbert Frei: Das Erbe der Mörder. Wie ist mit den Tätern und Mitläufern des NS-Regimes umzugehen, wie mit der deutschen Schuld? In: Kanzler, Krisen, Kontroversen. Die Bundesrepublik wird 40 – eine poli-tische Bilanz. ZEIT-Punkte 1/2999, S. 70.

286 Zitiert nach: Hans Daniel: Freundliche Übernahme. In: jW vom 13. Dezember 1999.

8. Der »Fehler«, der nicht wiederholt werden darf

Nach 1989 wurde das Problem des schonenden Umgangs mit den Nazis noch einmal akut. Nach dem Anschluß der DDR begann die Abrechnung mit den Akteuren der Deutschen Demokratischen Republik. Auf die Frage, warum Strafverfolgung nun, entgegen dem eindeutigen Wortlaut von § 315 des Einführungsgesetzes zum Strafgesetzbuch (EGStGB)und gegen das Rückwirkungsverbot des Art. 103 Grundgesetz gegen angebliche Regierungskriminelle realisiert werde, hieß es, daß man bei den »SED-Tätern« der »zweiten deutschen Diktatur« auf keinen Fall den Fehler begehen wolle und dürfe, den man bei den NS-Tätern – gewissermaßen versehentlich – begangen habe.

Bei Gelegenheit der Verurteilung des Richters Reinwarth wegen seiner Mitwirkung an Todesurteilen in der DDR räumte der Bundesgerichtshof am 16. November 1995 ein: »Der Senat verkennt nicht, daß Maßstäbe, wie sie in der Bundesrepublik Deutschland bei der Beurteilung von NS-Justizunrecht angewandt worden sind, weit weniger streng waren. Die Erkenntnis, daß eine Todesstrafe nur dann als nicht rechtsbeugerisch anzusehen ist, wenn sie der Bestrafung schwersten Unrechts dienen sollte, hätte in einer Vielzahl von Fällen zur Verurteilung von Richtern und Staatsanwälten des nationalsozialistischen Gewaltregimes führen müssen. Derartige Verurteilungen gibt es trotz des tausendfachen Mißbrauchs der Todesstrafe, namentlichen in den Jahren 1939–1945, nur in sehr geringer Zahl.«[287]

Die Rede ist weiter von einer »insgesamt fehlgeschlagene(n) Auseinandersetzung mit der NS-Justiz« und davon, daß »sich bei der strafrechtlichen Verfolgung des NS-Unrechts auf diesem Gebiet erhebliche Schwierigkeiten ergeben« hätten. »Einen wesentlichen Anteil an dieser Entwicklung hatte nicht zuletzt die Rechtsprechung des BGH«[288], hieß es selbstkritisch zur Vergangenheit der eigenen Institution. Man hat allerdings den Eindruck, daß diese Selbstkritik gewählt wurde, als aus der Nazigilde niemand mehr zur Verantwortung gezogen werden konnte. Aber verfügbar waren nun die DDR-Richter. Jetzt konnte man die »juristische Strenge« praktizieren.

In Parenthese sei bemerkt, daß es einen Bereich gibt, dessen Bereinigung noch Lebenden zu Gute kommen würde: die Rehabilitierung

derjenigen Kommunisten und Demokraten, die ab 1951 von der altbundesdeutschen politischen Sondergerichtsbarkeit bestraft wurden.
Da aber tut sich bis jetzt nichts, weil die Verurteilungen damals angeblich streng rechtsstaatlich vollzogen worden seien.

Den im September 1990 erst- und letztmalig beim Deutschen Juri-
stentag in München anwesenden DDR-Juristen erklärte der Juri-
stentagspräsident Harald Franzki, warum man sich nach 1945 derart
nachsichtig verhalten habe. Man habe »Verständnis für Irrtum und
ideologische Befangenheit gezeigt und den meisten die Chance zur
Einsicht, inneren Umkehr und Mitarbeit am Wiederaufbau der
Demokratie eröffnet«.[289] Er sagte das wohl auch in der Annahme, man
würde sich ähnlich nachsichtig bei den DDR-Juristen verhalten.

Daß man genau dies nicht vorhabe, machte Rudolf Wassermann in
der *Welt* klar: »Mit den Staatsfunktionären der ehemaligen DDR
würde strenger verfahren als seinerzeit mit den NS-Richtern bei der
Entnazifizierung. Dieses Argument ist jedoch verfehlt. Der bundesrepublikanischen Justiz ist immer wieder angekreidet worden, daß sie
den Richtern der NS-Zeit gegenüber zu lax verfahren sei. Jetzt besteht
die Chance, es besser zu machen. Wird sie nicht ergriffen, so steht ein
neuer Justizskandal ins Haus, der die Bundesrepublik nicht weniger
belasten wird als der frühere.«[290] Und der das »SED-Unrecht« in Sachsen verfolgende Leipziger Oberstaatsanwalt Martin Uebele verkündete, er habe es »immer bedauert, daß die bundesdeutsche Justiz bei
der Aufarbeitung der NS-Justiz versagt« habe. Aber das könne nicht
daran hindern, DDR-Juristen nun zu bestrafen, da es »keine Gleich-
heit im Unrecht« gebe, denn »wenn ein Bankräuber entlaufen ist,
kann sich nicht der Einbrecher darauf berufen.«[291]

In die Kategorie der »Fehler« gehört die Rasanz, mit der die von
den westlichen Alliierten verurteilten Nazi- und Kriegsverbrecher auf
Drängen bundesdeutscher Instanzen sukzessive freigelassen wurden.
»Anders als es von den Gründern des Nürnberger Tribunals ange-
strebt wurde, haben die Verfahren das Geschichtsbild der Deutschen
(gemeint sind die Westdeutschen! – D. J.) nicht beeinflußt. Diese empfanden die Urteile zumeist als Willkürtat der Sieger und übten organisierten Druck auf den US-Hochkommissar McCloy aus, die Vollstreckung der Strafen auszusetzen«, heißt es dazu in der »Enzyklopädie des Holocaust«. Und weiter: »Auf Drängen der Kirchen, der Bundesregierung und der parlamentarischen Parteien setzte ab 1951 eine
Gnadenpraxis ein, die zur Umwandlung von zwölf der 25 Todesurteile
in Strafhaft und bis zum Jahr 1958 zur Entlassung der letzten Inhaf-

tierten führte. Diese knüpften an ihre unterbrochene gesellschaftliche Laufbahn an und behielten zumeist die beamtenrechtlichen Versorgungsansprüche. In Artikel 7,1 des Überleitungsvertrags der Pariser Verträge, die 1955 die staatliche Souveränität der Bundesrepublik herstellten, wurde die Rechtswirksamkeit aller alliierten NS-Verurteilungen niedergelegt. Später gab die Bundesrepublik dieser Vereinbarung eine andere Auslegung. Nach Auffassung der Bundesregierung und des Bundesgerichtshofs vom 9. Januar 1959 entbehren die Nürnberger Urteile der Rechtsnatur.«[292]

Daß die Art und Weise, in der die »Wiedereingliederung« der Nazis in die bundesdeutsche Gesellschaft vollzogen wurde, kein »Fehler« war, hat Norbert Frei mit seinem unter dem bezeichnenden Titel »Vergangenheitspolitik« erschienenen Buch unmißverständlich deutlich gemacht. Der Begriff »Vergangenheitspolitik« bezeichnet nicht einen beliebigen Umgang mit der NS-Vergangenheit, sondern exakt bestimmbare Ereignisse und Vorgänge in der deutschen Innenpolitik der Jahre 1949 bis 1954. »Die Vorstellung, die schon seit Jahren nur noch aufgrund alliierten Drucks ertragenen Sühnemaßnahmen würden mit der Restituierung deutscher Staatlichkeit umgehend beendet, war im Herbst 1949 fester Bestandteil des kollektiven politischen Erwartungshorizonts. Anders gesagt: Im Anfang war, noch vor Adenauer, die Idee der Amnestie.«[293] Beteiligt waren alle deutschen politischen Kräfte – mit Ausnahme der Kommunisten –, die in der Bundesrepublik agierten: die Bundesregierung und die Opposition, die politischen Parteien und die Kirchen, die Heimkehrer- und Soldatenverbände, die Printmedien.

Merkwürdig der Entlastungsangriff, den ein Rezensent des Buches für die Kirchen führt: »Mit starkem Engagement für die wegen Kriegsverbrechen verurteilten Männer traten in den ersten Jahren nach dem Krieg einzelne kirchliche Würdenträger auf. Was hier zu Recht scharf akzentuiert wird, ist zugleich unangemessen einseitig gezeichnet, denn ›die Kirchen‹ engagierten sich nicht nur für die Begnadigung von Kriegsverbrechern, sondern auch für den Aufbau und die Konsolidierung des demokratischen Staats.«[294] Terminologisch verräterisch waren in der BRD mit der Zeit aus den Nazi- und Kriegsverbrechern »Kriegsverurteilte« geworden, um die sich die Adenauer-Regierung mit rührender Sorge bemühte. Frei erinnert daran, daß bis zur Einrichtung der Zentralen Stelle der Landesjustizverwaltungen zur Aufklärung nationalsozialistischer Verbrechen noch acht Jahre ins Land gingen, aber bereits 1949 beim Bundesjustizministerium eine

»Zentrale Rechtsschutzstelle angegliedert worden (war), deren Aufgabe es war, jedem deutschen Häftling im Ausland und in den alliierten Gefängnissen in Landsberg, Werl und Wittlich, aber auch den in Spandau einsitzenden Verurteilten aus dem Nürnberger Hauptprozeß eine optimale Verteidigung zu garantieren.«[295]

Ingo Müller, Autor des Buches »Furchtbare Juristen« und renommierter Kenner der Sachlage, hat in einer Diskussionsveranstaltung die These formuliert, daß diejenigen, die »rot« mit »braun« gleichsetzen, Nazi-Täter weit besser als kommunistische behandeln, und untersetzte seine Ansicht u. a. mit dem Beispiel des Oberstaatsanwaltes Bernhard Jahntz. Dieser hatte sieben Jahre benötigt, um von 67 Richtern des Volksgerichtshofes zwei zu vernehmen und sodann beide Verfahren einzustellen. »Derselbe Mann hat später auf die Frage geantwortet, warum er für die Anklageerstellung im Falle Honecker nur ein Jahr gebraucht habe: ›Der Zeitgeist war damals ein anderer.‹«

Es habe sich, so Müller, »abweichend vom Gesetz« der politische Wille durchgesetzt, rote und braune Täter völlig unterschiedlich zu behandeln, zitiert ihn die *taz*.[296] Die »NS-Eliten waren Fleisch vom Fleische der Herrschenden in der Bundesrepublik, die DDR-Eliten waren es nicht. Man braucht sie nicht, aber man will sie auch nicht. Deshalb die politische Strafverfolgung, deshalb das Rentenstrafrecht, deshalb die Abwicklung. Deshalb sind auch ihre ›Mitläufer‹ wesentlich schlimmer als die ›Mitläufer‹ Hitlers«, konstatierte MdB Uwe-Jens Heuer.[297] Da wir es wegen der ideologischen Rechtfertigung der nunmehr praktizierten Strafverfolgung von DDR-Amtsträgern (insbesondere mit der erwähnten Entschuldigungsbegründung des BGH) zu tun haben, soll hier auf das Juristische verwiesen werden. Es war kein »Fehler«, sondern politische Absicht, die Nazis in der Bundesrepublik nicht zu verfolgen.

Dabei soll keineswegs übersehen werden, daß von den Westalliierten, später von den Gerichten der BRD durchaus auch Nazi- und Kriegsverbrecher zur Verantwortung gezogen wurden. »Allein von den Militärgerichten der westlichen Alliierten wurde in mehr als 800 Fällen die Todesstrafe ausgesprochen.[298] Es ist nicht genau bekannt, wie viele davon vollstreckt wurden. Von sowjetischen Tribunalen wurden nach offiziellen Angaben 17.866 Personen verurteilt.«[299] Zum Interesse an der konsequenten Verfolgung von Naziverbrechen heißt es in der »Enzyklopädie«: »Im Jahre 1950 entfielen in der aus den drei westlichen deutschen Besatzungszonen kurze Zeit vorher gebildeten Bundesrepublik Deutschland die von den Alliierten nach dem Kriegsende auferlegten Beschränkungen für die deutsche Justiz. Für die deutschen Strafverfolgungsorgane wäre nun der Weg für eine systematische Aufklärung und Ahndung aller nationalsozialistischen Verbrechen frei gewesen. Sie fand jedoch auch weiterhin nicht statt. Die Gründe für diese Unterlassungen sind nur zum Teil in der seinerzeit meist noch unzureichenden personellen und Sach-Ausstattung und einer mangelnden Kooperation der Strafverfolgungsorgane zu suchen. Entscheidend war vielmehr, daß die Deutschen *(gemeint sind die Westdeutschen – D. J.)* zu dieser Zeit dem Streben nach Wiedererlangung und Sicherung der durch die Kriegsereignisse verlorengegangenen wirtschaftlichen Existenz Vorrang gaben. Angesichts der mit der Entnazifizierung gemachten negativen Erfahrungen waren nur wenige an einer weiteren Auseinandersetzung mit den nationalsozialistischen Untaten und deren strafrechtlicher Aufarbeitung interessiert. Deutsche Politiker waren sich bewußt, daß auf Intensivierung der Verfolgung nationalsozialistischer Verbrechen gerichtete Initiativen in Wählerkreisen nicht populär waren. Hinzu kam, daß wegen der ständig wachsenden Spannungen zwischen Ost und West auf beiden Seiten ein Drängen auf eine deutsche Wiederbewaffnung zu erkennen war. Dies hatte andererseits ein nachlassendes Interesse der Alliierten an einer Ahndung nationalsozialistischer Verbrechen zur Folge. Ihren deutlich sichtbaren Ausdruck fand diese Tendenz in der Begnadigung der in den ersten Jahren nach Kriegsende von den Militärgerichten zu schwersten Strafen verurteilten NS-Verbrecher.«[300]

Von 1945 bis zum 1. Januar 1986 leiteten die Staatsanwaltschaften auf dem Gebiet der BRD gegen 90.921 Beschuldigte strafrechtliche Ermittlungen wegen des Verdachts der Beteiligung an nationalsozialistischen Straftaten ein. Rechtskräftig verurteilt wurden nur 6.479 Angeklagte.[301] Davon wurden – vor der Abschaffung der Todesstrafe – zwölf zum Tode und 160 zu lebenslanger Freiheitsstrafe verurteilt.[302] Auch hier griff dann die Begnadigungskonzeption, wobei in den Verfahren selbst bei der Strafhöhe oftmals schon größte Milde gewaltet hatte. Unerfindlich, aber vom Zeitgeist geprägt, heißt es in der »Enzyklopädie« über die in der DDR durchgeführten Strafverfahren, daß bis 1949 vor deutschen Gerichten der SBZ »8.055 Personen wegen« angeblicher NS-Verbrechen verurteilt« wurden.[303]

Die Dokumentation »Die Haltung der beiden deutschen Staaten zu den Nazi- und Kriegsverbrechen« (Berlin 1965) führt auf den Seiten 33 bis 66 detailliert an, wegen welcher Verbrechen die Verurteilungen erfolgten. Die DDR-Dokumentation nennt für den Zeitraum von 1945 bis 1964 12.807 Verurteilungen. In der NJ 2/1991 wird berichtet, daß vom 8. Mai 1945 bis zum 2. Oktober 1990 in der DDR 12.881 Personen wegen Teilnahme an NS-Kriegsverbrechen und Verbrechen gegen die Menschlichkeit rechtskräftig verurteilt wurden.[304] Selbst wenn man akzeptiert, daß es sich bei den in den Waldheim-Prozessen von 1950 Verurteilten nur zum Teil um schuldige NS-Verbrecher gehandelt hat und die Personenzahl 3.432 vollständig von der Gesamtzahl der Verurteilungen abzieht, was nicht korrekt ist, weil nachweislich tatsächlich auch NS-Täter verurteilt wurden[305], bleibt ein »Rest« von 9.449 rechtskräftig und rechtmäßig Verurteilten.

Genaueres bringt die seit 2002 unter dem Titel »DDR-Justiz und NS-Verbrechen« erscheinende »Sammlung ostdeutscher Strafurteile wegen nationalsozialistischer Tötungsverbrechen«. Zu Waldheim hat der Herausgeber den Weg der gesonderten Auflistung gewählt. Mit den Ordnungszahlen 2001 bis 2088 sind 88 Angeklagte mit den Urteilen, die auf Todesstrafe, lebenslänglich oder zeitige Freiheitsstrafen lauteten, aufgeführt. Tatkomplexe dieser Verfahren waren u.a. Denunziationen, Kriegsverbrechen, Euthanasie, Gewaltverbrechen in Haftstätten, Justizverbrechen und andere NS-Verbrechen.

Wie man den »Fehler« nach 1990 wieder »repariert«

Es gehört schon Kaltschnäuzigkeit dazu, die 1996 erfolgte Verurteilung eines DDR-Richters wegen seiner Todesurteile in Spionage-Prozessen 1955/56 einerseits dazu zu benutzen, um erstmals höchstrichterlich von einem »folgenschweren Versagen der bundesdeutschen Nachkriegsjustiz« im Umgang mit den Nazi-Richtern zu sprechen, und um andererseits das »milde« Urteile gegen den DDR-Juristen damit zu begründen, daß man wegen des damaligen »Fehlers« der bundesdeutschen Justiz heute nicht ganz so streng urteilen dürfe.[306] Eine Kommentatorin jubelte anläßlich der BVerfG-Entscheidung, daß dieses Urteil »wieder deutlich und unmißverständlich Menschenwürde und Menschenrechte über nationales (Un)Recht« stelle.[307] Von Rechtsbeugung der bundesdeutschen Gerichte zugunsten der Nazis war bei der Kommentatorin selbstverständlich ebensowenig die Rede wie davon, daß Rechtsbeugung nunmehr gegen die DDR-Amtsträger praktiziert wurde und wird.

Die deutsche Sozialdemokratie hatte kräftig daran mitgewirkt, daß Nazi- und Kriegsverbrecher amnestiert wurden. Nachdem alle gesetzlichen Voraussetzungen für eine Amnestierung geschaffen worden waren, stellte die SPD plötzlich Versuche fest, das »Konzept der ›Integration durch Amnestierung‹« zu überdehnen. Der SPD-Bundestagsabgeordnete Walter Menzel, Vorsitzender des Verfassungsschutz-Ausschusses konstatierte »angesichts maßloser Urteile gegenüber Kommunisten und übergroßer behördlicher Langmut gegenüber Rechtsradikalen«[308] in der Haushaltsdebatte 1955: »Durch diese Amnestie wurden alle jene, die sich vor 1945 an hilflosen und wehrlosen Menschen so mörderisch und viehisch vergangen hatten, begnadigt, wenn nicht mehr als drei Jahre Freiheitsstrafe zu erwarten waren. Das ist es, was unser Rechtsgefühl auf das tiefste verletzt: daß Menschen vor dem Richterstuhl so verschieden und nicht gleich behandelt werden.«[309]

Wäre es tatsächlich ein »Fehler« gewesen, so saumselig mit der Verfolgung von NS-Tätern umgegangen zu sein, dann hätte man spätestens seit 1990 mit dem Beginn der Strafverfolgung der DDR-Bürger Gelegenheit gehabt, die laufenden oder hinzukommenden »Fälle« nazistischer Vergangenheit konsequent zu verfolgen. Geschehen ist das allerdings nicht.

Fußnoten

287 BGH, Urt. v. 16.11.1995 – 5 StR 747/94. In: NJ, Heft 13/1996, S. 859f.
288 A. a. O., S. 863.
289 Zitiert in: Heribert Prantl: »Die verstehen unsere Gesetze nicht«. In: SZ vom 20. September 1990.
290 Rudolf Wassermann: Ein Justizskandal droht. In: W vom 19. Oktober 1990.
291 Marcel Braumann: Abhacken der Köpfe versäumt. In: ND vom 1. Dezember 1997.
292 Israel Gutman (Haupthg.): Enzyklopädie des Holocaust. Die Verfolgung und Ermordung der europäischen Juden, Bd. II, 2. Aufl., München-Zürich, 1998, S. 1027f.
293 Norbert Frei: Vergangenheitspolitik, S. 29.
294 Anselm Doering-Manteuffel: Die Interessenten des Vergessens. In: FAZ vom 10. August 1996.
295 Norbert Frei: Vergangenheitspolitik, S. 21f.
296 Ute Scheub: Wo der Rechtsstaat kapituliert. In: taz vom 20. Januar 1993.
297 Uwe-Jens Heuer: Die DDR und der demokratische Reifetest. In: ND vom 22. August 1998.
298 Israel Gutman (Haupthg.): Enzyklopädie des Holocaust, S. 1032.
299 Enzyklopädie des Holocaust, S. 1037.
300 Enzyklopädie des Holocaust, S. 1033.
301 Vgl. Albrecht Götz: Bilanz der Verfolgung von NS-Straftaten, Köln 1986.
302 Enzyklopädie des Holocaust, S. 1037.
303 Ebenda.
304 Günther Wieland: Ahndung von NS-Verbrechen in Ostdeutschland 1945 bis 1990. In: NJ 2/1991, S. 49. Inzwischen sind kleinere Korrekturen vorgenommen worden. Die Gesamtzahl der Verurteilungen beläuft sich danach auf 12.890. Vgl.: Christiaan Frederik Rüter (Hg.): DDR-Justiz und NS-Verbrechen. Sammlung ostdeutscher Strafurteile wegen nationalsozialistischer Tötungsverbrechen, Verfahrensregister und Dokumentenband, Amsterdam-München 2002, S. 98.
305 Als Beispiel sei Staatsanwalt beim Sondergericht Dresden Heinz Rosenmüller genannt, der bei Strafverfahren wegen Abhörens von Feindsendern, verbotenen Umgangs mit Kriegsgefangenen, Verstößen gegen das Heimtückegesetz, gegen die Volksschädlingsverordnung u. ä. mitwirkte. In 15 Fällen wurde die von ihm beantragte Todesstrafe verhängt. (Fall Nr. 2034).
306 BGH, Urteil vom 16. November 1995. In: NJ 3/1996, S. 154-157.
307 Regina Mönch: »Versagen der Nachkriegsjustiz«. In: TS vom 5. Februar 1996.
308 Norbert Frei: Vergangenheitspolitik, S. 130.
309 Bundestags-Berichte 2. Wahlperiode, 23. Juni 1955, S. 5138.

9. Die Archive des MfS sind geöffnet – nun kann man die Nazis in der DDR verfolgen

Vollmundig kündigte man zu Beginn der 90er Jahre an, daß mit dem Zugriff auf das MfS-Archiv mit Nazi-Akten endlich auch versteckt gehaltene Nazis aufgespürt und rechtsstaatlich verfolgt werden könnten. Das MfS habe alte Nazis geschont, um sie nach Bedarf zu erpressen. Ebenso wurde behauptet, die DDR habe prinzipiell die Übergabe vorhandener Akten verweigert, wenn die BRD um Rechtshilfe gebeten hätte. Das tat sie aber nicht.

Die Bundesbehörden verhielten sich abstinent – auch in bezug auf die ihnen schon länger zugänglichen Unterlagen. Bekanntlich zögerte man von 1967 bis 1993, die NS-Akten des US-amerikanisch verwalteten Berlin Document Center zu übernehmen. Erst am 1. Juli 1994 gliederte man das BDC ins Bundesarchiv ein. Es war gewiß kein Zufall, daß das am 6. Januar 1988 verabschiedete Bundesarchivgesetz den Zugang zu den Akten streng eingrenzte.[310] Laut § 5 Abs. 6 ist die Benutzung von Archivgut »nicht zulässig, soweit 1. Grund zu der Annahme besteht, daß das Wohl der Bundesrepublik Deutschland oder eines ihrer Länder gefährdet würde, oder 2. Grund zu der Annahme besteht, daß schutzwürdige Belange Dritter entgegenstehen.« Eine hübsche Begründung liest man bei Sylvia Zacharias: »Im Gegensatz zu den Stasi-Unterlagen enthält das BDC keine Opfer-Akten. Deshalb gibt es auch kein allgemeines Einsichtsrecht.«[311] Der Archivzugang ist in der BRD insgesamt höchst restriktiv, was allgemein beklagt wird[312], aber bislang nicht zu einer Änderung geführt hat. Um so hemmungsloser kann man sich aus den DDR-Archiven bedienen. Allerdings hier mit einer klar bestimmten Tendenz: Der Delegitimierungsauftrag bezüglich der DDR soll im Auge behalten werden. Danach ist dann auch die »Objektivität«. Für die BRD Unangenehmes bleibt auch hinsichtlich der Nutzung von DDR-Materialien verschlossen. Eine Folge ist, daß solche brisanten Dokumente wie die über die langzeitige Verschonung von Eichmann wegen einer möglichen »Gefährdung« von Globke erst dann publik wurden, als der in den USA geltende gesetzliche Zwang zur Offenlegung von Akten wirkte.

Das für den einfachen Bürger lange Zeit faktisch unzugängliche BDC-Archiv enthält 75 Millionen Aktenseiten über die nationalsozialistische Bewegung: 10,7 Millionen Mitgliederakten der NSDAP, Personalunterlagen von 550.000 SA-Männern, von 300.000 SS-Angehörigen (darunter 60.000 SS-Offiziers-Akten), von 490.000 Mitgliedern des NS-Lehrerbundes. Vorhanden sind Unterlagen des obersten NSDAP-Parteigerichts, Materialien der Einwanderungszentralstelle, 180.000 Dokumente der Reichskulturkammer, 240.000 Unterlagen des Rassen- und Siedlungshauptamtes sowie mehr als 50.000 Akten des Volksgerichtshofs.[313]

»Von den Amerikanern am Kriegsende sichergestellt, sind sie seitdem nur einer extrem eingeschränkten Öffentlichkeit zugänglich. Nur Akten von bereits rechtskräftig verurteilten Nazis dürfen eingesehen werden. Archivarische Grundregeln sind nie beachtet worden: es gab nie eine Bestandsaufnahme und eine sachliche Zuordnung. Ein Archivschlüssel mit Querverweisen fehlt, und die Akten sind weder geordnet noch gegen Verlust numeriert.«[314]

Als es dann ernst wurde mit der Übernahme dieser Aktenbestände, türmte die Bundesregierung das grundlegende Hindernis auf. Für den Zugang zu diesen Akten gilt das Bundesarchivgesetz, dessen »Regelungen zum Persönlichkeitsschutz … nun zum letzten Schützengraben der Alt-Nazis (werden). Nach dem Archivgesetz dürfen Akten erst 30 Jahre nach dem Tod der Betroffenen verwertet werden; steht das Todesjahr nicht fest, beginnt die Nutzung erst 110 Jahre nach der Geburt. Nicht nur die auf Demokraten umgeschulten Nazis, sondern auch all die untergetauchten NS-Mörder haben so ihre Ruh.«[315]

Diese Regeln gelten für die MfS-Akten natürlich nicht. Was das NS-Archiv des MfS und dessen angeblichen Mißbrauch angeht, ist dem Rezensenten des Buches von Dagmar Unverhau[316] zu folgen, der bemerkt: »Insgesamt gesehen können die in der Werbung für das Buch verwendeten Thesen, daß das MfS die im NS-Archiv lagernden Akten für ›Erpressungen in und außerhalb der DDR‹, ja sogar ›zur Vereitelung von Strafverfahren‹ genutzt hat, im großen und ganzen nicht bestätigt werden. Sicherlich wurden mit Hilfe der vor allem in der Zeit des Nationalsozialismus angelegten Akten die diversen Grau-, Schwarz-, Weiß- und sonstigen ›Farb‹-Bücher der DDR angefertigt, in denen die Karrieren von NS-Personal in der Bundesrepublik angeprangert wurden. Aber es fehlt der Beweis der Verfasserin, daß es sich hierbei um Fälschungen, einseitige Auslegungen oder sonstige wahrheitswidrige Publikationen handelte. Über die Nutzung des Archivs für Repressionen des MfS nach innen erfährt der Leser auch nicht viel.«[317] Bei der Übergabe von NS-Dokumenten durch die DDR an die bundesdeutschen Behörden wurde von einigen Interessierten damals selbstverständlich orakelt, daß es sich um Fälschungen handeln würde. Im Ausstellungskatalog »Justiz und Nationalsozialismus« heißt es dazu: »Die Dokumente sind echt, zu Fälschungen besteht keine Notwendigkeit, denn die DDR, Polen und die Tschechoslowakei verfügen über genügend belastendes Material.«[318]

Auch der ehedem honorige Nazi-Verfolger Simon Wiesenthal lieferte seinen Beitrag zur Verteufelung der DDR. Er behauptete, die DDR habe die Aufklärung des Naziterrors massiv behindert und NS-Unterlagen beiseite geschafft, um untergetauchte Nazis im Westen zur Agententätigkeit erpressen zu können.[319] Nach dem Untergang der DDR erklärte Wiesenthal 1991, er wolle die Fälle ehemaliger Nazis aufdecken, die seiner Ansicht nach – geschützt durch das DDR-Regime – der Strafverfolgung entgehen konnten. Er stelle ein Dossier für den damaligen Bundesjustizministers Klaus Kinkel zusammen, das mehrere hundert Namen enthalte. Wörtlich behauptete Wiesenthal: »Die DDR hat viele Nazis mit dem Wissen über ihre Vergangenheit erpreßt und als Spione eingesetzt. Viele in Westdeutschland lebende DDR-Spione waren von der DDR erpreßte ehemalige Nazis.«[320]

Als Beispiel verwies er auf den Fall Felfe.[321] Weil dadurch wichtige Fakten und Zeugenaussagen fehlten, hätten viele Prozesse gegen mutmaßliche Naziverbrecher abgebrochen und Verfahren eingestellt werden müssen. In Fortsetzung dieser Beschuldigung meldete 1995 die *taz*, daß »im Stasi-Archiv über NS-Verbrecher ... Hunderte von mutmaßlichen Tätern entdeckt worden (seien), die zum Teil noch heute unerkannt in Westdeutschland leben«. Die 1958 eingerichtete Zentrale Stelle der Landesjustizverwaltungen zur Aufklärung nationalsozialistischer Verbrechen in Ludwigsburg habe aus den acht Regalkilometern laufender Stasi-Akten eine Liste mit rund 1.500 Namen erstellt, und gegen »weit über hundert Beschuldigte (werde) vorermittelt«.[322] Diese Meldung ist insofern bemerkenswert, als sie einerseits suggerieren soll, daß das Ministerium für Staatssicherheit Nazis absichtlich gedeckt habe und andererseits eine plötzlich ungeahnte Verfolgungsintensität demonstriert wird, die man über die Jahre der Zweistaatlichkeit vergeblich bei der bundesdeutschen Verfolgung von NS-Verbrechen suchte. Nach einem bekannten Wort verhielten sich in der BRD die Staatsanwälte bei der Fahndung nach

NS-Verbrechern wie Jagdhunde, die zur Jagd getragen werden mußten.

Der antinazistische bundesdeutsche Verfolgungseifer wird schon dadurch illustriert, daß der Zentralen Erfassungsstelle in ihren besten Zeiten nach 1965 lediglich insgesamt 121 Mitarbeiter, davon 48 Staatsanwälte, zur Verfügung standen. Hinzu kamen mehr als 200 Staatsanwälte und Untersuchungsrichter, die bei den Staatsanwaltschaften und Gerichten der BRD mit der Verfolgung von NS-Verbrechen befaßt waren.[323]

Zum Vergleich sei erwähnt, daß beim Bundesbeauftragten für die Unterlagen des ehemaligen Ministeriums für Staatssicherheit der DDR, der sogenannten Gauck-, nunmehr Birthler-Behörde, anfänglich 3.000 Mitarbeiter tätig waren. Allerdings hat diese Behörde auch nachzuweisen, daß die DDR ein repressiv-terroristisches Unrechtssystem und schlimmer als der Nazifaschismus war.

Welche hingebungsvolle Tätigkeit der Verfolgungswahn zu erzeugen vermag, wird allein daran sichtbar, daß ein Heer von Mitarbeitern damit beschäftigt ist, zerrissene Akten des MfS zu »rekonstruieren«. Zur Zeit wird das per Hand getan. Wenn es nicht gelingt, Computer für diese Arbeit zu programmieren, dann würde das Zusammensetzen der in 15.000 Säcken gesammelten Aktenschnipsel 375 Jahre dauern.[324]

Keine Tätigkeit in Deutschland scheint derzeit so perspektivisch zu sein wie diese.

Fußnoten

310 Gesetz über die Sicherung und Nutzung von Archivgut des Bundes (Bundesarchivgesetz) vom 6. Januar 1988 (BGBl. I S. 62).

311 Sylvia Zacharias: Erst verfilmt, dann in deutsche Hände. In: W vom 1 Juli 1994.

312 Vgl. z. B. Ulrich Brochhagen: Nach Nürnberg. Berlin 1999, S. 14 ff.

313 Vgl.; David G. Marwell: Das Berlin Document Center (BDC). In: Faschismus und Rassismus: Kontroversen um Ideologie und Opfer. Hg. von Werner Röhr, Berlin 1992, S. 413-426; – Karl-Heinz Hansen: Az. NSDAP. In: K, 4/1992, S. 12; – Friedhelm Kemna: 13 Kilometer Akten auf Mikrofilm. In: W vom 17. Januar 1994; – Matthias Holdt: NS-Personalakten und Terrorurteile. In: P, Nr. 31 vom 5. August 1994, S. 18; – René Heilig: B.D.C. – die heißeste Kartoffel von Berlin. In: ND vom 24. April 1995; – Klaus Eichner/Andreas Dobbert: Headquarters Germany. Die USA-Geheimdienste in Deutschland, Berlin 1997, S. 41.

314 Gerd Nowakowski: Die deutsche Angst vor der Aktengruft. In: taz vom 22. April 1989.

315 Ebenda. Siehe auch § 5 Abs. 1 u. 2 Bundesarchivgesetz.

316 Dagmar Unverhau: Das »NS-Archiv« des Ministeriums für Staatssicherheit. Stationen einer Entwicklung (=Archiv zur DDR-Staatssicherheit, Bd. 1), München 1998.

317 Ulrich Ramm: Kleine (Ent)täuschung. Ein Archivband belegt: das Ministerium für Staatssicherheit ging mit seinen Akten über Nazis ordentlich um. In: jW vom 12./13. Juni 1999 – Beilage.

318 Im Namen des Deutschen Volkes. Justiz und Nationalsozialismus. Katalog zur Ausstellung des Bundesministers der Justiz, Köln 1989, S. 401.

319 DDR behinderte Naziterror-Aufklärung. In: taz vom 15. Januar 1997. Inzwischen weiß man auf Grund

eines Berichtes der Washington Post vom November 1996, wer wirklich Dokumente verheimlichte. Den Amerikanern waren nach dem deutschen Überfall auf die Sowjetunion auf über 1,3 Millionen Blättern transkribiert die geheimen Funksprüche bekannt, in denen die Naziverbrecher über ihre Aktionen zur Ermordung der Juden berichteten. »Dies ist eine weitere und vielleicht die wichtigste Sensation. Die Amerikaner halten 51 Jahre nach unserer Befreiung immer noch Dokumente unter Verschluß, die uns geholfen hätten, die Täter zu bestrafen, die Opfer zu entschädigen … und die Geschichte aufzuarbeiten« (Wolfgang Wippermann: Holocaust ist »top secret«. Amerikanischer Geheimdienst hält deutsche Dokumente zurück. In: jW v. 16./17. November 1996). Siehe auch: Christian Semler: Wegsehen vom Holocaust. In: taz vom 13. November 1996. Bei dieser Sachlage mutet es schon etwas merkwürdig an, wenn man die gehässige Äußerung einer Dame lesen kann, die bei einem Kolloquium zur Geschichte des KZ Ravensbrück »vom ›fatalen Zustand‹ (sprach), in dem sich das Archiv und die Forschungen der erst 1959 gegründeten Mahn- und Gedenkstätte trotz der DDR-Staatsdoktrin ›Antifaschismus‹ befunden hätten« (TS vom 31. Oktober 1996). Vieles von dem, was der DDR heute als Unterlassungssünde angelastet wird, dürfte allerdings auch mit den knappen Ressourcen zu tun haben, die der DDR zur Verfügung standen. Die Vorwürfe muten etwas eigenartig an, wenn man allein das Gerangel bedenkt, das in der Bundesrepublik um die Finanzierung zur Erhaltung sowjetischer Ehrenmale und Gedenkstätten sowie der KZ angestellt wird, die von der DDR als Mahn- und Gedenkstätten gestaltet wurden. Die Beschuldigung, die DDR habe »NS-Unterlagen beiseite geschafft, um untergetauchte Nazis im Westen zur Agententätigkeit erpressen zu können« (Berliner Zeitung vom 15. Januar 1997; taz vom 15. Januar 1997) wärmt Wiesenthal medial mit steter Regelmäßigkeit auf.

320 Friedensmedaille für Simon Wiesenthal. In: taz vom 19. Dezember 1991. Simon Wiesenthal verstieg sich in der ARD-Sendung »Panorama« vom 24. Februar 1992 auch zu der Behauptung: »Die Stasi war eine Kombination von Gestapo mit KGB« und die »Führer« der DDR hätten ihren Aufenthalt in den Gestapo-Gefängnissen zu Studienzwecken genutzt. Sie hätten die »Schwächen der Gestapo« gekannt und »bei der Stasi ausgemerzt« !!! (Zit. nach: Joachim Rohloff: Leserbrief. In: ND vom 29. Februar/1. März 1992).

321 »Warnung an die Mörder von morgen« – Gespräch mit Simon Wiesenthal. In: jW vom 1. August 1992.

322 NS-Verbrecher in Stasi-Akten entdeckt. In: taz vom 22. März 1995.

323 Vgl. Israel Gutman (Haupthg.): Enzyklopädie des Holocaust, Bd. II, 2. Aufl., S. 1035.

324 Vgl. ND vom 25. Mai 2000.

10. Die Entnazifizierung in der SBZ und in der DDR

Es steht außer Frage: Nach 1945 konnten sich die antifaschistisch-demokratischen Einrichtungen in Deutschland die Menschen nicht aussuchen. Das Volk war, wie es war. 1945 gehörten 8,5 Millionen Deutsche der NSDAP an[325], davon waren im April 1937, spätere Angaben gibt es nicht, 824.000 Funktionäre der Nazi-Partei auf Hitler vereidigt.[326] Es wäre völlig absurd gewesen, sie alle juristisch zu belangen. Bei gleichzeitig strenger Verfolgung und Bestrafung der für die Verbrechen des Hitler-Faschismus Verantwortlichen mußten die Mitläufer und Mitmacher in die neue Gesellschaft integriert werden. Die Entnazifizierung war auf der Grundlage der Kontrollratsbestimmungen zu vollziehen.

Michael Richter erklärte 1991, die Sowjetische Militäradministration in Deutschland (SMAD) hätte in ihrem Besatzungsgebiet »eine formal sehr weitgehende Entnazifizierung« durchgeführt und vor allem aus dem öffentlichen Dienst ehemalige Mitglieder von SS und Gestapo sowie Funktionäre der NSDAP entlassen. Es heißt weiter: »Anders als in den Westzonen, wo beim Neuaufbau des Berufsbeamtentums auch ehemalige Mitglieder der NSDAP wieder als Richter und Staatsanwälte arbeiteten, wurden 1946 in der SBZ 85 Prozent aller Richter und Staatsanwälte durch unbelastete ›Volksrichter‹ ersetzt.«[327] Gleichzeitig behauptete er aber auch, daß in den Internierungslagern der sowjetischen Besatzungsmacht von 150.000 deutschen Gefangenen »rund 70.000 durch eine gezielte Vernichtungspolitik (Hunger und Krankheit) ums Leben« gekommen seien.[328]

Bei der Durchsicht von Akten über sowjetische Speziallager in Ostdeutschland wurden keine Dokumente gefunden wurden, die »eine vorsätzliche Vernichtungsabsicht« belegen. Das ist das Fazit einer Forschungsarbeit von Historikern der Universitäten Hagen und Jena, des russischen Staatsarchivs sowie der Gedenkstätten Buchenwald und Sachsenhausen, das Ralf Possekel bei der Vorstellung der dreibändigen Publikation »Sowjetische Speziallager in Deutschland 1945 bis 1950« zog. Possekel führte die hohe Sterblichkeit vor allem auf eine »strukturelle Grausamkeit des sowjetischen Herrschaftsapparats« zurück, was immer damit gemeint sein soll.[329]

Bemerkenswert ist, daß die Kritiker der Ernährungslage in den

Lagern offenkundig nie die Frage stellen, wie diese außerhalb des Lagers oder in der vom Krieg verwüsteten Sowjetunion war.[330]

Es wird mit keiner Silbe daran erinnert, daß der Faschismus nur durch die rigorose Zerschlagung des erbitterten Widerstandes der Nazis beseitigt werden konnte. Bis zur letzten Patrone kämpfend, hinterließ das Hitlerregime »verbrannte Erde«. Die sowjetische Bevölkerung hungerte nicht weniger als die deutsche, deren fanatischer Teil Goebbels noch zugejubelt hatte, als dieser am 18. Februar 1943 im Berliner Sportpalast den »totalen Krieg« proklamierte.[331]

Der »totale Krieg« führte zu den Internierungslagern, nicht die vermeintliche Vernichtungspolitik der Russen.

Zur Entnazifizierung in der sowjetischen Zone wird von Helmut Müller zunächst richtig hervorgehoben, daß »die sowjetische Militäradministration … die Säuberungen relativ schnell und rigoros durch-(führte), vor allem in der Justiz, in der Verwaltung und bei den Lehrern«. Diese korrekte Feststellung wurde aber durch einen Nebensatz entwertet. Man »reihte aber ebenso rasch ehemalige nominelle NSDAP-Mitglieder in die neuentstandene SED ein.«[332] Ebenso falsch und zugleich diffamierend war die andere Unterstellung, die Udo Scheer verkündete: »Der propagandistisch inszenierten Läuterung vom Faschismus stellte die SED ein stilles Integrationsangebot gegenüber. Dankbar traten 175.000 zuvor in NS-Organisationen Involvierte in ihre Reihen ein.«[333] Ähnliches erklärte Karl Dietrich Bracher in seinem Vortrag vor der »Eppelmann-Kommission«: »Gewiß wurde in dieser zweiten Diktatur die Liquidierung des Nationalsozialismus radikaler betrieben als im Westen, doch verzichtete man gegebenenfalls keineswegs auf die Dienste ehemaliger NS-Anhänger und Funktionäre.«[334] War das wirklich so?

Der Parteivorstand der SED erklärte in dem Beschluß »SED und nominelle Pgs«[335] vom 20. Juni 1946 unter anderem, daß »auch die nominellen Mitglieder der NSDAP auf Grund ihrer Mitgliedschaft zur Nazipartei einen Teil Schuld und Mitverantwortung für die verbrecherische Hitlerbande auf sich geladen (haben). In den verflossenen Jahren haben aber zahlreiche ehemalige einfache Mitglieder der Hitlerpartei … loyal beim demokratischen Wiederaufbau mitgearbeitet. Sie haben damit bekundet, daß ihre frühere Einstellung falsch war, andere sind auf dem Wege, anzuerkennen, daß sie nur durch die Eingliederung in die demokratische Ordnung und durch eigene praktische Mitarbeit wiedergutmachen können, was sie in der Vergangenheit an Schuld auf sich geladen haben.« Als Konsequenz aus dieser

Entwicklung wurde festgestellt: »Alle früheren einfachen Mitglieder der Nazipartei, die nicht besonders belastet sind und sich als aktive Mithelfer an der neuen demokratischen Ordnung betätigen, sollen als Staatsbürger anerkannt und behandelt werden.«[336]

Das Vertrauen, das mit diesem SED-Beschluß den nominellen NSDAP-Mitgliedern entgegengebracht wurde, wurde auch dadurch bestätigt, daß im Land Sachsen dem Volksentscheid vom 30. Juni 1946 zum Gesetz über die Übernahme von Betrieben der Kriegs- und Naziverbrecher in das Eigentum des Volkes ein voller Erfolg beschieden war. 93,71 Prozent der sächsischen Wahlberechtigten beteiligten sich. Davon stimmten 77,62 Prozent der Übergabe der Betriebe von Nazi- und Kriegsverbrechern in Volkseigentum zu. 14.228 Personen waren als Kriegsverbrecher, ehemalige Angehörige der SS oder Nazifunktionäre von der Abstimmung ausgeschlossen. Einige von ihnen legten erfolgreich Einspruch gegen ihren Wahlausschluß ein.[337]

Am 11. November 1949 wurde das Gesetz über den Erlaß von Sühnemaßnahmen und die Gewährung staatsbürgerlicher Rechte für ehemalige Mitglieder und Anhänger der Nazipartei und Offiziere der faschistischen Wehrmacht (GBl. 1949, S. 59) veröffentlicht. Nach §1 wurde jenen Personen, denen das Wahlrecht entzogen worden war, das aktive und passive Wahlrecht zurückgegeben. §2 gewährte den oben genannten Personen eine Tätigkeit »entsprechend ihrer fachlichen Eignung im öffentlichen Dienst, in allen Betrieben, im Handwerk, Handel und Gewerbe, in den freien Berufen sowie in den demokratischen Organisationen.« Ausdrücklich davon ausgenommen war die »Betätigung in der inneren Verwaltung und ihren Organen« und »auf dem Gebiet der Justiz«. Ausnahmen wurden durch Ausführungsbestimmungen geregelt. Keine Anwendung fanden gemäß §4 die §§1 und 2 auf Naziaktivisten und Kriegsverbrecher, die sich durch falsche Angaben oder Flucht der Strafvollstreckung entzogen hatten, sowie auf Personen, die durch deutsche Gerichte »wegen Kriegsverbrechen oder anderen faschistischen Taten zu Freiheitsstrafen von mehr als einem Jahr verurteilt« worden waren. Bemerkenswert ist in diesem Paragraphen die Bestimmung: »Personen, die am 8. Mai 1945 das achtzehnte Lebensjahr nicht vollendet hatten, erhalten das aktive und passive Wahlrecht ohne Rücksicht auf die Höhe einer verhängten Freiheitsstrafe.«

Das Gesetz über die staatsbürgerlichen Rechte der ehemaligen Offiziere der faschistischen Wehrmacht und der ehemaligen Mitglieder und Anhänger der Nazipartei vom 2. Oktober 1952 (GBl. 1952,

S. 981) hob dann alle im oben genannten Gesetz festgelegten Einschränkungen der Rechte auf. Es werden den genannten Personen »die gleichen bürgerlichen und politischen Rechte gewährt«, wie sie alle anderen deutschen Staatsbürger besitzen. Im §2 wurde bestimmt, daß sich die Aufhebung der Beschränkungen der Rechte nicht auf jene bezieht, »die wegen Kriegsverbrechen oder anderer Verbrechen gegen die Menschlichkeit, die sie als Mitglieder oder Anhänger der NSDAP oder ihrer Gliederungen begangen haben, gerichtlich verurteilt sind und ihre Freiheitsstrafen verbüßen.« Die Beschlüsse der DDR-Regierung bzw. der SED waren durchaus verständlich und nicht, wie es heißt, ein opportunistisches Verhalten, weil die Kommunisten den gewachsenen Einfluß der SPD wettmachen wollten.

Im Zusammenhang mit der konsequenten Entnazifizierung in der SBZ ist auf den SMA-Befehl Nr. 228 vom 30. Juli 1946 hinzuweisen, der unter Ziff.1 bestimmte: »Alle Urteile, die von einem deutschen Gericht in der Zeit seit dem 30. Januar 1933 gefällt worden sind, werden aufgehoben, wenn die vom Gericht festgestellte Tat aus politischen Gründen (Motiven) begangen worden ist und gegen das Hitler-Reich, seine Regierung oder deren Organe, gegen die Wehrmacht, die NSDAP und ihre Gliederungen gerichtet war oder irgendeine andere Handlung im Kampfe gegen den Faschismus darstellt. Gleichermaßen gilt dieses für Urteile, die sich auf Verstöße gegen die diskriminierende nationalsozialistische Gesetzgebung in rassischer, religiöser oder politischer Hinsicht beziehen.«[338]

Die Bewertung des Umgangs mit den Nazis nach der bedingungslosen Kapitulation des faschistischen Deutschen Reiches wird oft reduziert auf die Frage, ob Nazis strafrechtlich verfolgt worden sind oder nicht, ob sie mit Vollmachten integriert wurden oder nicht. Außer acht gelassen wird die »begleitende« Frage, was denn mit den sozialökonomischen, den kapitalistischen Grundlagen und deren Trägern geschehen ist. Oder anders: Wurden die gesellschaftlichen Verhältnisse grundlegend geändert, die den Faschismus hervorbrachten? Zweifellos gibt es für die Zeit nach 1945 zwei diametral entgegengesetzte Entwicklungslinien. Die eine, realisiert in den Westzonen/der BRD, die andere, realisiert in der SBZ/DDR. Der Erhalt des Kapitalismus war die Realität im Westen, dessen Beseitigung war die im Osten.[339] Von allem anderen einmal abgesehen, waren für die im Osten verbliebenen Nazis keine Voraussetzungen geblieben, um den nazistischen Antikommunismus selbst in einer »zivilisierten« Form praktizieren zu können.

Bereits die Kontrollratsdirektive Nr. 38 vom 12. Oktober 1946 enthielt eine bemerkenswerte Festlegung. In Artikel IV wurde definiert, wer »minderbelastet« sei: Es heißt in Ziffer II/1, daß »minderbelastet … insbesondere« sei: »1. Wer nach dem 1. Januar 1919 geboren ist, nicht zur Gruppe der Hauptschuldigen gehört, jedoch als Belasteter erscheint, ohne aber ein verwerfliches oder brutales Verhalten gezeigt zu haben und nach seiner Persönlichkeit eine Bewährung erwarten läßt.«

In den ostdeutschen Ländern wurden in Ausführung dieses Grundsatzes im Frühjahr 1947 Gesetze erlassen, die für die betreffenden Personen die vollen staatsbürgerlichen Rechte wiederherstellten. Analoge Festlegungen wurden auch in der amerikanischen Zone getroffen.

Die Sowjetische Militäradministration erließ am 16. August 1947 den Befehl Nr. 201. Nach der Feststellung, daß in der SBZ Umfassendes zur Säuberung der öffentlichen Behörden, staatlichen und wichtigen Privatunternehmen von ehemaligen aktiven Faschisten, Militaristen und Kriegsverbrechern geleistet wurde, sei es nun an der Zeit, entsprechend den Bestimmungen der 4. Sitzung der (alliierten) Außenminister in Moskau einen Unterschied zu machen zwischen ehemaligen Nazi- und Kriegsverbrechern einerseits und andererseits den »nominellen, nicht aktiven Faschisten, die wirklich fähig sind, mit der faschistischen Ideologie zu brechen und zusammen mit den demokratischen Schichten des deutschen Volkes an den allgemeinen Bemühungen zur Wiederherstellung eines friedlichen demokratischen Deutschlands teilzunehmen.«[340] Dieser Befehl stellte die nominellen Nazis mit den übrigen Bürgern rechtlich gleich, indem er die »Beschränkung der politischen und bürgerlichen Rechte« aufhob und insbesondere das aktive und passive Wahlrecht gewährte.

Durch den Befehl Nr. 35 vom 26. Februar 1948 »Auflösung der Entnazifizierungskommissionen in der sowjetischen Besatzungszone Deutschlands« wurde deren Tätigkeit mit dem 10. März 1948 beendet.[341] Am 16. Juni 1948 lizenzierte die SMAD die Zulassung der Nationaldemokratischen Partei Deutschlands (NDPD). Diese Partei sollte insbesondere ehemaligen Wehrmachtsangehörigen eine Möglichkeit antifaschistischen politischen Engagements geben. Am 9. November 1949 beschloß die Volkskammer der DDR das Gesetz über den Erlaß von Sühnemaßnahmen und die Gewährung staatsbürgerlicher Rechte für ehemalige Mitglieder und Anhänger der Nazipartei und Offiziere der faschistischen Wehrmacht.[342]

Das Fragwürdige begann dort, wo Nazi- und Kriegsverbrecher nicht zur Verantwortung gezogen wurden, sondern trotz (oder wegen) ihrer nazistischen Belastung in die politische Führung integriert wurden. In der SBZ/DDR passierte das nicht.

Zwischen 1945 und 1948 wurden in der Sowjetischen Besatzungszone insgesamt 520.000 Nazis aus der öffentlichen Verwaltung und der Industrie entfernt. Clemens Vollnhals bezweifelt diese Zahl und meint, realistisch sei die Schätzung von insgesamt 200.000 Entlassungen. Den Zweifel verstärkt er, indem er die Entnazifizierung in den westlichen Besatzungszonen lobte. Diese erfolgte ab 1946/47 durch deutsche Spruchkammern. »Entnazifizierung und Rehabilitierung (verschmolzen dabei) zu ein- und demselben Prozeß, da die individuelle Fallprüfung fast immer zur Rücknahme der Entlassungen führte. In der Praxis billigten die Spruchkammern nahezu allen Betroffenen das Recht auf den politischen Irrtum zu und ließen häufig Gnade vor Recht gehen.«

Ganz anders sei dagegen die politische Säuberung in der SBZ verlaufen. »Hier wurde sie zur Durchsetzung des kommunistischen Machtanspruchs in Staat und Gesellschaft instrumentalisiert.« Die Zahl der Entlassungen mit 500.000 sei von den DDR-Historikern angegeben worden, »um den antifaschistischen Gründungsmythos der DDR zu belegen«.[343] Von 39.348 Lehrerinnen und Lehrern gehörten 28.179 der NSDAP an, das waren 71,1 Prozent. 28.835 Lehrerinnen und Lehrer wurden als belastet entlassen. In der Justiz lag der Anteil der NSDAP-Mitglieder an der Gesamtzahl der Beschäftigen bei etwa 90 Prozent angehört. Bis zum Frühjahr 1946 waren alle belasteten Richter und Staatsanwälte aus den Ämtern entlassen worden.[344]

Von den 999 zugelassenen Rechtsanwälten waren Ende 1949 noch 224 (22 Prozent) ehemalige Mitglieder der NSDAP.[345]

Fußnoten

325 Christian Zentner/Friedemann Bedürftig (Hg.): Das große Lexikon des Dritten Reiches, S. 409.

326 Dieter Fricke u. a. (Hg.): Lexikon zur Parteiengeschichte. Die bürgerlichen und kleinbürgerlichen Parteien und Verbände in Deutschland (1789-1945). In vier Bänden. Bd. 3, Leipzig 1985, S. 503.

327 Michael Richter: 1945–1949, : Sowjetische Besatzungszone Deutschlands (SBZ). In: Geschichte der DDR. Informationen zur politischen Bildung, Nr. 231. Hg.: Bundeszentrale für politische Bildung, Bonn, München 1991, S. 4 u. 5. (Hervorhebung im Original). Friedrich-Christian Schroeder meint: »Die Sowjetische Militäradministration vertrieb in der Sowjetischen Besatzungszone unter dem Schein der Entnazifizierung alle nicht den Kommunisten nahestehenden Richter aus ihren Ämtern und versuchte Lücken durch in Schnellkursen von sechs Monaten ausgebildete sogenannte ›Volksrichter‹ zu schließen« (FAZ vom 10. August 1996 – Hervorhebung nicht im Original).

328 Michael Richter: 1945–1949, S. 4.

329 Claus Dümde: »Absicht der Vernichtung nicht belegt«. In: ND vom 8. Mai 1998.

330 Vgl. die Schilderung, die Vitali Syrokomski, Chefredakteur der »Nedelja«, unter dem Titel »Dokumente über Fünfeichen« gegeben hat, in: Wochenpost Nr. 23/1990, S. 10.

331 Joseph Goebbels vermerkt in seinem Tagebuch unter dem 19. Februar 1943 über die Veranstaltung vom 18.Februar: »Die Stimmung gleicht der einer wilden Raserei des Volkes. ... Ich .... bringe die Versammlung in einen Zustand, der einer totalen geistigen Mobilmachung gleicht. Der Schluß der Versammlung geht in einem Tohuwabohu von rasender Stimmung unter. ... Das Volk ist, wie diese Kundgebung bezeugt, bereit, alles für den Krieg und für den Sieg hinzugeben.« (Joseph Goebbels, Tagebücher 1924 bis 1945, Bd. 5: 1943-1945, a.a.O., S. 1898. Hg. von Ralf Georg Reuth).

332 Helmut H. Müller: Schlaglichter der deutschen Geschichte, Mannheim 1996, S. 314.

333 Udo Scheer: »Wer Nazi ist, das bestimmen wir«. In: taz vom 26. September 1995.

334 Karl Dietrich Bracher: Die Bedeutung der Aufarbeitung der Geschichte der beiden deutschen Diktaturen für den Bestand der Demokratie in Deutschland und Europa. In: DB-Materialien, Bd. IX, S. 680.

335 Pg = offizielle Abkürzung für die offizielle Benennung »Parteigenosse« eines Mitgliedes der NSDAP.

336 »SED und nominelle Pgs«. Beschluß des Parteivorstandes vom 20. Juni 1946. In: Dokumente der Sozialistischen Einheitspartei Deutschlands, Bd. I, Berlin 1952, S. 52 f.

337 Otto Schröder: Der Volksentscheid in Sachsen gegen die Kriegs- und Naziverbrecher. In: Einheit, 6/1961, S. 857. Nick Brauns: Revolutionärer Akt. In: jW. Vom 27./28. Mai 2006.

338 Thüringische Rechtskartei in Loseblattform, Bd. II, Weimar 1947.

339 Im Verfassungsschutzbericht 2005 ist die Vereinigung der Verfolgten des Nazi-Regimes – Bund der Antifaschisten (VVN-BdA) als »linksextremistisch beinflußt« registriert worden. Als Begründung nannte der Parlamentarische Staatssekretär im Bundesinnenministerium Peter Altmaier (CDU) u.a.: »Das politische Orientierungsmuster dieser Organisation ist nach wie vor die klassische orthodox-kommunistische ›Antifaschismus-Doktrin‹. Danach wurzelt ›Faschismus‹ maßgeblich in ›kapitalistischen Ordnungssystemen‹. Der ›Faschismus‹ könne daher ›mit seinen Wurzeln‹ nur durch vollständige Beseitigung der marktwirtschaftlichen Ordnung überwunden werden« (ND vom 3./4. Juni 2006).

340 Befehl Nr. 201 vom 16. August 1947. Richtlinien zur Anwendung der Direktiven Nr. 24 und Nr. 39 des Kontrollrats über die Entnazifizierung. In: Thüringische Rechtskartei in Loseblattform, Weimar 1947, Bd. II, Abschn. D. Befehle der SMA Deutschlands, S. 131.

341 Befehl Nr. 35 vom 26. Februar 1948. In: Thüringische Rechtskartei, S. 174.

342 GBl. 1949, S. 59 in Verbindung mit S. 82.

343 Clemens Vollnhals: Neubeginn mit altem Personal? In: P, Nr. 18-19 vom 28. April/5. Mai 1995, S. 8.

344 Wolfgang Meinicke: Antifaschismus – eine der Säulen der DDR. In: Berliner Zeitung vom 23./24. September 1989.

345 Vgl. Hanna Behrend: Entnazifizierung. In: Historisch-Kritisches Wörterbuch des Marxismus, Bd. 3: Ebene bis Extremismus, 2. Aufl., Berlin-Hamburg 1998, S. 500.

11. Die Namenslisten der »Nazis« im Dienste der DDR

In der Bundesrepublik reagierte man auf die entsprechenden Veröffentlichungen der DDR mit ähnlichen Publikationen, in denen die braune Vergangenheit von Partei- und Staatsfunktionären entlarvt wurde. Das erste umfassende Material lieferte der »Untersuchungsausschuß freiheitlicher Juristen« (UfJ) mit seiner Broschüre »Ehemalige Nationalsozialisten in Pankows Diensten«. Die Schmähschrift erlebte mehrere Auflagen. Der UfJ war 1949 vom amerikanischen Geheimdienst CIA gegründet worden und wurde auch von dort finanziert und gesteuert. Sein Leiter Horst Erdmann war zuvor vom Offizier der Berliner Operationsbasis der CIA, Henry Hecksher, angeworben worden und arbeitete in dessen Auftrag. Auch an der Spitze des 1952 gegründeten »Freundeskreises des UfJ« stand mit Dr. Günther Birkenfeld vom »Kongreß für kulturelle Freiheit« ein Vertreter einer von der CIA gegründeten und finanzierten Organisation. 1958 mußte Erdmann zurücktreten, da er sich als krimineller Hochstapler zu erkennen gegeben hatte. Seit dem 1. Oktober 1969 war der UfJ als »juristisches Fachreferat in das Gesamtdeutsche Institut (Bonn) eingliedert« und wurde mit diesem 1991 aufgelöst.[346]

1970 veröffentlichte John Dornberg in München eine Auflistung: »Von 500 Volkskammerabgeordneten während der Legislaturperiode 1954 bis 1958 waren 20 nazistisch belastet. Nach den Wahlen von 1958 waren es 49, von 1963 bis 1967 stieg ihre Zahl auf 53. Allerdings gehörten nur 8 der SED und die übrigen der NDP an, die ohnehin nur die Aufgabe hat, Nazis kleinen und mittleren Kalibers eine neue politische Heimat zu bieten.«[347] (Zur Erinnerung: Dem 1. Deutsche Bundestag gehörten 56 ehemalige NSDAP-Mitglieder an.[347a])

Klaus Schröder und Jochen Staadt bemerkten, daß im Laufe der Zeit »28 NSDAP-Mitglieder in das ZK der SED, 50 in die Volkskammer und 12 in die Position eines Ministers bzw. stellvertretenden Ministers« gelangt seien.[348] Und Simon Wiesenthal wußte es noch besser: »Wir haben insgesamt etwa 450 ehemalige Nazis in führenden Stellungen in der DDR gefunden – Journalisten, Professoren, Mitglieder der Volkskammer, Militärs.«[349] Das ist nur eine kleine Blütenlese. Die verschiedenen Print- und Tele-Medien hatten nach 1989 ein besonderes Interesse daran, derartige Zahlen – auch in Varianten –

wiederzugeben. Die Vorbemerkung ist inhaltlich im allgemeinen: »Trotz der vorgeblich antifaschistischen Tradition saßen in der DDR ... viele Nazis an der Spitze von Partei, Justiz und Militär.«[350]

Die bis 1989 umfangreichste Namensliste bot das 1981 mit 424 Seiten und 876 Namen veröffentlichte Buch von Olaf Kappelt: »Braunbuch DDR. Nazis in der DDR«[351] (im folgenden: Kappelt I). Nach Öffnung der DDR-Archive ergänzte Kappelt sein »Braunbuch DDR« und promovierte 1997 auf dieser Basis an der Universität Würzburg mit einer Dissertation des Titels: »Die Entnazifizierung in der SBZ sowie die Rolle und der Einfluß ehemaliger Nationalsozialisten in der DDR als ein soziologisches Phänomen« (im folgenden: Kappelt II).

Von den in Kappelt II genannten 249 Personen sind 222, d.h. etwa 92 Prozent, bereits 1981 benannt worden. So sensationell ergiebig waren offenkundig die DDR-Akten nicht. Allerdings ist die Quelle, aus der Kappelt schöpfte, nicht uninteressant: »Ein Großteil des zur Veröffentlichung gelangten Materials«, so Kappelt 1981, basiere »auf früheren dokumentarischen Zusammenstellungen des Untersuchungsausschusses freiheitlicher Juristen in Berlin«.[352]

Als Forschungsziel behauptet Kappelt, er wolle das Phänomen erklärbar machen, »daß frühere Nationalsozialisten in der DDR zu neuem Einfluß und Macht gelangen konnten«.[352] Real gab es einen solchen nazistischen Einfluß in der DDR nicht. Das konnte schon deshalb nicht der Fall sein, weil die Führungsspitzen von jenen besetzt wurden, die konsequente Antifaschisten waren und das mit ihrem Handeln auch bewiesen hatten. »Bisher«, so Kappelt mit Bezug auf »Nazis« in DDR-Diensten, hätte »dieses Phänomen wenig Beachtung (gefunden), es durfte in der DDR nicht wahrgenommen werden, und im Westen wurde es als Phänomen ignoriert, obwohl es existent war.«[354] Otto von Habsburg bescheinigte Kappelt 1981: »Die vorliegende Dokumentation ist ... eine brauchbare Waffe gegen jene, die Deutschland *(gemeint war die BRD – D. J.)* diskreditieren wollen. Man wird ... zeigen, daß die sogenannte DDR und nicht die Bundesrepublik das geistige Erbe Hitlers übernommen hat.«[355]

1981 orakelte Kappelt: »Erst ein Öffnen der offiziellen Archive in Ost-Berlin dürfte das ganze schreckliche Ausmaß kommunistischer Kumpanei mit ehemaligen Nationalsozialisten ans Tageslicht bringen.«[356] Jedoch: Als es so weit war, erwies sich die vermutete Fürchterlichkeit als Schimäre. Seiner Liste von 1981 fügte Kappelt weitere Namen hinzu, so daß er, beide Publikationen zusammengenommen, auf 904 Personen kam, die angeblich als »Nazis« in DDR-Diensten gestanden hätten. Diese Zahl war Kappelt und anderen Anlaß genug, der DDR die Bezeichnung »antifaschistischer Staat« abzuerkennen.

Das Buch Kappelts von 1981 ist in sieben Kapitel und einen umfangreichen biographischen Anhang gegliedert. Die Kapitelüberschriften suggerieren bereits Fürchterliches:

»1. Der Stellvertreter des Führers: Ein NSDAP-Mitglied als Stellv. DDR-Staatsratsvorsitzender

2. Vom NSDAP-Mitglied zum DDR-Minister

3. Die Partei hat immer Recht, NSDAP-Mitglieder im ZK der SED

4. Nationalsozialisten in den Blockparteien und in der Nationalen Front der DDR

5. Abgeordnete einer Diktatur – Frühere NSDAP-Mitglieder in der DDR-Volkskammer

6. Nationalsozialisten in Schulen, Hochschulen und Akademien

7. Agitation und Propaganda, NSDAP-Mitglieder als Journalisten, Schriftsteller und Publizisten in der DDR.«[357]

Kappelt II ist ähnlich strukturiert. In unserem Zusammenhang interessiert besonders der Hauptteil »Typisierung ehemaliger Nationalsozialisten und ihr Rollenverhalten vor 1945 und unter kommunistischem Primat«.

»1.1. Der Typus des Täters:
Gauleiter, Amtsleiter und Ortsgruppenleiter der NSDAP;
Gestapospitzel und SD-Mitarbeiter;
Von SS-Führern und KZ-Wächtern;
SA-Führer und andere Kämpfer der NSDAP;
Von Reichsjugendführern der NSDAP und anderen HJ-Führern;
Antisemitische Schriftsteller, Günstlinge von Kriegsverbrechern und ein Mitglied des 1. Kabinetts von Adolf Hitler;
Ministerialbürokratie und Reichsforschungsräte;
Furchtbare Juristen;
Führerqualitäten bei DASF, DRK und RAD
Ritterkreuzträger, NS-Führungsoffiziere und die Generalität.
1.2. Wandlung vom Täter- zum Mitläufertypus.
1.3. Vom Mitläufer- zum Tätertypus:
Die HJ-Generation;
Affinität der Macht;
Vom NS-Mitmacher zum DDR-Schrittmacher.
1.4. Der Typus des ewigen Mitläufers:
Der Untertanengeist blieb erhalten;

Der Kampf um die sog. nominellen Parteigenossen;
Neue Möglichkeiten für Fachleute.«

Jeder Abschnitt ist zum Beweis mit Personennamen »angereichert«. Neben Daten, Funktionsbezeichnungen, Einsatzgebieten usw., die im allgemeinen den Tatsachen entsprechen – auf Abweichungen von dieser Regel wird bei den entsprechenden Personen eingegangen –, werden dann Vermutungen, Bewertungen und Beurteilungen in pejorativer Diktion mitgeteilt. Im einzelnen ist sowohl bei Kappelt I wie bei Kappelt II in den Kapiteln aufbereitet, wie man die Tatsachen lesen und bewerten soll. Allerdings werden die genannten Personen nicht explizit beschuldigt, Nazi- und Kriegsverbrechen begangen zu haben.

Die Demagogie gipfelt bei Kappelt in der Ernennung des »alten Nationalsozialisten« Heinrich Homann, des Vorsitzenden der Nationaldemokratischen Partei Deutschlands (NDPD) zum »Stellvertreter des ›Führers‹«.[358] Die Vorsitzenden der sogenannten Blockparteien gehörten bekanntlich dem Staatsrat an und firmierten als Stellvertreter des Staatsratsvorsitzenden. Zwei Vorsitzende gab es in der Geschichte der DDR – Walter Ulbricht und Erich Honecker. Diese beiden nun zum »Führer« zu erklären, also mit Hitler auf eine Stufe zu stellen, ist nicht nur ahistorisch, sondern eine Infamie. Honecker hat unter Hitler zehn Jahre im Zuchthaus gelitten, Ulbricht wurde von diesem Barbaren ins Exil getrieben.

Kappelt wertet die Tatsache, daß Mitglieder der NDPD, die nicht selten ehemalige Wehrmachtsangehörige waren, sich konsequent und offen für die Friedenspolitik der DDR sowie für die Sicherheit und Stabilität dieses Staates beispielsweise auch beim Dienst in den bewaffneten Kräften einsetzten, zur nazistischen Einwirkung um. Dann hätte er – gemäß dieser Logik – aber 1990 heftig die Alarmglocken läuten müssen, als die CDU mit den »bürgerlichen« Blockparteien der DDR fusionierte.

Ich verzichte darauf, Namen und Funktionen aufzulisten, die Kappelt in seinen Büchern vorführte. Er nennt, weil sie Angehörige der NSDAP, des SD, der SS, der Gestapo oder Offiziere der Wehrmacht waren oder gewesen sein sollen, Menschen aus allen gesellschaftlichen Bereichen: Mitglieder des ZK der SED oder des Staatsrates der DDR, Abgeordnete der Volkskammer oder von Bezirks- oder Kreistagen, Minister oder Staatsekretäre, Rektoren von Universitäten und Institutsdirektoren, Chefredakteure und Journalisten, Vorsitzende von Landwirtschaftlichen Produktionsgenossenschaften (LPG) und Direktoren Volkseigener Betriebe, Funktionäre der SED, der Blockparteien oder der gesellschaftlichen Organisationen, Angehörige der Nationalen Volksarmee oder des Ministeriums für Staatssicherheit.

Beweise für verbrecherische Handlungen, die die nazistischen Anschuldigungen rechtfertigen würden, lieferte Kappelt jedoch nicht. Die – tatsächliche oder vermutete – Mitgliedschaft in der NSDAP oder in einer anderen nazistischen Organisation nimmt er bereits als hinlänglichen Beleg einer fortdauernden nazistischen Gesinnung.

Es hat keinen Sinn, hier etwa die Namen aus dem Buch zu wiederholen, die Kappelt einerseits teilweise nach den oben genannten Kapitelüberschriften sortiert und andererseits alphabetisch im »Biographischen Anhang« auflistet. Nur einige Personen werden im Laufe dieser Arbeit genannt, die in der Propaganda gegen die DDR schon zur Zeit ihrer Existenz eine Rolle spielten, aber auch nach dem Zusammenbruch des sozialistischen Staates die »Kronzeugen« dafür sein sollen, es habe in der DDR keinen bzw. nur einen »verordneten« und »unehrlichen« Antifaschismus gegeben.

Die Reaktion der DDR-Obrigkeit auf die »Enthüllungen«

Oberstleutnant Dieter Skiba, der letzte Leiter der Unterabteilung IX/11 des MfS, bestätigte, daß nach dem Erscheinen von Kappelts »Braunbuch DDR« seine Abteilung mit der Recherche beauftragt wurde. »Wir haben das Buch natürlich vor allem als Gegenschlag zu dem in der DDR erschienenen ›Braunbuch‹ aufgefaßt. Trotzdem sind die damit betrauten Mitarbeiter gewissenhaft und sorgfältig den dort behaupteten Dingen nachgegangen. In vielen Fällen konnten wir die Angaben weder bestätigen noch widerlegen, in einigen aber bewahrheiteten sie sich doch. Es waren allerdings nur politisch belastende, nie strafrechtlich relevante Hinweise, z. T. auch lächerliche Vorwürfe.«[359]

Einige bei Kappelt aufgeführten Personen hatten die Zugehörigkeit zur NSDAP bzw. zu anderen nazistischen Organisationen in der Tat verschwiegen. Zum Teil war das absichtlich geschehen, zum Teil auch aus Unkenntnis, da sie von der listenmäßigen Überführung in die NSDAP nichts gewußt hatten.

Bereits im Jahre 1963 hatte die Zentrale Parteikontrollkommission (ZPKK) der SED nach entsprechenden Veröffentlichungen in der BRD 53 Personen überprüft. Der Bericht der ZPKK über die Überprüfung wurde am 6. Juni 1963 im Sekretariat des ZK der SED ausgewertet. Auf der Basis des im Parteiarchiv der SED befindlichen Berichtes faßte Wilfriede Otto in ihrer 2000 erschienenen Mielke-

Biographie zusammen: »Bei 11 Personen ergaben sich aus den Überprüfungen keine Probleme. Bei den 39 Aussprachen erwähnten 15 Personen zum ersten Mal, daß sie von ihrer Überführung in die NSDAP gewußt hatten; 7 von ihnen wurden von Bezirksleitungen der SED zur Verantwortung gezogen. Für die restlichen 24 Personen traf in der Mehrzahl die listenmäßige Überführung von der Hitlerjugend in die NSDAP zu.«[360]

Selbstkritisch muß eingestanden werden: Die DDR legte um jene, deren Biographie vor 1945 in ihrem Verständnis nicht ganz makellos war, einen ideologischen *cordon sanitaire*. Man setzte sich damit öffentlich nicht auseinander, man sprach darüber nicht einmal. Mit einer solchen Defensivhaltung öffnete man Räume für Spekulationen und Gerüchte. Fragen zu stellen provozierte die Gegenfrage, ob man der westlichen, also feindlichen Propaganda erlegen sei. Nur hinter vorgehaltener Hand wurde das eine oder andere diskutiert. Die DDR-Obrigkeit glaubte offenbar, das Thema durch Totschweigen »bewältigen« zu können, was bei den entfalteten Kommunikationsbeziehungen von West nach Ost von vornherein illusorisch war und nur die negative Wirkung hatte: Die SED wolle wohl dieses Thema einzig deshalb unterdrücken, weil sie etwas zu verbergen habe, also nicht ehrlich sei. Der Unterhaltungskünstler Bernd Heller behauptete in einer Diskussion sogar, wegen des Bruchs dieses Tabus verhaftet worden zu sein. Er habe geglaubt, alles sagen zu dürfen, weshalb er zu einem Funktionär gesagt habe, dieser sei in der NSDAP gewesen. Wörtlich: »Der war auch in der Liste drin, wegen der ich in der DDR in den Knast gegangen bin.«[361]

Es entspricht jedoch keineswegs der Realität, daß die NS-Vergangenheit nach 1945 in jedem Falle und total verschwiegen wurde. Insbesondere ehemalige Wehrmachtsoffiziere gingen offen damit um und begründeten ihren Gesinnungswandel. Dabei leistete die NDPD einen wesentlichen Beitrag. Voraussetzung war allerdings einerseits die erklärte Distanzierung von der nazistischen Vergangenheit und andererseits, daß die Betreffenden keine Nazi- und Kriegsverbrechen zu verantworten hatten.

Was geben die Listen der »Nazis« in DDR-Diensten her?

Bei der Zusammenstellung der Listen von vermeintlich Belasteten in der DDR ist die Neigung spürbar, Personen mit einiger Prominenz zu treffen. Das läßt sich vielleicht damit erklären, daß in der

Regel »Nobodys« keinerlei Einfluß auf den Gang der Dinge nehmen. Und das sollte ja schließlich nachgewiesen werden, wie diese »rotlackierten Altnazis« die Geschicke der DDR lenkten.

Kriterium für die Aufnahme in Kappelts Liste war die einfache Mitgliedschaft in der NSDAP oder/und die Zugehörigkeit zur SS bzw. Waffen-SS. Die Zusammenstellung erfolgte offensichtlich nach der Methode: Exponenten der DDR ja, Dissidenten nein.

Wo Schuld wegen einer möglicherweise herausgehobenen Stellung in der Nazizeit vermutet wurde, deutete Kappelt dies mit konjunktivischen Formulierungen an. Beweise blieb der Autor schuldig. Er konnte es drehen und wenden, wie er wollte. Von der DDR nicht verfolgte Kriegs- und Naziverbrecher waren nicht auszumachen. Es gab sie ja, anders als in der BRD, in verantwortlichen Funktionen der DDR grundsätzlich nicht.

Das schloß nicht aus, daß einige Genannte vielleicht sogar schuldig waren. Doch solange individuelle Schuld nicht bewiesen ist, gilt im deutschen Recht die Unschuldsvermutung. Nicht der vermeintliche Täter muß seine Unschuld beweisen, sondern der Kläger – also der Staatsanwalt – hat den Beweis des Gesetzesbruches zu erbringen. (Ein Grundsatz übrigens, der bekanntlich bei der öffentlichen Verdammung beispielsweise von hauptamtlichen oder inoffiziellen Mitarbeitern des MfS seit 1990 außer Kraft gesetzt wurde.)

War es jemandem gelegentlich gelungen, in der DDR unterzutauchen oder in Positionen aufzusteigen, dann erfolgte beim Bekanntwerden einer nazistischen Vergangenheit und bei überzeugender Beweisführung einer Schuld eine entsprechende politische und staatliche Reaktion. Die tatsächliche Verantwortlichkeit wurde sorgfältig geprüft. Entsprechend dem Grad der nachgewiesenen Schuld erfolgten Sanktionen. Die Ablösung aus einer hervorgehobenen Funktion war die mindeste. Bei der Beteiligung an Verbrechen erfolgte die strafrechtliche Verfolgung oder eine andere adäquate Sanktionen.

Rudolf Schneider, Professor für Arbeitsrecht an der Juristischen Fakultät der Humboldt-Universität zu Berlin, hatte die Zugehörigkeit zur SS verschwiegen. Nach Prüfung seiner Vergangenheit verlor er zwar seine Professur, konnte aber als Abteilungsleiter eines Volkseigenen Betriebes bis zur Rente arbeiten. Der Euthanasie-Arzt Otto Hebold hingegen, dessen verbrecherische Vergangenheit in den 60er Jahren bekannt wurde, erhielt 1965 eine lebenslange Haftstrafe. Hebold verstarb 1976 als 80jähriger im Gefängnis.

Kappelt schrieb 1981: »Die Rechtsvorschriften des Ministerrats ... sind Instrument der Diktatur. Alt-Nazis wie Weiz, Reichelt, Steger und Dr. Beil haben durch ihre Ministerratszugehörigkeit teil an der Terrorisierung des gesamten öffentlichen und privaten Lebens in der DDR. Ihnen sind, trotz ihrer NSDAP-Vergangenheit, die Machtmittel einer moderne Diktatur in die Hand gegeben, die sie zum Schaden der Mehrheit der Bevölkerung rücksichtslos einsetzen. ... Ehemalige NSDAP-Mitglieder verfügen seit frühester Jugend über die notwendigen Erfahrungen in der diktatorischen Beherrschung eines Landes. Als stellvertretende DDR-Ministerpräsidenten und Minister helfen die Alt-Nazis mit, den Sozialismus im geteilten Deutschland mit Gewalt an der Macht zu halten.«[362]

Der Hinweis auf die »früheste Jugend« deutete das eigentliche Problem an: das Alter. Die von Kappelt solcherart denunzierten Staatsfunktionäre der DDR waren am Ende der Nazidiktatur meist um die 20 Jahre alt, da hatten sie wahrlich reichlich »Erfahrungen in der diktatorischen Beherrschung eines Landes« gesammelt.

In einigen Fällen stellte Kappelt fest, daß es sich um Personen handelte, die nach ihrer Funktion dem »Korps der Politischen Leiter« zuzurechnen waren. Das »Korps der Politischen Leiter« war 1946 im Nürnberger Prozeß gegen die Hauptkriegsverbrecher zur verbrecherischen Organisation erklärt worden. Wie das Nürnberger Urteil feststellte, war die Hauptaufgabe dieses »Korps«, die Kontrolle über den deutsche Staat zu erringen und nach dem 30. Januar 1933 zu behalten. 1937 bestand dieses »Korps« aus ca. 700.000 Funktionären. Dieser Apparat wurde »für die weite Verbreitung der Nazi-Propaganda benutzt, sowie dazu, die politische Haltung des deutschen Volkes auf das sorgfältigste zu überwachen«, hieß es im Urteil des Internationalen Militärtribunals. »Die Blockleiter (waren) angewiesen, den Ortsgruppenleitern all jene Personen anzuzeigen, die schädliche Gerüchte oder Kritik des Regimes verbreiteten.«[353]

Zweifellos schloß das die Zusammenarbeit mit der Gestapo und dem SD ein und konnte Verhaftung oder Einlieferung der Denunzierten in die Konzentrationslager bedeuten. Diese Funktion des »Korps« als Strukturelement des faschistischen Terrorregimes war die Ursache dafür, dieses »Korps« 1946 zur verbrecherischen Organisation zu erklären.

Kappelt verwies auf das Urteil von Nürnberg und zitierte aus einem

»Jugendlexikon Nationalsozialismus«.[364] Seine Schlußfolgerung war allerdings höchst merkwürdig. Er verurteilt die DDR allein wegen der Tatsache, daß auch Personen, die einer verbrecherischen Organisation angehörten, integriert wurden. Dabei übersah er – mit Vorsatz oder aus Nachlässigkeit –, daß in demselben Lexikon unter dem Stichwort »Nürnberger Prozeß« zu lesen ist: »Von den sechs angeklagten nationalsozialistischen Organisationen wurden drei zu verbrecherischen erklärt: das Führerkorps der NSDAP, die SS – einschließlich Waffen-SS, SS-Totenkopfverbände und SD – sowie die Gestapo … Die Urteile hatten keine Auswirkung auf die deutsche Rechtsprechung. Personen, die … einer der schuldig gesprochenen Organisationen angehört hatten, muß in Prozessen ihre persönliche Schuld nach den Straftatbeständen des geltenden deutschen Rechts nachgewiesen werden.«[365]

Es gab also keine automatisch individualisierte Kollektivschuldannahme für die Mitglieder dieser Organisationen. Es mußte der Nachweis individueller Schuld in jedem einzelnen Fall geführt werden. Für die von Kappelt Genannten galt das nicht. Natürlich nicht: Sie waren ja Funktionäre der DDR. Damit hatten sie sich ohnehin schuldig gemacht.

Um nun den Antifaschismus der DDR in Frage zu stellen, entwickelte Kappelt das folgende theoretische Konstrukt:

»Objektive Maßstäbe« tatsächlicher Vergangenheitsbewältigung sind »formelle Kriterien wie Parteizugehörigkeit, Rang und Stellung im totalitären Machtgefüge«. Diese seien »objektiver als die subjektive Gesinnungsbewertung«.[366]

Demnach hätte Kappelt dann wohl zu den vehementesten Kämpfern gegen die in den Westzonen und in der nachfolgenden Bundesrepublik praktizierte Integration der Nazis in das bundesdeutsche Herrschaftssystem gehören müssen.

Er hätte dann auch die Männer des 20. Juli 1944 schwer attackieren müssen – bis zum Anschlag auf Hitler gehörten sie nämlich zu den Exponenten des Dritten Reiches und trugen es. Ohne die verheerenden Niederlagen der Wehrmacht an der Ostfront hätte es diesen Gesinnungswandel bei ihnen nicht gegeben. Sie wären, wenn es denn gegangen wäre, bis zum Ural und weiter marschiert. Daß diese Militärs um Stauffenberg sich aber in kritischer Lage ermannten und ihr Leben einsetzten, um den seit Jahren praktizierten Völkermord zu beenden, kann ihnen nicht zum Vorwurf gemacht werden. Es muß, trotz aller Schuld, die sie bis dahin auf sich geladen hatten, ihnen zur Ehre angerechnet werden, daß sie das Ruder herumreißen wollten. Bei Kappelts Lesart aber müßte man ihnen jeden Respekt versagen: Schließlich waren sie in der NSDAP oder einer anderen braunen Vereinigung ...

Mit Kappelts These, die Äußerlichkeiten zu Bedeutsamkeiten gesellschaftlicher Erscheinungen stilisiert, verschwindet das Wesen der Dinge. Selbstredend können auch die von Kappelt genannten »formellen Maßstäbe« zur Beurteilung wichtig sein. Allein genügen sie nicht – entscheidend ist, was in der Parteizugehörigkeit, in den Funktionen und Strukturen usw. getan wurde.

Daß Kappelt genau das nicht untersucht, hat seine Gründe. Es dürfte ihm sonst nämlich schwerfallen, mit den von ihm genannten DDR-Exponenten den Nachweis anzutreten, daß der gesamte Staat in die Hände von »Altnazis« geraten war.

Kappelt schreibt von »willkürlicher Denazifizierung« und meint damit jene Fälle, in denen es angeblich für das Erreichen selbst hoher Funktionen in der gesellschaftlichen und politischen Hierarchie der DDR keine Rolle mehr gespielt haben soll, wie jemand sich im Dritten Reich verhielt. Es wurde nur noch gefragt, wie er sich »heute«, d.h. nach 1945, verhielt, und ob er sich der »richtigen Clique«, sprich: der SED, angeschlossen habe.[367]

Falsch ist die Annahme, daß ein Haltungswandel von begangenen Untaten freimachte. Es ist zu belegen, daß nazistische Verbrechen in der DDR nicht toleriert wurden, sondern bei ihrem Bekanntwerden adäquate Konsequenzen nach sich zogen – egal, welches Parteibuch der überführte Täter in der Tasche hatte.

Kappelt aber hatte Recht in diesem Punkte: Wer völlig mit dem Dritten Reich und dem politischen System brach, das die Nazidiktatur hervorgebracht hatte, der bekam auch die Chance, an einer neuen Gesellschaft in Deutschland mitzuarbeiten.

Auf den Antifa-Lehrgängen des Nationalkomitees »Freies Deutschland« (NKFD) und des Bundes Deutscher Offiziere (BDO) fanden keine Gehirnwäschen statt, sondern Veranstaltungen, bei denen Wissen und Einsichten in gesellschaftliche Zusammenhänge vermittelt wurden. Daß dies zu Schlüssen der Art führte, sich von der Vergangenheit loszusagen und, im weitesten Sinne, Wiedergutmachung auch am deutschen Volke zu leisten, sollte man gutheißen und nicht verurteilen. Das war tatsächliche Entnazifizierung.

Kappelt vermerkt, »daß ehemalige Nationalsozialisten sich in der DDR so verhielten, wie es die neuen Machthaber erwarteten«.[368] Es bewegt sich offenkundig außerhalb seiner Vorstellungskraft, daß das die Folge gewonnener Einsichten über das Verbrecherische des deutschen Faschismus war. Im Gegenteil: Er sieht »eine Affinität für das Totalitäre, eine Auffälligkeit für antidemokratische Herrschaftsstrukturen«.[369] »Aus ehemaligem Mitläuferverhalten und Tätertum (erwuchs) neue Täterschaft und neues Mitläufertum.«[370]

So simpel läuft Geschichte. Bei Kappelt.

Die Angaben in den biographischen Veröffentlichungen wurden für das vorliegende Buch im allgemeinen nicht überprüft. Gravierende Einzelfälle werden allerdings auf der Basis differierender Publikationen kritisch beurteilt. Dabei wird deutlich, daß die BRD-Veröffentlichungen zum Thema nicht geeignet sind, das zu beweisen, was sie beweisen sollen: daß nazistischer Ungeist in die DDR übertragen wurde, weil die »braune« Diktatur lediglich durch eine »rote« abgelöst wurde.

Diejenigen in der DDR, die wegen ihrer eigenen Verfolgung durch die Nazis am wenigsten Veranlassung hatten, den »Tätern« zu verzeihen, waren klug genug, zwischen den tatsächlich Verantwortlichen und den Drahtziehern einerseits und den irregeleiteten Mitläufern andererseits zu unterscheiden. Und das galt auch dann, wenn diese Mitläufer nicht völlig unschuldig waren.

Einerseits zitiert Kappelt die in den frühen Jahren formulierte sichtbare Besorgnis der politisch Verantwortlichen über Konzentrationen ehemaliger NSDAP-Mitglieder in bestimmten Bereichen. Er nennt sogar die in den Archiven dokumentierte Kritik an der unmittelbar nach 1945 sichtbaren Zurückhaltung von Bevölkerungsteilen, sich am Aufspüren von belasteten Nazis zu beteiligen. Das sind alles Belege dafür, daß die Organe der SBZ/DDR sich erkennbar bemühten, nazistische Einflüsse zumindest zu neutralisieren. Andererseits zieht Kappelt alle Zeugnisse in Zweifel, die positive Integrationsergebnisse belegen.

So willkürlich kann man mit historischen Fakten nicht umgehen, wenn man seriös sein will.

Mit Bezug auf die Veröffentlichung von Clemens Vollnhals schrieb Kappelt weiter: »Eine derartige ›Rückflut‹ von entlassenen NSDAP-Mitgliedern bezeichneten Kritiker, wenn es um den Westen Deutschlands ging, ›mit dem polemischen Begriff der Renazifizierung‹, wie Clemens Vollnhals es beschreibt, wobei nach Vollnhals im Westen die Masse der Eingegliederten ›fest mit den normativen Vorgaben des demokratischen Neubeginns verbunden‹ blieb.[371] Was vom Osten sicher nicht behauptet werden kann, denn in der SBZ bzw. DDR haben die ehemaligen NSDAP-Angehörigen nicht als Lehre aus dem nationalsozialistischen Totalitarismus die Konsequenz gezogen, sich rückhaltlos für Freiheit und Demokratie einzusetzen, sondern sie dienten erneut einem antidemokratischem System und halfen mit, die Diktatur der SED aufzurichten.

Vollnhals charakterisiert die Ex-NSDAP-Mitglieder im Westen als ›weitgehend apolitische Mitläufer der neuen Ordnung‹, derartige Erklärungen lassen sich sicher auch auf manchen Angehörigen von NS-Organisationen anwenden, der im Osten verblieb.

Trotzdem war der qualitative Unterschied in der großzügigen ›Rehabilitierungspolitik‹ zwischen Ost und West erkennbar. Auf der einen Seite ging es die ›Bildung eines neuen konsensfähigen Gemeinwesens‹ – wie Vollnhals es nennt –, auf der anderen Seite war es ein Mittel der Kadergewinnung für den Aufbau einer neuen Diktatur.«[372]

Nun sind die sogenannten demokratisch Integrierten der BRD, die in den Veröffentlichungen der DDR angegriffen wurden, wegen ihrer nazistischen Untaten benannt worden. Und es wurde verdeutlicht, daß deren Bindung an die »normativen Vorgaben des demokratischen Neubeginns« tatsächlich die Mitwirkung an einer Ordnung war, die sich zwar verbal vom Nazismus insgesamt wie von den nazistischen Verbrechern im einzelnen distanzierte, aber die die Gesellschaftsordnung selbst nicht zu tangieren gedachte, die den Faschismus hervorgebracht hatte.

Man brauchte diese Leute für den Staat, der sich auf die gleiche ökonomische Basis gründete wie sein Vorgänger.

Im Osten suchte man ein neues ökonomisches Fundament. Da waren die Vertreter des alten, wenn sie denn die alten geblieben waren, objektiv hinderlich.

Fußnoten

346 Brockhaus Enzyklopädie, Bd. 22, Mannheim 1993, S. 681.
347 John Dornberg: Deutschlands andere Hälfte. Profil und Charakter der DDR, München 1970, S. 270. Zit. nach: Keßler, S. 139.
347a Vgl. jW vom 27. März 1998).
348 Klaus Schroeder/Jochen Staadt: Zeitgeschichte in Deutschland vor und nach 1989. In: APuZ, Nr. B 26/97 vom 20. Juni 1997, S. 15.
349 »Warnung an die Mörder von morgen« – Gespräch mit Simon Wiesenthal. In: jW vom 1. August 1992. Die »Welt« bezog sich auf dieses Interview und titelte: »Wiesenthal: 450 Nazis in DDR-Chefpositionen.« In: Welt vom 3. August 1992. Hans Lebrecht schreibt, aus seinen Dokumentationen gehe hervor, daß Wiesenthal zwar Naziverbrecher aufspürte, vorrangig solche, die sich in die USA absetzten, aber nur ganz wenige vor Gericht brachte. »Hingegen trat er, der beide Augen zudrückte, wenn es sich um ehemalige Naziverbrecher im BRD-Staatsapparat handelte, plötzlich im Dienste des kalten Krieges als Entdecker von einigen tatsächlichen und unzähligen ›vermuteten‹ Altnazis in Staatsapparat und Volkskammer der DDR

vor bundesdeutsche und amerikanische Fernsehkameras« (Hans Lebrecht: »Wahrheitssuche – in Jerusalem. In: ND vom 15. Februar 1996).

350 junge Welt vom 3. November 1992.

351 Vorsichtige Kritik liest man bei Rüdiger Wenzke: »Eine alphabetische, gleichwohl wenig differenzierende Aufstellung von Personen mit ›NS-Belastung‹ findet sich bei Kappelt, Braunbuch« (Rüdiger Wenzke: Das unliebsame Erbe. In: Die Wehrmacht, S. 1132, Anm. 69).

352 Kappelt I, S. 12.

353 Kappelt II, S. 50.

354 Kappelt II, S. 50.

355 Otto von Habsburg: Vorwort. In: Kappelt I, S. 10.

356 Kappelt I, S. 11.

357 Siehe das Inhaltsverzeichnis, Kappelt I, S. 3-6.

358 Kappelt I, S. 3. Zu Homann siehe weiter unten.

359 Erpresserzentrale, Aktenhort oder was? Interview mit Dieter Skiba. In: ND vom 18./19. Mai 1991.

360 Wilfriede Otto: Erich Mielke – Biographie, Berlin 2000, S. 395, Anm. 171 (vgl. SAPMO-BArch, DY 30/J IV 2/3/890, Bl. 43).

361 Bittere Wahrheiten I. In: D, Nr. 12/1994, S. 7.

362 Kappelt I, S. 26.

363 IMT, Bd. I, S. 290.

364 Hilde Kammer/Elisabeth Bartsch: Nationalsozialismus. Begriffe aus der Zeit der Gewaltherrschaft 1933 bis 1945, Reinbek bei Hamburg 1992, S. 153 f.

365 A. a. O., S. 147.

366 Kappelt II, S. 29.

367 Kappelt II, S. 28 f.

368 Kappelt II, S. 67.

369 Kappelt II, S. 95.

370 Kappelt II, S. 67.

371 Clemens Vollnhals (Hg.): Entnazifizierung. Politische Säuberung und Rehabilitierung in den vier Besatzungszonen 1945–1949, München 1991, S. 63.

372 Kappelt II, S. 329 f.

12. Blutrichter – in West und Ost problemlos eingesetzt?

Die wichtige Stellung von Nazis im bundesdeutschen Staats- und Gesellschaftsgefüge ist bekannt und inzwischen Gemeingut. Sie wird auch kaum noch bestritten und zunehmend als »Fehler« bezeichnet, der bei der Abrechnung mit den Akteuren der »zweiten deutschen, der roten Diktatur« nicht wiederholt werden dürfe. Dennoch ist es nützlich, wenigstens einige Angaben darüber zu machen. Zumal von manchen Autoren behauptet wird, Die NS-Richter seien gewissermaßen selbst Opfer gewesen.

Dem widersprach Hans-Erich Jürgens: »Es stimmt einfach nicht, daß den Richtern ab 1933 die nationalsozialistische Rechtsanschauung aufgezwungen worden wäre oder, wie 1964 der Präsident des Oberlandesgerichts Nürnberg, Theodor Hauth – selbst ehemaliger Nazirichter – in einer Rede vor dem Bayerischen Richterverein erklärt hat, ›die Richter seien vom Dritten Reich überrascht worden; in ihrer Rechtschaffenheit hätten sie ahnungslos dem gegenübergestanden, was auf ihren Stand zugekommen sei‹. Die ganz überwiegend national-konservativ und antisozialistisch eingestellten Richter hatten schon vor 1933 durch harte Urteile gegenüber politisch Linken und durch die gleichzeitige Verharmlosung von rechtsextremistischen Gewalttaten gezeigt, daß sie den republikanischen Staat nicht für schützenswert hielten …«[373]

Selbstredend war es der BRD nicht angenehm, daß die DDR die Einstellung von NS-Juristen in der BRD offenlegte und insgesamt 1.310 ehemalige Juristen der nazistischen Justiz benannte, die in der Bundesrepublik tätig waren.[374] Die publizierten Listen führten Namen sowie frühere Funktionen auf. Von diesen Personen waren unter anderem elf in Bundesministerien, 17 an Bundesgerichten, 181 als Staatsanwälte (davon 55 in leitenden Stellungen), 109 als Richter an Oberlandesgerichten (davon 27 als Präsidenten oder Senatspräsidenten), 22 an Landgerichten (davon zwölf als Präsidenten oder Direktoren), 213 an Amtsgerichten (davon 17 als Präsidenten oder Direktoren) sowie sieben in anderen Justizbereichen tätig.[375]

1959 publizierte der Ausschuß für Deutsche Einheit eine Broschüre unter dem Titel »Wir klagen an«. Darin nannte die DDR etwa 800 Namen von Sonder- und Kriegsrichtern. Bernt Engelmann recherchierte nach. Unter den von ihm untersuchten 87 Personen waren 67 höhere Beamte – sämtliche Angaben der DDR-Broschüre fand er bestätigt. In elf Fällen stellte er mehr oder weniger belanglose Unrichtigkeiten fest, wobei die Anschuldigungen im Kern stimmten. In acht Fällen waren die Genannten kurz zuvor pensioniert worden oder verstorben. Hier stellte Engelmann keine weiteren Untersuchungen an. In einem Fall lag eine Verwechslung zweier namensgleicher Justizangehöriger vor, von denen der eine Ankläger an einem Sondergericht in Polen, aber inzwischen verstorben war, der andere war Rat an einem Amtsgericht und vermutlich unbelastet. »Fazit: In 79 von 80 genau überprüften Fällen hatten sich die Anschuldigungen als völlig oder doch im wesentlichen richtig erwiesen.«[376]

Die »Gewaltenteilung« gründet ihre Wirkung nicht unwesentlich auf die (vermeintliche) Überparteilichkeit und Unabhängigkeit der Justiz. Die Enthüllungen der DDR über die »Weiterverwendung« belasteter Nazi-Juristen warfen erhebliche Schatten auf die BRD. Wenn beispielsweise 80 Prozent der Richter am Bundesgerichtshof vordem im Staats- und Justizdienst des Dritten Reiches tätig waren[377], hatte der ehemaligen hessischen Generalstaatsanwalts Dr. Fritz Bauer nicht unrecht, wenn er »gleichsam eine ›Traditionskompanie des Reichsgerichts‹« vor sich sah.[378]

Die »schwerbelasteten« DDR-Juristen

Im Gegenzug erfand man die »Nazi-Juristen in Pankows Diensten«. Genannt wurden (und werden) Herbert Kröger, Ernst Melsheimer und Kurt Schumann, gelegentlich kommt noch der Professor für Arbeitsrecht, Rudolf Schneider, oder ein anderer Jurist hinzu. Das war es dann auch schon. Mehr Juristen, die wegen ihrer »nazistischen Belastung« der Nennung wert gewesen wären, wurden in der DDR nicht ausgemacht. Das hindert allerdings nicht daran, mit diesen Namen permanent zu operieren, um den Antifaschismus in der DDR zu diskreditieren.

So schreibt Klaus Bästlein in einem Aufsatz, der sich mit der »DDR-Kampagne gegen NS-Richter und -Staatsanwälte« befaßt, die DDR hätte nach 1945 bei der Besetzung von Schlüsselpositionen »ebenfalls – wenn auch in geringerem Umfang als die Bundesrepublik – auf schwer belastete Funktionsträger des NS-Staates zurück(gegriffen)«.[379] Diesem Vorwurf folgte die Anmerkung: »In der Justiz gilt das zum Beispiel für den ersten Präsidenten (1949–60) des Obersten Gerichts

Kurt Schumann (vor 1945: Kriegsgerichtsrat, NSDAP und SA), den ersten Rektor (ab 1955) der Akademie für Staats- und Rechtswissenschaft ›Walter Ulbricht‹ Herbert Kröger (vor 1945: SD-Mitarbeiter, SS-Oberscharführer, NSDAP) sowie mit gewissen Einschränkungen für den Vizepräsidenten des Obersten Gerichts (1954 bis 58 und 1962–77) Walter Ziegler (vor 1945: NS-Rechtswahrerbund) und den Generalstaatsanwalt der DDR Ernst Melsheimer (vor 1945: Kammergerichtsrat, 1944 zum Reichsgericht vorgeschlagen).«[380]

Was waren das für Personen?

Herbert Kröger (SED)[381], 1913–1989); Studium der Staats- und Rechtswissenschaften in Berlin und Jena; 1933 SA; 1935 Dr. jur.; 1936–37 Soldat der WM; 1937 NSDAP; 1933 SS, zuletzt SS-Oberscharführer (Feldwebel) in einer dem SD-Hauptamt unterstehenden Einheit; 1939 zweite juristische Staatsprüfung, Gerichtsassessor, 1941 Ernennung zum Landgerichtsrat und Tätigkeit in Guben; WM und sowjetische Kriegsgefangenschaft.; Mitarbeit im NKFD; Antifaschule in Krasnogorsk. 1947 Rückkehr nach Deutschland; Professor an der Verwaltungsakademie der DDR in Forst-Zinna beziehungsweise an der Akademie für Staats- und Rechtswissenschaften in Potsdam-Babelsberg; 1955-1964 deren Rektor. 1964–1978 Direktor beziehungsweise stellvertretender Direktor des Instituts für Internationale Beziehungen der DASR; 1950–63 Volkskammerabgeordneter. Kröger war einer der Verteidiger der KPD in dem gegen sie in der BRD durchgeführten Verbotsprozeß. Von 1965 bis 1989 Vizepräsident der Gesellschaft für Völkerrecht der DDR.

Kriegs- und Naziverbrechen wurden ihm nicht zur Last gelegt, aber eine diffamierende Beurteilung ausgestellt: ›Herbert Kröger war als SS-Führer bis zu seiner Gefangennahme ... ein getreuer Gefolgsmann Hitlers und wurde nach 1945 zum unterwürfigen Diener Ulbrichts und der SED. Er stellte das, was er an juristischer Technik gelernt und für die Nazis verwendet hatte, nunmehr in den Dienst des Kommunismus.«[382]

Genau das machte ihn schuldig.

Ernst Melsheimer (KPD/SED)[383], 1897–1960; Studium der Rechtswissenschaft in Marburg und Bonn; 1918 Dr. jur.; seit 1924 Landgerichtsrat in Berlin; 1926 Beginn der Tätigkeit im Preußischen Justizministerium; 1928–1932 Mitglied der SPD; 1932 Oberjustizrat im Preußischen Justizministerium; ab 1933 LG-Direktor beim LG 3 in Berlin; Mitglied des Reichsbanners Schwarz-Rot-Gold und des republikanischen Richterbundes. Wegen dieser Organisationszugehörigkeit wurde er »1933 aus dem preußischen Justizministerium an den ersten Zivilsenat des Kammergerichts versetzt. Dessenungeachtet konnte er seine berufliche Laufbahn als Landgerichtsdirektor in Berlin fortsetzen und war seit 1937 auch als Rechtsberater für die NS-Wohlfahrt tätig. Seine Ernennung zum Kammergerichtsrat erfolgte 1940.«[384] Der NS-Wohlfahrt (NSV) war er 1937 beigetreten. Seit 1936 war er Mitglied des NS-Rechtswahrerbundes (NSRB). Kappelt kommentiert diese Tatsache mit wenig Sachkunde über den Mechanismus faschistischer Machtausübung: »Ein besonders schwerer Fall von politischem Tätertum liegt bei Ernst Melsheimer vor, der es trotz seiner Mitgliedschaft im NS-Rechtswahrerbund nach 1945 bis zum Generalstaatsanwalt der DDR brachte.«[385] Der Antifaschist Wolfgang Weiß konstatierte: »Ohne Mitgliedschaft in diesem ›Nationalsozialistischen Rechtswahrerbund‹ war keinerlei juristische Tätigkeit möglich.«[386] Hans Christoph Buch nannte aber Melsheimer ohne weitere Begründung »Freislers Adlatus am NS-Volksgericht«.[387]

1945 war Melsheimer Staatsanwalt in Berlin-Friedenau und Berlin-Mitte, anschließend Leiter der Abteilung Gesetzgebung der Deutschen Zentralverwaltung für Justiz (DZVfJ), 1946-49 Vizepräsident der DZVfJ und von 1949 bis zu seinem Tode 1960 Generalstaatsanwalt der DDR.

Von keiner Seite konnten ihm Nazi- und Kriegsverbrechen zur Last gelegt werden, weil er die nicht begangen hatte. Olaf Kappelt aber unterstellt Melsheimer, daß etwa 800 Todesurteile in der DDR »auf sein Konto gehen« würden.[388]

Nach Öffnung der DDR-Archive vermochten selbst die »Fahnder« der BStU diese exorbitante Zahl nicht nachzuweisen. Vom 8. Mai 1945 bis zum Jahre 1981 wurden in der SBZ/DDR von deutschen Gerichten insgesamt 373 Todesurteile verkündet und 208 vollstreckt, das letzte im Jahre 1981.[389] Kappelt suggerierte überdies, bei den DDR-Todesurteilen hätte es sich um Willkürurteile gehandelt. Mit dieser Auffassung steht Kappelt ziemlich allein.

Nun könnte man durchaus fragen, ob es besonders klug oder politisch opportun gewesen sei, das Amt des höchsten Anklägers der DDR ausgerechnet einem Juristen zu übertragen, der schon in der Nazizeit tätig war. Selbst wenn er juristisch unschuldig geblieben war. Die Frage liefert schon die Antwort: natürlich nicht. Damit war er immer angreifbar. Und mit ihm der Staat, für den er Klage erhob.

Die Frage so zu beantworten ist nicht unwesentlich mit dem

Umstand verbunden, daß über diese Vergangenheit von Melsheimer in der DDR keine öffentliche Aussage getroffen wurde.

Der Bundesbürger Wolfgang Abendroth (1906 – 1985) hat beispielsweise seiner Hochachtung vor Melsheimer Ausdruck verliehen. In Gesprächen mit Barbara Dietrich und Joachim Perels sagte er: Melsheimer war »glänzender Jurist ... In der Zeit vor 1933 gab es kaum jemanden, der mit Auszeichnung sein Assessorexamen machte. Er war ein solcher Einzelfall. In der Weimarer Republik wurde er ins Justizministerium geholt und gleichzeitig zum Kammergerichtsrat ernannt. Im Kammergericht hat er – vorher Sozialdemokrat – dank seinem Examen das Dritte Reich überdauert und es geschafft, stets in Zivilabteilungen beschäftigt zu werden.«[390]

Diese bemerkenswerte Würdigung der Persönlichkeit Melsheimers wird von Hermann Wentker unterstrichen, der gegen das im Westen gezeichnete Bild eines »reinen Karieristen« Front macht. Seine biographische Darstellung zeigt, wie Melsheimer es vermochte, trotz seiner sozialdemokratischen Vergangenheit im Amt zu bleiben und dem Beitritt zur NSDAP zu entgehen. Er unterstützte – durch Zeugen bewiesen – »in Bedrängnis geratene Genossen sowie verfolgte(n) Juden.« Als Kammergerichtsrat gehörte er einem Zivilsenat an, der Entscheidungen in Angelegenheiten der freiwilligen Gerichtsbarkeit und des Kostenrechts traf, und war »an der politischen Justiz des Dritten Reiches ... folglich nie beteiligt.«[391]

Kurt Schumann (1908 – 1989)[392]: 1937 NSDAP. Nach dem Studium der Rechtswissenschaften war er von 1931 bis 1935 im thüringischen Justizdienst und ab 1935 im Heeresjustizdienst tätig; 1942 Kriegseinsatz als Kriegsgerichtsrat; 1942 bei Stalingrad sowjetische Kriegsgefangenschaft; bekannte sich zum NKFD, Mitbegründer des BDO, Unterzeichner des Gründungsprotokolls und des Aufrufes »An die deutschen Generale und Offiziere! An Volk und Wehrmacht« vom 12. September 1943, Mitarbeit an der Zeitung »Freies Deutschland«; 1948 Entlassung aus der Kriegsgefangenschaft; NDPD, bis 1989 Mitgl. des NDPD-Hauptausschusses; 1948 LG-Rat bzw. LG-Direktor in Altenburg, 1949–1960 Präsident des Obersten Gerichts der DDR, von 1960–1963 Prof. für Zivilrecht und Zivilprozeßrecht an der DASR und danach bis zu seiner Emeritierung 1973 Professor für Zivilrecht an der Humboldt-Universität zu Berlin. Nazi- und Kriegsverbrechen hat Schumann nicht begangen.

Die Wortwahl der Gegner des sozialistischen Staates und seines Geheimdienstes ist stets kennzeichnend für die ideologisch manipulierende Absicht. So, wenn Henry Leide zunächst die Verabschiedung des ehemaligen NSDAP-Mitgliedes Kurt Schumann als Präsident des Obersten Gerichts der DDR mitteilt und dann erklärt: »In späteren, nicht öffentlich bekannten Fällen werden solche Juristen lautlos entfernt und von Gerichten der DDR verurteilt.«[393] »Solche Juristen« ist ein Plural, der vermuten lassen soll, es habe sie in der DDR noch massenhaft gegeben. Leide nennt zwei Namen. In der Tat erfolgten hier auch Verurteilungen. Beide hatten ihre Vergangenheit verschwiegen und sich nazistischer Verbrechen schuldig gemacht. Was bei Schumann jedoch nicht der Fall gewesen war. Mehr Juristen mit solch einer Belastung und Verantwortlichkeit gab es in der DDR nicht. In der BRD hingegen existierten wenigstens 1.000 Blutrichter, von denen keiner zur Verantwortung gezogen wurde.

Da gegen diese DDR-Juristen nichts tatsächlich Belastendes vorzubringen war, beschränken sich die Vorwürfe auf verbale Attacken bzw. bloße Aufzählung der während der Nazizeit innegehabten Funktionen und Mitgliedschaften. Kappelt behauptete, Schumann hätte im Zweiten Weltkrieg »als gefürchteter Kriegsgerichtsrat« gewütet[394], ohne dafür auch nur einen Beleg vorzuweisen.

Karl Wilhelm Fricke schreibt zu Melsheimer: »Und er war vorgeschlagen – er war ja Richter am Kammergericht – als Reichsgerichtsrat. Also so eine blütenweiße antifaschistische Vergangenheit hat Herr Melsheimer nun wirklich nicht gehabt.« Fricke relativiert seine Kritik, um sie schließlich zu verstärken: »Natürlich soll man dies alles nicht überschätzen, aber man muß es im Kontext gerade zur Instrumentalisierung des Antifaschismus sehen. Die DDR-Agitation und Propaganda hat immer wieder hervorgehoben, wie radikal die Säuberung der Justiz von ehemaligen Nationalsozialisten erfolgt ist, das hinderte aber die Justiz der DDR nicht daran, von 1949 bis 1960 einen Präsidenten des Obersten Gerichtes zu haben, Kurt Schumann, der 1936 Mitglied der NSDAP geworden war und während des Krieges als Kriegsgerichtsrat in der Wehrmacht Adolf Hitlers tätig geworden ist.«

Man ist versucht zu fragen: Na und?

Verbrechen, die Schumann in der Nazizeit begangen haben könnte, nennt auch Fricke nicht. Aber dafür sagt er weiter bei einer Diskussion über ihn: »Ein Mann, der unter anderem verantwortlich für ein politisches Todesurteil ist, gegen Joachim Wiebach, das Ulbricht, durch Handvermerk vor der Hauptverhandlung selbst angeregt hat. Ein Mann also, der auch hier Gehorsam bewies, wie er ihn vermutlich in der Nazizeit bewiesen hat.«[395]

Anderswo verkündete Fricke: »Ich erinnere noch einmal an den Fall Kurt Schumann ... Wie Filbinger war er Kriegsgerichtsrat, aber anders als Filbinger wirkte er als Präsident des Obersten Gerichts der DDR von 1949–1960 mit an politischen Todesurteilen.«[396]

Fricke setzte offenkundig die Mordmaschinerie des Nazismus gleich mit der Rechtsprechung der DDR. Von dieser Neigung war auch die Hamburger Justizsenatorin Lore-Maria Peschel-Gutzeit nicht frei, als sie 1992 anläßlich der Vorstellung einer Dokumentation zur nazistischen Justizgeschichte Hamburgs erklärte: »Mit mindestens 230 Todesurteilen wurden in den wenigen Jahren nationalsozialistischer Herrschaft in Hamburg mehr Todesurteile gefällt als in 40 Jahren DDR-Justiz.«[397] Das war kein schmeichelhafter Vergleich, sondern ein unzulässiger, weil der gesellschaftliche Kontext ausgeblendet blieb.

Die SED-Führung blieb von Vorhaltungen, daß angeblich »Nazis« in führenden Positionen der DDR arbeiten, nicht ganz unberührt. Es lag kein Grund vor, Beschuldigungen wegen der Beschäftigung ehemaliger NS-Anhänger zu fürchten. Aber es ging doch immer auch um das Ansehen der DDR. Und deshalb reagierte man umgehend.

Im Falle Kurt Schumanns, seit Dezember 1949 Präsident des Obersten Gerichts der DDR, schrieb Albert Norden am 16. Januar 1960 an Walter Ulbricht, es tauche »in der gegnerischen Agitation immer wieder der Name des Richters Schumann auf. Die Londoner ›Times‹ z. B. gibt zu, daß wir die Nazijuristen abserviert hätten, findet es darum aber um so komischer und erstaunlicher, daß unser Oberster Richter eben Schumann sei.

Nun erinnere ich mich, daß Du bereits seit langer Frist im Politbüro den Hinweis gabst, daß hier eine Umbesetzung erfolgen und Schumann eine andere Funktion erhalten soll. Das ist noch nicht verwirklicht.«[398]

Schumann wurde im April 1960 von seiner Funktion am Obersten Gericht entbunden.

Juristen der Nazizeit, vor allem jene, an deren Händen Blut klebte, hatten in der DDR jedenfalls keine Chance. Sie hatten ihre Heimat in der Bundesrepublik gefunden.[399] Fritz Endemann schrieb dazu im April 1985:

»1. Die ... Justiz war neben SS und Polizei das wichtigste Terrorinstrument des Regimes; Volksgerichtshof, Sondergerichte und Militärgerichte taten ihre blutige Pflicht für Führer und Reich.

2. Keine Gruppe der Pflichterfüller überstand so wohlbehalten

Kapitulation und Entnazifizierung wie die Blutrichter; statt Straf- und Disziplinarverfolgung bald wieder Amt und Würden, jedenfalls Pensionen und im übrigen die schweigende Solidarität der ›unbelasteten‹ Kollegen. Schwer zu sagen, was beschämender ist, die offenen Mordtaten in der Richterrobe oder das Schweigen, das sie nach 1945 lange, allzu lange gedeckt hat. Der Beitrag deutscher Richter zur deutschen Diktatur ist inzwischen in seinen erschreckenden Ausmaßen hinlänglich bekannt. ... Seither kennen wir ihn besser, den ›furchtbaren Juristen‹. Beileibe kein Dämon, nicht einmal ein vitaler Machtmensch, eher ein unauffälliger, unscheinbarer Typus, der sich allerdings in der Robe erstaunlich verwandeln konnte. Furchtbar für seine Opfer, nützlich für die Mächtigen wird er durch seine Bereitschaft, der Macht das Recht passend auf den Leib zu schneidern und zugleich allen Scharfsinn und alle Kunstfertigkeit aufzubieten, um dieses amputierte und korrumpierte Recht mit den Attributen und dem Pathos unbezweifelter Gerechtigkeit auszustatten. Und dies auch vor und für sich selbst – ›was damals Recht war, kann heute doch kein Unrecht sein‹, Filbingers Erstaunen war wohl echt. Es war wohl besonders dieses ›gute Gewissen‹, was der juristischen Dienstwilligkeit ihre kalte Erbarmungslosigkeit, ihre Unmenschlichkeit verlieh.«[400]

Fußnoten

373 Hans-Erich Jürgens: Gedenkrede zum 8. Mai. In: Betrifft Justiz Nr. 2 – August 1985, S. 44.

374 Gestern Hitlers Blutrichter. Heute Bonner Justizelite. Hg. vom Ausschuß für Deutsche Einheit, Berlin 1957; – Hitlers Sonderrichter – Stützen der Adenauer-Regierung. Überreicht auf der internationalen Pressekonferenz des Ausschusses für deutsche Einheit am 14. Oktober 1957 in Berlin. Hg. Ausschuß für Deutsche Einheit; – Wir klagen an. 800 Nazi-Blutrichter – Stützen des Adenauer-Regimes. Hg.: Ausschuß für Deutsche Einheit, Berlin 1959; – Belohnte Mörder. Bonn rehabilitiert 1155 Nazi-, Kriegs- und Sonderrichter. Hg. Ausschuß für deutsche Einheit, o. O. u. J. (Berlin 1961); – Blutjuristen Hitlers – Gesetzgeber Adenauers. Hg. Vereinigung Demokratischer Juristen Deutschlands, o. O. u. J. (Berlin 1961); – Braunbuch. Kriegs- und Naziverbrecher in der Bundesrepublik. Hg.: Nationalrat der nationalen Front des demokratischen Deutschland/Dokumentationszentrum der Staatlichen Archivverwaltung der DDR., Berlin 1965 (3., erw. Aufl. 1968); – Günther Wieland: Das war der Volksgerichtshof – Ermittlungen. Fakten. Dokumente, Berlin 1989.

375 Vgl. Bernt Engelmann: Rechtsverfall, Justizterror und das schwere Erbe. Zur Geschichte der deutschen Strafjustiz 1919 bis heute, Bd. 2: Die unsichtbare Tradition, Köln 1989, S. 288.

376 Ebenda. Der Publizist Otto Köhler berichtete in der »Zeit« vom 23. Juni 1995, daß er nach dem Erscheinen der DDR-Veröffentlichungen eigene Recherchen anstellte: »In wochenlanger mühseliger Arbeit verglichen wir ... die Angaben. Ergebnis: Fünf oder sechs der aktiven Nazirichter waren einer Namensverwechselung zum Opfer gefallen, alles andere stimmte, sie waren alle wieder im demokratischen Staat tätig« (zit. in: Hans George: »Adelstitel« aus dem Osten. In: ND vom 8./9. Juli 1995).

377 Vgl. J. Feest: Die Bundesrichter. Herkunft, Karriere und Auswahl der juristischen Elite. In: W. Zapf (Hg.): Beiträge zur Analyse der deutschen Oberschicht, 2. Aufl. München 1965, S. 104.

378 Zitiert nach: Joachim Perels: Späte Entlegitimierung der NS-Justiz. In: Kritische Justiz Nr. 4/1996, S. 505.

379 Klaus Bästlein: »Nazi-Blutrichter als Stützen des Adenauer-Regimes«. Die DDR-Kampagnen gegen NS-Richter und -Staatsanwälte, die Reaktionen der bundesdeutschen Justiz und ihre gescheiterte »Selbstreinigung« 1957-1968. In: Die Normalität des Verbrechens. Festschrift für Wolfgang Scheffler zum 65. Geburtstag. Hg.: Helge Grabitz/Klaus Bästlein/Johannes Tuchel, Berlin 1994, S. 410.

380 A. .a. O., S. 432.

381 Herbst, S. 190; – Kappelt I, S. 269 f.; – Kappelt II, S. 101 f.

382 Zit. nach: Kappelt II, S. 101 f.

383 Herbst, S. 225; – Cerny, S. 306; – Kappelt I, S. 299f.; – Kappelt II, S. 125f.; – Karl Wilhelm Fricke: Diskussionsbeitrag. In: DB-Materialien, Bd. IV, S. 48.

384 Killy, S. 55. Siehe auch: Im Namen des Volkes? Über die Justiz im Staat der SED. Katalog zur Ausstellung des Bundesministeriums der Justiz, Leipzig 1994, S. 279. Es ist bemerkenswert, daß dieser Katalog von den üblichen Attacken wegen einer NS-Gebundenheit Melsheimers absieht.

385 Kappelt II, S. 125.

386 Wolfgang Weiß: Vom Tagebuch bis zum Todesurteil. Erinnerungsbericht (über den der WiderstandsGruppe Schumann-Engert-Kresse zugerechneten und von den Nazis am 12. Januar 1945 hingerichteten antifaschistischen Widerstandskämpfer Wolfgang Heinze – D. J.), Berlin 1988, S. 153. Der NSRB fungierte nach 1933 »als Instrument der Gleichschaltung aller Berufsverbände im Bereich der Rechtspflege« (Christian Zentner/ Friedemann Bedürftig: Das große Lexikon des Dritten Reiches, S. 410). Er ging aus dem 1928 gegründeten Bund Nationalsozialistischer Deutscher Juristen (BNSDJ) hervor. Es handelte sich um eine 1936 in NSRB umbenannte Fachorganisation der NSDAP, die »nach erfolgter Gleichschaltung der Juristenverbände bis auf 104000 Mitglieder« anwuchs, aber zunehmend »an rechtspolitischem Einfluß« verlor (Enzyklopädie des Nationalsozialismus, München 1998, S. 2022).

387 Hans Christoph Buch: Umgekehrter Historikerstreit? In: taz vom 3. Februar 1992.

388 Kappelt I, S. 300.

389 Falco Werkentin: »Souverän ist, wer über den Tod entscheidet«. Die SED-Führung als Richter und Gnadeninstanz bei Todesurteilen. In: Roger Engelmann/Clemens Vollnhals (Hg.): Justiz im Dienste der Parteiherrschaft. Rechtspraxis und Staatssicherheit in der DDR, Berlin 1999, S. 184.

390 Wolfgang Abendroth: Ein Leben in der Arbeiterbewegung. Gespräche, aufgezeichnet von B. Dietrich und J. Perels, Frankfurt a.M. 1977, S. 198.

391 Hermann Wentker: Justiz im Übergang: Die sowjetische Besatzungsmacht, die deutschen »Täter« und die Anfänge der politischen Strafjustiz in der SBZ/DDR. In: Jürgen Weber/Michael Piazolo (Hg.): Justiz im Zwielicht, München 1998, S. 176-181 (178).

392 Herbst, S. 310; Cerny, S. 415f.; Kappelt I, S. 364; Kappelt II, S. 126; Fricke, S. 142. Gottfried Hamacher unter Mitarbeit von Andre Lohmer und Harald Wittstock: Deutsche in der Résistance, in den Streitkräften der Antihitlerkoalition und der Bewegung »Freies Deutschland«. Ein biographisches Lexikon. Arbeitsmaterial. Berlin 2003, S. 126.

393 Henry Leide: NS-Verbrecher und Staatssicherheit. Die geheime Vergangenheitspolitik der DDR, Göttingen 2005, S. 86.

394 Kappelt I, S. 66.

395 Fricke, S. 140

396 Karl Wilhelm Fricke: Diskussionsbeitrag. In: DB-Materialien, Band IV, S. 48.

397 ND vom 8. Mai 1992.

398 SAPMO-BArch, DY/30/IV 2/2.028/2, Bl. 2.

399 Siehe: – Aller Welt Feind. Eine Dokumentation, Berlin 1960; – Die Wahrheit über Oberländer. Braunbuch über die verbrecherische faschistische Vergangenheit des Bonner Ministers. Hg. vom Ausschuß für Deutsche Einheit, Berlin 1960; – Globke und die Ausrottung der Juden. Über die verbrecherische Vergangenheit im Amt des Staatssekretärs im Amt des Bundeskanzlers Adenauer. Hg. vom Ausschuß für Deutsche Einheit, Berlin 1960; – Im Namen der Völker – Im Namen der Opfer. Auszüge aus dem Protokoll des Prozesses gegen Dr. Hans Globke vor dem Obersten Gericht der DDR. Hg. vom Ausschuß für Deutsche Einheit und der Vereinigung Demokratischer Juristen Deutschlands, Berlin 1963; – Weißbuch über die Kriegsverbrechen des Generalinspekteurs der Bundeswehr, General Heinz Trettner. Hg.: Nationalrat der nationalen Front des demokratischen Deutschland, Berlin 1964; – Braunbuch. Kriegs- und Naziverbrecher in der Bundesrepublik; – Vom Ribbentrop-Ministerium ins Amt des Bundeskanzlers. Dokumentation in Sachen Kiesinger. Hg. vom Nationalrat der Nationalen Front des demokratischen Deutschland, Berlin 1966; – Vom SD-Agenten P 38/546 zum Bundestagspräsidenten. Die Karriere des Eugen Gerstenmaier. Ein Dokumentarbericht. Hg.: Nationalrat der Nationalen Front des demokratischen Deutschland, Berlin 1969.

400 Fritz Endemann: 8. Mai 1945. In: Betrifft Justiz (Darmstadt-Arheilgen), Nr. 1 – April 1985, S. 3.

13. Funktionäre, Journalisten, Wissenschaftler, Dozenten u.a.

Es hat wenig Sinn, den Zahlenspielen zu folgen, die mit dem Ziel angestellt werden, zu beweisen, daß es mit dem Antifaschismus der DDR nicht weit her sein konnte, da NSDAP-Mitglieder die Möglichkeit erhielten, im gesellschaftlichen Leben der DDR verantwortlich tätig zu sein. So wurde ausgezählt, wieviel ehemalige NSDAP-Mitglieder in den verschiedenen Wahlperioden Mitglieder oder Kandidaten des ZK der SED oder der Bezirks- und Kreisleitungen der SED waren, wieviel ehemalige Pgs Angehörige der Volkskammer der DDR oder der Bezirks- und Kreistage waren usw. Fricke nennt beispielsweise für die am 8. Juni 1986 gewählte Volkskammer die Zahl von 19 ehemaligen Mitgliedern der NSDAP (bei insgesamt 500 Abgeordneten). Im 1986 gewählten ZK der SED waren von 165 Mitgliedern mindestens 13 ehemalige Mitglieder der NSDAP.[401]

Hans Michael Kloth meint im Spiegel, es habe die SED 1953 nicht gestört, »daß jede Menge echter Altnazis inzwischen Stützen des Systems« gewesen seien. Der »offizielle DDR-Antifaschismus«, so Kloth weiter, sei »ein trügerischer Gründungsmythos – aber ein höchst effektives Herrschaftsinstrument. Er bleibt auch nach der Krise von 1953 der vielleicht zäheste Kitt zwischen Regime und Bevölkerung.«[402] Sein Verweis auf die Zahl der SED-Mitglieder, die einstmals NSDAP-Mitglieder waren (8,6 Prozent), und darauf, daß der Anteil an Leitungskadern bei 14 Prozent lag, verwundert da nicht. Eine besondere Feinheit hat er sich mit dem Satz ausgedacht: »Und noch spät in den Fünfzigern konnten ehemalige NSDAP-Mitglieder in der Volkskammer theoretisch die zweitstärkste Fraktion nach der SED bilden.«[403] Wenn man diese Darstellung mit den Beiträgen in der nachfolgenden Nummer des Spiegels vergleicht, dann fällt auf, daß einerseits ein solcher Vergleich bezüglich der ehemaligen Nazi-Mitglieder als Abgeordnete des Bundestages – 56 an der Zahl – nicht angestellt wird und daß es andererseits eine Darstellung über belastete Nazis im Westen, wie sie in Nr. 2/2006 ausführlich vorgenommen wird, im ersten Artikel der Serie, der sich mit der DDR befaßt, über dort ansässige Nazis nicht gibt. Der DDR-Antifaschismus war eben doch kein »Gründungsmythos«.

Kappelt kreidet den von ihm Genannten insbesondere ihre Mitgliedschaft in der NSDAP oder in anderen faschistischen Organisationen an. Was er mangels wirklicher Verbrechen unter »belastet« erfaßt, soll an einigen Personen, die auch bei anderen Delegitimatoren der DDR immer wieder genannt werden, deutlich gemacht werden.

Karl Heinz Arnold (1925); NSDAP-Eintritt 20.4.1944; SED; ab 1965 Stellvertretender Chefredakteur der *Berliner Zeitung*. In einem Beitrag vom 6./7.9.1997 zur Geschichte der Zeitung denunzierte Gunter Holzweißig Arnold als Träger des NSDAP-Parteibuches. In einem Leserbrief erklärt Arnold dazu: »Aus den Akten des ehemaligen Document Center der USA, heute im Bundesarchiv, ergibt sich tatsächlich, daß ich 1943 in die NSDAP aufgenommen wurde. Was nicht in den Akten steht: Als 17jähriger Primaner bin ich zusammen mit anderen Schülern ungefragt zum NSDAP-Anwärter gemacht worden, in HJ-Uniform angetreten, sieben Tage vor dem Einrücken zu Arbeitsdienst und nachfolgend Wehrmacht. Über den Status eines Anwärters bin ich nicht hinausgekommen, habe auch nie ein NSDAP-Parteibuch erhalten. Diese Details mögen aus heutiger Sicht uninteressant, höchsten von untergeordneter zeitgeschichtlicher Bedeutung sein. Wichtig erscheint mir nach wie vor, daß ein Journalist, der dreieinhalb Jahrzehnte in der *Berliner Zeitung* geschrieben hat, kein alter Nazi gewesen ist.«[404] Der Brief erschien 1997. Dennoch war Arnold in der Redaktion zur Persona non grata erklärt worden: Trotz verschiedener Aufforderungen wurde Arnolds im Jahre 2000 erschienenes Buch »Zeitung«, das über weite Teile eine Chronik eben jener *Berliner Zeitung* ist, völlig ignoriert.

Hans-Walter Aust (1900– ?)[405]; 1933 NSDAP, Journalist. Simon Wiesenthal behauptet, (was Kappelt I wörtlich zitiert), daß Aust ab Februar 1934 im Leitabschnitt Berlin ehrenamtlich für die Gestapo gearbeitet habe, zum V-Mann »avancierte« und in der Reichsleitung des Reichsverbandes deutscher Schriftsteller tätig war, um die »weltanschauliche und politische Haltung der Mitglieder zu überwachen.« Aust soll unter verschiedenen Pseudonymen (unter anderem als Gert Holten) für das SS-Organ »Schwarzes Korps« geschrieben haben. In Kappelt II ist die nachfolgende Angabe Wiesenthals ausgelassen, die bei Kappelt I enthalten war: »Im Jänner 1942 überwarf sich Aust mit dem SD, wurde vor Gericht gestellt und erhielt wegen ›Heimtücke‹ zwei Jahre Gefängnis – eine damals außerordentlich milde Strafe«. Verbrechen wurden Aust nicht angelastet. Von 1956 bis 1969 war Aust Chefredakteur der DDR-Zeitschrift »Deutsche Außenpolitik«.

Er war unter anderem Vorstandsmitglied des Berliner Presseverbandes.

Walter Bartel (1904–1992)[406]; 1939 bis 1945 Häftling im KZ-Buchenwald und Leiter des illegalen internationalen Lagerkomitees; nach 1945 persönlicher Mitarbeiter Wilhelm Piecks; Frank Ebbinghaus diffamierte Walter Bartel in der *FAZ* vom 4. September 1999: »Keine geringe Symbolik liegt darin, daß mit der Leitung des Deutschen Instituts für Zeitgeschichte (DIZ) 1958 ein Mann betraut wurde, der nur scheinbar zu den Lichtgestalten des kommunistischen Widerstandes gegen Hitler zählte: Walter Bartel … schuf den Mythos von der Solidargemeinschaft antifaschistischer ›Konzentrationäre‹ unter kommunistischer Führung und übertünchte damit nicht nur hässliche Flecken des KPD-Widerstandes: ›Bartel hatte sich nach einem Zuchthausaufenthalt in den dreißiger Jahren schriftlich der Gestapo verpflichtet.«

Dazu schrieb Siegfried Prokop, daß Ebbinghaus einen »zweifelhaften Zweifel« neu aufgewärmt habe, der Anfang der 50er Jahre schon in langen Untersuchungen der Zentralen Parteikontrollkommission (ZPKK) der SED eine Rolle gespielt habe, jedoch nicht bestätigt wurde.[407]

Karl-Heinz Bartsch (1923)[408]; 1932–1939 Mitglied der HJ, 1940 zur SS eingezogen und 1941 zunächst in der 3. SS-Panzerdivision »Totenkopf« sowie später in der 17. SS-Panzergrenadierdivision »Götz von Berlichingen«. Er war Panzerkommandant. In seinen Personalunterlagen hatte er nur angegeben, in der kämpfenden Truppe gedient zu haben. Entgegen den Behauptungen gehörte Bartsch nicht zu den SS-Wachen eines KZ.[409] Bartsch studierte an der Martin-Luther-Universität Halle-Wittenberg, war 1946–1949 Mitarbeiter des Tierzuchtinstitut Halle und schließlich von 1960 bis 1963 Professor an der Humboldt-Universität. Er war unter anderem 1954 bis 1960 Mitglied der SED-Bezirksleitung Erfurt, von 1960 bis 1962 stellvertretender Abteilungsleiter im ZK der SED, wenige Tage (vom 7. bis 9. Februar 1963) Vorsitzender des Landwirtschaftsrates der DDR und Mitglied des Präsidiums des Ministerrates der DDR, ZK-Mitglied und Kandidat des Politbüros. Bartsch wurde am 9. Februar 1963 aus dem ZK ausgeschlossen und von allen staatlichen Funktionen entbunden, weil er seine Zugehörigkeit zur Waffen-SS verschwiegen hatte. Strafrechtlich wurde er nicht belangt, weil er keine Verbrechen begangen hatte. Nach der Entbindung von seinen Funktionen war Bartsch von 1964 bis 1981 Direktor des VEG Tierzucht Woldegk.

Von 1981 bis 1988, dem Jahr seiner Persionierung, war Bartsch LPG-Vorsitzender eines Färsenaufzuchtsbetriebes.

Gerhard Beil (1926)[410]; 20. April 1944 NSDAP (18jährig); Wehrmacht; von 1945 bis 52 Bergmann und Stahlschlosser; 1945 SPD, 1953 SED; 1952-1956 Studium der Volkswirtschaft an der Hochschule für Ökonomie, ab 1956 extern an der Humboldt-Universität-Berlin; 1958 Diplom-Ökonom; 1958 Mitarbeiter im Staatssekretariat für örtliche Wirtschaft; 1958–61 Mitarbeiter der Handelsvertretung in Wien; 1961–65 verschiedene Bereiche im Ministerium für Außen- und Innerdeutschen Handel; 1965–69 Stellvertretender Minister; 1968 Promotion; 1969–1976 Staatssekretär im Ministerium für Außenhandel, ab 1976 Staatssekretär und 1. Stellvertreter des Ministers für Außenhandel; ab 1977 Mitglied des Ministerrates; 1986 bis 1990 Minister für Außenhandel; 1976 Kandidat des ZK, 1981 bis 1989 Mitglied des ZK der SED. Kappelt weiß diese Entwicklung sachkundig zu beurteilen: »So erwarb ... Gerhard Beil ein Jahr vor Kriegsende die NSDAP-Mitgliedschaft. Sein NS-Mitläufertum wurde auch ihm nicht zum Verhängnis, im Gegenteil, er machte schnell Karriere.«[411]

Hans Bentzien (1927)[412]; 20. April 1944 (17jährig) NSDAP; Wehrmach; britische Kriegsgefangenschaft; 1946 SED; 1946-1948 Neulehrer; 1948-1950 Studium der Gesellschaftswissenschaften an der Friedrich-Schiller-Universität Jena; 1950-1955 unter anderem 1. Sekretär der SED-Kreisleitung Jena; weitere Funktionen in der SED; 1961-1966 Minister für Kultur. Die Ablösung erfolgte wegen Unzufriedenheit der SED-Führung mit seiner Tätigkeit (konkret wurde ihm das berüchtigte 11. Plenum 1965 zum Verhängnis). 1966 bis 1975 Verlagsdirektor, danach verschiedene Funktionen im Fernsehbereich, 1989/90 Generalintendant des DFF. Kommentar Kappelt: Bentzien »trat am 20.4.1944 in die NSDAP ein und gehörte zur NSDAP-Ortsgruppe Regasen im Gau Wartheland. Trotzdem fand Bentzien bereits 1946 den Weg in die SED.«[413]

Kurt Blecha (1923)[414]; 1941 NSDAP (18jährig); WM, 1943 sowjetische Kriegsgefangenschaft; Angehöriger der NKFD, Antifa-Schule in Gorki und Krasnogorsk; SED; Journalistiklehrgang an der Universität Leipzig; zunächst Journalist, dann Mitarbeiter des Amtes für Information, dann Stellvertretender Leiter und von 1958 bis 1989 Leiter des Presseamtes.

Zweifellos ist dieses Amt hinsichtlich der Informationspolitik der DDR kritikwürdig. Das Presseamt hatte die Funktion eines Instruments zur Gängelung der Medien und zur Sicherung einer »einheit-lich-parteilichen« Propaganda und Agitation. Diese Aufgabe hätte jeder Leiter durchzusetzen gehabt. Insofern ist es Unsinn, wenn Kappelt schreibt: »Ein besonders schwerer Fall von politischem DDR-Tätertum trotz oder gerade wegen seiner früheren NSDAP-Zuge-hörigkeit dürfte bei Kurt Blecha vorliegen.«[415]

Siegfried Dallmann (1915–1994)[416]; 1934 NSDAP, 1933-1938 Studium der Rechts- und Wirtschaftswissenschaften an den Univer-sitäten Greifswald, Köln und Jena; 1938-1940 Referendar und Assi-stent an der Universität Jena; NS-Gaustudentenführer in Thüringen; ab 1940 Wehrmacht, als Leutnant 1943 sowjetische Kriegsgefangen-schaft; Angehöriger des NKFD, Assistent an der Antifa-Schule Kras-nogorsk; 1948 Rückkehr; Mitbegründer der NDPD, Mitglied des Hauptausschusses und des Parteivorstandes bis Jan. 1990; 1950–1990 Volkskammerabgeordneter. Besonders übel nimmt Kappelt, daß Sieg-fried Dallmann kein Wendehals wurde, sondern gemeinsam mit anderen ehemaligen Mitgliedern der NDPD dazu aufrief, bei der Bundestagswahl 1994 die PDS zu wählen.[417]

Gerhard Dengler (1914); 1937 NSDAP; SA; 1934-1939 Studium der Publizistik in Berlin und München; 1939 Dr. phil.; Simon Wie-senthal – so Kappelt – »beschreibt Dengler als Freund hoher SS-Führer«[418], was für eine Verurteilung als »Nazi in Pankows Diensten« offensichtlich ausreichend ist, denn weitere Anklagen gibt es nicht. Wehrmacht; Ritterkreuz; als Hauptmann in die sowjetische Kriegs-gefangenschaft; Mitarbeiter im NKFD, von einem deutschen Gericht in Abwesenheit zum Tode verurteilt, seine Familie wurde in »Sippen-haft« genommen.[419] Dengler erfuhr erst in den 90er Jahren von seiner Mitgliedschaft in der NSDAP. Der »Stahlhelm«, dem er in seiner Hei-matstadt Eberswalde vor 1933 beigetreten war, ging in der SA auf, die wiederum kollektiv in die NSDAP überführt wurde. Zu diesem Zeit-punkt war Dengler aber bereits bei der Wehrmacht, wo die Partei-mitgliedschaft »ruhte«. Dengler leitete in den 60er Jahren die Arbeits-gruppe, die das »Braunbuch« zusammenstellte, und war auch darum Zielscheibe der Polemik aus dem Westen.

Horst Dreßler-Andress (1899–1979)[420]; 1930 NSDAP, nach Hit-lers Machtantritt Leiter der Abteilung Rundfunk im Range eines Ministerialrates im Goebbelsschen »Reichsministerium für Volksauf-klärung und Propaganda«; Präsident der Reichsrundfunkkammer; 1939–1940 Wehrmacht; ab 1940 verschiedene NSDAP-Propagan-dafunktionen in Lublin, Krakau, Lemberg und im Distrikt Galizien.

Nach dem Zusammenbruch des deutschen Faschismus betätigte Dreßler-Andreß sich weiter politisch. Er war beteiligt am Aufbau der NDPD und Mitarbeiter bei den Vorständen der NDPD-Landesverbände Berlin und Thüringen; Mitglied des Hauptvorstandes der NDPD; Mitarbeiter des Büros des Nationalrates der Nationalen Front; ab 1959 im Schauspielwesen tätig. Verbrechen werden ihm nicht vorgeworfen. Sich auf Peter-Ferdinand Koch berufend, schrieb Kappelt, Dreßler-Andreß habe für den sowjetischen Geheimdienst unter »Ex-Kameraden« Mitarbeiter geworben. Nach getaner Arbeit sei er in die DDR-Provinz abgeschoben worden.[421] Selbst wenn diese Behauptung stimmen sollte: Was ist daran ehrenrührig? Haben sich nicht auch andere auswärtige Geheimdienste um Mitarbeiter bemüht?

Heinz Eichler (1927)[422]; 1944 NSDAP (18jährig). Kappelt schreibt: »Ein Jahr später war er bereits KPD-Mitglied«[423] und: »Nach dem Zusammenbruch des National-Sozialismus erneute politische Betätigung.«[424] Man wüßte schon gern, worin die vorherige »politische Betätigung« Eichlers bestanden haben soll, denn der NSDAP-Eintritt kann es doch wohl nicht gewesen sein? Kappelt braucht aber diese Täuschung, um dann einen »Nazi« in höchster DDR-Funktion präsentieren zu können. Eichler war nämlich von 1960 bis 1971 persönlicher Referent des Staatsratsvorsitzenden Walter Ulbricht, von 1971–1990 Volkskammerabgeordneter und Mitglied des Präsidiums der Volkskammer sowie 1971 bis 1989 Sekretär des Staatsrates der DDR und enger Mitarbeiter Erich Honeckers.

Karl-Heinz Gerstner (1912–2005)[425]; 1933 NSDAP; Studium der Rechtswissenschaft, danach Referendar, 1937 Dr. jur., 1938–1940 Gerichtsassessor in Berlin; wegen Kinderlähmung vom Kriegsdienst befreit; 1940-1944 Tätigkeit im Auswärtigen Amt und 1941 Legationssekretär der deutschen Botschaft in Paris. April–Juli 1945 stellvertretender Bezirksbürgermeister in Berlin-Wilmersdorf. »Wegen seiner Tätigkeit in Paris wurde er von sowjetischen Behörden verhaftet, im Internierungslager Hohenschönhausen festgehalten und im Januar 1946 entlassen.«[426] 1947 persönlicher Referent von Josef Orlopp in der Deutschen Wirtschaftskommission. 1948–1973 Redaktionsmitglied und 1973–1989 Chefreporter der *Berliner Zeitung*. Kappelt übernahm Äußerungen von Simon Wiesenthal, der über Gerstner geschrieben hatte: »Vom Günstling von Kriegsverbrechern zum Chefreporter der *Berliner Zeitung*«, und erklärte, Gerstner hätte unter anderem für die Wehrmacht eine Broschüre unter dem Titel »Verniggertes Frankreich« geschrieben.[427] Weiter behauptete

Wiesenthal, Gerstner werde von zwei französischen Resistance-Gruppen beschuldigt, sich als agent provocateur betätigt zu haben.[428]

Gegen diese Behauptungen protestierte der jüdische NS-Verfolgte Fritz Teppich. Er schrieb in der *Jungen Welt*, wo Wiesenthal zuvor Gerstner als einen der schlimmsten Nazis bezeichnet hatte, die in der DDR überwintert hätten. Teppich schrieb: Gerstner »war und ist mit einer sogenannten Halbjüdin verheiratet, die er ohne Zögern über die Nazizeit schützte. Er war der NSDAP beigetreten und hatte als Angestellter der Handelsabteilung der deutschen Botschaft in Paris in der französischen Widerstandsbewegung gegen das großdeutsche Mörderregime mit angekämpft. 1945 war er dann von Sowjetbehörden in Unkenntnis seines Wirkens gegen den Faschismus interniert worden. Seiner Frau gelang es – was damals schwierig war –, Kontakt nach Frankreich herzustellen. Gerstners französische Widerstandsfreunde erwirkten seine Freilassung. Schon allein mit Rettung seiner rassisch gefährdeten Frau hat sich Dr. Gerstner verdient gemacht, was auch Herr Wiesenthal nicht leichtfertig übersehen darf.«[429]

Gerstner hat in seinen Memoiren (»Sachlich, kritisch, optimistisch«, 1999) ausführlich zu all diesen Vorwürfen Stellung bezogen. Das hinderte Journalisten in der Mitteldeutschen und in der Berliner Zeitung nicht, in großflächigen Rezensionen Gerstner als Altnazi zu denunzieren. Um einen Rechtsstreit zu vermeiden, räumten beide Chefredaktionen schließlich dem Verleumdeten in ihren Blättern den gleichen Raum für seine Darlegungen ein wie zuvor den Schmierfinken.[430]

Mario Keßler, der sich mit dem Thema »SED und Juden« beschäftigte und unter anderem den israelisch-arabischen Krieg vom Juni 1967 behandelte, meinte, daß die »Präsenz von ehemaligen Nationalsozialisten an verantwortlichen Stellen im Medienbereich, dort, wo die antiisraelische Propaganda inszeniert wurde« interessant sei. Er nannte u. a. Kurt Blecha, Günter Kertzscher und Karl-Heinz Gerstner und schlußfolgert, was allerdings nicht bewiesen wird, da es nicht beweisbar ist: »Unter Berücksichtigung individueller Verschiedenheiten kann wohl angenommen werden, daß zumindest indirekt verdrängte antijüdische Denkmuster bei mancher Formulierung in der Presse Pate gestanden haben dürften.«[431] Andreas Herbst, der in einer Rezension des Buches von Keßler auf diese Behauptung Bezug nahm[432], erhielt einige Zuschriften, in denen Protest erhoben wurde. Fritz Teppich, selbst Shoa-Überlebender, schrieb, daß kein Deutscher das Recht hätte, die komplizierte jüdische Geschichte vereinfachend abzuhandeln »oder gar per Entstellung oder Auslassung unsere Ermordeten oder deren Retter zu beleidigen ... Ich rechne es mir zur Ehre an, solche Aufrechten zu meinen Bekannten zu zählen, so Bernd von Kügelgen. Infam, wenn Leute wie der Journalist K.-H. Gerstner diffamiert werden. Er hatte nicht nur seine (väterlicherseits) jüdische Ehefrau über schwere Zeiten gerettet, sondern in Paris Wichtiges im antinazistischen Widerstand geleistet. Dazu war er auftragsgemäß in die NSDAP eingetreten, wie ich aus französischer Quelle präzise weiß.«[433]

Gerstner selbst schrieb: »Gegen die unbewiesene Denunziation Keßlers protestiere ich aufs schärfste.« Er sei in seinem ganzen Leben aktiv gegen Antisemitismus aufgetreten und habe dem Rezensenten unlängst die Zusammenhänge seiner politischen Aktivitäten während der Nazizeit und in der DDR geschildert, was dieser mit Befriedigung zur Kenntnis genommen habe. Trotzdem hätte sich Herbst in seinem Artikel nicht klar von der Darstellung Keßlers distanziert, was Gerstner als »Fehlinformation in einer mir besonders am Herzen liegenden Problematik« betrachtet.[434] Gerstner hat in seinen Erinnerungen dargelegt, daß er die französische Resistance über geheime Analysen des Militärbefehlshabers in Frankreich und über geplante Aktionen gegen jüdische Bürger informierte sowie mehrere Widerstandsgruppen mit Passierscheinen für die streng bewachte Grenze zwischen dem besetzten und unbesetzten Frankreich versorgte.[435] An dem Versuch, Gerstner moralisch zu demontieren, beteiligte sich auch Götz Aly. In einem ganzseitigen Zeitungsartikel mit den Überschriften »Kritisch, optimistisch und verlogen. Der angesehene DDR-Journalist Karl-Heinz Gerstner hat seine Memoiren vorgelegt und verschweigt seinen Weg vom tüchtigen Nazi-Diplomaten zum beschäftigten Stasi-Agenten ›Ritter‹«.[436] Von der obligaten »Stasi-Manie« einmal abgesehen, macht Aly Gerstner zum Vorwurf, er habe exzellente Beurteilungen seiner nazitreuen Gesinnung erhalten. Als ob es nicht innerhalb nazistischer Institutionen erforderlich sein mußte, sich zum Verdecken antinazistischer Tätigkeit als besonders »treu« zu präsentieren. Eine der heute im Umgang mit »Ossis« durchaus seltenen Ausnahmen: Gerstner erhielt Gelegenheit, in der nämlichen Zeitung eine längere »Gegenrede« zu publizieren, in der er u. a. Weiteres über seine antifaschistische Tätigkeit in Frankreich mitteilte.[437]

Gerstners Tochter heißt Daniela Dahn. Die Welt befaßte sich mit der Publizistin Daniela Dahn, die am 3. Oktober 1999 mit dem Kurt-Tucholsky-Preis ausgezeichnet wurde. Bekanntlich gehört die Autorin zu den scharfen Kritikerinnen der Verhältnisse in der Bundesrepublik im allgemeinen und des Umgangs mit der DDR und ihren Bürgern nach dem Anschluß an die BRD im besonderen. In dem Welt-Artikel wird aus dem Buch Daniela Dahns »Westwärts und nicht vergessen« der folgende Satz zitiert: »Ich empfinde es bis heute so, daß der ehrlich verinnerlichte Antifaschismus eine ganz wesentliche Mitgift für mich war.« Und dann heißt es in der Welt weiter: »Eine interessante Aussage, wenn man bedenkt, daß Dahns Vater Karl-Heinz Gerstner Legationssekretär der NS-Botschaft im besetzten Paris war und für die Wehrmacht Broschüren mit Titeln wie ›Verniggertes Frankreich‹ schrieb, bis er 1945 in die KPD eintrat und bis 1989 zu einem der Star-Journalisten der DDR wurde. ›Vom Günstling von Kriegsverbrechern zum Chefreporter der *Berliner Zeitung*, heißt es über ihn in einem Buch Simon Wiesenthals. Kein Wort davon allerdings bei Daniela Dahn. Gewiß, es gibt keine ›Sippenhaft‹. Erinnert man sich jedoch an die ehrliche quälende Auseinandersetzung vieler sogenannter ›Achtundsechziger‹, die mit den Verdrängungen in der eigenen Familie begann, so muß die Dahnsche Rhetorik ins Auge stechen. Die NS-Karriere des Vaters blieb ausgeblendet wie seine nachfolgende Agitation für die SED.«[438]

Ernst Großmann (1911)[439]; Landarbeiter/Molkereigehilfe; 1928 Mitglied einer Molkereigenossenschaft in der CSR; 1931-1933 Soldat in der tschechoslowakischen Armee, 1938 Angehöriger des sudetendeutschen Freikorps; 1938 SS, 1938 NSDAP, ab 1940 SS-Rottenführer, ab 1944 SS-Unterscharführer, Angehöriger der 5. verstärkten SS-Totenkopf-Standarte im KZ Oranienburg/Sachsenhausen. (Das Internationale Komitee für Information und soziale Aktion in Luxemburg vertrat die Ansicht, daß Großmann unmittelbar am Terror gegen die im KZ Inhaftierten beteiligt gewesen wäre.[440] Beweise werden allerdings nicht vorgelegt.) 1946 SED; 1947 Funktionär der Vereinigung der gegenseitigen Bauernhilfe (VdgB); maßgeblich beteiligt an der Gründung der ersten LPG in der DDR, 1952–1959 Vorsitzender der LPG »Walter Ulbricht« in Merxleben; 1952 Mitgl. der SED-Delegation zum XIX Parteitag der KPdSU; 1952–1954 Kandidat des ZK und 1954–1959 Mitglied des ZK der SED; 1958 Abgeordneter des Bezirkstages Erfurt. Seine nazistische Vergangenheit hatte Großmann verschwiegen. Sie wurde im April 1959 durch eine Veröffentlichung des UfJ bekannt. Nach einer entsprechenden Überprüfung beschloß die 5. Tagung des ZK der SED, Großmann wegen »falscher Angaben über seine Vergangenheit« eine strenge Rüge zu erteilen und ihn aus dem ZK auszuschließen. Verbrechen hatte er nicht verübt, weshalb er weiterhin SED-Mitglied und Abgeordneter des Bezirkstages Erfurt bleiben durfte.

Es war bekannte Praxis in der SED, ein besonders beispielhaftes Verhalten zu fördern. Das konnte auch zur Folge haben, daß man daraufhin in wichtige Gremien gewählt wurden. Beispiel: der Bergmann Adolf Hennecke (1905–1975). 1948 brach er alle Abbau-Rekorde und initiierte einen Wettbewerb, die »Hennecke-Bewegung«. Er arbeitete von 1949 bis 1967 in der Volkskammer, von 1954–1975 gehörte er dem ZK der SED an. Großmann war Landwirt, was lag näher, als sein Engagement für die Durchsetzung sozialistischer Produktionsverhältnisse auf dem Lande durch die Aufnahme ins ZK der SED zu würdigen?

Kappelt, der diese Zusammenhänge nicht versteht oder verstehen will, erklärt die Mitgliedschaft Großmanns im ZK so: »Unverkennbar wird hier eine Affinität für das Totalitäre, eine Auffälligkeit *(so im Original, gemeint ist wahrscheinlich »Anfälligkeit« – D. J.)* für antidemokratische Herrschaftsstrukturen, in denen Menschen wie Ernst Großmann sich offensichtlich schnell zur Entfaltung bringen können.«[441]

Daß Großmann kein hauptamtlicher Funktionär der SED war, sondern neben der Zugehörigkeit zum ZK unverändert in der Landwirtschaft arbeitete, schien für Kappelt unerheblich.

Gerhard Kegel (1907–1989); Botschafter; 1931 KPD, 1932-1935 Mitarbeiter für »Neueste Nachrichten«; Mitarbeiter der sowjetischen Aufklärung, daher 1935 NSDAP (mit 28 Jahren); 1935-1939 Mitarbeiter der deutschen Botschaft in Warschau, 1939-1941 Mitarbeiter der deutschen Botschaft in Moskau, 1941–1943 Mitarbeiter des deutschen Auswärtigen Amtes, ab 1943 Wehrmacht, Unteroffizier, 1945 Übertritt zur Sowjetarmee; 1946 SED, seit 1945 leitende Funktionen im Zeitungs- und Verlagswesen; 1955-1972 Mitarbeiter des ZK der SED; 1959 Gesandter, Sprecher der Regierungsdelegation der DDR auf der Genfer Außenministerkonferenz der Großmächte; 1967-1971 Kandidat des ZK der SED; 1973-1976 Botschafter und Leiter der Ständigen Vertretung der DDR am Sitz der UN in Genf. Im August 1959 veröffentlichte das Ostbüro der SPD eine Schmähschrift, in der auch Kegel genannt wurde. Gerhard Kegel zitierte dieses Pamphlet in seinen 1983 verlegten Erinnerungen »In den Stürmen des Jahrhunderts« ausführlich[442] und beschrieb detailliert sein Wirken als Kundschafter der UdSSR.

Die Angriffe gegen Kegel wie auch gegen Gerstner, Kertzscher und andere gingen insbesondere auf Simon Wiesenthal zurück, der 1968 eine Dokumentation über 39 Personen in DDR-Diensten veröffentlichte, die nach seiner Ansicht als NSDAP-Mitglieder in der NS-Zeit einflußreiche Posten innegehabt hatten.[443] Bei verschiedenen Gelegenheiten wiederholte Wiesenthal einige der von ihm genannten Namen sowie die These, daß die DDR bei der Verfolgung von Nazis mit der westdeutschen Justiz »nicht richtig« zusammengearbeitet habe. Hunderte Rechtshilfeersuchen seien nicht beantwortet worden, weil »jeder im Westen verurteilte Nazi ein verlorengegangener politischer Trumpf war.«[444] Die *taz* griff Wiesenthals Interview mit der *Jungen Welt* auf. Auch dort monierte Fritz Teppich die haltlose Behauptung des selbsternannten Nazijägers aus Wien, die die *taz* gern nachgedruckt hatte. Gegen die DDR war man sich im Westen meist einig. Teppich schrieb: »Herr Wiesenthal irrt – das sage ich als davongekommener Jude, der auch Mitglied des Jüdischen Runden Tisches Berlin ist – wenn er die Ex-DDR-Intellektuellen Kegel, Gerstner oder Kertzscher des eingefleischten Nazismus diffamiert. Ganz im Gegenteil war Gerhard Kegel zum Beispiel einer jener Deutschen, dessen Opfermut es mit zu verdanken ist, daß dem industriellen großdeutschen Judenmord 1944/45 ein Ende gesetzt und die Niederlage der Rassisten besiegelt werden konnte. Schon im November 1931 war Kegel zur KPD gestoßen. Auf Anweisung trat er 1935 nur deswegen der NSDAP bei, um aus dem Auswärtigen Dienst des Dritten Reiches gegen Kriegsvorbereitungen und Krieg wirken zu können.

Ich ersuche hiermit als einer, der vor Abtransport nach Auschwitz gerade noch fliehen konnte, Wiesenthal, seine Beschmutzung des unbesungenen Helden Gerhard Kegel zu korrigieren.«[445] Was dieser nicht getan hat.

Günter Kertzscher (1913 – 1995)[446]; NSDAP 1937, 1933–1938 Studium der Germanistik und Geschichte an der Universität Leipzig; 1939 Eintritt in den höheren Schuldienst; 1939 Wehrmacht, Gefreiter; 1941 Dr. phil.; 1941-1945 sowjetische Kriegsgefangenschaft; Mitbegründer des NKFD, Mitglied des Redaktionskollegiums der Zeitung »Freies Deutschland«; Anfang 1944 vom deutschen Gericht in Abwesenheit zum Tode verurteilt. Nach 1945 KPD/SED, 1954 bis 1958 Mitglied der Volkskammer; Redakteur und 1949–1955 Chefredakteur der Berliner Zeitung, 1955–1983 Stellvertretender Chefredakteur des ND.

Fritz Teppich: »Zu Recht wird den oft jahrelang hitlertreuen, späteren Attentätern des 20. Juli (1944) weder ihr ursprüngliches Versagen noch ihre NSDAP-Mitgliedschaft angelastet. Günter Kertzscher und andere, die schließlich den Weg in die Opposition gegen das Hitlerregime fanden, dabei vielfach ihr Leben riskierten, wird vorangegangenes ähnliches Irren jedoch ungerechterweise vorgehalten. Das widerspricht nicht nur jeder Moral, jüdischer besonders, sondern läuft auf Geschichtsentstellung hinaus.«[447]

Kurt Säuberlich (1904–1971)[448]; Studium an der Bergakademie Freiberg; NSDAP 1930 (26 Jahre); 1932 Dipl.-Ing.; Tätigkeit im Bergbauwesen; 1937 Dr.-Ing.; 1937 SS, zuletzt (1941) SS-Obersturmführer (Oberleutnant), Mitarbeiter des SD im Leitabschnitt Dresden. Mitarbeiter und Leiter von Braunkohleforschungsinstituten; 1938 Leiter des Außeninstituts der Bergakademie Freiberg; Habilitation 1939; ab Juni 1943 Professor an der Bergakademie Freiberg; nach 1945 SED, 1949 Direktor des Forschungsinstituts für Roheisenerzeugung, 1954–1959 Volkskammerabgeordneter, ab 1957 Mitglied des Forschungsrats der DDR. Nazi- und Kriegsverbrechen hat er nicht verübt.

Willi Stoph (1914–1999); 1953–1989 Mitglied des Politbüros der ZK der SED; 1964–1973 und 1976–1989 Vorsitzender des Ministerrats der DDR; 1956–1960 Minister für Nationale Verteidigung. Ab 1963 Mitglied, Stellvertretender Vorsitzender und Vorsitzender des Staatsrates. Kappelt: »Auch Stoph müßte in den Augen von ›bewährten Antifaschisten‹ als belastet gelten, da er mit Begeisterung von seiner Teilnahme an einer Geburtstagsparade Adolf Hitlers sprach und im 2. Weltkrieg als Soldat der Deutschen Wehrmacht für seine Verdienste im Rußlandfeldzug mit dem Eisernen Kreuz ausgezeichnet wurde. Stoph wechselte erst zu den Kommunisten über, als sichtbar wurde, daß der Krieg für Hitler-Deutschland verloren war.«[449]

Selbst wenn gelegentlich, wie bei Stoph, im Jahre 1937 ein nazistischer Jubelartikel in einem Fachblatt der »Reichsbetriebsgruppe Bau« in der Deutschen Arbeitsfront auftauchte[450] oder in einer Regimentszeitung der Wehrmacht anfangs der 40er Jahre ein Leutnant namens Willi Stoph einen begeisterten Artikel anläßlich des »Führer-Geburtstages‹« verfaßt hatte, und wenn das dann als »im Auftrag der Partei geschrieben« und »Teil seiner konspirativen Tätigkeit« verklärt wurde, aber dennoch zur Ablösung als Verteidigungsminister führte, wie Reinhold Andert mitteilt[451], dann ändert das nichts an der Tatsache, daß nazistische Verbrecher in der DDR keine führenden Positionen erlangen konnten.

Friedemann Bedürftig schreibt wesentlich sachlicher: »Anders als viele seiner Mitstreiter blieb der gelernte Maurer Stoph nach 1933 trotz Untergrundtätigkeit von KZ-Haft oder Schlimmerem verschont. Er war 1931 der KPD beigetreten, blieb aber nach Adolf Hitlers Machtergreifung in Deutschland, war im 2. Weltkrieg Soldat.«[452]

Der »Sonderfall« Gustav Just

1990 wurde der Fall Gustav Just aufgerufen.[453] Gustav Just (1921); 1946 SED; Neulehrer 1946-1948; ab 1948 verschiedene Funktionen in der SED; ab 1954 an der Spitze des Schriftstellerverbandes der DDR und bis 1956 stellvertretender Chefredakteur der Wochenzeitung Sonntag. Er wurde 1957 im Prozeß gegen Walter Janka und andere vom Obersten Gericht der DDR als Angehöriger einer »partei- und staatsfeindlichen Gruppe« zu vier Jahren Zuchthaus verurteilt. 1990 wurde das Urteil kassiert.[454]

Nach der Haftentlassung arbeitete er als Übersetzer. Just gehörte zu den Mitbegründern der SPD 1989 in Prenden bei Bernau, war 1990 Kreisvorsitzender der SPD in Bernau und 1990–1992 Mitglied des Landtages von Brandenburg, Vorsitzender des Landes-Verfassungsausschusses und Alterspräsident des Landesparlaments. Im März 1992 trat er wegen der Beschuldigung, an Geiselerschießungen in der UdSSR beteiligt gewesen zu sein, als Alterspräsident zurück und legte sein Landtagsmandat nieder.

In der Vorbereitung des Prozesses 1957 hatte die NS-Vergangenheit Justs durchaus eine Rolle gespielt. Bei der Hausdurchsuchung vom 8. März 1957 waren bei Just zwei Tagebücher und eine Taschenkalender 1941 beschlagnahmt und in der damaligen Anklageschrift als Beweismittel aufgeführt worden. In mehreren Vernehmungen sowie im Prozeß vor dem Obersten Gericht sagte Just dazu aus. In der Anklageschrift war vermerkt, daß »der Beschuldigte überführt (sei), am 15. Juli 1941 an der Erschießung von sechs jüdischen Bürgern teilgenommen zu haben«. Die Teilnahme an der Erschießung war dann aber nicht Gegenstand der Verhandlung, weshalb der Sachverhalt auch nur im Urteil zur Charakterisierung der Persönlichkeit herangezogen wurde.

Daß das Verhalten von Gustav Just im Zweiten Weltkrieg also keineswegs geheimgehalten wurde, spielt für die *SUPERillu* in ihrem Haß gegen das MfS keine Rolle. Sie veröffentlichte ein Bild von Just auf dem Hintergrund einer Erschießungsszene und »erläuterte«: »Exekutierte Juden. NS-Vergangenheit holt Gustav Just ein. Er wurde in der DDR vom MfS gedeckt.«[455]

In seinem Tagebuch hatte Just unter dem 15. Juli 1941 geschrieben: »Ein unangenehmes Erlebnis: In einem Nachbardorf hat eine Bande eine ukrainische Familie überfallen, den Mann erschlagen und die Frau verprügelt. Wir fuhren als Spähtrupp hin, ich dabei. Wir haben sechs Juden erschossen. Ein eigenartiges Gefühl, zum ersten Mal im Leben einen Menschen erschießen, und wenn es ein Verbrecher ist.«[456]

In seinem 1990 erschienenen Buch »Als Zeuge in eigener Sache«, in dem Just ausführlich und minutiös den Prozeß von 1957 gegen ihn darstellte, erwähnt er zwar, daß er »Soldat und Offizier unter Hitlers Fahne« war. Mit keinem Wort aber ging er auf die bewußte Eintragung ein.[457] Just meinte am 25. Juli 1996 in der *B.Z. (das ist nicht die Berliner Zeitung, sondern das Springer-Blatt – D. J.)*, das Tagebuch sei »als Druckmittel gegen mich (aufbewahrt worden), um mir immer einen Mordvorwurf anhängen zu können.«[458] Offensichtlich wurde von diesem »Druckmittel« bis zum Ende der DDR kein Gebrauch gemacht. Warum auch, und vor allem: wozu ?

Kappelt fügte 1997 seiner Liste von 1981 den Namen Just hinzu. Und zwar in folgender Weise: »Durch seine aktive Mitarbeit im SED-Staat wurde Just nach dem 2. Weltkrieg erneut schuldig ... Aus dem NS-Täter Just wurde nach dem Krieg ein Täter im Sinne der SED-Diktatur, deren Opfer er wurde.«[459]

Kappelt zitiert zustimmend Christa Hoffmann, die 1992 behauptet hatte, die Art und Weise des Umgangs mit Just sei »zum Symbol für die Bewältigung des Totalitarismus von gestern und heute – des Dritten Reiches und der DDR – geworden«.[460]

Die Frage aber bleibt, warum die DDR-Organe, denen zum Zeitpunkt der Verurteilung die Tagebucheintragung Justs bekannt war, dessen Selbstbeschuldigung ihm nicht anlasteten. Just gab darauf 1993 die wohl einzig logische Erklärung: »Man kann der DDR-Justiz sicher manches vorwerfen. Aber einem Dissidenten auch noch einen Kriegsverbrecherprozeß anzuhängen, hätte sie sich sicher nicht entgehen lassen, wäre die Beweislage einigermaßen stichhaltig gewesen.«[461]

Und selbst wenn man die Beweise gehabt hätte: Die Nichtverfolgung eines von Just begangenen Kriegsverbrechens hätte am Antifaschismus der DDR nichts geändert. Die Vertreter des staatlich verordneten Antikommunismus der BRD sehen das anders. Sie nahmen den »Fall Just« zum Anlaß, die DDR zu diffamieren. »Die Affäre zeigt exemplarisch, wie die Ostdeutschen von ihrer doppelten Vergangenheit eingeholt werden, von der roten Diktatur ebenso wie von der braunen. Nun rächt sich wohl auch, daß die DDR die NS-Last nie aufgearbeitet und Schuld und Verantwortung für deutsche Verbrechen jahrzehntelang geleugnet hat. Musterkarrieren wie die von Just trugen zur Verdrängung bei.«[462]

Tatsächlich wurde in der DDR nicht öffentlich gemacht, warum Just damals nicht zur Verantwortung gezogen wurde, obwohl zutreffen dürfte, daß die Beweise nicht ausreichten. Die Schlußfolgerung jedenfalls, die der *Spiegel* zog, war von typisch antikommunistischer Machart: »Nicht abwegig erscheint die Vermutung, daß SED und Stasi Belastungsmaterial in der Hand behalten wollten, um den einstigen Parteigenossen ... gefügig zu machen.«[463] Dem *Spiegel* war der »Fall Just« willkommener Anlaß, um volle Breitseite gegen den antifaschistischen Staat DDR zu schießen. Nach den Waldheimer Prozessen, so tönte der *Spiegel,* »erlahmte der Verfolgungseifer der DDR-Behörden. Bis zum Jahre 1957 gab es nur noch zwei NS-Verfahren. Beim ›Aufbau des Sozialismus‹ präsentierte sich die DDR als vergangenheitsbereinigter Staat, der sich von der Verantwortung für die deutschen Verbrechen exkulpiert hatte. Verdrängung und Vertuschung von NS-Verbrechen waren die Folge. Ein Schuldeingeständnis gegenüber den Juden etwa war von den SED-Herrschern bis zuletzt nicht zu hören.«[464] Das umfassende Schuldeingeständnis, das das Zentralkomitee der KPD in seinem Aufruf vom 11. Juni 1945 veröffentlichte, wird geflissentlich übersehen.[465]

Im März 1992 beschäftigte sich der Landtag Brandenburg mit der Angelegenheit Just. Dabei ging es um die Aufhebung seiner Immunität für eine mögliche Strafverfolgung. Die Prüfung der Vorwürfe hatte ergeben, daß nach Ansicht der Ermittlungsbehörden, abgesehen vom Fehlen des subjektiven Tatbestandes, mindestens wegen des Vorliegens der Verjährung eine Strafverfolgung ausgeschlossen war, weshalb der Antrag auf Aufhebung der Immunität nicht zu stellen war. Das führte zu einer heftigen, parteipolitisch dominierten Debatte im Landtag.[466] Just trat von seinen Ämtern zurück.

Merkwürdig war allerdings das Verhalten Justs im Gespräch, das Günter Gaus in seiner Sendereihe am 19. März 1992 mit ihm führte. Frage: »Empfinden Sie es als ungerecht, daß nun, gegen Ende zu, Ihr Leben, Ihre Lebensleistung in der Öffentlichkeit überschattet werden von Ihrer Beteiligung als deutscher Soldat an einer Erschießung in der Ukraine im Krieg 1941? Oder hoffen Sie darauf, daß es schließlich doch nicht so sein wird, daß nicht die eine schreckliche Tat alles andere anhaltend verdunkelt?« Antwort: »Ich empfinde es als ungerecht, und ich hoffe, daß man mein Leben in seiner Gänze gerecht beurteilt.«[467]

An anderer Stelle des Gespräches sagte Just: »Es wurden sechs Männer gefaßt. Ich dachte, jetzt werden sie also gefangen und abgeführt. Aber der Leutnant befahl, sie zu erschießen. Und sie wurden an Ort und Stelle erschossen.«[468] Auf die Frage, ob Just »einen oder zwei Herzschläge lang erwogen« habe, »nein« zu sagen, als er zu dem Kommando eingeteilt wurde, erklärte dieser: »Ich bin innerlich zurückgezuckt, wollte aus der Reihe treten, aber ein herrischer Wink des Leutnant genügte, mich da wieder hinzustellen ... Ich fand es entsetzlich, daß dieser Offizier dieses Kommando gab und uns zwang, diesen Befehl auszuführen. ... Aber für uns war Befehl und Gehorsam was Eisernes damals, also ich glaube kaum, daß auch einer nur innerlich erörterte, einen Befehl zu verweigern. Ich habe es auch nicht getan ... es wurde kurzer Prozeß gemacht, wie man so sagt, es klingt so grausam. So ist es eben geschehen.«[469]

Die Staatsanwaltschaft Frankfurt (Oder) ermittelte. Im April 1994 teilte Justizminister Bräutigam in Beantwortung einer kleinen Anfrage mit, daß sich bislang keine Anhaltpunkte dafür ergeben hätten, »daß die in den Tagebüchern ... erwähnte Erschießung überhaupt stattgefunden hat«.[470] Am Ende wurde das Ermittlungsverfahren Anfang 1996 eingestellt, da es keine Bestätigung des Verdachts der Mitwirkung an der Erschießung gab.[471]

Ein deutsches Rechtshilfeersuchen wurde von der ukrainischen Generalstaatsanwaltschaft dahingehend beantwortet, daß in der fraglichen Gegend gar keine Judenerschießungen stattgefunden hatten.[472]

Exkurs: Probleme bei der Anklage nazistischer Mediziner

Ein kaum ruhmvolles Kapitel der DDR-Geschichte ist das des Umgangs mit Nazi-Ärzten. Wie man weiß, war die Ärzteschaft jene Berufsgruppe, die in der Nazizeit die meisten NSDAP-Mitglieder in ihren Reihen hatte. Bei Kriegsende waren das 45 Prozent der deutschen Ärzte. 26 Prozent gehörten zudem der SA, 7,3 Prozent der SS an.[473] Bekanntlich luden viele Ärzte größte Schuld auf sich, weil sie gegen das ihnen auferlegte ärztliche Gebot in verbrecherischer Weise verstießen. 350 der 90.000 Mediziner waren »unmittelbare Verbrecher«.[474] Gemeint waren die »Selektierung auf der Rampe« zur Vergasung, die »Euthanasie«, die Vernichtung »lebensunwerten Lebens«, gemeint waren die medizinischen Versuche an lebenden Menschen.

Der vom 9. Dezember 1946 bis zum 20. Juli 1947 in Nürnberg verhandelte Fall 1 war der der NS-Ärzte.[475] Bei diesem Prozeß wurden eine Ärztin und 19 Ärzte zu schwersten Strafen verurteilt.

Ernst Klee listet allein 266 Ärzte auf, die in Konzentrationslagern tätig waren, wobei er anmerkte, daß die Namensnennung nichts über strafbare Handlungen aussage.[476] Von den in seiner Liste Aufgeführten verstarben 15, für Tod erklärt wurden zwei, eine Freiheitsstrafe erhielten neun, zum Tode verurteilt und später begnadigt wurden drei, durch Selbsttötung endeten sechs, freigesprochen wurden drei, zum Tode verurteilt und hingerichtet wurden 16, davon erfolgten 14 Hinrichtungen bis 1948 nach Prozessen vor alliierten Gerichten. Eine Hinrichtung erfolgte 1949 in Polen, und eine Verurteilung und Hinrichtung vollzog die DDR im Juli 1966 – es handelte sich um den KZ-Arzt Horst Fischer.[477] Über den Verbleib der restlichen 212 Ärzte rätselte Klee; zwei von ihnen – Gerhard Ehrlich und Hermann Kiesewetter – vermutete er in der DDR.

Wesentlich mehr Täter, die Zahl wird auf 350 geschätzt, hätten zur Verantwortung gezogen werden müssen, was jedoch nicht geschah. Charakteristisch ist, daß selbst Schwerbelastete nach 1945 in den Westzonen beziehungsweise in der BRD ungehindert weiter praktizieren konnten. In aller Regel wurden selbst dann, wenn Prozesse angestrengt wurden, Entlastungen vorgenommen – entweder wegen angeblicher Verhandlungsunfähigkeit oder mit der Begründung, daß ihnen das Bewußtsein der Rechtswidrigkeit ihres Tuns gefehlt hätte.[478]

Zweifellos sah die überwältigende Mehrheit der NS-Ärzte das Territorium der BRD als Schutzraum vor strafrechtlicher Verfolgung an und nutzte diesen auch. Erstaunlich allerdings, daß trotz tatsächlich massenhafter Nichtverfolgung von NS-Ärzten in der Bundesrepublik Ernst Klee 1997 schrieb: »Doch so schockierend vieles wirkt, wirken muß, was über die strafrechtliche Verfolgung von Euthanasie-Tätern zu sagen ist, ein großes Verdienst der Justiz darf dabei nicht vergessen werden: Während die Historiker das Geschehene ignorierten, die Psychiatrie ihre NS-Vergangenheit verdrängte, versuchten Staatsanwälte, die Krankenmorde aufzudecken – gegen die öffentliche Meinung. Fast alles, was wir über die NS-Euthanasie wissen, verdanken wir den Ermittlungen der Justiz, so unbefriedigend, so skandalös das strafrechtliche Ergebnis im einzelnen oft gewesen ist.«[479]

Klee förderte auch Dinge zutage, die zur Schande der DDR gereichten. Wobei Klee bei der Darstellung des Negativen zugleich auf die gesundheitspolitische Situation verwies, in der sich die DDR damals befand und die zu Entschlüssen führte, die man heute und im nachhinein für fragwürdig halten kann, aber für damals Verständnis erheischen. Beispielsweise wurde in Brandenburg zunächst eine Entnazifizierung durchgeführt. Mitglieder der NSDAP oder einer ihrer Gliederungen sollten ihren medizinischen Beruf nicht mehr ausüben dürfen. »Aber als sich im Zeichen des Kalten Krieges immer mehr Ärzte in den Westen abgesetzt hatten und die medizinische Versorgung der Bevölkerung in der DDR nachhaltig gefährdet war, wurden die verbliebenen Ärzte über die Maßen hofiert. Da sie sich untereinander gut kannten, trugen sie dazu bei, daß frühere NS-Ärzte in ihren Beruf zurückkehren konnten.«[480]

Prof. Friedrich Jung, Sachverständiger im Nürnberger Ärzteprozeß und langjähriger Direktor des Zentralinstituts für Molekularbiologie der Akademie der Wissenschaften der DDR in Berlin-Buch, erklärte auf die Feststellung, daß es in der DDR Nazi-Ärzte gab, die nie belangt wurden: »Ja, das gab es leider auch in der DDR. Da gab es einen Ordinarius in Jena und Halle, der als Anatom in Posen der Gestapo einen Keller zum Foltern überließ, damit er bevorzugt mit Leichen beliefert werde. Aber in Leitungsfunktionen ist m. W. in der DDR kein im Sinne von Nürnberg schuldig gewordener Arzt gelangt.«[481]

Mit dem Anatom ist offensichtlich Hermann Voß[482] gemeint, der 1941 als Ordentlicher Professor und Direktor des Anatomischen Instituts an die »Reichsuniversität Posen« berufen worden war. Ernst Klee schreibt über Voß, dieser habe mit seinem Assistenten Robert Herrlinger neben der Guillotine gewartet, »um die Leichen der von der Gestapo Enthaupteten auszunehmen.«[483]

Voß hatte ein Tagebuch verfaßt, das er bei Kriegsende vergaß mitzunehmen. Götz Aly hat es publiziert und kommentiert. Darin hielt Voß unter anderem fest: »Hier im Institutsgebäude ist auch im Kellergeschoß eine Verbrennungseinrichtung für Leichen. Sie steht jetzt ausschließlich im Dienste der Geheimen Staatspolizei. Die von ihr erschossenen Polen werden hier nachts angeliefert und verbrannt. Wenn man doch nur die ganze polnische Gesellschaft so veraschen könnte.«[484]

1946 veröffentlichte Voß gemeinsam mit seinem Assistenten ein Lehrbuch der Anatomie, das in Ost- und Westdeutschland ein Bestseller wurde. 1956 wurde Voß Ordinarius für Anatomie an der Friedrich-Schiller-Universität Jena. Nachdem Voß in der DDR mit dem Ehrentitel »Verdienter Wissenschaftler des Volkes« geehrt worden war, schrieb Rudi Goguel 1964 in seiner Dissertation: »Es liegen uns beschämende Zeugnisse vor, daß deutsche ›Gelehrte‹ der Reichsuniversität keine Bedenken empfanden, sich an den Mordexzessen der SS und der Gestapo, wenn nicht als unmittelbare Helfer, so als profitierende Komplizen zu beteiligen.«[485] Über die nazistische Vergangenheit von Voß wurde in der DDR geschwiegen.

Der Vollständigkeit halber sei erwähnt, daß der Assistent von Voß, Robert Herlinger, Professor zunächst in Würzburg und dann in Kiel wurde.

Ernst Klee, der feststellte, daß in der DDR »einige wenige Euthanasie-Täter«[486] verurteilt wurden, konstatierte weiterhin, daß andere Ärzte, die seines Erachtens schuldig waren, in der DDR nicht verfolgt wurden. Klee nannte elf Namen.[487]

Es ist schon bedrückend, lesen zu müssen, daß – obwohl die DDR nationalsozialistische Medizinverbrechen durchaus strafrechtlich verfolgte –, in der SBZ/DDR zwischen 1946 und 1976 zwar 49 Personen deswegen verurteilt wurden[488], aber offensichtlich nicht immer konsequent bis zum Ende ermittelt wurde, wenngleich zugestanden werden muß, daß die Ermittlungen oftmals höchst schwierig und die Beweislage nicht unbedingt eindeutig für Schuld sprach.

Im Zusammenhang mit den Prozeßvorbereitungen in der BRD in den Jahren 1962/63 gegen Werner Heyde und weitere »Euthanasie«-Täter wurde bekannt, daß möglicherweise vier in der DDR lebende Ärzte Tatbeteiligte waren.

Einer von ihnen, Dr. Gerhard Wischer, war bereits 1950 in Waldheim zum Tode verurteilt und hingerichtet worden (Fall Nr. 2078). Die drei anderen lebten bislang unbehelligt in der DDR. Es handelte sich um Dr. Otto Hebold, Dr. Herbert Becker und Dr. Günter Munkwitz. Gegen Dr. Hebold und Dr. Herbert Becker wurden operative Vorgange eingeleitet und unterschiedlich beendet. Dr. Hebold wurde zu lebenslanger Haft verurteilt (Fall Nr. 1061).[489] Gegen Dr. Becker wurde kein Ermittlungsverfahren eingeleitet. Es ist allerdings kennzeichnend, wie Annette Weinke diese Tatsache beurteilt. Zwar teilt sie mit, daß Dr. Becker die gegen ihn erhobenen Vorwürfe energisch bestritt, aber über die Feststellung des Leiters der HA XX, Paul Kienberg, der im Februar 1966 seinen Leipziger Kollegen vorgeschlagen hatte, die operative Vorlaufakte einzustellen und in der

Sperrablage abzulegen, da nicht zu erwarten sei, in nächster Zeit solches belastendes Material gegen den Beschuldigten erarbeiten zu können, das eine Weiterführung des Vorlaufes rechtfertigen würde, mokiert sie sich. Paul Kienberg hatte noch hinzugefügt: »Auch ist nicht anzunehmen, daß Dr. Becker als Mitarbeiter der Planungsabteilung der ›Reichsarbeitsgemeinschaft‹ direkt am Verbrechen im Sinne des faschistischen Euthanasie-Programms beteiligt gewesen ist.«[490]

Was seitens der DDR und des MfS auch getan wurde, es findet vor den Augen mancher westdeutscher Beurteiler keine Gnade. Deshalb watscht Weinke die Autoren Joachim S. Hohmann und Günther Wieland, die zum Fall Dr. Hebold mit ihrem Buch ein instruktives Material vorgelegt haben, auch mit den Worten ab: »Leider läßt die Darstellung jede kritische Distanz gegenüber den MfS-Ermittlungsakten vermissen und ist daher für eine Analyse dieses Teils der DDR-Justizgeschichte im wesentlichen unbrauchbar.«[491] Was die »kritische Distanz« an den Akten bemäkeln soll, verrät sie uns allerdings nicht.

Zu Dr. Munkwitz wurde bis zu dessen Suizid im Frühjahr 1970 ermittelt, was Leide selbstredend negativ beurteilt.

Wie man alles durch das MfS Getane ins Negative kehren kann, beweist Annette Weinke mit ihrer Beurteilung der Benennungen der Vorgänge durch das MfS: »Paradigmatisch war in diesem Zusammenhang schon die jeweilige Bezeichnung der Operativvorgänge, die im einen Fall auf nachdrücklichen Ahndungswillen, im anderen dagegen auf Vertuschungsabsichten schließen ließ: so erhielt der Vorgang gegen den ehemaligen ›Euthanasie‹-Gutachter Dr. Otto Hebold den programmatischen Decknamen ›Teufel‹, während der Vorgang gegen seinen Kollegen Dr. Herbert Becker unter der unverfänglichen Bezeichnung ›Vergangenheit‹ firmierte.«[492]

Bedrückend ist es zu erfahren, daß offensichtlich nicht bis zum Ende ermittelt wurde, wenn sich eine Situation ergab, wie sie in einer Akte des MfS beschrieben wurde: Im Januar 1965 wurde von der Kreisdienststelle des MfS Stadtroda ein Operativ-Vorgang gegen Ärzte eröffnet, der am 20. Mai 1966 geschlossen wurde. Im Frühjahr 2000 wurde die Sache wieder ausgegraben.

Der »Vorschlag zum Abschluß des Operativ-Vorganges ›Ausmerzer‹ der KD Stadtroda« war in seiner Formulierung widersprüchlich. Anfänglich heißt es: »Die im Vorgang als verdächtig bearbeiteten Personen, die in der DDR leben, konnten trotz umfangreicher Ermittlungsarbeiten nicht der individuellen Verbrechen der Euthanasie überführt werden.

Trotzdem bleibt aufgrund der Zusammenarbeit der leitenden Ärzte der Anstalten in Stadtroda in den Jahren 1940–1945 mit der faschistischen Reichsführung die Vermutung offen, absichtlich den Prozeß zur Heilung von Geisteskranken durch Abspritzungen unterbrochen zu haben.«[493]

Wäre die Eintragung an dieser Stelle beendet worden, hätte es keinen Grund geben können, besondere Kritik zu äußern, wie das nach Bekanntwerden dieser Akten dann der Fall war. Denn diese Aktennotiz wird mit einer unverständlichen und unlogischen Aussage fortgesetzt, die mit den vorstehenden Feststellungen des Unvermögens, verbrecherisches Tun eindeutig zu beweisen, keinen adäquaten Zusammenhang hat.

Es heißt weiter: »Da sich der damalige Leiter der Heilanstalt in Stadtroda, Dr. Kloos, bereits in Westdeutschland gerichtlichen Untersuchungen aussetzen mußte, andererseits Beschuldigte aus der DDR in höheren Positionen des Gesundheitswesens (Frau Dr. Albrecht – Dekan der Medizinischen Fakultät der Universität Jena, Dr. Schenk – stell[vertretender] Direktor des Stadtkrankenhauses Stadtroda) stehen, könnte bei Auswertung ein unseren gesellschaftlichen Verhältnissen widersprechendes Ergebnis erreicht werden. Aus diesem Grunde wird vorgeschlagen, die Bearbeitung des Vorganges mit einer Sperrablage im Archiv des MfS abzuschließen.«[494]

Es wäre unter Umständen sinnvoller gewesen, ein ordentliches Ermittlungsverfahren durchzuführen, das nach Lage der Dinge mit einer Einstellung geendet hätte. Auf jeden Fall war es nicht zulässig, mit Verweisen auf entsprechende Funktionen eine Ermittlung nicht durchzuführen, wenn die Voraussetzungen dafür vorhanden gewesen wären.

So bedrückend diese Art der Entscheidung des MfS allerdings auch ist: Klee trifft die Wahrheit nicht, wenn er schlußfolgert: »Die DDR entnazifizierte per Sperrablage.« Auch seine Behauptung, die Verfolgung der Nazitäter in der DDR sei »eine Legende«, paßt eher in den mainstream der Diffamierung als in ein Lehrbuch.

Nun wurden in Stadtroda Akten ausgegraben, die den Verdacht auf Euthanasie-Verbrechen in Erinnerung riefen. Zur Diskussion stand die Anzeigenprüfung gegen Frau Professor Rosemarie Albrecht. Sie wurde in den Medien beschuldigt, für den Tod von 159 Personen verantwortlich zu sein. So nach und nach reduzierte sich die Zahl der der Beschuldigten zur Last gelegten Toten. Es verblieb ein einziger Fall, der der Anklage zugrunde lag. Aber das Hauptverfahren wurde mit Beschluß vom 2. Februar 2005 nicht eröffnet, weil eine Hauptverhandlung wegen dauernder Verhandlungsunfähigkeit der Angeschuldigten nicht möglich ist.[495]

Das Bemerkenswerte an dieser Entscheidung ist, daß sie sich nicht auf die Feststellung der Verhandlungsunfähigkeit beschränkt, sondern lang und breit erörtert, welche Probleme bei der Beurteilung des vorliegenden Falles zu bedenken wären. Es lagen mehrere höchst widersprüchliche Gutachten hinsichtlich der Todesverursachung vor. Während die einen Gutachter behaupteten, die Medikamentenverabreichung sei ursächlich für den Tod, was hier einen Fall von Euthanasie bedeutet hätte, wiesen die anderen Gutachter diese Behauptung zurück. Die Staatsanwaltschaft bestand jedenfalls darauf daß die Gabe von Schlafmitteln in diesem Falle nicht Therapie, sondern Mittel zum Zweck der Tötung gewesen sei.

Das Gericht betonte, daß nach seiner Sicht eine Hauptverhandlung zu eröffnen gewesen wäre, läge nicht die dauernde Verhandlungsunfähigkeit vor, ohne daß daraus Rückschlüsse auf eine etwaige Verurteilung der Angeschuldigten gezogen werden könnten.

Zwei Gutachter hatten die Medikamentenvergabe als Todesursache zurückgewiesen. Das Gericht war der Meinung, daß nach Aktenlage viel für die Richtigkeit dieser Gutachten gesprochen habe, wäre aber in die Hauptverhandlung eingetreten, um Widersprüche klärend zu behandeln. Und es kommt dann zu der bemerkenswerten Feststellung, daß bei verbleibenden Zweifeln oder Unaufgeklärtheit von Widersprüchen der Grundsatz »in dubio pro reo« – im Zweifel für den Angeklagten – zum Freispruch geführt hätte. Bleibe die Schuldfeststellung, die grundsätzlich nur in der Hauptverhandlung möglich ist, zweifelhaft, gelte jeder Angeschuldigte, gegen den das Verfahren ohne Verurteilung abgeschlossen wird, als unschuldig.

Frau Albrecht hatte ihrerseits darauf bestanden, daß ihre Unschuld in einem Prozeß hätte festgestellt werden sollen.

Den Beschuldigern schien es offenbar doch erforderlich, wenigstens ein Fünkchen Anklage aufrechtzuerhalten, denn solche Beispiele werden gebraucht, um den Vorwurf unterlassener Strafverfolgung von NS-Verbrechern gegen die DDR zu belegen.

Spätestens seit 1983 mit der Veröffentlichung von Ernst Klees (»Euthanasie« im NS-Staat) mußte es den Verantwortlichen in der DDR bekannt sein, daß der 1953 verstorbene und in der DDR hochgeehrte Kinderarzt Jussuf Ibrahim höchstwahrscheinlich und in irgendeiner Form an der »Kindereuthanasie« beteiligt war. Susanne Zimmermann, auf deren spezielle Untersuchungen zu Jussuf Ibrahim zurückgegriffen wurde, ist allerdings in der Beurteilung ihrer Ergebnisse zurückhaltend und vorsichtig. »Die Wertung und Interpretation der Fakten ist äußerst problematisch. Anzunehmen ist, daß Ibrahim und die Ärzte der Kinderklinik die betreffenden Kinder aufgrund des Erlasses vom 18. 8. 1939 gemeldet haben, evtl. auch ohne Wissen um mögliche Konsequenzen … Dieses offene Aussprechen der Tötung von Kindern könne auch als Warnung an die Eltern und Verurteilung dieser unmenschlichen Handlung interpretiert werden … Ob und in welchem Ausmaß die Kinderklinik Jena unter Leitung von Jussuf Ibrahim in das nationalsozialistische Tötungskonzept schwerstgeschädigter Kinder integriert war, ist nicht mehr zu rekonstruieren.«[496] Volker Wachholz merkte an, daß ihm Prof. Ibrahim als seinem Lebensretter stets in ehrendem Angedenken verbleiben werde. »Dank seiner Fürsorge, Diagnose und seines Einsatzes erhielt ich, mit lebensgefährlicher, nur wenig erforschter Kinderkrankheit belastet, eine Lebenschance. Ich fordere nicht mehr und nicht weniger als Gerechtigkeit für diesen verdienstvollen Arzt und Forscher. Seine Ankläger mögen auch seine Verteidiger zur Öffentlichkeit zulassen.«[497] Die zur Untersuchung der Vorwürfe gegen Ibrahim eingesetzte Kommission der Universität Jena gelangte allerdings zu der Ansicht, daß insbesondere die beiden Schriftstücke, in denen der Vermerk zur »Euthanasie« auftaucht, ausreichend seien, um die Ehrungen Ibrahims durch die Universität Jena zurückzunehmen.[498] Die Klinik trägt nicht mehr seinen Namen. Zur Aberkennung der 1947 verliehenen Ehrenbürgerschaft der Stadt Jena wurde befunden, daß nach der Thüringer Kommunalordnung die Ehrenbürgerwürde mit dem Tode erlischt. Das Thüringer Verwaltungsamt verordnete daher, daß Ibrahim kein Ehrenbürger mehr sei. Die Stadt beschloß, die Ibrahim-Straße in Forstweg umzubenennen.

Weil in der DDR Ärzte fehlten, nicht zuletzt weil sie lukrativere Angebote im Westen annahmen, wurde relativ belastetes medizinisches Personal beschäftigt. Die verbliebenen ausgebildeten Ärzte wurden zur Aufrechterhaltung der medizinischen Versorgung und für die Sicherung der Ausbildung der Studenten gebraucht. Damit kann man die Nachsicht erklären.

Entschuldigen aber läßt sich die unterlassene Auseinandersetzung damit nicht.

Antifaschisten hatten im Angesicht der Nazis größeren Mut bewiesen als vor dem aktuellen Klassenfeind. Man glaubte sich nicht die Blöße geben zu dürfen, Leute zu beschäftigen, die braunen Dreck am Stecken hatten. Das Schweigen machte das Problem schlimmer.

Unabhängig davon muß jedoch betont werden, daß dieser Umstand an der kategorischen antifaschistischen Haltung der DDR nichts änderte. Für den gesamten Komplex gilt, daß die Frage, ob »das Verhalten jener Hochschullehrer letztlich als Kriegsverbrechen oder Verbrechen gegen die Menschlichkeit zu qualifizieren war«, einer sorgsamer Prüfung bedurft hätte. Sie wäre »nicht zuletzt angesichts des regierungsoffiziell verkündeten antifaschistischen Grundanliegens der DDR ... zwingend geboten gewesen. Dieser gerade jeder deutschen Staatsgewalt obliegenden Recherchepflicht nicht nachgekommen zu sein, muß sich die DDR vorwerfen lassen.«[499] Das partielle Verschweigen unangenehmer Fakten, von denen die Führenden der DDR damals meinten, sie könnten das Bild konsequenten Antifaschismus' trüben, ist aber nicht verantwortlich dafür, daß in den neuen Bundesländern Neofaschismus anschwillt. Verantwortlich dafür ist unter anderem die seit 1990 verordnete Delegitimierung der DDR, die auch ihren tatsächlichen Antifaschismus diffamiert.

Fußnoten

401 Fricke, S. 141.
402 Spiegel Nr. 1 vom 2. Januar 2006, S. 47.
403 Spiegel Nr. 1 ebenda.
404 Karl-Heinz Arnold: Kein NSDAP-Parteibuch. In: Berliner Zeitung vom 15. September 1997.
405 Kappelt I, S. 138 f.; Kappelt II, S. 453 f.
406 Frank Ebbinghaus: Im Historikerparadies. In: FAZ vom 3. September 1999.
407 Siegfried Prokop: Als Wilhelm Pieck nach Kislowodsk geschickt wurde. In: FAZ vom 17. September 1999.
408 Kappelt I, S. 144.
409 Vgl. Wolfram Otto: Leserbrief. In: ND vom 26. Januar 1996.
410 Herbst, S. 31 f.; – Cerny, S. 32; – Die SED, S. 906 f.; – Kappelt I, S. 149.
411 Kappelt II, S. 148.
412 Cerny, S. 35 f.; – Herbst, S. 33; – Die SED, S. 908; – Kappelt I, S. 149 f.
413 Kappelt II, S. 158.
414 Herbst, S. 41; – Kappelt I, S. 154.
415 Kappelt II, S. 148.
416 Kappelt I, S. 168; Cerny, S. 75 f.; Herbst, S. 58.
417 Kappelt II, S. 577.
418 Kappelt I, S. 170 f.
419 D. Hansen: Gauck war hier Mitautor. In: antifa, 1/1996, S. 26.
420 Kappelt I, S. 173 f.
412 Kappelt II, S. 439.
422 Kappelt I, S. 178 f.; Herbst, S. 73 f.
423 Kappelt II, S. 152.
424 Kappelt I, S. 178.
425 Kappelt I, S. 203; Kappelt II, S. 117; Buch 1987, S. 41; Baumgarten, S. 219; – Cerny, S. 134.
426 Baumgarten, S. 219.
427 Aktuelle Materialien zur Deutschland-Frage, hg. vom Bundesministerium für Gesamtdeutsche Fragen, Nachdruck einer Dokumentation des Bundes jüdischer Verfolger des Nazi-Regimes, vorgestellt von Simon Wiesenthal am 6. September 1968, S. 17. Zit. nach: Kappelt II, S. 117.
428 Warnung an die Mörder von morgen. Interview mit Simon Wiesenthal. In: jW vom 1. August 1992.
429 Wo Herr Wiesenthal irrt – betr.: »Wiesenthal: Auch die DDR förderte Nazis« – taz v. 3. August 1992. In: taz vom 7. August 1992. Siehe auch: jW vom 8. August 1992.

430 Götz Aly: Kritisch, optimistisch und verlogen. In: Berliner Zeitung v. 26./27. Februar 2000; Karl-Heinz Gerstner: »Weder ein Held, noch ein Feigling«. In: Berliner Zeitung vom 11/12. März 2000.

431 Mario Keßler: Die SED und die Juden, S. 140.

432 Vgl. Andreas Herbst: Zwischen Toleranz und Repression. In: ND vom 24./25. Mai 1997.

433 Fritz Teppich, Leserbrief. In: ND vom 31. Mai/1. Juni 1997.

434 ND vom 31. Mai/1. Juni 1997. Herbst hatte in seiner Rezension Keßlers Behauptungen zitiert, aber lediglich eingewendet: »Inwieweit aber nun die von Keßler genannten Personen wie Kurt Blecha, Hans Werner Aust, Karl-Heinz Gerstner … von ›verdrängten antijüdischen Denkmustern‹ geleitet wurden – den Beweis bleibt der Autor schuldig. Ungeprüft sollten aus den Zeiten des Kalten Krieges stammende Listen über wirkliche oder vermeintliche Nazis in der DDR nicht übernommen werden« (ND vom 24./25. Mai 1997).

435 Karl-Heinz Gerstner: Sachlich, kritisch, optimistisch, Berlin 1999, S. 138 ff., 146-157, 195 ff., 222 f.

436 Berliner Zeitung vom 26./27. Februar 2000, S. 3.

437 Karl-Heinz Gerstner: »Weder ein Held, noch ein Feigling« – Ein besonderer Leserbrief: Karl-Heinz Gerstners Antwort auf die Kritik an seinen Lebenserinnerungen durch Götz Aly. In: Berliner Zeituzng vom 11./12. März 2000, S. 11. Daß Aly, wie die Zeitung anmerkt, bei seiner Darstellung bleibt, versteht sich beim antisozialistischen mainstream von selbst.

438 Marko Martin: Liebling der Parteien. Über das Selbstbild der Publizistin und Literatin Daniela Dahn. In: Welt vom 15. September 1999.

439 Die SED, S. 959; – Kappelt I, S. 212 f.

440 Siehe: Kappelt I, S. 212.

441 Kappelt II, S. 95.

442 Gerhard Kegel: In den Stürmen unseres Jahrhunderts. Ein deutscher Kommunist über sein ungewöhnliches Leben, Berlin 1983, S. 12 f.

443 Simon Wiesenthal: Recht, nicht Rache. Erinnerungen, 7. Aufl., Frankfurt a. M. 1990, (Original 1988), S. 226 ff.

444 Wiesenthal: Auch DDR förderte Nazis. In: taz vom 3. August 1992.

445 Fritz Teppich: Wo Herr Wiesenthal irrt – betr.: »Wiesenthal: Auch DDR förderte Nazis«, taz vom 3.8.92. In: taz vom 7. August 1992.

446 Kappelt I, S. 252; – Kappelt II, S. 161; – Cerny, S. 225.

447 Fritz Teppich: Leserbrief »Da irrte Herr Wiesenthal«: In: jW vom 8. August 1992.

448 Kappelt I, S. 349 f.; – Kappelt II, S. 453; Baumgarten, S. 756; Meyers Neues Lexikon, Bd. 7, Leipzig 1964, S. 212.

449 Kappelt I, S. 18. 1997 hat Kappelt auf eine erneute Nennung Stophs verzichtet.

450 Ulrich Mählert: Willi Stoph – Ein Fußsoldat der KPD als Verteidigungsminister der DDR. In: Hans Ehlert/Armin Wagner: Genosse General! Die Militärelite der DDR in biografischen Skizzen, Berlin 2003, S. 283.

451 Nach dem Sturz. Gespräche mit Erich Honecker. Aufgezeichnet von Reinhold Andert. Leipzig 2001, S. 28 f.

452 Friedemann Bedürftig: Lexikon Deutschland nach 1945, Hamburg 1996, S. 391.

453 Herbst, S. 162.

454 Urteil des Präsidiums des Obersten Gerichts vom 5. Januar 1990. In: NJ 2/1990, S. 50 f.

455 SUPERillu vom 19. März 1992.

456 Zit. nach: B.Z. vom 25. Juli 1996.

457 Gustav Just: Als Zeuge in eigener Sache. Die fünfziger Jahre in der DDR, Berlin-Frankfurt a. M. 1990, S. 20.

458 Zit. nach: B.Z. vom 25. Juli 1996.

459 Kappelt II, S. 72.

460 Christa Hoffmann: Die Stunde Null? Vergangenheitsbewältigung in Deutschland 1945 und 1989, Bonn-Berlin 1992, S. 47. Zit. in: Kappelt II, S. 72.

461 Märkische Oderzeitung vom 13./14. März 1993.

462 Spiegel Nr. 12 vom 16. März 1992, S. 99.

463 A. a. O., S. 101.

464 Ebenda.

465 Schaffendes Volk in Stadt und Land! Männer und Frauen! Deutsche Jugend! Aufruf des ZK der KPD vom 11. Juni 1945. In: Revolutionäre deutsche Parteiprogramme, Berlin 1967, S. 191-200.

466 Vgl. Plenarprotokoll Landtag Brandenburg, 41. Sitzung vom 1. März 1992, S. 3004-3024, und 42. Sitzung vom 23. März 1992, S. 3028-3054.

467 Günter Gaus im Gespräch mit Ulf Fink, Bernhard Vogel, Gustav Just, …, Berlin 1993 (Porträts; 4), S. 56.

468 A. a. O., S. 61.

469 A. a. O., S. 63.

470 Tagesspiegel vom 28. April 1994.

471 B.Z. vom 25. Juli 1996.

472 ND vom 16. Juni 2001.

473 Vgl. Tagesspiegel vom 7. Juni 1996.

474 Vgl. Frankfurter Rundschau vom 7. Juni 1996.

475 Vgl. Wolfgang U. Eckart: Fall 1: Der Nürnberger Ärzteprozeß. In: Gerd R. Ueberschär (Hg.): Der Natio-nalsozialismus vor Gericht. Die alliierten Prozesse gegen Kriegsverbrecher und Soldaten 1943–1952, Frankfurt a. M. 1999, S. 73 ff.

476 Ernst Klee: Auschwitz, die NS-Medizin und ihre Opfer, Frankfurt a. M. 1997, S. 49.

477 Christian Dirks: »Die Verbrechen der anderen«. Auschwitz und der Auschwitz-Prozeß der DDR: Das Ver-fahren gegen den KZ-Arzt Dr. Horst Fischer, Paderborn-München-Wien-Zürich 2006.

478 Siehe dazu u. a.: – Ernst Klee: »Euthanasie« im NS-Staat. Die »Vernichtung lebensunwerten Lebens«. Frankfurt a. M 1983; – Ernst Klee: Was sie taten – Was sie wurden. Ärzte, Juristen und andere Beteiligte am Kranken- oder Judenmord, Frankfurt a. M. 1986; – Ernst Klee: Irrsinn Ost – Irrsinn West. Psychiatrie in Deutschland, Frankfurt a. M. 1993; – Ernst Klee: Auschwitz, die NS-Medizin und ihre Opfer, Frankfurt a. M. 1997.

479 Ernst Klee: Auschwitz …., S. 215.

480 Ernst Klee: Sie standen Schlange um »Menschenmaterial«. In: ND vom 15. Oktober 1997. Ernst Klee hat in seinem Auschwitz-Buch weit über 1000 Täter und Täterinnen dokumentiert, zu denen nach seiner Ansicht, zwar in verschwindend geringer Zahl, aber dennoch auch, ebenfalls DDR-Bürger und -Bürgerin-nen gehören.

481 ND vom 20. November 1995.

482 Vgl. Ernst Klee: Auschwitz, S. 102; – ders.: Das Personenlexikon …, S. 646; Günther Wieland: Der Bei-trag der DDR zur Ahndung nationalsozialistischer Medizinverbrechen. In: Joachim S. Hohmann/Günther Wieland: MfS-Operativvorgang »Teufel«: »Euthanasie«-Arzt Otto Hebold vor Gericht, Berlin 1996, S. 105; Günther Wieland: Die strafrechtliche Ahndung von »Euthanasie«-Verbrechen in Ostdeutschland. In: Ders., Naziverbrechen und deutsches Strafrecht. Bulletin für Faschismus und Weltkriegsforschung, Bei-heft 3, Berlin 2004, S. 205-216.

483 Ernst Klee: Irrsinn Ost, S. 106.

484 Zit. nach: Ernst Klee: Irrsinn Ost, S. 106.

485 Zit. nach: Günther Wieland: Der Beitrag der DDR zur Ahndung nationalsozialistischer Medizinverbre-chen, S. 105.

486 Klee listet 24 durch die DDR-Justiz wegen Euthanasie-Verbrechen Verurteilte auf (Ernst Klee: Irrsinn Ost, S. 228, Anm. 20).

487 Ernst Klee: Irrsinn Ost, S. 106 f.

488 Siehe: Günther Wieland: Die strafrechtliche Ahndung von »Euthanasie«-Verbrechen in Ostdeutschland. In: Ders., Naziverbrechen und deutsches Strafrecht. Bulletin für Faschismus und Weltkriegsforschung, Beiheft 3, Berlin 2004, S. 205; Günther Wieland: Der Beitrag der DDR zur Ahndung nationalsozialistischer Medizinverbrechen, S. 73-106. Vgl. Friedrich Karl Kaul: Nazimordaktion T 4. Ein Bericht über die erste industriemäßig durchgeführte Mordaktion des Naziregimes, Berlin 1973.

489 Diese Klammern »(Fall Nr. …)« verweisen auf den von C.F. Rüter herausgegebenen Registerband der Sammlung ostdeutscher Urteile »DDR-Justiz und NS-Verbrechen«, der das Auffinden der Urteile erleich-tert.

490 Zit. nach: Annette Weinke, …S. 477 Anm. 78. Siehe auch: Henry Leide, …, S. 340.

491 Annette Weinke, … S. 476, Anm. 62.

492 Annette Weinke, … S. 476, Anm. 63.

493 Zitiert nach: Henry Leide, …, S. 346 f.

494 Zitiert nach: Henry Leide, …, S. 347

495 LG Gera – Beschluß in der Strafsache gegen Prof. Dr. sc. med. Rosemarie Albrecht vom 9. Februar 2005. Siehe auch: Rainer Erices/Antje Gumz: Der Fall Rosemarie Albrecht: Zu Ende begutachtet. In: Deutsches Ärzteblatt 102, Ausgabe 33 vom 19. August 2005.

496 Zitiert nach: Volker Wachholz: Teilwahrheiten modern. In: jW vom 6. Oktober 2000.

497 Volker Wachholz: Teilwahrheiten modern. In: jW vom 6. Oktober 2000.

498 Siehe: Bericht der Kommission der Friedrich-Schiller-Universität Jena zur Untersuchung der Beteiligung Prof. Dr. Jussuf Ibrahims an der Vernichtung »lebensunwerten Lebens« während der NS-Zeit, Jena, 19. April 2000. (http://www.verwaltung.uni-jena.de/oeff/ibrahim/top.htm); – Martin Keßler: Die Verdrän-gung, S. 531 ff.; – Susanne Zimmermann: Die Medizinische Fakultät der Universität Jena während der Zeit des Nationalsozialismus, Berlin 2000; – Herbert Altenburg: Man wußte, aber schwieg. In: jW vom 25. September 2000.

499 Günther Wieland: Der Beitrag der DDR zur Ahndung nationalsozialistischer Medizinverbrechen, S. 105. Wieland nennt als Versäumnis der DDR weiter die Fälle Werner Catel, gegen den bis zu seiner Flucht 1946 nach Westdeutschland nicht recherchiert wurde, obwohl er als Hochschullehrer auf Verlangen der sowjetischen Besatzungsmacht 1945 fristlos entlassen worden war, und Hermann Stieve, der bis zu seinem Tode im Jahre 1952 als angesehener Ordinarius der HUB wirkte (S. 104).

14. Wehrmachtoffiziere und bewaffnete Kräfte der DDR

Kappelt schreibt im Einleitungskapitel seines »Braunbuches DDR« unter der Überschrift »Aus Nazis wurden Kommunisten«, die DDR sei »nicht nur für unbedeutende Mitläufer der nationalsozialistischen Gewaltherrschaft« eine neue politische Heimat geworden. Maßgeblich für die Zusammenarbeit sei »nicht die Ehrlichkeit des Gesinnungswandels (gewesen), sondern allein der politische Nutzen, den das kommunistische Regime aus der Mitarbeit ehemaliger NSDAP-Mitglieder ziehen konnte.« Wer bereit gewesen sei, »sich dem sozialistischen Aufbau zur Verfügung zu stellen, dem wurde seine NS-Vergangenheit verziehen«, der konnte »die zweite Karriere seines Lebens begründen.«[500]

Man habe, so andere Äußerungen, die DDR als den einzigen antifaschistischen Staat in Deutschland bezeichnet. Die Praxis aber hätte anders ausgesehen, denn »zum Beispiel wurde die NVA mit führender Hilfe ehemaliger Nazi-Offiziere und Nazi-Generäle aufgebaut«.[501]

Der Verweis auf ehemalige Wehrmachtsangehörige als Mitwirkende bei der Schaffung der bewaffneten Kräfte der DDR ist nicht erst mit dem Untergang des sozialistischen Staates zum Thema geworden. Nach den Veröffentlichungen der DDR zur Rolle ehemaliger Nazi-Offiziere in den westdeutschen Streitkräften kam von dort die Retourkutsche.[502] Nach dem Untergang der DDR entstanden auch durchaus seriöse Analysen, wobei allerdings die Wertungen nicht selten darauf abzielten, den DDR-Antifaschismus in Frage zu stellen. So konstatierte beispielsweise Rüdiger Wenzke, Historiker am Militärgeschichtlichen Forschungsamt, zunächst mit Recht, daß nur ein relativ kleiner Teil der erforderlichen militärischen Spezialisten aus dem Offizierskorps der Wehrmacht ausgewählt und herangezogen worden sei. Nimmt man die Fakten, dann hat man es in diesem Fall mit einem sachlichen und informativen Beitrag zu tun. Nimmt man die Wertungen, hat man ein typisches Produkt des Zeitgeistes.

Die obligate Diffamierung folgt auf dem Fuße: »Dazu hatten sowjetische Offiziere und Funktionäre in den Kriegsgefangenen- und Antifa-Lagern der UdSSR – nicht selten durch Ausübung politischen und moralischen Drucks – frühzeitig ein gewisses Potential willfähriger Wehrmachtsoffiziere schaffen können.«[503] Den Einsatz und die

Tätigkeit von Wehrmachtsoffizieren habe man weitgehend geheim gehalten, wobei der Westen dank seiner Agenten über hinreichend Informationen verfügte.[504] »In der späteren DDR-Propaganda wurde offiziell der Mythos gepflegt, beim Aufbau der ›ersten deutschen Arbeiter-und-Bauern-Armee‹ auf die Hilfe von ›Hitler-Generalen‹ völlig verzichtet zu haben.«[505]

Das allerdings war kein »Mythos«, sondern Realität! Die in die bewaffneten Kräfte der SBZ/DDR eintretenden »Hitler-Generale« hatten sich von Hitler losgesagt und in ihrer Mehrzahl durch aktives Handeln gegen die Weiterführung des Krieges bewiesen, daß sie mit dem Nazismus gebrochen hatten. Nicht wenige von ihnen waren von nazistischen Gerichten in Abwesenheit zum Tode verurteilt worden. Sie waren mithin tatsächlich keine »Hitler-Generale« mehr. Es greift daher auch nicht, wenn Wenzke meint, es hätte nicht ins Bild gepaßt, »daß sich zeitweise mehr ehemalige Wehrmachtsoffiziere in den Reihen ihres Offizierskorps befanden als Widerstandskämpfer und KPD-Funktionäre aus der Zeit vor 1945.«[506] Abgesehen davon, daß die »Kommandohöhen«, wie Wenzke an anderer Stelle selbst geschrieben hatte[507], von Kommunisten eingenommen wurden. Es gehört schon eine gewisse Unverfrorenheit dazu, den Kommunisten vorzuhalten, daß sie nicht ausreichend Militärs in ihren Reihen hatten, um das Heft des militärischen Aufbaus überall selbst in die Hand zu nehmen.

Die »Väter« der Bundeswehr hatten nachgewiesenermaßen einen solchen Bruch mit ihrer Vergangenheit nicht vollzogen, wie es die Militärs im Osten getan hatten. Sie waren mehrheitlich ihrem »Führer« bis zum bitteren Ende treu geblieben.

Der naserümpfende Hinweis im Westen auf die angeblich »kommunistisch geläuterten Wehrmachtsoffiziere«[508] machte nämlich unbewußt deutlich: Diese hatten schon früher mit Hitler gebrochen als ihre Kollegen im Westen.

Die Militärs handelten als deutsche Patrioten, als sie sich in die Antihitlerkoalition einreihten und gegen die Nazidiktatur kämpften: in Kriegsgefangenenlagern oder an der Front, um deutsche Soldaten zur Einstellung des Kampfes aufzufordern, als Aufklärer der Roten Armee hinter der Front, als Partisanen oder Agitatoren, die versuchten, Truppenteile zur Kapitulation zu bewegen, was mancher mit seinem Leben bezahlte. Erinnert sei an den Soldaten Fritz Schmenkel, dem zu Ehren die zum Kapitulationsmuseum führende Straße in Berlin-Karlshorst benannt worden war. Nach dem Anschluß der DDR 1990 erfolgte mit Windeseile die Umbenennung.

Eine solche aktive antinazistische Haltung sucht man bei den von der DDR aufgelisteten Westmilitärs vergebens. Sie waren bis 1945 unbelehrbare Antikommunisten, und sie blieben es auch. Deshalb brauchte man sie ja.

Bei der Remilitarisierung wirkten belastete und ewiggestrige Offiziere entscheidend mit.

Daß dem Einsatz gegen Hitler die Einsicht in das Verbrecherische des deutschen Faschismus vorausgehen mußte, versteht sich wohl von selbst. Auf den Antifaschulen lernten Deutsche die Gründe für das Entstehen des deutschen Faschismus ebenso kennen wie die Rolle, die das deutsche Kapital dabei gespielt hatte. Man kann kaum von Gehirnwäsche bei Opportunisten sprechen, wenn ehemalige Nazisoldaten und -offiziere und teilweise auch Chargierte der SS an den Antifaschulen Kenntnisse über den Mechanismus faschistischer Machtausübung und über verübte nazistische Verbrechen erwarben und es vermochten, sich von der Gefolgstreue zum Naziregime zu lösen.

Genau diese aktive antinazistische Haltung sucht man bei den von der DDR in ihren Dokumentationen aufgelisteten Nazis in bundesdeutschen Diensten vergebens. Sie blieben unbelehrbare Antikommunisten und hielten ihrem »Führer« bis zum letzten die Nibelungentreue, wobei sie nicht unbedingt an Kriegsverbrechern beteiligt gewesen sein mußten. Die DDR bewies in ihren Dokumentationen, daß bei der Remilitarisierung in der BRD belastete und geistig alt gebliebene nazistische Offiziere entscheidend mitwirkten.[509] In diesem Kontext mutet es etwas seltsam an, wenn Wenzke vorwurfsvoll schreibt, es habe sich sehr schnell gezeigt, »daß es nicht das Ziel der SED-Politik war, ein wirklich demokratisches, pluralistisch geprägtes Offizierskorps aus dem Volke entstehen zu lassen. ›Proletarische Herkunft‹ und Treue zur ›Partei der Arbeiterklasse‹ galten nunmehr als die entscheidenden sozialen und politischen Auswahlkriterien.«[510] Wohl wahr. Aber wie wirklich demokratisch und pluralistisch geprägt war damals das Offizierskorps der Bundeswehr?

1994 schrieb der *Spiegel* in seiner unnachahmlichen Art: »Selbst in der NVA wimmelte es, nicht anders als in der Bundeswehr, in der Aufbauphase von Offizieren der Wehrmacht. Nach einer MfS-Statistik von 1957 waren von den 16 Spitzen-Generälen 5 ehemalige Wehrmachtsoffiziere, 3 hatten als Generäle bei Hitler gedient. Ein Viertel aller NVA-Obersten entstammten der NS-Armee.«[511]

Offenkundig hatte der *Spiegel* die Analyse des MfS zur Hand, in der mitgeteilt wurde, daß sich unter den 1.036 im Ministerium für nationale Verteidigung beschäftigten Offizieren 60 ehemalige Offiziere der Wehrmacht (5,8 Prozent) befanden. Bei den 5 ehemaligen Wehrmachtsoffizieren im NVA-Generalsrang handelte es sich um Generalleutnant Vincenz Müller (Generalleutnant der Wehrmacht), Generalmajor Bernhard Bechler (Major i. G.), Generalmajor Arno von Lenski (Generalmajor), Generalmajor Helmut Borufka (Leutnant) und Generalmajor Hans Wulz (Generalmajor)[512]. Das MfS bewertete bei einigen ehemaligen Wehrmachtsoffizieren besorgt deren »bürgerliche« Einstellung. In einigen Fällen wurden »gefährliche« Konzentrationen gesehen.[513] Von einer etwaigen nazistischen Haltung war jedoch nirgendwo die Rede. Und daß man diese beanstandet hätte, so vorhanden, sollte man begründet annehmen.

Die SED-Führung beschloß am 15. Februar 1957[514] die sukzessive Reduzierung des Anteils ehemaliger Wehrmachtsoffiziere, um die klassenmäßige und politische Zuverlässigkeit der NVA weiter zu erhöhen, wie es hieß.

Man kann geteilter Auffassung sein über das dabei gezeigte Mißtrauen gegenüber den ehemaligen Wehrmachtsoffizieren. Wenn man etwas in der DDR machte, geschah das gründlich und meist um eine Spur übertrieben. Aber eines kann man wohl ausschließen: einen nachhaltigen »Einfluß ehemaliger Nationalsozialisten in der DDR« auf die Verfaßtheit ihrer Armee, wie ihn Kappelt bereits im Titel seines zweiten Buches zu behaupten versucht.[515]

Nach Auskunft des im Jahre 2000 erschienenen »Handbuchs« über die Generalität der DDR[516] dienten bis 1989 insgesamt 376 Generale und Admirale in der NVA, bei den Grenztruppen und in der Zivilverteidigung. Im März 1964 waren noch 67 ehemalige Wehrmachtsoffiziere in folgenden Bereichen der NVA aktiv: 21 in der Lehrtätigkeit, 13 im medizinischen Dienst, 13 in der militärwissenschaftlichen Arbeit, neun in Stäben und zentralen Einrichtungen, fünf im Ministerium für Nationale Verteidigung, vier im Musikkorps und zwei in der Sportvereinigung »Vorwärts«.[517]

Der letzte ehemalige Leutnant der Wehrmacht und spätere Generalmajor der NVA Reinhard Brühl, Chef des Militärgeschichtlichen Instituts der DDR, beendete seinen aktiven Dienst im Sommer 1989, also noch vor dem Ende der DDR.[518]

Daß auch Wehrmachtsoffiziere, -unteroffiziere und -soldaten in der NVA Generale wurden, dürfte wohl kaum als Beweis genügen, daß in der DDR eine vermeintliche Kontinuität zum Nazismus bestand. Es steht eher für die Tatsache, daß die Zusammensetzung der Führungsstrukturen der bewaffneten Kräfte dem gesellschaftlichen Querschnitt entsprach. Die Einbeziehung jener ehemaligen Wehrmachtsangehörigen erfolgte erst nach gründlicher Prüfung, ob sich der Betreffende keiner Nazi- und Kriegsverbrechen schuldig gemacht hatte. Im übrigen war glaubwürdig nachzuweisen, daß mit dem Nazismus gebrochen worden war und sich eine grundsätzliche politische Wende im eigenen Leben vollzogen hatte. Dieser Nachweis wurde in der Regel vor allem durch die Tatsache erbracht, daß zahlreiche Wehrmachtsangehörige an den Kursen der Antifa-Schulen teilnahmen und sich nicht wenige noch während des Krieges aktiv im NKFD/BDO betätigten.

Seit Öffnung der DDR-Archive sind detaillierte Untersuchungen über die Rolle ehemaliger Wehrmachtsangehöriger in den bewaffneten Kräften der DDR erschienen. Im Juni 1951 waren von den 431 Wehrmachtsoffizieren, die in der Hauptverwaltung Ausbildung (HVA) tätig waren, 65 im zentralen Stab beschäftigt, was 22 Prozent aller Offiziere dieses Führungsorgans ausmachte. Weitere 200 besetzten Kommando- und Stabsfunktionen – vom Abteilungsleiter (diese Funktion entsprach einem Bataillonskommandeur) aufwärts. 45 wurden als Hauptfachlehrer und Fachlehrer an Offiziersschulen »verwendet«, und vier versahen ihren Dienst als Militärärzte.[519]

Mitte 1956 waren unter den 17.500 Offizieren der soeben gegründeten NVA etwa 500 ehemalige Wehrmachtsoffiziere (also weniger als drei Prozent).[520] Zugegeben: Wegen ihrer Qualifikation waren sie überwiegend in führenden Kommando- und Stabsfunktionen beschäftigt und, wie Niemetz schreibt, »nicht so ohne weiteres zu ersetzen«.[521]

Am 29. Mai 1959 fand in Genf eine Pressekonferenz statt, auf der der Stellvertreter des Ministers für Nationale Verteidigung der DDR, Generalleutnant Heinz Hoffmann, erklärte: »Es gibt offensichtlich einige falsche Annahmen in bezug auf die Anzahl der ehemaligen Offiziere der Hitlerarmee in unserer Nationalen Volksarmee. Die Zusammensetzung unseres Offizierskorps sieht von diesem Gesichtspunkt aus folgendermaßen aus: 80 Prozent der Generale und Offiziere der Nationalen Volksarmee waren nicht Angehörige der faschistischen Armee. Zwölf Prozent dienten als Soldaten, sieben Prozent als Unteroffiziere, Feldwebel usw. und ein Prozent als Offiziere. ... Die soziale Zusammensetzung des gesamten Offizierskorps, also der Offiziere und Generale, ist folgende: 85 Prozent Industrie- und Landarbeiter, zwölf Prozent Angestellte, drei Prozent sonstige Berufe.«[522] Angesichts diese Fakten klingt die Klage von Gerold Hildebrandt im Internet ein wenig weltfremd: »Während Hunderte Nazis mit SED-Hilfe in führende Positionen der NVA vorrückten, wurden Totalverweigerer mit fünf Jahren Haft bedroht.«[523]

Wenzke meint zu Hoffmanns Ausführungen in Genf 1959, diese seien nur die halbe Wahrheit, denn es seien eben doch eine Reihe ehemaliger Generale und hoher Wehrmachtsoffiziere in den 50er Jahren aktiv und führend am Aufbau der DDR-Armee beteiligt gewesen. Wieso war die Aussage Hoffmanns eine »halbe Wahrheit«? Denn daß die 20 Prozent des Offiziersstamms aus der Wehrmacht kamen, hatte er doch nicht verschwiegen.

Wenzke behauptet ferner, es sei für die DDR peinlich geworden, »als Anfang der 60er Jahre der ›antifaschistisch-demokratische‹ Nimbus zweier Wehrmachtsgenerale, die im Dienst der NVA gestanden hatten, durch den Eichmann-Prozeß in Jerusalem ins Wanken geriet. Die Generale von Lenski und Müller hatten Kontakt zu Eichmann gehabt ...«[524] Wenzke stützte sich mit seiner Behauptung über den vorgeblichen Eichmann-Kontakt der Generale ohne eigene Prüfung offensichtlich auf einen Artikel von Michael Lemke, allerdings ohne diese Quelle zu nennen.[525]

Dieser Artikel Lemkes wird an anderer Stelle genauer unter die Lupe genommen.

Vom nicht erfolgten Vergleich des Offiziersbestandes

Bei der Pressekonferenz 1959 in Genf ist gefragt worden, ob das Kommando der Volksarmee damit einverstanden sei, sich einer Untersuchung über die Zusammensetzung des Offizierskorps und den Geist der Armee unterziehen zu lassen. Heinz Hoffmann erklärte, daß es dazu bereits eine offizielle Erklärung des Ministeriums für Nationale Verteidigung mit dem Einverständnis gebe, das Generals- wie das Offizierskorps beider deutscher Staaten vor die Öffentlichkeit zu stellen. »Wir werden sehen, wo die Antifaschisten und Hitlergegner und wo die Hitlergenerale und -offiziere sind.«[526]

Im Spätherbst 1957 zählte die Bundeswehr allein 44 Generale und Admirale sowie Tausende ehemaliger Offiziere der Wehrmacht zu ihren Angehörigen.[527] Das erklärt weshalb es zu einer öffentlichen und offiziellen Gegenüberstellung der beiden Armeen nie gekommen ist.

Wahrscheinlich hat das auch damit etwas zu tun, daß, wie Bundeswehr-Generalmajor Gerd Schultze-Rhonhof im Oktober 1996 beim Jahrestreffen der Träger des Ritterkreuzes in Dresden erklärte, »fast 700 Ritterkreuzträger in maßgeblichen Funktionen die Bundeswehr mit aufgebaut« haben.[528] Es sollte nicht übersehen werden: Immerhin hatten in der Bundeswehr von den Ende 1956 aktiven 38 Generälen 31, von den 237 Obristen 100 und von 225 Oberstleutnanten 84 bis 1945 eine Generalstabslaufbahn in der Wehrmacht.[529] 1966 »war von 189 Generalen und Admiralen noch über die Hälfte Wehrmachtsgeneralstäbler, und auch die anderen hatten ausnahmslos als Offiziere am Zweiten Weltkrieg teilgenommen.«[530] Und nicht vergessen werden darf, daß »… kein Offizier des Widerstandes … beim Aufbau der neuen Armee berücksichtigt (wurde), im Gegenteil: Für Mitglieder des ›Bundes Deutscher Offiziere‹ bestand bei der Dienststelle Blank ein striktes Einstellungsverbot!«[531]

Noch 1979 wies jeder zweite der 215 aktiven Generale und Admirale der Bundeswehr eine Wehrmachtsvergangenheit auf. Es ist kennzeichnend, daß auch in dem von Müller/Volkmann herausgegebenen und verdienstvollen Werk »Die Wehrmacht. Mythos und Realität« zwar ein Beitrag über das Verhältnis der bewaffneten Kräfte der SBZ/DDR zur Wehrmacht enthalten ist und unter anderem der Anteil von Wehrmachtsoffizieren in den DDR-Streitkräften aufgelistet wird[532], aber ein entsprechender Aufsatz zum Thema Bundeswehr und Wehrmacht fehlt. Im Epilog zollt einer der Herausgeber, Hans-Erich Volkmann, dem Antikommunismus und der DDR-Delegitimierung Tribut. Er schreibt, daß sich die »SBZ-Organe, nicht zuletzt unter dem Druck der sowjetischen Militäradministration und der Kommunistischen Partei, bewußt antifaschistisch und -militaristisch gebärdeten«.[533] Mit Recht bemerkt der Potsdamer Historiker Kurt Finker in seiner Rezension des Buches: »Der Autor – 1945 sieben Jahre alt – hält sich also für auserkoren, Widerstandskämpfern und KZ-Häftlingen, die die Hölle überlebt hatten, Emigranten und Kämpfern der Bewegung ›Freies Deutschland‹, die in den neuen Staatsorganen wirkten, ehrlichen Antifaschismus absprechen zu müssen!«[534]

Rüdiger Wenzke teilt in einer Statistik mit, wer in Deutschland in der Zeit von 1899 bis 1962 den Offiziersnachwuchs stellte. In den Jahren 1899, 1905, 1913, 1930 und 1962 – mit unterschiedlichen Prozentzahlen – dominieren Offiziere, höhere Beamte, Gutsbesitzer als die »sozial erwünschten Kreise«.[535] Und dann heißt es: »Die folgenden Übersichten zeigen, daß sich das neue Offizierskorps der DDR, dessen Grundlagen am Ende der 40er Jahre gelegt worden waren, von Anfang an aus Bevölkerungsschichten rekrutierte, die bisher in der sozialen Zusammensetzung dieser Berufsgruppe keine oder nur eine periphere Rolle gespielt hatten. ... Die soziale Struktur des Offiziersnachwuchses der HVA wurde eindeutig von dessen Herkunft aus der Arbeiterschaft bestimmt. Die Dominanz dieser Gruppe, die in der Rekrutierungspolitik des Kaiserreiches und der Weimarer Republik überhaupt keine Rolle gespielt hatte, stellte das eigentlich Neue dar.«[536]

In der beigefügten Tabelle ist unter anderem zu lesen:

Soziale Herkunft (nach dem Beruf des Vaters): Arbeiter = 91,5 %; soziale Lage (nach dem Beruf vor dem Eintritt in die VP): Arbeiter = 84,3 %.

Nun ist die soziale Herkunft selbstredend keine Garantie für antifaschistisches Denken und Verhalten, aber zweifellos dürfte der andere soziale Boden nicht unwesentlich dafür gewesen sein, daß sich der Charakter dieser neuen bewaffneten Macht vom bisherigen Militär gravierend unterschied.

Wenzke meint, daß im Umfeld der offiziellen NVA-Gründung kein quantitativ hoher Anteil ehemaliger Wehrmachtsoffiziere bestanden habe, wobei allerdings eine erhebliche Konzentration im Führungsbereich erkennbar gewesen sei. Das habe ein zunehmendes Mißtrauen der SED-Führung hervorgerufen. Man habe befürchtet, daß die militärische Führung der Armee »zu stark unter dem Einfluß ehemaliger, im SED-Verständnis ›klassenfremder Elemente‹ gelangen könnte«, und wollte auch für die propagandistische Auseinandersetzung mit der Bundeswehr bessere Bedingungen schaffen.[537] Deshalb seien die »Ehemaligen« sukzessive abgebaut worden.

Man wird aus diesem Verhalten der SED-Spitze wohl kaum schlußfolgern können, daß ehemalige Wehrmachtsoffiziere, sofern sie es denn überhaupt gewollt hätten, eine nazistische Beeinflussung der bewaffneten Kräfte der SBZ/DDR hätten praktizieren können. Was unter anderem Wenzke natürlich ganz anders sieht. Für ihn gilt als delegitimierende Wahrheit: »Als im Januar 1956 die Nationale Volksarmee (NVA) offiziell gegründet wurde und sich die Soldaten der Öffentlichkeit in Uniformen präsentierten, die denen der Wehrmacht glichen, war das für viele Menschen in Ost und West der letzte Beweis für eine bis dahin mehr erahnte als sichtbare Kontinuität zwischen dem ›braunen‹ und dem ›roten‹ Militär.«[538]

Zu diesem »Kontinuitätsbeweis« paßt die folgende Aussage: Was die Zugehörigkeit zu faschistischen Organisationen anbelangt, so waren nach einer Statistik von Ende 1955 bei einer Gesamtstärke von 15.000 Mann des KVP-Offizierskorps (einschließlich Volkspolizei-See und Aero-Klubs) 122 Offiziere (0,8 Prozent) Mitglied der NSDAP und 68 (0,4 Prozent) Mitglied von SA/SS gewesen.[539] Bei dieser Sachlage ist es selbst Wenzke zu stark, wenn Kappelt behauptet, daß »NS-Führungsoffiziere und Angehörige der Generalität der Deutschen Wehrmacht« eine »Affinität für die neuen Machthaber in der SBZ und eine beachtenswerte Bereitschaft zur Mitarbeit am Aufbau des Sozialismus in der DDR zeigten«[540], weshalb er meint, dies treffe »wohl in dieser Absolutheit kaum zu«.[541]

Laut einer Untersuchung über den Offiziers- und Mannschaftsbestand des Dienstzweiges Volkspolizei See/Volksmarine dienten nach mehreren »Säuberungswellen« im Jahre 1955 bei einer Gesamt-Soll-stärke von 11.380 (der Ist-Bestand belief sich auf 9.990) noch 533 ehemalige Wehrmachtsangehörige in der Seepolizei der DDR. Davon waren 39 Offiziere bis zum Range eines Kapitänleutnants, 256 Unteroffiziere und 238 Mannschaftsdienstgrade. Die Admiralsränge der DDR-Seestreitkräfte, die im Verlaufe der Jahrzehnte 39 Personen (mit Geburtsjahren zwischen 1904 und 1944) umfaßten, setzten sich wie folgt zusammen: 15 sind der Weltkriegsgeneration zuzurechnen. Von ihnen waren nur sechs Angehörige der Kriegsmarine (höchster Dienstgrad Oberleutnant z. S.), zwei Unteroffiziere des Heeres und ein Offizier der Handelsmarine.[542] Ein Marinerichter Filbinger war jedenfalls nicht darunter. Wenzke ist zuzustimmen, wenn er schreibt: »Insgesamt waren der Anteil und die Rolle der in die bewaffneten Kräfte der SBZ/DDR übernommenen ehemaligen Wehrmachtsoffiziere, einschließlich der Generale, aber relativ gering, legt man den Maßstab der Bundesrepublik an, die beim Aufbau ihres Militärs vor allem in der Führung fast ausnahmslos auf ehemalige Angehörige der Wehrmacht zurückgegriffen hatte.«[543]

Ausgewählte Biographien

Im einzelnen werden nachstehend einige der in den Medien immer wieder genannten ehemaligen Angehörigen der Wehrmacht aufgeführt, die in den bewaffneten Kräften der DDR ihren Dienst taten bzw. in anderen Bereichen des gesellschaftlichen Lebens Positionen einnahmen:

Wilhelm Adam (1893–1978): Lehrer; 1923–24 NSDAP; 1926–29 DVP; als Leutnant Teilnehmer am Ersten Weltkrieg; 1933 Stahlhelm, 1933/34 SA-Reserve; 1934–45 Berufssoldat (zuletzt Oberst); unter anderem Adjutant von Generalfeldmarschall Paulus; 1943 bei Stalingrad sowjetische Kriegsgefangenschaft; Mitgl. BDO und NKFD; Zentrale Antifa-Schule in Krasnogorsk; von einem deutschen Gericht in Abwesenheit zum Tode verurteilt. Nach Rückkehr aus der UdSSR (1948) Funktionen in der NDPD; seit 1953 Kommandeur der Hochschule für Offiziere der Kasernierten Volkspolizei (KVP); Generalmajor der NVA; 1958 Ruhestand. (Lea Rosh, meint konstatieren zu müssen, man könne der SED den Vorwurf nicht ersparen, »Nazis selbst in höchste Parteiämter zugelassen zu haben«, wobei sie Eichler, Beil und Reichelt nannte und außerdem auf Adam verwies, der sich »sogar 1923 am Hitlerputsch beteiligt« habe.)[544]

Rudolf Bamler (1896–1972)[545]: Berufsoffizier; 1938 Abteilungschef der Spionage-Abwehr im Amt Ausland/Abwehr des OKW; 1939 Chef des Generalstabes des Militärbefehlshabers Danzig-Westpreußen; April 1943 Generalleutnant; 1944 Kommandeur 12. Infanteriedivision; Juni 1944 sowjetische Kriegsgefangenschaft. (Kappelt wirft Bamler vor, er habe sich bereiterklärt , »für Spitzeldienste zur Verfügung zu stehen« und sei mitverantwortlich für die Hinrichtung eines Nazi-Generals gewesen .[546]) Absolvent einer Antifa-Schule; nach seiner Rückkehr aus der Kriegsgefangenschaft 1951 Chefinspekteur und Leiter der VP-Schule Glöwen; 1952 Generalmajor der KVP; Mitglied des Vorstandes der AG ehemaliger Offiziere; 1966 Ruhestand.

(Heinz) Bernhard Bechler (*1911)[547]: ab 1931 Berufsoffizier; 1934 Leutnant; Kappelt schreibt, daß Bechler laut Berichten als überzeugter Nationalsozialist galt, und zitiert von ihm kernige nazistische Sprüche anläßlich einer Bataillonsübergabe[548]; Januar 1943 als Major und Bataillonskommandeur bei Stalingrad in sowjetischer Kriegsgefangenschaft; Antifa-Schule in Krasnogorsk; Mitglied des NKFD;Vorstandsmitglied BDO; 1944 Frontbevollmächtigter des NKFD; von einem deutschen Gericht in Abwesenheit zum Tode verurteilt; nach 1945 KPD/SED; 1946–1948 Innenminister des Landes Brandenburg; 1949/50 militärischer Sonderlehrgang in der UdSSR; 1950–1952 Stabschef der HV Ausbildung im MdI; 1952–1957 stellvertretender Chef des Hauptstabes der KVP bzw. NVA; 1959–65 Stellvertreter des Kommandeurs der Militärakademie »Friedrich Engels« in Dresden;Generalmajor der NVA; bis 1989 Mitglied des Bezirkskomitees Potsdam der Antifaschistischen Widerstandskämpfer. Die gegen Bechler aus dubiosen Quellen vorgebrachten persönlichen Anwürfe (Verhalten gegenüber seiner Ehefrau[549]) sind auf moralische Ehrverletzung gerichtet und verdienen keine Beachtung.

Eberhard Charisius (1916–1980); Berufsoffizier; NSDAP 1935; Oberstleutnant der Luftwaffe; 1941 sowjetische Kriegsgefangenschaft; Mitbegründer und Frontbevollmächtigter des NKFD; von einem deutschen Gericht in Abwesenheit zum Tode verurteilt; 1948 Kommandeur der Schutzpolizei Sachsens; Oberstleutnant der Grenzpolizei; Oberst der NVA.

Wilhelm Ehm (*1918): Oberfunkmeister auf einem U-Boot der nazistischen Kriegsmarine; 1945–47 sowjetische Kriegsgefangenschaft; Mitglied des Antifa-Aktivs eines Lagers; 1948 Rückkehr in die SBZ; Funktionen in der SED; 1950 Eintritt in die Seepolizei; von da ab verschiedene Dienstgrade und Funktionen in den Seestreitkräften der DDR; Vizeadmiral und (1963–1987) Chef der Volksmarine; ab 1972 zugleich Stellvertreter des Ministers für nationale Verteidigung. 1981 Kandidat des ZK;1982–1989 Mitglied des ZK der SED.

Egbert von Frankenberg und Proschlitz (1909–2000)[550]: 1931 NSDAP;1932 SS; Kappelt zitiert aus dem 1932 bei Eintritt in die SA abgelegten Treuegelöbnis für Hitler. 1931–35 Ausbildung als Flugzeugführer; ab 1935 Wehrmacht (Luftwaffe); Major;1938–39 als Angehöriger der »Legion Condor« Einsatz im Bürgerkrieg gegen die spanische Republik, Auszeichnung mit dem »Spanienkreuz« in Gold; im Zweiten Weltkrieg Kommodore des Kampf-Geschwaders 51 »Edelweiß«; 1943-48 sowjetische Kriegsgefangenschaft; Mitglied des NKFD, dessen Sprecher im Moskauer Rundfunk er war; Mitbegründer des BDO; 1944 durch das Reichskriegsgericht in Abwesenheit zum Tode verurteilt; 1949 NDPD; 1949–90 Mitglied des Hauptausschusses der NDPD; 1951–54 Volkskammerabgeordneter; 1957–89 militärpolitischer Kommentator des Staatlichen Rundfunkkomitees der DDR; 1957 Dr. rer. pol. an der DASR; 1989 Dr. sc. an der HUB. (Kappelt, der eine »höchst fragwürdige NS-Vergangenheit« bemängelt und kritisiert, daß Frankenberg sich in der Kriegsgefangenschaft »zum Kommunisten [habe] wandeln« lassen, kreidet ihm besonders an, 1994 anläßlich der Bundestagswahl den Aufruf zur Wahl der PDS unterzeichnet zu haben.[551])

Heinrich Homann (1911–1994)[55.2] 1933 NSDAP; von 1934–45 Berufssoldat; 1937 Leutnant; 1943 als Major in sowjetischer Kriegsgefangenschaft bis 1948; Zentrale Antifa-Schule in Krasnogorsk; Mitbegründer des NKFD; Mitarbeiter am Sender »Freies Deutschland« und der Zeitung »Freies Deutschland«; 1949–52 Politischer Geschäftsführer der NDPD, seit 1949 Volkskammerabgeordneter, von 1954–63 Stellvertretender Präsident der Volkskammer, ab 1960 Stellvertretender Vorsitzender des Staatsrats, ab 1972 Vorsitzender der NDPD[553]. (Für Kappelt gehört Homann zu jenen, die »aus einer totalitären Herrschaftsordnung [kamen] und ... Motor und Antrieb einer neuen Diktatur« wurden.[554])

Otto Korfes (1889–1964)[555]; parteilos; Studium der Staatswissenschaften; bis 1936 im Staatsarchiv tätig, dann reaktiviert; 1938 Oberstleutnant und Bataillonskommandeur eines Infanterieregiments; 1943 Generalmajor und Kommandeur einer Infanteriedivision; Ritterkreuz (22.1.1943); sowjetische Kriegsgefangenschaft; Mitbegründer des NKFD, Mitglied des Vorstandes des BDO; Frontbevollmächtigter; von einem deutschen Gericht in Abwesenheit zum Tode verurteilt, Familie in »Sippenhaft«; 1948 Rückkehr nach Deutschland; Mitglied des Gründungsausschusses der NDPD; 1949 Direktor des Zentralarchivs in Potsdam; 1952–1956 Leiter der Historischen Abteilung im MdI/Stab der KVP, 1952–1956 Generalmajor der KVP/NVA; aus Altersgründen am 31. März 1956 aus dem aktiven Dienst ausgeschieden, ohne vorher in die NVA übernommen worden zu sein; 1957 wieder Direktor des Zentralen Staatsarchivs; ab Jan. 1958 1. Vorsitzender der Arbeitsgemeinschaft ehemaliger Offiziere.

Die Machart der Diffamierung sowohl einer konkreten Person wie des Staates DDR wird bei Kappelt besonders deutlich, wenn er aus der Lebensbetrachtung Otto Korfes' von Sigrid Wegner-Korfes jene Stellen zitiert, in denen die anfangs zweifellos vorhandene Begeisterung und Zustimmung Korfes' für den Nationalsozialismus und die Wiederaufrüstung Nazideutschlands dokumentiert wird. Daß Korfes in der sowjetischen Kriegsgefangenschaft mit heftigen geistigen Auseinandersetzungen einen Wandel durchmachte[556], hält Kappelt für nicht der Rede wert. Für ihn ist Korfes offensichtlich ein militärischer Karrierist, der 1948 nach seiner Rückkehr aus der Gefangenschaft nun eben weitermachte.[557]

Über Korfes wurde durch einen Brief von Siegfried A. Kaehler, den dieser 1952 an Hans Carossa geschrieben hatte, folgendes bekannt: »Diese verhängnisvolle Entwicklung, welche Angehörige der Wehrmacht in die Henkersarbeit der Sondergruppen der SS und des SD hineingezogen hat, hätte aufgehalten werden können, wenn nur ein Dutzend Kommandanten der Wehrmacht das Beispiel befolgt hätten, welches der damalige Oberstleutnant und Bataillonskommandeur Dr. Otto Korfes schon während des Polenfeldzuges gegeben hat. Es klingt heute unglaubhaft, daß dieser Mann während des Herbstfeldzugs 1939 in einer polnischen Kleinstadt, welche von einer SS-Truppe malträtiert und ausgeplündert wurde, mit einem Bataillon des motorisierten Infanterieregiments 65 aus Magdeburg diese SS-Truppe umstellen und entwaffnen ließ.«[558]

Es sei an dieser Stelle angemerkt, daß Kappelt wie andere, die sich über »Nazigeneräle in Pankows Diensten« auslassen, generell von den Erinnerungen dieser ehemaligen Wehrmachtsangehörigen nicht Kenntnis nahmen bzw. nehmen.

Die Memoiren der in der BRD lebenden Nazigeneräle standen unter der zentralen guderianischen Losung: »Ihr waret die besten Soldaten«. Die ostdeutschen Erinnerungen unterschieden sich von diesen absolut dadurch, »daß in ihnen die Teilnahme der Wehrmacht an in der UdSSR begangenen Verbrechen nicht umgangen oder geleugnet wurde. Otto Rühle, einst Verwaltungsoffizier in einer Sanitätskompanie und direkt hinter der Frontlinie eingesetzt, später Minister im Lande Sachsen und Hochschullehrer, wandte sich nicht nur gegen die These, SS- und SD-Einheiten seien die Alleintäter gewesen, sondern ebenso gegen die Schutzbehauptung, nur Angehörige rückwärtiger Kommandos und von Sicherheitsdivisionen hinter der Front hätten von den Untaten Kenntnis besessen. Die Verfasser … schrieben, daß und wie sie zur Erkenntnis ihrer Schuld am Elend und Unheil gelangt waren, das sie über Friedfertige gebracht hatten. Diese Berichte schilderten und bezeugten eine meist langwierige Selbstprüfung und einen schmerzhaften Wandel. Sie gewannen ihren Wert namentlich für die jüngere Leserschaft auch dadurch, daß die früheren Berufsoffiziere erzählten, warum und wodurch sie kritiklos Gefolgsleute eines Regimes geworden waren, dessen verbrecherischen Charakter sie sich spät eingestanden … am ehrlichen Willen der Verfasser, die Zukunft aller Deutschen in friedliche Bahnen zu lenken, mit dem Militarismus abzurechnen und die Beziehungen zu ausnahmslos allen Nachbarn Deutschlands vernünftig zu gestalten, ist kein berechtigter Zweifel möglich.«[559] In diesen Memoiren beschrieben ihre Autoren ihren widersprüchlichen und oftmals schmerzhaften Lebensweg, ihre Skrupel und ihren Wandel offen, ungeschminkt und überzeugend.

Martin Lattmann (1896–1976); Generalmajor, Kommandeur einer Panzer-Division, 1943 sowjetische Kriegsgefangenschaft; Mitbegründer des NKFD, Mitglied des Vorstandes des BDO. Lattmann diente nicht in den DDR-Streitkräften.[560] Leitender Mitarbeiter der Staatlichen Plankommission der DDR.

Arno von Lenski (1893–1986)[561]; parteilos; Berufsoffizier; 1939 bis 1942 Kommandeur einer Schule für Schnelle Truppen in Krampnitz bei Potsdam; 1939–1942 ehrenamtlicher Beisitzer am »Volksgerichtshof«; 1942 Generalmajor, Kommandeur der 24. Panzer-Division; 31. Januar 1943 sowjetische Kriegsgefangenschaft; NKFD; 1944 durch Kriegsgericht Torgau in Abwesenheit zum Tode verurteilt; 1949 Rückkehr aus der Kriegsgefangenschaft; Chef der Fachverwaltung Panzerwesen; Generalmajor der KVP/NVA; 1952–1986 Mitglied des Hauptausschusses der NDPD, Mitglied der Länderkammer (1949 bis 58) und der Volkskammer (1958–1967).

Die Formulierungen des besonderen Vorwurfs gegen von Lenski variieren. Im Kern bestehen sie darin, daß von Lenski ehrenamtlicher Beisitzer am Volksgerichtshof war.[562] Hitler hatte ihn mit anderen hohen Offizieren am 29. August 1940 für die Dauer von fünf Jahren berufen.[563] Der VGH hatte sechs Senate. Von Lenski war im III. Senat Beisitzer, »(der auch Todesurteile fällte), hier als militärischer Sachverständiger in Spionageprozessen«, wie Müller-Enbergs schrieb.[564]

Kurt Finker zum Problem: »Der größte Teil der ehemaligen Offiziere wurde im Verlauf der 60er und 70er Jahre regulär entlassen, in keinem Falle mußte nachträglich Beteiligung an Naziverbrechen festgestellt werden. Was den als besonders ›abschreckendes‹ Beispiel herangezogenen Generalmajor Arno von Lenski betrifft, so galten für ihn die gleichen Prinzipien.

Lenski war während des Krieges zuweilen als militärischer Sachverständiger bei Fällen von Militärspionage ehrenamtlich beim III. Senat des Volksgerichtshofes tätig gewesen, hatte sich aber keiner Verbrechen schuldig gemacht.«[565] Es ist anzumerken, daß von Lenski dem VGH nicht mehr angehörte, sondern sich an der Front befand, als Freisler am 20. August 1942 seinen Dienst als Präsident des VGH antrat. »Nachdem Freisler Präsident geworden war (1942), wurde der (Volksgerichtshof) ein reines Terrorinstrument zur Vernichtung politischer Gegner; er verhängte zwischen 1942 und 44 insgesamt 4.951 Todesurteile.«[566]

Vincenz Müller (1894–1961)[567]; parteilos; seit 1913 Berufssoldat; Offizier im Ersten Weltkrieg, danach Grenzschutz und Reichswehr; ab 1923 unter anderem Adjutant bei General Kurt von Schleicher; 1933–1937 im Generalstab; 1937–1939 Generalstabsakademie;

Oberst; 1943 Generalleutnant, Kommandierender General eines Armeekorps u. zuletzt stellvertretender Oberbefehlshaber der 4. Armee; Ritterkreuz (7. April 1944); Juli 1944 Einstellung des Kampfes beim Zusammenbruch der Heeresgruppe Mitte; sowjetische Kriegsgefangenschaft; von einem deutschen Gericht in Abwesenheit zum Tode verurteilt; Mitglied des BDO/NKFD; Zentrale Antifa-Schule in Krasnogorsk. Von Müller wurde im Nürnberger Prozeß gegen die Hauptkriegsverbrecher eine belastende Aussage vorgelegt, in der er feststellte, daß nach seinen Wahrnehmungen »die Vorbereitung für den Überfall auf Sowjet-Rußland … schon im Juli 1940« begann.[568] September 1948 Rückkehr nach Deutschland; Chefinspekteur der VP; Vizepräsident der Volkskammer; Stellvertretender Vorsitzender der NDPD, ab 1949 Mitglied ihres Hauptausschusses mit verschiedenen Funktionen; 1950–58 Volkskammerabgeordneter, 1952 Stellvertreter des Ministers des Innern, Generalleutnant, 1953 bis 55 Chef des Hauptstabes der KVP; 1956–1958 Stellvertreter des Ministers für Nationale Verteidigung und Chef des Hauptstabes der NVA; ab 1958 Ruhestand; 12. Mai 1961 Freitod.

1959 antwortete der Stellvertretende Minister für Nationale Verteidigung der DDR, Heinz Hoffmann, auf eine entsprechende Frage, daß Vincenz Müller bis etwa 1958 in der NVA gedient habe, was kein Geheimnis gewesen sei. »Abgesehen davon, daß Generalleutnant Müller sich bereits im Laufe des Krieges offen und mutig gegen die faschistische Kriegspolitik gestellt hat und für die Beendigung des Hitlerkrieges aufgetreten ist, spielt Herr Generalleutnant Müller auch heute, nach seinem Ausscheiden aus dem aktiven Dienst, bei uns eine hervorragende Rolle im Kampf gegen die Remilitarisierung Westdeutschlands und gegen die Herrschaft der ehemaligen Hitlergenerale in Westdeutschland.«[569] In seinen »Erinnerungen« berichtet Franz Josef Strauß über eine Bemühung Vincenz Müllers, 1955/56 mit führenden Persönlichkeiten der BRD über Fragen der Beziehungen zwischen der DDR und der BRD in Gespräche zu kommen.[570] Müller sei »ein praktizierender Katholik«.[571] »Adenauer bemerkte 1950 gegenüber den Alliierten Hohen Kommissaren zur ›Armee in der Ostzone‹: ›An der Spitze steht ein General Müller, der nicht Kommunist ist. Ich kenne den General nicht. Aber von Leuten, die ihn kennen, habe ich gehört, daß er ein sehr achtbarer Mann sei.‹«[572] »M., der als ›brillanter Generalstäbler‹ seine eigene Linie auch gegen den Widerstand des SED-Establishments zu wahren verstand, galt als überzeugter Christ und lauterer Patriot.«[573]

Über die Umstände der Selbsttötung Müllers schreibt Helmut Wagner: »Anfang 1958 wurde Müller aus der NVA entlassen. Am 14. Januar hatte das Politbüro des ZK der SED den Beschluß ›Über die Rolle der Partei in der Nationalen Volksarmee‹ erlassen. Das Offizierskorps der NVA sollte künftig ›aus zuverlässigen, der Partei ergebenen Kadern‹ bestehen – die Zeit der ehemaligen Wehrmachtsoffiziere war damit definitiv abgelaufen. Die begründete Enttäuschung Müllers wollte der BND ausnutzen. Der prominente DDR-Militär, so die Überlegung, sollte als ›Spätheimkehrer‹ zum Übertritt in die Bundesrepublik veranlaßt werden. Ein Stellvertretender Minister, der der DDR den Rücken kehrte ... Das MfS erfuhr davon über eine Quelle aus Westberlin, die mit dem BND zusammenarbeitete – allerdings erst zwei Jahre nach dem Tode von Vincenz Müller. Diese Quelle – IM Klaus Petersen – erhielt vom BND-Führungsoffizier ›Dr. Linke‹ im direkten Auftrag von Gehlen die Order, aus Ostberlin Wertsachen und Schmuck der Familie Müller abzuholen. Legitimiert war dieser Auftrag mit einem Brief des Sohnes von Vincenz Müller, Dr. Friedrich Müller. Dieser war gemeinsam mit seiner Ehefrau im Jahre 1962 vom BND nach Westberlin ausgeschleust worden. Über diesen Vorgang wurde der Stellvertretende Minister des MfS, Bruno Beater, in Kenntnis gesetzt. Dieser wies an, daß ›Klaus Petersen‹ ungehindert ein- und ausreisen durfte. Über diese Sache wurde höchste Geheimhaltung verhängt, in keinem Bericht gab es Hinweise darauf.

1961 stürzte sich Müller aus dem Fenster. Vermutlich hatte er die Tatsache, daß er einerseits von seinen ehemaligen Kameraden als Verräter in der Bundesrepublik beschimpft und andererseits von der DDR-Führung wie eine heiße Kartoffel fallengelassen wurde, nicht verkraftet. Der seelische Konflikt hatte sich durch die Bemühungen des BND offenkundig noch vertieft, so daß Müller keinen anderen Ausweg für sich sah als den Freitod.«[574] In dem Buch »Zeitzeuge Tod« heißt es zur Selbsttötung Müllers: »Präzise und vorsichtig, wie Gerichtsmediziner in ihrer Arbeit sind, formulierten sie deshalb auch in ihrem Vorläufigen Gutachten zum Fall des NVA-Generals: ›Die Leichenöffnung ergab keinen sicheren Anhalt für das Mitwirken dritter Hand.‹« Weiter schreiben die Autoren: »Über die Gründe für Müllers Suizid kann nur spekuliert werden ... Dokumente über eine Betroffenheit von Vincenz Müller gibt es nicht.‹[575]

»General bei Hitler und Ulbricht« heißt der reißerische Titel einer Biographie über Vincenz Müller.[576] Das Buch kann in gewisser Hinsicht als ein Modell verstanden werden, wie mit der sozialistischen

Vergangenheit im allgemeinen und mit der DDR-Geschichte im besonderen umgegangen wird: antikommunistisch. Das neue Buch wälzt im Grunde aus, was Lapp über Müller in den oben genannten Veröffentlichungen geschrieben hat. Lapp will kein mit den Tatsachen zusammenhängendes Verständnis dafür wecken, warum ein ehemaliger Hitlergeneral in der NVA der DDR eine hohe Dienststellung einnehmen konnte. Immerhin gesteht Lapp Müller zu, sich bereits Ende 1942 »offen von den Verbrechen Hitlers und seiner nationalsozialistischen Gefolgschaft distanziert« zu haben (S. 128). Merkwürdig ist nach dieser Erkenntnis von Lapp dann allerdings dessen spätere Verwunderung darüber, daß sich Müller nach seinem Übertritt in die sowjetische Gefangenschaft im Juli 1944 sehr schnell als Gegner des Faschismus artikulierte.

Die Selbstverständlichkeit, daß die SED-Führung bei den hohen Offizieren Wert darauf legte, feindliche Einflüsse abzuwehren, und deshalb das MfS mit entsprechenden Aufgaben betraut wurde, wird bei Lapp einzig aus negativer Sicht behandelt und als niederträchtige Spitzelei dargestellt. Allerdings kam Lapp nicht an der Tatsache vorbei, daß sich sowohl der amerikanische wie der bundesdeutsche Geheimdienst für Müller interessierten und entsprechende Aktivitäten entfalteten. Interessant ist nunmehr der Sprachgebrauch: Die Tätigkeit des sowjetischen Geheimdienstes während der Kriegsgefangenschaft Müllers und später in der DDR des MfS wird grundsätzlich mit abfälligen und ehrverletzenden Begriffen belegt: Spitzel, Zuträger und Spitzelbericht sind das mindeste. Daß Müller selbst in der Gefangenschaft über seine Gespräche mit Generalfeldmarschall Paulus berichtete, wird mit den Worten gebrandmarkt, sein Verhalten habe nicht nur mit den Grundsätzen humanistischer und christlicher Ethik, sonder auch mit den Mindestnormen soldatischer Kameradschaft kollidiert (vgl. S. 149). Die westlichen Geheimdienste leiteten dagegen nur »Nachforschungen« ein, »überwachten«, registrierten«, man ließ »über Mittelsmänner nachfragen«, siedelte »Quellen« in »unmittelbarer Nähe an, die regelmäßig berichteten«; die in der BRD lebenden ehemaligen Wehrmachtsoffiziere, die mit Müller Verbindung aufnahmen, »unterrichteten« die Organisation Gehlen bzw. den BND über die Treffen, schrieben »Berichte«. Irgendwann stieß es selbst Lapp auf, daß es sich hier um Geheimdiensttätigkeit handelte. »Ob östlicher oder westlicher Geheimdienst – die Methoden gleichen sich … Dennoch gibt es einen Unterschied: Teske *(der Bundesdeutsche – D. J.)* war Überzeugungstäter, wollte den General zum Übertritt in den Westen veranlassen, ihn dem stalinistischen System entziehen, aber er wollte ihm nicht schaden. Assmann *(der DDR-Offizier – D. J.)* dagegen diente einem Geheimdienst, der an der Unterdrückung der Bevölkerung unmittelbar beteiligt war, und schadete mit seinen Berichten dem General« (S. 169). Mit dieser Holzschnittmethode wird, wie man an den späteren Passagen dieses Buches zur Beurteilung der Arbeit des MfS bei der Gewinnung von Nazis für die Aufklärung sehen kann, mit westlichen Augen »objektiv« geurteilt.

Friedrich Paulus (1890–1957); Generalfeldmarschall; Ritterkreuz (26. August 1942) mit Eichenlaub (15. Januar 43). Er befehligte die 6. Armee und kapitulierte erst am 31. Januar 43 in letzter Minute. Zu seiner Wandlung bedurfte es intensiver Auseinandersetzungen. 1944 Beitritt zum BDO.[577] Er trat nach dem 20. Juli 1944 mit Kapitulationsaufrufen an die deutsche Ostfront hervor, wofür seine Familie der nazistischen Sippenhaft unterworfen wurde. Seine Zeugenaussage im Nürnberger Hauptkriegsverbrecherprozeß war wegen des Nachweises der zielgerichteten Planung des Überfalls auf die UdSSR von außerordentlicher Bedeutung.[578] Nach der Rückkehr aus sowjetischer Kriegsgefangenschaft 1953 arbeitete er militärwissenschaftlich. Paulus hatte in der NVA keine Funktionen. Zur Persönlichkeit von Paulus heißt es, er gelte nicht wenigen »als der Versager unter den hohen deutschen militärischen Führern des Zweiten Weltkrieges«, wofür als einer der Gründe genannt wird, daß »er der einzige der deutschen Generalfeldmarschälle (war), der es nach seiner Entlassung aus der Kriegsgefangenschaft vorzog, bis zu seinem Tode in der DDR zu leben.«[579] Das Gütezeichen eines, der tatsächlich gelernt hatte, indem er mit Nazismus und Antikommunismus und dessen kontinuierlichen Anhängern vollständig brach und in dem Staat Quartier nahm, der tatsächlich mit den ökonomischen, politischen und ideologischen Grundlagen des Faschismus Schluß machte, gilt als Versager!

Luitpold Steidle (1898–1984)[580]; 1933 NSDAP; Freiwilliger im Ersten Weltkrieg; 1920–1926 Landwirt; 1926–1928 Gutsinspektor; 1934 Eintritt in die Wehrmacht; Berufsoffizier; Oberst; Kommandeur eines Infanterieregiments; 1943 Ritterkreuz; Januar 1943 sowjetische Kriegsgefangenschaft bei Stalingrad; Mitbegründer des NKFD; Vizepräsident des BDO; Frontbevollmächtigter; von einem deutschen Gericht in Abwesenheit zum Tode verurteilt; nach der Rückkehr 1945 CDU, ab 1954 Mitglied im Präsidium des Hauptvorstandes; 1949 bis 1971 Volkskammerabgeordneter; 1949-1958 Minister für Gesundheitswesen; 1960–1969 Oberbürgermeister von Weimar.

Selbst wenn man wegen der Tätigkeit bestimmter Personen in der Nazizeit gewisse Zweifel an diesem oder jenem akzeptieren wollte, bedeutet allein die Zahl derartiger »fragwürdiger« Fälle, daß an der Kernaussage einerseits von der konsequenten Verfolgung bekanntgewordener Naziverbrecher und andererseits von dem überzeugten und konsequenten Antifaschismus in der DDR keinerlei Abstriche zu machen sind. »KVP- und NVA-Angehörige mit nachweisbaren NS-Belastungen – hier ist beispielsweise die Tätigkeit von Generalmajor Arno von Lenski als ehrenamtlicher Richter am sogenannten Volksgerichtshof der Nazis zu nennen – gab es zweifellos; sie stellten aber eher Ausnahmen dar. Von einer generellen nationalsozialistischen Belastung der DDR-Armee, die aus der einfachen Zugehörigkeit von Teilen ihrer ersten Soldatengeneration zur Wehrmacht resultierte, kann daher nicht die Rede sein.«[581]

Einer von Wenzke empfohlenen weiteren Untersuchung, ob im Einzelfall ehemalige Wehrmachtsangehörige, die in der NVA aufstiegen, in einer bestimmten Art und Weise »mit dem NS-Staat und seinen Verbrechen verbunden waren«[582], wird man mit Ruhe entgegensehen können. Am antifaschistischen Charakter der DDR und ihrer bewaffneten Kräfte wird es keine Einschränkung geben. Jedenfalls sind solche »sensationellen« Angaben wie die von Jochen Staadt, daß von den Volkskammerabgeordneten der DDR des Jahres 1959 23 als Oberfeldwebel und Feldwebel und 23 als Unteroffiziere in der Wehrmacht gedient hätten, nicht anders als lächerlich zu bezeichnen.[583] Diese Angaben sind mitnichten geeignet, die der Wehrmacht als Ganzes zu Recht vorgeworfene Funktion als Hauptinstrument eines verbrecherischen Vernichtungskrieges via Volkskammer auf die DDR zu übertragen.

Lapps Beurteilung der Wehrmachtsoffiziere in der NVA

Eine Veröffentlichung ist noch zu erwähnen, die sich mit den ehemaligen Wehrmachtsoffizieren in den bewaffneten Kräften der DDR befaßt. Der Autor Peter Joachim Lapp reiht sich in die Phalanx der Diffamierer dieser Offiziere ein.[584] Im großen und ganzen hat er keine neuen Erkenntnisse zum Thema zu bieten. Einzig anzumerken ist die Intensität mit der versucht wird, jene Bürger, die bereits während des Zweiten Weltkriegs antifaschistische Schlußfolgerungen gezogen hatten und sich auch nach den Ende des Krieges nicht ins antikommunistische Lager zurückdrängen ließen, moralisch zu diskreditieren. Angelastet wird ihnen, einer »zweiten Diktatur« gedient zu haben. Sie waren nach Lapps Ansicht »zum Teil erpressbar, bestechlich, opportunistisch eingestellt und/oder demoralisiert – sahen in einer Wiederverwendung die letzte Chance, wieder ins ›normale Leben‹ zurückzukehren.«[585] Sie seien »Wachs in den Händen der Verantwortlichen« gewesen und hätten »ein devotes Verhalten gegenüber ihren neuen Vorgesetzten« gezeigt.[586] Einige werden vor allem deshalb abqualifiziert, weil sie in dem Bewußtsein, für die Sicherheit der UdSSR/DDR in besonderer Weise tätig sein zu wollen – vermutet oder tatsächlich –, als IM des NKWD/KGB bzw. des MfS arbeiteten.

Man wird es in diesem Zusammenhang wohl als Alibi-Entschuldigung werten müssen, daß Lapp betont, seine Bemühungen, an Archivbestände der »Organisation Gehlen« und des Bundesnachrichtendienstes (BND) heranzukommen, um die »Aktivitäten dieser Dienste in der DDR in den 50er Jahren« zu beleuchten, seien abgewiesen worden. Pullach habe »freundlich, aber bestimmt ein solches Ansinnen« abgelehnt.[587] Lapp hatte insbesondere die vermutete »Anbindung« von Vincenz Müller, des ersten Stabschefs von KVP und NVA an »Westdienste« verifizieren wollen. Inzwischen ist es nämlich Mode geworden, die offenkundige Einseitigkeit der Archivöffnung wenigstens kritisch zu benennen.

Was allerdings nichts daran ändert, daß dann zügig »objektive« Geschichtsschreibung betrieben wird. Lapp schreibt, man habe die »Ehemaligen« in der DDR lange Zeit verborgen gehalten oder zu Antifaschisten »umgewidmet«.[588] Zwar habe es eine umfangreiche Memoiren-Literatur gegeben, aber der Anteil dieser Wehrmachtsoffiziere am Aufbau der bewaffneten Kräfte sei entweder verschwiegen oder nur in dürrerer Schilderung behandelt worden. Daß die nazistische Vergangenheit von Bürgern, die in der DDR zum Teil verantwortliche Funktionen ausübten, kein Tagesthema war, ist nicht zu leugnen und gehört in das Kapitel der DDR-Geheimniskrämerei. Obwohl dafür kein Grund bestanden hatte, denn die tatsächliche Wandlung zum Antifaschismus war beweisbar.

Daß allerdings totale Schweigsamkeit bestanden habe, ist schlicht unwahr. Auch anläßlich der von Lapp beschworenen Pressekonferenz mit Heinz Hoffmann in Genf 1959 ist beispielsweise zu Vincenz Müller gesprochen worden. Was bei der Zitatauswahl Lapps aber unerwähnt bleibt.

Dennoch gilt für die Öffentlichkeitsarbeit der DDR, daß die freimütige Darlegung der Verhältnisse um keinen Deut die von der

DDR betonte und bewiesene Tatsache hätte herabmindern können, daß der Aufbau der Bundeswehr unter anderen Voraussetzungen, nämlich striktem Antikommunismus, auf den die Angehörigen der faschistischen Wehrmacht eingeschworen waren, erfolgte. Immerhin kann man bei Lapp lesen: »Unstrittig ist, daß die westdeutsche Bundeswehr fast ausschließlich von Offizieren aufgebaut worden ist, die zuvor in der Deutschen Wehrmacht gedient hatten. Und daß alle höheren und hohen Offiziere der jungen Truppe ›Ehemalige‹ waren, die man in SED-Kreisen als ›faschistische Offiziere‹ ansprach.«[589]

Es ginge, so Lapp weiter, in seiner Arbeit nicht darum, »nun der DDR/SED beweisen zu wollen, daß auch ihre Streitkräfte durch ›faschistische Offiziere‹ aufgebaut worden seien. In Volkspolizei und Volksarmee taten maximal 5 Prozent ehemalige Wehrmachtsoffiziere Dienst, meistens lag dieser Prozentsatz sogar darunter. Quantitativ kann also kaum etwas verglichen werden zwischen BRD und DDR.«[590]

Warum dann der Aufwand, ein weiteres Buch auf den Markt zu bringen? Wieder Lapp: »Aber: Qualitativ spielte die kleine Gruppe der ›Ehemaligen‹ eine weitaus größere Bedeutung (sic) in KVP und NVA als zu DDR-Zeiten zugegeben«, was aufzuzeigen sei.[591] In der »Zusammenfassung« gibt Lapp aber wenigstens zu: »Wegen der Wiederverwendung von ›Ehemaligen‹ in HVA, KVP und NVA wurden die neuen (ost-)deutschen Streitkräfte zwischen Elbe und Oder ab 1948 nicht zu einer Armee, die von ›Faschisten‹ durchsetzt gewesen wäre, wegen der Einstellung von mehreren Tausend ehemaligen Soldaten, Unteroffizieren, Offizieren und Generalen in den SBZ- bzw. DDR-Streitkräften entstand keine Truppe von ›Ehemaligen‹ der deutschen Wehrmacht.«[592]

Würdigung des Anschlusses an das NKFD und den BDO[593]

Für die aktive Läuterung ehemaliger Wehrmachtsangehöriger, die in den bewaffneten Kräften der DDR Dienst tun durften, stehen das Nationalkomitee »Freies Deutschland« (NKFD) ebenso wie der Bund Deutscher Offiziere (BDO) und die Teilnahme an Lehrgängen in Antifa-Schulen.[594] Es ist einleuchtend, daß diese antifaschistischen Organisationsformen das besondere Interesse bei der Diskreditierung des Antifaschismus der DDR genießen. Peter Steinbach, der Leiter der Gedächtnisstätte in der Stauffenbergstraße, plädiert für einen »integralen Widerstandsbegriff«, weshalb in der Gedächtnisstätte 1994 neben Wilhelm Pieck und Walter Ulbricht auch das NKFD seinen

Platz fand. Doch das paßt den antikommunistischen Saubermännern nicht. So hieß es in einem Konferenzbericht, daß einige der Teilnehmer dem »integralen Widerstandsbegriff« Steinbachs nicht folgen wollten. Begründung: »Der kommunistische Widerstand gegen Hitler sei von politischen Zielen motiviert gewesen, die die zweite deutsche Diktatur begründet hätten.«[595]

Kappelt zitiert Peter-Ferdinand Koch: »Wer als Kriegsgefangener ›in der UdSSR nicht verhungert war‹ und ›sich an den Feind verkaufte‹, der konnte ›zum antifaschistischen Kader heranwachsen.‹«[596]

In der Tat waren nicht wenige der im NKFD/BDO aktiven ehemaligen Angehörigen der Wehrmacht später an der Bildung der bewaffneten Kräfte der DDR beteiligt. Kappelt »begründet« das in folgender Weise: »Der sowjetische Diktator J. W. Stalin hatte bereits frühzeitig zu erkennen gegeben, daß es ›auch vom Standpunkt des Siegers unzweckmäßig‹ erscheint, ›die Vernichtung jeder organisierten militärischen Kraft in Deutschland‹ zu betreiben.«[597]

Das Nationalkomitee »Freies Deutschland« wurde am 13. Juli 1943 in Krasnogorsk bei Moskau gegründet. Zu seinen Mitgliedern gehörten Offiziere, Unteroffiziere und Soldaten der Wehrmacht, Angehörige der KPD und antifaschistische Schriftsteller. Das NKFD setzte sich das Ziel, insbesondere durch Propagandaarbeit an der Front und hinter den feindlichen Linien Soldaten der Wehrmacht zur Aufgabe der Kampfhandlungen und Kapitulation zu bewegen. Das NKFD arbeitete seit dem 14. September 1943 in enger Verbindung mit dem von 95 Offizieren, darunter vier Generälen, am 11./12. September 1943 in Lunjowo bei Moskau gegründeten Bund Deutscher Offiziere (BDO). Im Frühjahr 1945 gehörten dem BDO etwa 4.000 Offiziere an, unter anderem Generalfeldmarschall Paulus, 51 Generäle, 40 Oberste, 50 Oberstleutnants, 150 Majore, 400 Hauptleute.[598] Die Tätigkeit des NKFD und des BDO wurde am 2. November 1945 beendet.

Nun ist es sicher etwas anderes, sich direkt in der Höhle des Löwen, sprich: innerhalb des Nazireiches, zum aktiven Widerstand zu entschließen und zu handeln, wie das die Verschwörer des 20. Juli 1944 taten, als sich in der Gefangenschaft zum antinazistischen Verhalten zu entschließen und zu bekennen. Wer allerdings den Druck kennt, dem deutsche Kriegsgefangene seitens der auch nach ihrer Gefangennahme unbelehrbaren Hitleranhänger und eingefleischten Feinde der »Russen« in den Lagern ausgesetzt waren, der weiß, daß die Entscheidung für den Besuch einer Antifa-Schule oder die Zugehörigkeit zum NKFD oder zum BDO Standfestigkeit erforderte.

Natürlich kann Opportunismus nicht gänzlich ausgeschlossen werden. Aber das spätere Verhalten nach der Rückkehr aus der Gefangenschaft belegte, ob tatsächlich Konsequenzen aus der Beurteilung des deutschen Faschismus und seiner Hintermänner gezogen worden waren oder nicht. Zudem bewiesen nicht wenige Frontbeauftragte des NKFD ihren Antifaschismus durch persönlichen Einsatz an der Front. Das billigste Argument ist die Behauptung, lediglich die Einsicht der bevorstehenden Niederlage des deutschen Faschismus und die Erwartung, nach Kriegsende schneller nach Hause zu kommen, habe manchen dazu bewegt, »ins andere Lager« überzutreten.

Über 500 der 2.500 KVP-Offiziere hatten in sowjetischer Gefangenschaft eine Antifa-Zentralschule besucht.[599] Im übrigen galt bei der Schaffung der bewaffneten Kräfte der DDR (KVP), daß »an führender Stelle nur Kommunisten mit Erfahrungen aus dem Moskauer Exil, den Umerziehungslagern des Nationalkomitees ›Freies Deutschland‹ oder dem spanischen Bürgerkrieg eingesetzt« wurden.[600] Wollte man fragen, warum ehemalige Nazi-Offiziere später in den bewaffneten Kräften der DDR Dienst verrichten konnten, wo doch insbesondere die Kommunisten zu den ärgsten Feinden und Verfolgern des Faschismus gehörten und gehören, dann sollte man Kurt Pätzold lesen: »Die deutschen Linken verstanden sich in allen ihren Strömungen als Aufklärer, Welt- und Menschenverbesserer. So unnachsichtig sie miteinander umgingen, wenn sie in ihren eigenen Reihen ›Abweichler‹ ausgemacht hatten, so viel Nachsicht vermochten sie gegenüber denen aufzubringen, die sie erst noch gewinnen wollten oder auch frisch erst gewonnen hatten. Sie blieb untermischt mit Mißtrauen, aber sie war ohne Hinterhältigkeit. Das Weltbild von den Massen, die sich von den Herrschenden und deren übermächtigen Mitteln auf folgenschwere Irrwege führen ließen, aber doch lern- und bildungsfähig seien, stützte diese Nachsicht und vermittelte Optimismus. Wer sich bereit zeigte, einen Irrweg zu verlassen, verdiente demnach politischen und moralischen Kredit. Die Haltung bestimmte schon die Hinwendung zu kriegsgefangenen Generalen, Offizieren und Soldaten, deren Ein- und Umkehr sowjetische und deutsche Kommunisten zu erreichen suchten. Mit welcher Berechtigung, welchem Ziel und zu wessen Vor- oder Nachteil sollte denen die eigene Vergangenheit fortgesetzt vorgehalten werden, die sich zu wandeln begonnen hatten? So stellte sich die Frage den Politikern aus der Arbeiterbewegung im Osten Deutschlands.«[601]

500 Kappelt I, S. 15.

501 Leserbrief Herwig Friedag. In: ND vom 28. August 2000.

502 Vgl. beispielsweise: Friedrich P. Martin: SED-Funktionäre in Offiziersuniform. Wer befiehlt in der »Nationalen Volksarmee«? Köln 1962; – Baur, Werner: Deutsche Generale. Die militärischen Führungsgruppen in der Bundesrepublik und in der DDR. In: Werner Zapf (Hg.): Beiträge zur Analyse der deutschen Oberschicht, München 1965, S. 114-135; – Forster, Köln 1966/67.

503 Rüdiger Wenzke: Auf dem Wege zur Kaderarmee. Aspekte der Rekrutierung, Sozialstruktur und personellen Entwicklung des entstehenden Militärs in der SBZ/DDR bis 1952/53. In: Volksarmee schaffen – ohne Geschrei! Studien zu den Anfängen einer »verdeckten Aufrüstung« in der SBZ/DDR 1947–1952. Im Auftrage des militärgeschichtlichen Forschungamtes hg. von Bruno Thoß, München 1994, S. 224.

504 »Überläufer in die Bundesrepublik und ›Quellen‹ im Bereich der HVA« (Rüdiger Wenzke: Auf dem Wege, S. 246) sorgten für diese Kenntnisse. Während inoffizielle Mitarbeiter des MfS regelmäßig als » Spitzel« und ihre Informationen als »Spitzelberichte« bezeichnet werden, nennt Wenzke die Ergebnisse westlicher Spionage schmeichelhaft »Konfidentenberichte« (a. a. O., S. 246, Anm. 130).

505 Rüdiger Wenzke: Auf dem Wege, S. 224. Siehe auch: Rüdiger Wenzke: Wehrmachtsoffiziere in den DDR-Streitkräften. In: Detlef Balke/Reinhard Brühl/Andreas Prüfert (Hg.): Nationale Volksarmee – Armee für den Frieden. Beiträge zu Selbstverständnis und Geschichte des deutscher Militärs 1945–1990, Baden-Baden 1995, S. 143-156; – ders.,: Das unliebsame Erbe. In: Die Wehrmacht, S. 1113-1138.

506 Rüdiger Wenzke: Das unliebsame Erbe. In: Die Wehrmacht. S. 1130.

507 Vgl. Rüdiger Wenzke: Auf dem Wege, S. 205-272. Auf S. 256 listet Wenzke in Auswahl beispielsweise die Leitung der Deutschen Verwaltung des Innern (DVdI) vom Juli 1949 auf. Von 14 Führungskadern waren zwei vordem Wehrmachtsoffiziere gewesen.

508 Siegfried Stadler: Brauner Rock, rote Socken. In: FAZ vom 14. Februar 1998.

509 Vgl. – Weißbuch über die amerikanisch-englische Interventionspolitik in Westdeutschland und das Wiedererstehen des deutsche Imperialismus. Überreicht vom Nationalrat der Nationalen Front des demokratischen Deutschland, Berlin 1951; S. 153-180; – Verschwörung gegen Deutschland. Die Pariser Verträge – ein Komplott des Krieges und der Spaltung. Hg. vom Ausschuß für deutschen Einheit, Berlin o. J. (1954), S. 7-21; – Hitlers Generalstab kommandiert Adenauers Armee. Hg. Ausschuß für Deutsche Einheit, Berlin o. J. (1959). In der zuletzt genannten Dokumentation heißt es: »Sämtliche über hundert Generale und Admirale, die heute die Bundeswehr kommandieren, sind ehemalige hohe und höchste Hitleroffiziere. ... 71 Bonner Generale dienten den verbrecherischen Führern des Dritten Reiches als Generalstabsoffiziere bzw. als leitende Mitarbeiter des Oberkommandos der Wehrmacht, 45 standen bereits unter Hitler im Generalsrang. Mindestens 7 Generale und Admirale der Bundeswehr sind abgeurteilte Kriegsverbrecher oder stehen auf alliierten Kriegsverbrecherlisten« (S. 1).

510 Rüdiger Wenzke: Auf dem Wege, S. 252.

511 Spiegel Nr. 19 v. 9. Mai 1994, S. 91.

512 Vgl. Rüdiger Wenzke: Das unliebsame Erbe. In: Die Wehrmacht. S. 1126.

513 A. a. O., S. 1127.

514 A. a. O., S. 1128.

515 Olaf Kappelt: Die Entnazifizierung in der SBZ sowie die Rolle und der Einfluß ehemaliger Nationalsozialisten in der DDR als ein soziologisches Phänomen, Hamburg 1997.

516 Klaus Froh/Rüdiger Wenzke: Generale und Admirale der NVA. Ein biographisches Handbuch, Berlin 2000.

517 Vgl. Rüdiger Wenzke: Wehrmachtsoffiziere, S. 152; Daniel Niemetz: Besiegt, gebraucht, gelobt, gemieden. In: DA, 3/1999, S. 391.

518 Vgl. Peter Rau: Ein Handbuch – doch wozu. Militärgeschichtliches Forschungsamt der Bundeswehr ließ die DDR-Generalität erkunden. In: jW vom 9./10. September 2000 – Feilage.

519 Vgl. Daniel Niemetz: Besiegt, gebraucht, gelobt, gemieden., S. 380.

520 An diesem Umstand kann man den Wahrheitsgehalt der oben zitierten Formulierung des »Spiegels« ermessen, in der NVA habe es, »nicht anders als in der Bundeswehr, von Offizieren der Wehrmacht gewimmelt (S, Nr. 19 vom 9. Mai 1994, S. 91). Im Juni 1951 befanden sich unter den 10.206 Offizieren der HVA insgesamt 3.391 (33,2%) ehemalige Angehörige der Wehrmacht, davon waren nur 431 (4,2%) im Offiziersrang gewesen, 956 (9,3%) hatten Unteroffiziersdienstgrade und 2.004 (19,6%) waren Mannschaften (vgl. Rüdiger Wenzke: Wehrmachtsoffiziere in den DDR-Streitkräften. In: Detlef Bald/Reinhard Brühl/Andreas Prüfert (Hrsg.): Nationale Volksarmee – Armee für den Frieden, Baden-Baden 1995, S. 144). Im Juli 1956 waren ehemalige Wehrmachtsangehörige im Offizierskorps der NVA nach ihrer Dienstgradgruppe in der Wehrmacht: Offiziere 494 (2,8%); Unteroffiziere 1.623 (9,2%); Mannschaften 2.612 (14,8%); insgesamt 4.729 (26,8%) (vgl. Rüdiger Wenzke: Auf dem Wege, S. 271).

521 Daniel Niemetz: Besiegt, gebraucht, S. 384.

522 Bonner Lügen geplatzt, S. 10f. Niemetz meint, Hoffmann habe mit der Feststellung, daß lediglich ein Prozent der NVA-Offiziere bereits Offiziere der Wehrmacht gewesen seien, nur die halbe Wahrheit gesagt, da

dieses eine Prozent »noch am 1. Januar 1959 11,5 Prozent aller NVA-Leitungskader vom Regimentskommandeur aufwärts« stellte (Daniel Niemetz: Besiegt, S. 390).

523 Gerold Hildebrandt: Steter Tropfen höhlt das Eisen. In: tilt Nr. 2/97 (hier zitiert nach: http://www.denk-sein.com/tilt/hefte/tilt9702/tkdvddr.htm), S. 1. Es geht uns hier nicht um die Tatsache, daß Wehrdienstverweigerung eine Zeitlang strafrechtlich verfolgt wurde, sondern um den Seitenhieb hinsichtlich der angeblichen nazistischen Unterwanderung der NVA.

524 Rüdiger Wenzke: Wehrmachtsoffiziere, S. 150 f.

525 Michael Lemke: Kampagnen gegen Bonn, S. 153-174.

526 Bonner Lügen geplatzt, S. 14.

527 Rüdiger Wenzke: Wehrmachtsoffiziere, S. 150. Siehe auch: Georg Meyer: Zur inneren Entwicklung der Bundeswehr bis 1960/61. In: Anfänge westdeutscher Sicherheitspolitik 1945–1956, Bd. 3. Hg. vom Militärgeschichtlichen Forschungsamt, München 1993, S. 855.

528 Siehe: Gerd Schultze-Rhonhof: Wozu noch tapfer sein? Gräfelfing 1997. Zitiert nach: Otto Köhler: Gepflogenheit der Tradition. In: K, 8/1998, S. 20. In seinem Buch erklärte Rhonhof, daß die Bundeswehr in den 50er und 60er Jahren »von den Aufbauleistungen vieler tausend ehemaliger Wehrmachtsoffiziere und Feldwebel gelebt« habe. Und weiter: »Bei der Aufstellung der Nachkriegsstreitkräfte brachten Offiziere und Feldwebel der ehemaligen Wehrmacht ihre Kriegserfahrungen, taktischen und operativen Auffassungen, bestimmte Werthaltungen, ihr Führungsverhalten, die Fachsprache und vielerlei berufliche Eigentümlichkeiten mit in die junge Bundeswehr.« Zitiert nach: Otto Köhler: Gelebte Tradition. In: K, 5/1999, S. 60.

529 Vgl. Peter Rau: Alte Krieger. In: jW vom 13. November 2000; – Karl-Heinz Hansen: Wir helfen Naumann aufs Pferd III. In: K, 6/1999, S. 43; – »Der antifaschistische Widerstand ist unteilbar«. Gespräch mit Rudolf Fey. In: jW vom 28./29. November 1998. Rudolf Fey war 1943 Mitbegründer des BDO.

530 Peter Rau: Alte Krieger. In: jW vom 13. November 2000.

531 »Der antifaschistische Widerstand ist unteilbar«. Gespräch mit Rudolf Fey. In: jW 28./29. November 1998.

532 Vgl. Rüdiger Wenzke: Das unliebsame Erbe. In: Die Wehrmacht, S. 1113-1138.

533 Hans-Erich Volkmann: Zur Verantwortlichkeit der Wehrmacht. In: Die Wehrmacht, S. 1195.

534 Kurt Finker: Eine historische Last. In: ND vom 10. Dezember 1999.

535 Rüdiger Wenzke: Auf dem Wege, S. 250.

536 Rüdiger Wenzke: Auf dem Wege, S. 251.

537 Vgl. Rüdiger Wenzke: Wehrmachtsoffiziere, S. 146.

538 Rüdiger Wenzke: Das unliebsame Erbe. In: Die Wehrmacht, S. 1114.

539 Vgl. Rüdiger Wenzke: Das unliebsame Erbe. In: Die Wehrmacht, S. 1122, Anm. 38.

540 Kappelt II, S. 128 f.

541 Rüdiger Wenzke: Das unliebsame Erbe. In: Die Wehrmacht, S. 1123.

542 Peter Rau: Ins Wasser gefallen: Rezension zu Friedrich Elchlepp/Walter Jablonski/Fritz Minow/Manfred Röseberg: Volksmarine der DDR, Hamburg-Berlin-Bonn 1999. In: jW vom 2./3. Oktober 1999.

543 Rüdiger Wenzke: Das unliebsame Erbe. In: Die Wehrmacht, S. 1132.

544 ND vom 15. November 1996. Vgl.: Wilhelm Adam: Der schwere Entschluß. Unter wissenschaftlicher und literarischer Mitarbeit von Otto Rühle, 7. Aufl., Berlin 1965.

545 Rüdiger Wenzke: Rudolf Bamler – Karrierebruch in der Kasernierten Volkspolizei. In: Hans Ehlert/Armin Wagner (Hg.): Genosse General! Die Militärelite der DDR in biografischen Skizzen, Berlin 2003, S. 33 ff.

546 Kappelt II, S. 131.

547 Cerny, S. 29 f.; Torsten Diedrich: Bernhard Bechler – Der hemmungslose Karrierist. In: Genosse General! …, S. 61 ff.

548 Kappelt II, S. 129 f

549 Kappelt II, S. 130. Zur ehemaligen Ehefrau Bechlers, Margarete Bechler, die 1950 in Waldheim wegen Denunziation mit Todesfolge zu lebenslänglicher Haft verurteilt worden war, siehe: Hitlers zweimal getötete Opfer. Westdeutsche Endlösung des Antifaschismus auf dem Gebiet der DDR. Hg. von Monika Zorn. Mit einem Geleitwort von Gilles Perrault, Freiburg 1994, S. 353-355. Siehe auch: ND vom 9. Dezember 1992

550 Kappelt I, S. 190 f.; – Kappelt II, S. 136, 448, 577; – Cerny, S. 119 f.; – Herbst, S. 89; – S, Nr. 40 vom 28. September 1998, S. 67; – Egbert von Frankenberg: Meine Entscheidung, Berlin 1963; – ders.: Tradition im Kreuzverhör. Meine Familie in der Geschichte, Berlin 1980.

551 Kappelt II, S. 137, 449, 577.

552 Kappelt I, S. 238; – Kappelt II, S. ; – Cerny, S. 201; – Herbst, S. 148.

553 Heinrich Homann: Auf Ehre und Gewissen. Vom Sinn einer Wandlung, Berlin 1963.

554 Kappelt II, S. 145.

555 Kappelt I, S. 264; – Kappelt II, S. 133; – Cerny, S. 248; – Forster, S. 279.

556 Vgl. Leonid Reschin: General von Seydlitz in sowjetischer Gefangenschaft und Haft 1943–1955, Augsburg 2000.

557 Sigrid Wegner-Korfes: Weimar-Stalingrad-Berlin. Das Leben des deutschen Generals Otto Korfes. Biographie, Berlin 1994. Vgl. Kappelt II, S. 133 f.

558 Hans-Erich Volkmann: Ende des Dritten Reiches – Ende des Zweiten Weltkrieges. Eine perspektivische

Rückschau, München-Zürich 1995, S. 896. Zitiert nach: Kurt Pätzold: Ihr waret die besten Soldaten. Ursprung und Geschichte einer Legende, Leipzig 2000, S. 265, Anm. 500.

559 Vgl. Kurt Pätzold: Ihr waret die besten Soldaten, S. 138 f. Im übrigen erinnere man sich der Diskussion um die Berechtigung der Wehrmachtsaustellung. Vgl.: Hamburger Institut für Sozialforschung (Hg.): Verbrechen der Wehrmacht. Dimensionen des Vernichtungskrieges 1941-1944. Ausstellungskatalog, Hamburg 2002.

560 Rüdiger Wenzke: Das unliebsame Erbe. In: Die Wehrmacht, S. 1122.

561 Kappelt I, S. 281; – Kappelt II, S. 124; – Cerny, S. 275; Herbst, S. 204; – Baumgarten, S. 473. Rüdiger Wenzke: Arno von Lenski – NVA-Panzergeneral mit preußischen Wurzeln. In: Genosse General! ..., S. 93 bis 123.

562 Vgl. Ehemalige Nationalsozialisten, S. 62; – Kappelt I, S. 281; – Kappelt I., S. 124. Im »Spiegel« heißt es: »Der Generalmajor hatte an Freislers Gerichtshof an 20 Terrorurteilen mitgewirkt« (Nr. 21 vom 20. Mai 1991, S. 53). »Der Kommandeur der NVA-Panzertruppen, Generalmajor Arno von Lenski, hatte als ehrenamtlicher Beisitzer beim III. Senat von Roland Freislers berüchtigtem NS-»Volksgerichtshof« an 20 Todes- und Terrorurteilen gegen deutsche, polnische und niederländische Bürger mitgewirkt. Lenskis braune Vergangenheit vergoldete die DDR-Führung mit dem Verdienstorden und mit der ›Medaille für Kämpfer gegen den Faschismus‹« (Focus Nr. 10/1997, S. 80). Der III. Senat war mit militärischen Delikten des Landesverrats befaßt. Siehe auch: Falco Werkentin: Politische Strafjustiz in der Ära Ulbricht, Berlin 1995, S. 195.

563 Vgl. Rüdiger Wenzke: Arno von Lenski – NVA-Panzergeneral mit preußischen Wurzeln. In: Hans Ehlert/Armin Wagner (Hg.), Genosse General! Die Militärelite der DDR in biografischen Skizzen, Berlin 2003, S. 98.

564 Müller-Enbergs, S. 517.

565 Kurt Finker: Antifaschistischer Widerstand: Kriterien. Spektrum. Gewichte. In: Wider die Verfälschung deutscher Geschichte: Beiträge zum antifaschistischen Widerstand in Deutschland und zur Gründung der BRD und der DDR, Essen 1999, S. 18. Siehe auch: Cerny, S. 275; – Helmut Welz: In letzter Stunde. Biographie nach umfangreichen Aufzeichnungen Arno von Lenskis, Berlin 1978.

566 Friedemann Bedürftig/Christian Zentner (Hg.): Das große Lexikon, S. 612.

567 Kappelt I, S. 307; – Kappelt II, S. 132; – Buch 1979, S. 381; – Baumgarten, S. 572; – Thorsten Diedrich: Vincenz Müller – Patriot im Zwiespalt. In: Genosse General! ..., S. 125-157.

568 IMT, Bd. VII, S. 294, 297 ff.; XIX, 661; XXI, 15.

569 Bonner Lügen geplatzt, S. 10. In: Vincenz Müller: Ich fand das wahre Vaterland. Hrsg. von Klaus Mammach, Berlin 1963.

570 Franz Josef Strauß: Die Erinnerungen, Berlin 1989, S. 188 ff. Siehe auch: Hanns Jürgen Küsters: Wiedervereinigung durch Konföderation? Die informellen Unterredungen zwischen Bundesminister Fritz Schäffer, NVA-General Vincenz Müller und Sowjetbotschafter Georgij Maksimowitsch Puschkin 1955/56. In: VfZ, 1/1992; – Markus Wolf: Spionagechef im geheimen Krieg. Erinnerungen, München 1997, S. 161 ff.; – Peter Joachim Lapp: Ulbrichts Helfer. Wehrmachtsoffiziere im Dienste der DDR, Bonn 2000, S. 113-117.

571 Franz Josef Strauß: Die Erinnerungen, S. 188.

572 Wortprotokoll der Sitzung vom 8.12.1950. In: Adenauer und die Hohen Kommissare 1949-1951, hg. von Hans-Peter Schwarz in Verbindung mit Reiner Pommerin, bearb. von Frank-Lothar Kroll/Manfred Nebelin, Akten zur Auswärtigen Politik der Bundesrepublik Deutschland, Bd 1, München 1989, S. 56. Zit. nach: Hanns Jürgen Küsters: Wiedervereinigung durch Konföderation? In: VfZ, 1/1992, S. 117.

573 Biographisches Wörterbuch zur deutschen Geschichte, a.a.O., Bd. 2, Sp. 1960.

574 Helmut Wagner: Schöne Grüße aus Pullach. Operationen des BND gegen die DDR, 2., korr. Aufl., Berlin 2001, S. 43 f. (Die Denkpunkte ... finden sich im Original. D. J.). Siehe auch: Peter Joachim Lapp: Todesursache: Fenstersturz? In: DA, 1/1999, S. 79 ff.

575 Günther Geserick/Klaus Vendura/Ingo Wirth: Zeitzeuge Tod, Leipzig 2001.

576 Peter Joachim Lapp: General bei Hitler und Ulbricht, Berlin 2003, S. 213-220. Siehe dazu: Detlef Joseph: Wie die DDR-Geschichte gefälscht wird. In: jW vom 8. Januar 2004.

577 Vgl. Leonid Reschin: Feldmarschall Friedrich Paulus im Kreuzverhör 1943-1953. Mit einem Vorwort von Lew Besymenski, Augsburg 2000.

578 Vgl. die Zeugeneinvernahme am 11. und 12. Februar 1946 (IMT, Bd. VII, S. 283 ff. und 310 ff.). Paulus: »... stelle ich fest, daß die Vorbereitung zu diesem Überfall auf die Sowjetunion, der am 22.6.41 realisiert wurde, bereits im Herbst 1940 lief« (Bd. VII, S. 286).

579 Enrico Syring: Vom Paulus zum Saulus? In: P, Nr. 5 vom 24. Januar 1957, S. 19.

580 Kappelt I, S. 378; – Herbst, S. 326; – Baumgarten, S. 886; – Luitpold Steidle: Entscheidung an der Wolga, Berlin 1971.

581 Rüdiger Wenzke: Das unliebsame Erbe. In: Die Wehrmacht, S. 1132.

582 Ebenda.

583 FAZ vom 21. Oktober 1999, Berliner Seiten. Siehe auch: jW vom 27. Oktober 1999. Daß sich unter den Abgeordneten der DDR-Volkskammer der verschiedenen Wahlperioden auch ehemalige Angehörige der NSDAP befanden, wurde und wird immer wieder gern dargestellt. Allerdings ohne zu erwähnen, daß sich

183

NS-Belastete nicht darunter befanden, was von den ehemaligen NSDAP-Mitgliedern unter den Bundestagsabgeordneten nicht so ohne weiteres gesagt werden kann. »Noch im dritten Bundestag saßen in der Adenauerregierung 18 Minister, die aktive Mitglieder der NSDAP oder der SA, sechs, die Offiziere der Wehrmacht gewesen waren. Alle 104 zu dieser Zeit aktiven Generale und Admirale der Bundeswehr hatten Hitler gedient. Insgesamt befanden sich 8.250 führende Hitlerfaschisten in einflußreichen Positionen der Bundeswehr, der Polizei, der Justiz, der Verwaltung und des diplomatischen Dienstes« (Gerhard Feldbauer: SS-Henker beim BKA. In: jW vom 25. Mai 1999).

584 Peter Joachim Lapp: Ulbrichts Helfer. Wehrmachtsoffiziere im Dienste der DDR, Bonn 2000.

585 A. a. O. S. 205.

586 A. a. O., S. 17.

587 A. a. O., S. 10.

588 A. a. O., S. 9.

589 Ebenda.

590 Ebenda.

591 Ebenda.

592 A. a. O., S. 204.

593 Christen im Nationalkomitee »Freies Deutschland«. Hg. und eingeleitet von Klaus Drobisch, Berlin 1973; – Gerd R. Ueberschär: Das Nationalkomitee »Freies Deutschland« und der Bund Deutscher Offiziere, Frankfurt a. M. 1995; – Leonid Reschin: General von Seydlitz in sowjetischer Gefangenschaft und Haft 1943–1955, Augsburg 2000, – Leonid Reschin: Feldmarschall Friedrich Paulus im Kreuzverhör 1943 bis 1953, Augsburg 2000; – Paul Heider: Gründung des Nationalkomitees »Freies Deutschland« und des Bundes Deutscher Offiziere – alleiniges Verdienst der Führung der KPD oder sowjetischer Entschluß? In: BzG Nr. 3/1992, S. 4-25; – ders.: Nationalkomitee »Freies Deutschland« – Antihitlerbündnis oder Koalition für ein Demokratisches Deutschland? In: BzG Nr. 4/1993, S. 13-30; – ders.: Reaktionen in der Wehrmacht auf Gründung und Tätigkeit des Nationalkomitees »Freies Deutschland« und des Bundes Deutscher Offiziere. In: Die Wehrmacht, S. 614-634.

594 Es ist hier nicht der Ort, über den teilweise stalinistischen Umgang mit dem NKFD/BDO und deren Mitgliedern zu referieren. Unabhängig von allen in höchsten Maße zu bedauernden und zu verurteilenden Mißhelligkeiten und Verfolgungen, denen Angehörige des NKFD/BDO durch stalinistische Praktiken unterworfen waren, kann bei denen, die im NKFD/BDO mitarbeiteten, eines als gegeben vorausgesetzt werden: Die aus dem Faschismus gezogene Konsequenz, bei der Überwindung des verbrecherischen NS-Systems mitzuwirken und am späteren Aufbau einer anderen Gesellschaftsordnung teilzunehmen.

595 Ulrich Schacht: Diskussion über Widerstand gegen die SED-Diktatur. In: WamS vom 30. Oktober 1994.

596 Peter-Ferdinand Koch: Die feindlichen Brüder. DDR contra BRD, Bern-München-Wien 1994, S. 58. Zitiert in: Kappelt II, S. 278.

597 Kappelt II, S. 283. Als Quelle nennt Kappelt auf S. 355, Anm. 210: »J.W. Stalin: Über den großen vaterländischen Krieg der Sowjetunion, Berlin 1945, Seite 59, Verlag der sowjetischen Militärverwaltung in Deutschland.« Anläßlich der Feier zum 25. Jahrestag der Oktoberrevolution erklärte Stalin am 6. November 1942: »In seiner in der türkischen Zeitung ›Cumhuriyet‹ veröffentlichten Unterredung mit dem türkischen General Erkilet erklärte der Kannibale Hitler fort: ›Wir werden Rußland vernichten, daß es sich niemals mehr erheben kann.‹ Das ist, wie es scheint, deutlich, wenn auch ziemlich dumm. Eine solche Aufgabe wie die Vernichtung Deutschlands haben wir nicht, denn es ist unmöglich, Deutschland zu vernichten, so wie es unmöglich ist, Rußland zu vernichten. Aber den Hitlerstaat vernichten – das kann man und soll man. Unsere erste Aufgabe besteht eben darin, den Hitlerstaat und seine Inspiratoren zu vernichten. In derselben Unterredung … fährt der Kannibale Hitler fort: ›Wir werden den Krieg so lange fortsetzen, bis in Rußland keine organisierte militärische Kraft übrigbleibt.‹ Das ist, wie es scheint, deutlich, wenn auch erzdumm. Eine solche Aufgabe wie die Vernichtung jeder organisierten militärischen Kraft in Deutschland haben wir nicht, denn jeder einigermaßen Gebildete wird verstehen, daß das in bezug auf Deutschland ebenso wie auch in bezug auf Rußland nicht nur unmöglich, sondern vom Standpunkt des Siegers unzweckmäßig ist. Aber die Hitlerarmee vernichten – das kann man und soll man« (J. Stalin: Über den Großen Vaterländischen Krieg der Sowjetunion, Berlin: Dietz Verlag 1951, S. 84).

598 Autorenkollektiv unter der Leitung von Wolfgang Schumann: Deutschland im zweiten Weltkrieg, Bd. 4, Berlin 1981, S. 520.

599 Rüdiger Wenzke: Das unliebsame Erbe. In: Die Wehrmacht, S. 1123, Anm. 40.

600 Michael Herms/Gert Noack: Der steile Aufstieg und der tiefe Fall des Robert Bialek. In: APuZ, Nr. B 50/95 (5. Dezember 1997), S. 39.

601 Kurt Pätzold: Ihr waret die besten Soldaten, S. 156 f.

15. »Führers Geburtstag« – das ominöse Eintrittsdatum

Nicht wenige der im »Braunbuch DDR« als NSDAP-Mitglieder Aufgeführten waren 1943/44, als sie angeblich oder tatsächlich der Nazi-Partei beitraten, siebzehn, achtzehn oder neunzehn Jahre alt. Zu jung, um sich als Nazi- oder Kriegsverbrecher schuldig zu machen.

Nicht wenige dieser jungen Leute wurden auf recht dubiose Weise Pg: Sie wurden »umgeschrieben«. Nicht selten wurde ihnen das nicht einmal mitgeteilt. Jens Gieseke bemerkt in seinem Aufsatz »Erst braun, dann rot?« beispielsweise zu Günter Halle, Otto Wendel (Leiter der HVA-Schule) und Günter Guillaume, die bei Kappelt als NSDAP-Belastete beim MfS firmieren: »Sie kamen aus der sogenannten HJ-Generation, die in den 50er Jahren ein wichtiges Rekrutierungsfeld des MfS darstellte. Es ist umstritten, ob diese NSDAP-Eintritte, die auf Sammelübernahmen von Hitlerjungen basierten, tatsächlich, wie von Betroffenen behauptet, entgegen den Altersvorschriften der NSDAP und ohne deren Wissen vorgenommen wurden. Aber selbst wenn man annehmen wollte, sie seien der NSDAP freiwillig beigetreten, läßt die argumentative Kraft dieser Jugendsünde doch zu wünschen übrig.«[602]

Es fällt auf, daß das »Eintrittsdatum« bei vielen der 20. April 1943 oder 1944 ist. Bei den 904 von Kappelt aufgelisteten Personen handelt es sich – nach durchaus unvollständigen Angaben – für 1943 um 55 und für 1944 um 106 Personen im Alter von siebzehn bis neunzehn Jahren. Man fragt sich natürlich, ob die Verblendung so groß war, daß selbst im Angesicht der nahen Niederlage die NSDAP noch gefragt war.

Viel erstaunlicher jedoch ist, daß nicht wenige der unter diesem Datum geführten NSDAP-Mitglieder später erklärten, nicht Mitglied dieser Partei gewesen zu sein. Wie erklärt sich dieses Phänomen? Doch nur dadurch, daß sie kumulativ in die NSDAP aufgenommen wurden, ohne darüber unterrichtet worden zu sein.

Unter jenen, denen solches widerfuhr, war auch Hans-Dietrich Genscher. Der langjährige Außenminister bestätigte dem Nachrichtenmagazin *Focus*, »er habe Anfang der 70er Jahre ›zu seiner großen Überraschung erfahren‹, daß er im alliierten Document Center in Berlin als NSDAP-Mitglied seit 1944 verzeichnet ist. Dem Magazin sagte Genscher, er könne sich das nur durch eine automatische Übernahme in die NSDAP in der Zeit als Flakhelfer und Mitglied der Hitler-Jugend erklären. Als er davon erfuhr, habe er keinen Anlaß gesehen, von sich aus auf den Eintrag aufmerksam zu machen.«[603]

Wie willkürlich mit der Mitgliedschaft in der NSDAP operiert wird, erlebte der Rechtsanwalt Heinrich Hannover.[604] Als Verteidiger von Peter-Jürgen Boock lehnte er den als Gutachter bestellten Prof. Hans-Jürgen Rauch ab. In der Begründung verwies Hannover unter anderem darauf, daß Rauch als »strammer Nationalsozialist« in kurz vor Kriegsende durchgeführten Strafverfahren seine Pflichten als Sachverständiger in eklatanter Weise verletzt habe. Rauch hatte ein Fehlgutachten erstattet, »das die Hinrichtung des Betroffenen zur Folge gehabt hätte, wenn nicht die Fehlerhaftigkeit des Rauch-Gutachtens vom Gerichtsherren erkannt worden wäre und zu einer Überprüfung des Urteils und des Gutachters geführt hätte.«[605] Später stellt sich noch heraus, daß Rauch am systematischen Tötungsverbrechen der »Euthanasie« beteiligt war.

Die Bundesanwaltschaft empfahl die Ablehnung des Befangenheitsantrages. »Man habe im Berliner Document Center nachgeforscht und könne die Angabe des Sachverständigen Prof. Rauch bestätigen, daß er niemals Mitglied der NSDAP gewesen sei (eine Angabe, die niemand bezweifelt hatte). Man habe aber festgestellt, daß einer der Verteidiger, ... Heinrich Hannover ... am 20.4.1943 Mitglied dieser Partei geworden sei. Wenn der Angeklagte zu diesem Anwalt Vertrauen habe, ergebe sich daraus, daß er auch keinen Anlaß zum Mißtrauen gegen Professor Rauch habe.« Hannover schreibt, er habe als 17jähriger nicht bedenken können, daß »eines Tages ein durch späte Geburt begnadigter Staatsanwalt dem fast 60jährigen ... vorhalten könnte, daß er sich deshalb mit einem an Massentötungen beteiligten Mediziner vergleichen lassen müsse, der dabei ohne Mitgliedsbuch der NSDAP ausgekommen war.«[607]

Fußnoten

602 Jens Gieseke, Erst braun, dann rot? S. 139.
603 ND vom 2./3. Juli 1994. Vgl. »Sorgfältig ausfüllen«. In: S, Nr. 18/1994, S. 75; – Henning Krumrey: Das Denkmal bröselt. In: FOCUS, Nr. 27/1994, S. 26-28.
604 Heinrich Hannover: Die Republik vor Gericht 1975-1995. Erinnerungen eines unbequemen Rechtsanwalts, Berlin 1999, S. 181-189.
605 A. a. O., S. 182.
606 A. a. O., S. 188.
607 Ebenda.

16. Hielt die DDR bewußt Nazi-Akten zurück?

Es gehört zum Standardrepertoire der Delegitimierung des DDR-Antifaschismus, zu behaupten, die DDR habe sich geweigert, zur Aufklärung von NS-Verbrechen durch bundesdeutsche Behörden beizutragen. Simon Wiesenthal behauptete: »Hunderte Rechtshilfeersuchen beantwortete man überhaupt nicht, weil jeder im Westen verurteilte Nazi ein verlorengegangener politischer Trumpf war. In den Stasi-Akten findet man jetzt zunehmend Hinweise darauf, wie die Stasi mit ihrem Wissen aus den Archiven Leute erpreßt und gezwungen hat, für sie tätig zu werden. Auch deren Kinder waren betroffen – die hatten ja ebenfalls kein Interesse daran, daß alle Welt erfährt, wenn der Vater ein Verbrecher war.«[608]

Die Vorhaltung war nicht neu. Wiesenthal konzedierte bereits 1988 der Bundesrepublik, daß sie »die ehrliche Absicht hatte, die Verbrechen der Vergangenheit aufzuarbeiten«, man habe allerdings die praktischen Probleme dabei unterschätzt. »Vor allem der Ostblock hatte seine Archive noch immer nicht computerisiert und war weiterhin nicht bereit, sie der westdeutschen Justiz zur Verfügung zu stellen. Die DDR hatte Hunderte von Rechtshilfeersuchen der BRD unbeantwortet gelassen.«[609] Wiesenthal wurde nicht müde, diese Behauptung insbesondere nach dem Zusammenbruch der DDR permanent zu wiederholen: Die DDR habe sich stets der Zusammenarbeit mit der Bundesrepublik bei der Verfolgung von Naziverbrechen verweigert. Mehrere hundert Rechtshilfeersuchen der deutschen Justiz seien nicht einmal beantwortet worden.

Nun muß zunächst daran erinnert werden, wie die BRD selbst mit jenen Archivmaterialien der Nazizeit umging, die in Westberlin verfügbar waren. Bei so viel ausgesprochenem Verfolgungswillen hätte man annehmen können, daß die BRD alles daransetzen würde, Vorhandenes in ihre Verfügungsgewalt zu bringen. Das Merkwürdige ist, daß ein Hauptarchiv wie mit der Kohlenzange angefaßt wurde: Das von den USA verwaltete Berlin Document Center. Das Material war seit Kriegsende »nur einer extrem eingeschränkten Öffentlichkeit zugänglich. Nur Akten von bereits rechtskräftig verurteilten Nazis dürfen eingesehen werden.«[610] »Die Angst, osteuropäische Stellen könnten nach einer bundesdeutschen Übernahme einen ›mißbräuchlichen‹ Zugang bekommen, soll für die ablehnende Haltung der Bundesregierung nicht unbedeutend gewesen sein, wollen Insider wissen.«[611] Der Direktor des BDC, Daniel P. Simon, ließ in einer Sendung der BBC 1978 die Katze aus dem Sack, indem er erklärte: »Ich denke, eine Menge Leute sind noch sehr lebendig, die Mitglieder der SS oder der Partei waren … Ich bin sicher, brächte man ihre Namen in Verbindung mit ihren Aktivitäten, so würden sie und die deutsche Regierung in Schwierigkeiten kommen.«[612] Bei einer Panorama-Sendung 1978 erklärte dann Willy Brandt: »Wir wären von allen guten Geistern verlassen, wenn wir jetzt anfangen würden, noch mal das, was vor 35 (!) Jahren ein gewisses (!) Ende gehabt hat, noch mal aufrollen zu wollen.«[613] Diese Sorge war eigentlich unbegründet, denn das äußerst restriktive Bundesarchivgesetz von 1988 garantierte die Abschirmung vor unerwünschten Nachfragen. »Die darin enthaltenen Regelungen zum Persönlichkeitsschutz werden nun zum letzten Schützengraben der Alt-Nazis … Nicht nur die auf Demokraten umgeschulten Nazis, sondern auch all die untergetauchten NS-Mörder haben so ihre Ruh’.«[614]

Als die Verjährungsfristen von Naziverbrechen abliefen und die Debatte um die Verlängerung (für die auch die DDR war) einsetzte, führte Wiesenthal eben dieses krude »Argument« ein. Wie er selbst schreibt, habe er Franz Joseph Strauß vor Augen geführt, »daß in erster Linie der Ostblock durch die Verjährung gewinnen würde. Alle Staaten des Ostblocks, die die Bemühungen der bundesdeutschen Justiz schon bisher torpediert und ihre Dokumente zurückgehalten hatten, würden am Tag nach Eintritt der Verjährung mit ›neu entdeckten Unterlagen über mehr oder weniger prominente bundesdeutsche Persönlichkeiten aufwarten und die BRD als ›Hort des Faschismus‹ brandmarken, in dem die Nazis ihre Verbrechen nicht zu sühnen brauchten.«[615]

Alfred Streim, Leitender Oberstaatsanwalt in Ludwigsburg, erklärte auf einer Konferenz zu Beginn der 90er Jahre, »daß uns alle Länder, in denen sich NS-Dokumente befanden, die Gelegenheit gaben, diese auszuwerten – mit Ausnahme der DDR«.[616] Die DDR habe seit 1968 Kontakte mit der Zentralstelle abgelehnt und sich mit NS-Verbrechen strafrechtlich nicht so auseinandergesetzt, wie es erforderlich gewesen wäre. Das MfS habe politisch-pragmatisch verfolgt, während man in der BRD »systematisch aufzuklären« versuchte. Die DDR »forschte vor allem aus Propagandagründen« und habe auch versucht, Verfahren in der BRD zu beeinflussen, indem sie Erkenntnisse über in der BRD gesuchte Personen nicht weitergegeben und den Rechtshilfeverkehr beeinflußt habe. Die DDR habe 1968 auch durchgesetzt, daß die Zentralstelle der BRD nicht mehr alles benötigte Material erhielt.[617]

Anders wußte es noch Adalbert Rückerl, der darauf hinwies, daß es nicht die Entscheidung der Justizstellen gewesen sei, die Dokumente aus östlichen Archiven nicht auszuwerten.[618] Die tatsächliche Ursache für die gestörte deutsch-deutsche Zusammenarbeit bei der Verfolgung von NS-Verbrechen wurden von Streim nicht genannt: Es war einzig die Furcht Bonns, mit dem Abschluß etwa eines Rechtshilfeabkommens die DDR de facto anzuerkennen. Gespräche in dieser Richtung zu Beginn der 70er Jahre führten trotz Grundlagenvertrag zu keinem Resultat, weil nach westdeutschem Verständnis damit der Anspruch, Vertreter aller Deutschen zu sein, unterlaufen würde. So hätte man beispielsweise DDR-Bürger an Ostberlin ausliefern müssen, die sich ihrer juristischen Verfolgung durch Flucht in den Westen entzogen. Das wollte man eben nicht.

Die einseitige Schuldzuweisung an die DDR wegen eines fehlenden Rechtshilfeabkommens kann nur bar jeglichen historischen Wissens oder aus Böswilligkeit erhoben werden. Trotzdem bot die DDR Unterstützung an. »Vom Frühjahr 1957 an publizierte die DDR Listen von in der Bundesrepublik amtierenden NS-Juristen. Im Jahre 1959 zirkulierten tausend Namen einschlägiger Richter und Staatsanwälte. Die Materialien erwiesen sich später als nicht immer, jedoch überwiegend stichhaltig. Die DDR bot den bundesrepublikanischen Strafverfolgungsbehörden Einblick an, die Länderjustizministerkonferenz lehnte dies am 12. Februar 1960 ab, um die staatliche Anerkennung der DDR nicht zu präjudizieren.«[619]

Trotz der bundesdeutschen Obstruktionstaktik gab es von Seiten der DDR immer wieder Aktenlieferungen, gewissermaßen außerhalb des Protokolls. Wie diese Gesten des guten Willens heutzutage gewertet werden, kann man an folgenden »Erkenntnissen« von Annette Weinke ablesen. Sie beurteilte die Übergabe von NS-Urteilsschriften an bundesdeutsche Organe so, daß der »propagandistische Rummel, der diese Aktion begleitete«, in gewissem Grade davon ablenken sollte, »daß das Material zwar jede Menge Anhaltspunkte für eine Beteiligung westdeutscher Juristen an NS-Terrorurteilen enthielt, für weitergehende Ermittlungen aber letztlich nur von beschränktem Wert war.«[620] Oder: DDR-Juristen überreichten Kopien von Todesurteilen »in plakativer Weise«.[621]

Adalbert Rückerl, damals Leiter der Zentralen Stelle in Ludwigsburg, schrieb 1982, die DDR, die »schon mehrfach deutschen Behörden gezielt Belastungsmaterial gegen im öffentlichen Leben der Bundesrepublik Deutschland stehende Personen übergeben hatte, bot durch ihren Generalstaatsanwalt an, generell Material zum Zweck der Verfolgung von NS-Verbrechen zur Verfügung zu stellen. Der Sprecher der Bundesregierung erklärte dazu am 25. Juli 1962 vor der Presse, das Schreiben des Generalstaatsanwalts der DDR werde nicht beantwortet, da es sich bei dem Angebot um eine politisch-propagandistische Aktion handle. Das Bundesarchiv in Koblenz sei jedoch bereit, Aktenmaterial entgegenzunehmen.«[622]

Nun war das Bundesarchiv nicht für die Strafverfolgung zuständig, und es mußte befürchtet werden, daß die NS-Akten dann ihr Endlager gefunden hätten, ohne daß Konsequenzen zu erwarten waren. Zudem sollte offensichtlich wieder einmal die Anerkennung der staatlichen Legitimität der DDR unterlaufen werden.

Sicher kann man im Nachhinein darüber streiten, ob die Negativreaktionen seitens der DDR immer angemessen waren. Und vielleicht war die zeitweilige Verweigerungshaltung der DDR kleinkariert. Das gleiche galt dann aber auch für die Bundesrepublik und die dafür zuständigen Institutionen.

Beispiel gefällig?

Die Bundesregierung richtete angesichts der drohenden Verjährung von NS-Verbrechen am 20. November 1964 an alle Regierungen, Organisationen und Einzelpersonen im In- und Ausland einen öffentlichen Aufruf mit der Bitte, entsprechendes Material zur Verfügung zu stellen. Den Regierungen aller Staaten – ausgenommen die DDR – wurde der Inhalt des Aufrufs förmlich mitgeteilt.[623]

Trotz dieser vorsätzlichen Ignoranz schlug am 22. Dezember 1964 der Generalstaatsanwalt der DDR dem Bundesjustizminister vor, zur Auswertung des in der DDR vorhandenen Material eine aus Vertretern des Bundesjustizministeriums und der Generalstaatsanwaltschaft der DDR bestehende Kommission zu bilden.[624] Die Reaktion: »Da es nach der Ansicht der Bundesregierung dem Generalstaatsanwalt der DDR dabei in erster Linie darum ging, der von der Bundesrepublik Deutschland nicht anerkannten Zweistaatentheorie Geltung zu verschaffen und weil außerdem die Durchführung von Ermittlungen nicht Sache des Bundesministeriums der Justiz war, wurde dieses Schreiben an die zentrale Stelle in Ludwigsburg weitergeleitet.«[625]

Oberstaatsanwalt Erwin Schüle, damals Leiter der Zentralen Stelle, antwortete am 15. Januar 1965 DDR-Generalstaatsanwalt Josef Streit und bat darum, daß man Mitarbeitern seiner Dienststelle die Auswertung des vorhandenen Materials gestatten möge. »Darauf ließ sich wiederum die DDR nicht ein. Sie strebte eine gemeinsame Auswertung beiderseits erschlossener Beweise an. Schließlich lag nahe, daß dadurch im Westen wie im Osten ... mutmaßliche Täter zu identifizieren und zu überführen waren. Zugleich hegte Ostberlin Argwohn gegen den Absender: Erwin Schüle hatte wohl Meriten beim Ulmer Einsatzkommandoprozeß erworben, galt aber – wie sein Minister – als eifriger Befürworter der damals im Westen geplanten Verjährung auch der schwersten NS-Verbrechen. Hinzu kam, daß Schüle seit 1933 der SA und seit 1935 der NSDAP angehört hatte. Zwar erhielt er – nunmehr ebenfalls auf mittlerer Behördenebene – eine Antwort, mit ihr bestand jedoch die DDR auf der Bildung der gemeinsamen Kommission. 14 Jahre später erklärte dazu Bundesjustizminister Hans-Jochen Vogel im Bundestag, es sei darüber ›aus allgemein-politischen Gründen[626] zu keiner Verständigung‹[626] gekommen.«[627]

Die »allgemein-politischen Gründe« dürften darin bestanden haben, daß eine gemeinsame BRD-DDR-Kommission den Intentionen Bonns zuwiderlief, alles zu vermeiden, was als Anerkennung der DDR als souveränem, gleichberechtigtem und eigenständigem Staat auch durch die BRD hätte »mißverstanden« werden können.[628]

Unter diesem Aspekt kann man es nur als blauäugig bezeichnen, wenn Alfred Streim in einem Brief vom 25. Januar 1990 schrieb: »Die Zentrale Stelle hat bis heute noch keine Beziehungen zur DDR. Die DDR begründet ihre ablehnende Haltung u. a. damit, daß die zentrale Stelle keine rechtmäßige Justizbehörde sei, ohne darauf einzugehen, daß die Bundesländer durch Vertrag gemeinsame Einrichtungen schaffen können.« Friedrich Karl Kaul hatte in einem Gespräch mit Adalbert Rückerl erklärt, daß die zentrale Stelle »weder im Gerichtsverfassungsgesetz noch in der Strafprozeßordnung der Bundesrepublik Deutschland genannt (werde) und folglich für die DDR nicht existent« sei.[629]

»Als ab 1979 Ermittlungen gegen die Angehörigen des Volksgerichtshofs in Berlin (West) angestrengt wurden«, so Günther Wieland, »leistete die DDR umfassende Rechtshilfe und stellte zirka 7.000 Blatt Beweisdokumente zur Verfügung. Wäschekörbeweise übernahmen Staatsanwälte aus Berlin (West) in der Dienststelle des Generalstaatsanwalts der DDR« in den Jahren 1981, 1982 und 1984 Beweisdokumente.[630] Weitere Dokumente gingen dem Generalstaatsanwalt beim Kammergericht in den Jahren 1984, 1985 und 1988 durch die Post zu. Wie man weiß: ohne Konsequenzen.

Mit Ausnahme von Hans-Joachim Rehse, der im Verlaufe des Strafverfahrens verstarb, wurde keinem NS-Blutjuristen des »Volksgerichtshofes« je der Prozeß gemacht.

1995 machte Alfred Streim als Leiter der Zentralstelle zur Aufklärung von NS-Verbrechen gegenüber dem Spiegel auf einen durchaus bezeichnenden Umstand aufmerksam: »Wir wurden jahrelang von Bonner Seite daran gehindert, Nazi-Materialien auszuwerten. In der hohen Zeit der NS-Strafverfolgung arbeiteten in meiner Dienststelle noch 50 Staatsanwälte, inzwischen sind es acht mit 26 Mitarbeitern. Aber für die Gauck-Behörde sind plötzlich massenhaft finanzielle Mittel und Planstellen vorhanden. Es drängt sich der Eindruck auf, daß hier mit zweierlei Maß gemessen wird.«[631]

Es handelt sich allerdings nicht um zweierlei Maß, sondern es gilt das eine Maß: Antikommunismus fordert Rigorosität gegen Links, nicht gegen Rechts, weshalb etwa 2.900 Mitarbeiter, die den Steuerzahler jährlich 240 Millionen Mark kosten, an der »Aufarbeitung der SED-Diktatur« werkeln.

Es ist merkwürdig, daß nach Öffnung der DDR-Archive – in denen sich doch angeblich bis dahin verweigerte Unterlagen stapelten – keine massenhaften Ermittlungen gegen angeblich vom MfS gedeckte NS-Straftäter einsetzte.

Einzelne Personen wurden in den Medien vorgeführt, die diese Behauptung beweisen sollten. Mehr geschah nicht. Noch schlimmer: Ernst Klee machte die Erfahrung, daß seine Forschungen über NS-Ärzte von der Gauck-Behörde behindert wurden. Sein Gesuch um Einsicht in die Akten des MfS wurde abgelehnt. Klee sagte in einem Zeitungsinterview: »Alle DDR-Verfahren zu Straftaten im Dritten Reich liefen unter Kontrolle der Stasi ab. Dokumente aus der Nazizeit wurden beschlagnahmt. Wie beispielsweise die Versuchsergebnisse, die der Psychiater Dr. Heißmeyer in Hohenlychen 1945 vergrub. Die Gauck-Behörde stellt sich auf den Standpunkt, daß nach den gesetzlichen Regelungen diese Unterlagen nur eingesehen werden dürfen, wenn sie wissenschaftlichen Erkundungen über die Arbeitsweise der Stasi dienen. Mit unseren Absichten hat man uns an die Dokumente nicht herangelassen.«[632]

Es ist in der Bundesrepublik nach wie vor Praxis, Naziverbrecher nachsichtig zu behandeln. So ging Leutnant Wolfgang Lehnigk-Emden, der am 13. Oktober 1943 in Caiazzo bei Caserta (Italien) 22

Menschen hatte ermorden lassen, straffrei aus. Das Landgericht Koblenz hatte das Verfahren gegen Lehnigk-Emden am 18. Januar 1994 wegen Verjährung eingestellt. Begründung: Hätte die 1943 herrschende Gerichtsbarkeit der Nazis oder der Wehrmacht die Untaten verfolgt, wäre die Verjährungsfrist von diesem Zeitpunkt an zu rechnen und demzufolge 1973 abgelaufen. Im März 1995 bestätigte der 2. Senat des BGH die Entscheidung des Landgerichts. Der BGH folgte dem Sachverständigen Fregattenkapitän Gerhard Schreiber vom Militärgeschichtlichen Forschungsamt der Bundeswehr nicht, der eine mögliche strafrechtliche Verfolgung Lehnigk-Emdens durch die Wehrmachtsjustiz wegen der Tatsache ausgeschlossen hatte, daß diese Verbrechen durch entsprechende Befehle und Weisungen Hitlers gedeckt und sanktioniert worden waren. Der BGH folgte auch nicht dem Standpunkt der Staatsanwaltschaft, daß die Wehrmacht die Verbrechen geduldet hätte, sondern akzeptierte jene Sachverständigenansicht, nach der Lehnigk-Emden mit einer kriegsgerichtlichen Verfolgung hätte rechnen müssen.

Hätte die NS-Militärjustiz von der Tat gewußt, so behauptet der BGH wider alle Kenntnis von der verbrecherischen faschistischen Praxis, hätte sie ermittelt und das dem Leutnant angelastete Verbrechen »mit einer gewissen Wahrscheinlichkeit kriegsgerichtlich verfolgt«.[633] Damit aber habe die Verjährungsfrist am Tage der Tat begonnen und sei die Verjährung im Juni 1968 eingetreten.

Die Sachverständigen bescheinigten also der NS-Justiz Rechtsstaatlichkeit und Verfolgungswillen von NS-Kriegsverbrechen – und der BGH folgte ihnen in dieser Überzeugung.[634]

Zum Vergleich: Die Verjährung für Taten in der DDR wurde rückwirkend zum Oktober 1949 aufgehoben. Und diese Aufhebung wurde bis zum 2. Oktober 2000 verlängert, weil die DDR eben ein Unrechtsstaat ab ovo gewesen sei.[635]

Die Schonung der Nazis in der Bundesrepublik war kein »Fehler« der Vergangenheit, mit dem man heute die Härte gegenüber der DDR legitimiert, weil man nicht zweimal den gleichen Irrtum begehen wolle. Inzwischen gibt es Literatur in Hülle und Fülle, in der die juristischen Tricks und Kniffe analysiert sind, mit denen die Strafverfolgung der im Gebiet der BRD lebenden Naziverbrecher verzögert und aufgehoben wurde.[636] Man weiß um die Argumentations- und Interpretationsfähigkeit bundesdeutscher Richter. An bundesdeutschen Gerichtsentscheidungen läßt sich die hohe Schule juristischer Konstruktionen nach politischer Opportunität studieren.[637] Zu den

Argumentationskünsten kommt die »stille Wirksamkeit« der Gesetzesmacher, von deren Folgen alle »überrascht« sind, wie man beispielsweise den folgenden Zeilen entnehmen kann: »Bekanntermaßen wurden die nach 1963 eingeleiteten RSHA-Verfahren und die Verfahren gegen andere Mitarbeiter der obersten Reichsbehörden in der Mehrzahl bereits 1969/70 auf einen Schlag eingestellt, nachdem 1968 mit dem Einführungsgesetz zum Ordnungswidrigkeitsgesetz der erweiterte Gehilfen-Vorsatz eingeführt worden war und sich kurze Zeit später in der BGH-Rechtsprechung durchsetzte.

Über die außerjuristischen Motivationen dieser für die Strafverfolgung von NS-Sachen fatalen Gesetzesänderung finden sich in der Literatur bislang nur Spekulationen, die sich im besonderen um die Rolle des ›furchtbaren Juristen‹ Eduard Dreher, seinerzeit Ministerialdirigent in der Strafrechtsabteilung des Bundesjustizministeriums und an dem Gesetzesentwurf maßgeblich beteiligt, ranken. Eine endgültige Klärung dieser Frage kann nur die Auswertung der entsprechenden Akten des Bundesjustizministeriums erbringen, die allerdings zur Zeit noch unter die für bundesdeutsche Akten geltende dreißigjährige Sperrfrist fallen dürften.«[638]

Warum inzwischen massenhaft Literatur zur »Aufarbeitung der SED-Diktatur« erschienen ist und noch weiter erscheint, während Annette Weinke für die »Kommunistenprozesse der 50er Jahre« feststellt, daß diese »ein nur in Ansätzen erforschtes Thema der bundesdeutschen Justizgeschichte« seien, kann man gerne fragen.[639]

Und sich auch gleich die Antwort geben.

Fußnoten

608 »Warnung an die Mörder von morgen« – Gespräch mit Simon Wiesenthal. In: jW vom 1. August 1992.
609 Simon Wiesenthal: Recht, S. 208.
610 Gerd Nowakowski: Die deutsche Angst vor der Aktengruft. In: taz vom 22. April 1989.
611 Benedict M. Mülde: Berliner NS-Akten vor der Entsorgung. In: taz vom 23. Februar 1988.
612 Zitiert nach: Klaus Hartung: Ein Archiv, das keiner haben möchte. In: taz vom 31. August 1988.
613 Zitiert nach: ebenda.
614 Gerd Nowakowski: Die deutsche Angst vor der Aktengruft. In: taz vom 22. April 1989.
615 Simon Wiesenthal: Recht, S. 210.
616 Alfred Streim: Zur Gründung, Tätigkeit und Zukunft der Zentralen Stelle der Landesjustizverwaltungen zur Aufklärung von NS-Verbrechen. In: Claudia Kuretsidis-Haider/Winfried R. Garscha: Keine »Aufrechnung«. NS-Verbrechen, Justiz und Gesellschaft in Europa nach 1945, Leipzig-Wien 1998, S. 133.
617 ND vom 24. April 1995; – ND vom 17. April 1996; – F, Nr. 18 vom 26. April 1996. Alfred Streim war es auch, der erklärte: »Die Gestapo forschte Gegner aus und bekämpfte sie. Diese Aufgabe hatte auch die Staatssicherheit. Beide lebten von Zuträgern. Die Gestapo nannte sie V-Leute, die Stasi Inoffizielle Mitarbeiter. Wenn ich nach den Prinzipien des Nürnberger Tribunals gehe, ist die Staatssicherheit für mich eine verbrecherische Organisation wie die Gestapo.« (WamS vom 19. Februar 1995).
618 Adalbert Rückerl: NS-Verbrechen vor Gericht. Versuch einer Vergangenheitsbewältigung, Heidelberg 1984, S. 160.
619 Jörg Friedrich: Die kalte Amnestie, S. 358. Siehe: Anm. 332.

620 Annette Weinke, …, S. 133.

621 Annette Weinke, …, S. 396, Anm. 22.

622 Adalbert Rückerl: NS-Verbrechen vor Gericht. Versuch einer Vergangenheitsbewältigung, Heidelberg 1982, S. 159.

623 Vgl. Adalbert Rückerl: NS-Verbrechen …, a.a.O., S. 169. Siehe auch: Bundestagsdrucksache IV/3124, S. 36.

624 Vgl. Jüngstes Rechtshilfeangebot des Generalstaatsanwaltes der Deutschen Demokratischen Republik, Streit, an den Bundesjustizminister Dr. Bucher. In: Die Haltung der beiden deutsche Staaten zu den Nazi- und Kriegsverbrechen. Eine Dokumentation, Berlin 1965, S. 87 ff.

625 Adalbert Rückerl: NS-Verbrechen, S. 172.

626 Antwort auf die Kleine Anfrage der Abgeordneten Erhard (Bad Schwalbach), Dr. Klein (Göttingen), Dr. Wittmann (München) und der Fraktion der CDU/CSU (BT-Drs. 8/2557) vom 22. Februar 1979.

627 Günther Wieland: Das war der Volksgerichtshof, S. 148 ff. – ders.: Zwischen Konfrontation und Kooperation – der Rechtsverkehr beider deutscher Staaten bei der Ahndung von NS-Verbrechen. In: Zeitgeschichte (Wien), Heft 11/12 – November/Dezember 1993, S. 413 f ; – ders.: Die deutsch-deutschen Rechtsbeziehungen zur Ahndung von NS-Verbrechen zwischen Mauerbau und Wiedervereinigung. In: Die Normalität des Verbrechens. Bilanz und Perspektiven der Forschung zu den nationalsozialistischen Gewaltverbrechen. Festschrift für Wolfgang Scheffler, Berlin 1994, S. 386 ff.

628 Brief an Christa Hoffmann. Zit. nach: Christa Hoffmann: Die justitielle »Vergangenheitsbewältigung« in der Bundesrepublik Deutschland. In: Uwe Backes/ Eckhard Jesse/ Rainer Zitelmann (Hrsg.): Die Schatten der Vergangenheit. Impulse zur Historisierung des Nationalsozialismus, Frankfurt am Main-Berlin 1990, S. 519, Anm. 65.

629 Adalbert Rückerl: NS-Verbrechen, S. 173.

630 Günther Wieland: Das war der Volksgerichtshof, S. 151. Siehe auch: Interview mit dem Generalstaatsanwalt der DDR, Josef Streit, (anläßlich der Übergabe von Beweisdokumenten an Vertreter des Generalstaatsanwaltes beim Kammergericht Berlin). In: ND vom 27. Mai 1982. In einem Interview erklärte Oberstaatsanwalt Hans Eberhard Klein, Ankläger im Auschwitz-Prozeß, daß die meisten Unterlagen für diesen Prozeß aus Polen kamen. »Aber auch die Russen, die Tschechoslowakei und die DDR haben uns seinerzeit mit Originaldokumenten geholfen« (jW vom 15./16. Mai 1999).

631 Spiegel Nr. 7/1995.

632 »Sie standen Schlange um ›Menschenmaterial‹« – Interview Ernst Klee. In: ND vom 15. Oktober 1997.

633 Süddeutsche Zeitung vom 31. März 1995.

634 Vgl. Markus Götte: Gutachten ignoriert. In: jW vom 9. März 1995.

635 Vorwurfsvoll schrieb Franz Josef Degenhardt in diesem Zusammenhang an das ND: »Warum machen Sie nicht aufmerksam auf den Widerspruch: Mielke wegen Tötung zweier Polizisten trotz längster Verjährung verurteilt, Lehnigk, dem widersprechend, vom Mord an 15 Frauen und Kindern im Ergebnis freigesprochen. Warum wohl? Haben Sie Angst, das zu thematisieren?« (ND vom 4./5. März 1995). Mielke wurde beschuldigt, 1931 in Berlin zwei Polizisten ermordet zu haben. Die Verurteilung Mielkes durch die Gerichte der BRD erfolgte im wesentlichen auf der Grundlage der von den Nazis erstellten Unterlagen.

636 Als einige der Standardwerke seien genannt: – Ingo Müller: Furchtbare Juristen. Die unbewältigte Vergangenheit unserer Justiz, München 1989; – Jörg Friedrich: Die kalte Amnestie; – Jörg Friedrich: Freispruch; – Norbert Frei: Vergangenheitspolitik. Die Anfänge der Bundesrepublik und die NS-Vergangenheit, München 1999. Siehe auch: Günther Schwarberg: Die Mörderwaschmaschine. In: Gegen Barbarei, S. 324-345: Von 90.921 Verfahren gegen Naziverbrecher (bis zum 1. Januar 1986) endeten 84.000 mittels Einstellungsbeschlüssen (S. 324). Im einzelnen kann die bundesdeutsche juristische Interpretationskunst studiert werden in: Adelheid Rüter-Ehlermann/Christian Frederick Rüter (Hg.): Justiz und NS-Verbrechen. Sammlung deutscher Strafurteile wegen nationalsozialistischer Tötungsverbrechen 1945-1966, Amsterdam 1968 bis 1981.

637 Diese Fähigkeit wurde auch eingesetzt, als es in den 50er und 60er Jahren galt, gegen Kommunisten und andere demokratische Kräfte vorzugehen, und wird aktuell eingesetzt, um die Strafverfolgung gegen DDR-Bürger nach dem »Beitritt« der DDR zur BRD durchzuziehen. Für die Darstellung dieser Strafverfolgung sei als Beispiel auf das Buch von Rolf Gössner »Die vergessenen Justizopfer des Kalten Krieges. Verdrängung im Westen – Abrechnung mit dem Osten« (Berlin 1993) verwiesen. Dieses Kapitel bundesdeutscher Justizgeschichte ist noch längst nicht beendet.

638 Annette Weinke: Die Verfolgung …, S. 133 f.

639 Annette Weinke: Die Verfolgung, S. 129 Anm. 13.

17. Der zeitgeistgemäße Umgang mit Dokumenten

Die Kenntnisnahme der Publikationen, die unter Nutzung der Archive oder der Verlautbarungen von wirklichen oder angemaßten Zeitzeugen geschrieben werden, verlangt heutzutage Vorsicht. Und zwar deshalb, weil Texte manipuliert werden können. Das ist inzwischen jedem bekannt, verblüfft aber immer wieder. Auch bei unserem Thema spielt es eine Rolle, deshalb sei eine kleine Betrachtung dazu gestattet.

Insbesondere der *Spiegel* hat eine Meisterschaft dafür entwickelt, Tatsachen und Dokumente zeitgeistgerecht »aufzuarbeiten«. So wird geschrieben: »In der SED, so geht aus zahlreichen Parteidokumenten hervor, tummelten sich bis weit in die 60er Jahre zahlreiche Alt-Nazis und braune Mitläufer.«[640] Dann wird aus Analysen der SED wie des MfS von 1953, 1957 und 1958 über Konzentrationen von ehemaligen Anhängern des NSDAP in den verschiedensten gesellschaftlichen Bereichen der DDR zitiert. Dabei hindert die sprachliche Diktion des »Spiegel«, zu begreifen, daß diese Analysen von Sorge der DDR-Verantwortlichen getragen sind und nicht etwa »Stolz« über eine »Integration« von Nazis reflektieren. Das gilt auch für jene Statistiken, die über den Anteil von ehemaligen NSDAP-Mitgliedern in der SED angefertigt wurden.

Nehmen wir als Beispiel auch Michael Lemke und seine »unparteiische« Forschung und Auswertung. Michael Lemke meint in seinem Aufsatz in Sachen Eichmann-Prozeß, daß aus den Unterlagen die im ZK der SED festgelegte Linie erkennbar sei[641]: »Für die neue Phase des Eichmann-Prozesses ab Frühsommer 1961 müsse der Beweis einer Kooperation zwischen Globke und Eichmann erbracht werden.

Norden notierte sich für ein Gespräch mit Walter Ulbricht: ›Kaul (Prozeßbeobachter und Verbindungsmann der SED nach Israel – M. L.) sprach mit Genossen Gotsche (engster Vertrauter Ulbrichts, Sekretär des DDR-Staatsrates – M. L.) bereits darüber, daß in Zusammenarbeit mit Mielke bestimmte Materialien besorgt bzw. hergestellt werden sollten. Wir brauchen unbedingt ein Dokument, das in irgendeiner Form die direkte Zusammenarbeit Eichmanns mit Globke beweist. Kaul informierte uns, daß Gen. Ulbricht damit einverstanden sei und eine entsprechende Weisung an den Gen. Mielke geben wollte.‹ Offensichtlich schreckte die Führungsspitze der SED vor Fälschungen bzw. ›Neuanfertigungen‹ von Dokumenten nicht zurück. Die Sache erhielt einen so hohen Stellenwert, daß Mielke Norden über den Stand der Dinge persönlich informierte.«[642]

Wie verhielt es sich tatsächlich mit der Einbeziehung Mielkes? Am 3. Juni 1961 machte Otto Gotsche einen Vermerk für Walter Ulbricht, in dem er über ein Gespräch mit Prof. Friedrich Karl Kaul berichtet. Kaul habe, so Gotsche, die Ansicht geäußert, »daß wir in der Eichmann-Sache weiterkommen würden, wenn gesichert würde, daß die verschiedenen Dienststellen in der DDR, die dazu Materialien vorbereiten, koordiniert würden. Aus diesem Grunde soll eine Anweisung an das Archivwesen (Ministerium des Innern) gegeben werden, damit sich sofort alle in Frage kommenden Dienststellen mit der Sichtung einschlägigen Materials befassen, das für den Eichmann-Prozeß von Bedeutung sein kann …

Prof. Kaul hat bereits ein Gespräch in dieser Angelegenheit auch mit dem Genossen Mielke geführt, in welcher Weise von dort her geholfen werden kann. Ich schlage vor, mit dem Genossen Mielke persönlich zu sprechen, da er ohne Rücksprache über die Art und Weise seiner Mitwirkung von sich aus dazu nicht bereit ist.«[643]

Im Juni 1961 notiert sich Albert Norden für ein Gespräch mit Walter Ulbricht: »c) Etwa am 19. dieses Monats tritt der Eichmann-Prozeß in ein neues Stadium. Die Verteidigung beginnt von diesem Zeitpunkt an, den sogenannten Entlastungsbeweis zu führen. Es wäre gut, wenn wir zu diesem Abschnitt des Prozesses wieder den Genossen Kaul entsenden. Kaul sprach mit Genossen Gotsche bereits darüber, daß in Zusammenarbeit mit Mielke unbedingt bestimmte Materialien besorgt bzw. hergestellt werden sollten. Wir brauchten unbedingt ein Dokument, daß in irgend einer Form die direkte Zusammenarbeit Eichmanns mit Globke beweist. Kaul informierte uns, daß Gen. Ulbricht damit einverstanden sei und eine entsprechende Weisung an den Genossen Mielke geben wollte. Ist das geschehen?«[644]

Aus dem Hause Mielke aber war bereits das eingebracht worden, was tatsächlich vorhanden war. In einem Brief an Albert Norden vom 23. März 1961, also noch vor Beginn des Eichmann-Prozesses, hatte Mielke mitgeteilt, was er zur Verfügung stellen könne:

»5) Materialien betr. Globke

a) Abschrift des Berichtes über eine Besprechung im Reichsjustizministerium am 6.11.36 über den Entwurf eines Sippenamtsgesetzes. Aus dem Bericht geht hervor, daß Globke entgegen den Behauptungen führender Bonner Politiker, er sei während der Nazizeit für die Interessen der Kirche eingetreten, die Politik der Nazis vertrat;

b) Fotokopie der Niederschrift über die 9. Sitzung des »Reichsausschusses zum Schutze des deutschen Blutes« vom 9.3.37 mit Randbemerkungen Stuckarts, des Vorsitzenden des Ausschusses, für Globke, die von der verantwortlichen Mitarbeit Globkes zeugen;

c) Geschäftsverteilungsplan des »Deutschen Auslandsinstituts« Stuttgart, Arbeitsbeziehungen im Inland, Kapitel I. Auf Seite 2 wird als Verbindungsmann im Ministerium des Inneren neben Frick u.a. auch Globke genannt.«[645]

Und das war es dann auch.

Bis jetzt – Juni 2006! Allerdings ist nicht die DDR und das MfS am Pranger, sondern die BRD und ihr amerikanischer Bundesgenosse. SPIEGEL Online meldete am 7. Juni 2006, 8 Uhr 10: »CIA soll Eichmann gedeckt haben. Die USA und Westdeutschland haben den Aufenthaltsort des nach dem Krieg flüchtigen NS-Verbrechers Eichmann mehr als zwei Jahre verschleiert. Der US-Geheimdienst CIA wollte damit eigenen Dokumenten zufolge vor allem ein Mitglied der Adenauer-Regierung vor Enthüllungen schützen.« In der Meldung heißt es weiter, daß aus den Akten des USA-Geheimdienstes hervorgehe, die CIA sei bereits 1958 vom westdeutschen Geheimdienst über Eichmanns Tarnnamen und sein Versteck in Argentinien informiert worden. Die CIA habe der Bonner Regierung geholfen, einen Teil von Eichmanns Tagebuch zurückzuhalten, das – wen wohl? – Hans Globke belastete.

Michael Lemke fand im Bundesarchiv einen Brief Albert Nordens, den der am 28. Mai 1960 an Walter Ulbricht geschrieben hatte. Man bemühe sich, den Fall Eichmann »maximal gegen das Bonner Regime zuzuspitzen«[646], hatte Norden angekündigt. Lemke dazu: »Dabei mußte man im Zusammenhang mit dem Prozeß vorsichtig agieren, hatten doch einige in der DDR-Prominenz selbst ›Dreck am Stecken‹ (25).« Diese »25« verweist auf eine Fußnote in Lemkes Aufsatz, die wie folgt lautet: »(25) Norden konstatierte beunruhigt, daß die ehemaligen Wehrmachts- jetzt DDR-Generale Arno von Lenski und Vincenz Müller, letzterer brachte es bis zum stellvertretenden Minister, im Jerusalemer Prozeß genannt wurden. Beide hätten Verbindung zu Eichmann gehabt. Von Lenski war Beisitzer am berüchtigten Volksgerichtshof. ›Meines Erachtens dürfen wir es nicht soweit kommen lassen, daß wir in irgendeiner Weise bei dem Eichmann-Prozeß diskreditiert werden‹, legte Norden Erich Honecker am 27.10.1960 nahe.«[647] Es folgt die Angabe des Aufbewahrungsortes des Dokuments.

Zunächst suggeriert die an das Ende des oben zitierten Satzes gestellte Anmerkungsziffer 25, daß Norden selbst von »Dreck am Stecken« gesprochen habe. Das war keineswegs der Fall. Dann behauptet Lemke in der Fußnote selbst, die Namen der NVA-Generale seien im Prozeß genannt worden. Das ging schon deshalb nicht, weil der Prozeß erst am 11. April 1961 begann, während Albert Nordens Information vom 1. Dezember 1960 stammte, mithin fünf Monate früher geschrieben worden war.

Und dann hat die Mitteilung Nordens doch einen etwas anderen Inhalt. Sie lautet: »Von dem westberliner linkssozialdemokratischen Studenten S…, der gelegentlich mit dem Ausschuß für Deutsche Einheit zusammenarbeitet – er organisierte die Karlsruher Ausstellung gegen die Blutrichter – und kürzlich in Israel war, erfahren wir folgendes: In dem Prozeß gegen den Judenmörder Eichmann, der im März 1961 in Israel beginnt, würde auch Vincenz Müller genannt werden, der früher mit Eichmann Verbindung gehabt haben soll. Das gleiche soll auch auf Arno von Lenski zutreffen. Bei ihm würde auch seine Tätigkeit als Beisitzer am Volksgerichtshof zur Sprache kommen. Soweit die Informationen des Studenten S…

Ich empfehle, die Angelegenheit auf geeignete Weise überprüfen zu lassen. Meines Erachtens dürfen wir es nicht soweit kommen lassen, daß wir in irgendeiner Weise bei dem Eichmann-Prozeß diskreditiert werden. Aus der reaktionären Presse Israels ist mir bekannt, daß solche Absichten bestehen. Dort sind in letzter Zeit einige Artikel erschienen, in denen behauptet wird, in ›Ostdeutschland wären viele ehemalige Nazis in führenden Positionen‹. Vielleicht kann man nach Überprüfung der Angelegenheit eine Erklärung von Müller und Lenski vorbereiten, in der den Hetzern gegen uns der Wind aus den Segeln genommen wird und die wir zur gegebenen Zeit popularisieren können.«[648]

Die Behauptung Lemkes von 1993 über das Nennen der Verbindung zwischen Eichmann und von Lenski bzw. Müller im Eichmann-Prozeß wird seitdem von nachfolgenden Autoren ungeprüft übernommen. Bei Lemke fand sich nicht die Spur eines Hinweises, worin denn der Kontakt mit Eichmann bestanden habe und warum deshalb das »Wanken des Nimbus« begründet gewesen sei. Weder er noch die Autoren, die sich auf ihn beziehen, haben sich offensichtlich der Mühe unterzogen, das Protokoll des Eichmann-Prozesses zu lesen. Im Umgang mit »Kommunisten« genügt eben die einfache Behauptung, um die Integrität der Personen in Frage zu stellen. Weder Rüdiger Wenzke noch Annette Rosskopf bringen mehr als die Behauptung Lemkes. Frau Rosskopf kolportierte im Internet: »Norden war, wie er an Honecker schrieb, beunruhigt, weil sich mit Arno von Lenski und Vincenz Müller zwei ehemalige Wehrmachtsgenerale in den Reihen der Generalität der NVA befanden, deren Namen in Israel gefallen waren.«[649]

Tatsächlich wurden die Namen von von Lenski und Vincenz Müller im Eichmann-Prozeß nicht genannt. Um das festzustellen, mußte man sich allerdings durch die etwa 3.500 einzeilig beschriebenen Protokollseiten hindurchlesen – eine Mühe, der sich die Skribenten offensichtlich nicht unterziehen wollten.[650] Hingegen wurden im Prozeß nicht wenige Personen genannt, die in der BRD trotz ihrer nazistischen Belastung unverfolgt geblieben waren[651] oder im Staatsapparat wiederverwendet wurden. Selbstredend wurde zu dieser Zeit in der israelischen Presse hinreichend über die »Nazis« in DDR-Diensten geschrieben. Darauf machte Norden Erich Honecker am 1. Dezember 1960 in einer Hausmitteilung aufmerksam.[653]

Ein Beispiel derartiger Veröffentlichungen lieferte Prof. Kaul. Er hatte der am 5. Juni 1961 an Heinz Stadler, Mitarbeiter des ZK der SED, übermittelten Kopie seiner »Analyse des Eichmann-Prozesses« eine Seite aus der Jerusalemer Monats-Zeitschrift *Weg und Ziel* vom Juni 1961 beigefügt. In dem Artikel »Die Mitarbeiter Eichmanns in Ost-Deutschland« heißt es u.a., daß die Zeitungen in Westdeutschland dem »kommunistischen Deutschland« vorwerfen würden, daß bei ihm »auch oder noch mehr Nazis in Regierungszentren sitzen«. Weiter werden u. a. Oberst Steidle, Kurt Schumann, Prof. Herbert Kröger, Ernst Großmann und Arno von Lenski genannt.[654] Gideon Hausner, zur Zeit des Eichmann-Prozesses Generalstaatsanwalt in Israel, kommentierte am 23. Juni 1960 die Debatte im UN-Sicherheitsrat, als die Beschwerde Argentiniens behandelt wurde. Das südamerikanische Land sah mit der Entführung Eichmanns durch Israels Geheimdienst Mossad seine Souveränitätsrechte verletzt. Hausner berichtete von der Debatte, in der der Vertreter der UdSSR, Sobolev, zutreffend erklärte, die NATO-Staaten »gestatteten ehemaligen Nazigeneralen, führende Stellungen einzunehmen«. Westdeutschland »habe die gleichen Leute auf Ministerposten berufen, die unter den

Nazis die Vernichtungspolitik durchgeführt hätten, wobei er Dr. Oberländer, Dr. Schröder und General Speidel namentlich nannte. Lodge *(der Vertreter der USA – D. J.)* antwortete hierauf, Westdeutschland stelle ehemalige Nazis vor Gericht, während Ostdeutschland nichts dergleichen tue. Er erklärte, der Präsident des ostdeutschen Obersten Gerichtshofs, Dr. Schumann, und der Vorsitzende des Rechtsausschusses, Siegfried Dallmann, seien beide ehemalige Nazis, und zitierte eine Broschüre, aus der hervorging, daß zweihundert ehemalige Nazis unter dem kommunistischen Regime in Ostdeutschland offizielle Stellen innehatten. Hierauf entgegnete Sobolev, einem Bulletin zufolge, aus dem er vorlas, stünden in Westdeutschland 1.146 ehemalige Nazi-Richter und -Staatsanwälte im Dienst. Lodge versetzte, Speidel habe sich gegen Hitler gewandt, während der ostdeutsche General Arno von Lenski in Naziuniform fotografiert worden sei.

Der Präsident griff mit der Bemerkung ein, die Debatte habe sich doch wohl etwas zu weit vom Thema entfernt, und die Sitzung wurde kurz darauf geschlossen.«[655]

Man sieht: Die DDR war noch nicht in der UNO, und schon beschäftigte man sich mit ihr. Allerdings wohl kaum mit angemessener Sachkenntnis.

Das waren die Dokumente. Und wie ist es mit verbal Geäußertem?

Als Kronzeuge für eine profunde Aussage, die die antifaschistische Position der DDR im allgemeinen und des MfS im besonderen in Frage stellt, wird der letzte Leiter der Unterabteilung IX/11 des MfS, Oberstleutnant a. D. Dieter Skiba, herangezogen. Er hatte einer Journalistin des Spiegel ein Gespräch gewährt, aus dem (sie) der *Spiegel* eine Falschheit machte, die seitdem von diversen Autoren genüßlich wiederholt wird, und zwar als einer authentischen Aussage von einem, der es schließlich wissen muß.

Der *Spiegel* hatte geschrieben: »›Politische gingen juristischen Erwägungen vor‹, berichtet Dieter Skiba, 52, ehemaliger MfS-Oberstleutnant im Archivdienst: ›Bestimmte Leute hat man eben nicht angeklagt, weil sonst die Weltöffentlichkeit gesagt hätte ›Aha, in der DDR gibt's also auch Nazis.‹

Zuweilen, berichtet Skiba, hätten seine Archivare da schon für den Papierkorb gearbeitet – etwa im Fall einiger Euthanasieärzte, die im SED-Staat Karriere gemacht hatten.«[656]

Das wird von Olaf Kappelt zitiert und kommentiert[657], Henry Leide zitiert mit einem entsprechenden Kommentar[658], und auch Christian Dirks bedient sich dieses Zitats aus dem *Spiegel*, wobei die von ihm angegebene Quelle zudem noch falsch ist.[659]

Daß Dieter Skiba nach dem Erscheinen des *Spiegel* bei diesem unverzüglich Widerspruch einlegte und Berichtigung verlangte, war und ist verständlich, jedoch gegenüber der bürgerlichen Medienmacht hoffnungslos.

Bis heute gibt es keine Korrektur, aber ein munteres Zitieren der ominösen Stellen. Es sei daher gestattet, aus dem Brief von Dieter Skiba zu zitieren, den er am 23. Mai 1991 an den *Spiegel* schrieb:

»Mit dem Zitat ›Bestimmte Leute hat man hier eben nicht ange-klagt, weil sonst die Weltöffentlichkeit gesagt hätte *Aha, in der DDR gibt es also auch Nazis*‹, werden mir Worte in den Mund gelegt, die ich so nicht gesagt habe und die bei aller journalistischen Freiheit wahr-heitswidrig sind.

Daß in der DDR keine ehemaligen Nazis lebten, ist weder in der DDR noch von mir behauptet worden. Um Nazis schlechthin ging es überhaupt nicht – die Mitgliedschaft in der NSDAP oder deren Glie-derungen, ja selbst der Nachweis der Zugehörigkeit zu einer der durch Völkerrecht zur verbrecherischen Organisation erklärten Formatio-nen, galten in der DDR und damit natürlich auch für unsere Tätig-keit keineswegs als strafrechtlich relevant. Wir waren gehalten, den zweifelsfreien Nachweis für strafrechtlich relevantes Tun oder Unter-lassen zu erbringen, und zwar im Sinne der völkerrechtlichen Tatbe-stände Kriegsverbrechen und Verbrechen gegen die Menschlichkeit.

Mir ist nicht ein einziger Fall bekannt, der die angeblich von mir geäußerte Behauptung, ›daß bestimmte Leute wegen der Weltöffent-lichkeit nicht angeklagt worden seien‹, stützen könnte. Was ich gesagt habe, ist, daß in bestimmten Fällen die Verfahren nicht, wie bei-spielsweise gegen Barth oder Schmidt, vor einem breiten internatio-nalen Publikum, aber dennoch öffentlich durchgeführt wurden. Dar-über haben aber nicht wir, sondern die zuständigen Justizorgane befunden … Es konnte schon mal vorkommen, daß wir ›für den Papierkorb‹ gearbeitet haben – wo gibt es das nicht, wenn Verdäch-tige während der langwierigen Ermittlungen versterben oder ander-weitige Gründe für die Einstellung der Recherchen vorliegen (z. B. Mangel an Beweisen). Daß wir aber im ›Fall einiger Euthanasieärzte, die im SED-Staat Karriere gemacht hatten‹ – für den Papierkorb gear-beitet hatten, habe ich nicht behauptet – das wird unterstellt.«[660]

Ein Beispiel für unseriöse Berichterstattung lieferte der *Spiegel* mit dem Fall des SS-Obersturmführers (Oberleutnant) Heinz Barth, Angehöriger der SS-Panzerdivision »Das Reich«. »Jahrelang suchten die Nazi-Jäger in ganz Europa vergebens nach dem Verantwortlichen für das Blutbad in dem Dorf nahe Limoges *(gemeint ist Oradour-sur-Glane – D. J.)*. 1981 endete die Suche in Gransee, Bezirk Potsdam, DDR. Da lebte als biederer Genosse der gelernte Textilkaufmann Heinz Barth; der Mann hatte es bei der örtlichen Konsumgenossenschaft bis zum Abteilungsleiter gebracht. Neunmal zeichneten die SED-Oberen den Genossen Barth mit der Medaille ›Aktivist der sozialistischen Arbeit‹ aus. Dann ließen sie ihn verhaften.[661] Die Verurteilung des NS-Verbrechers brachte der DDR internationales Wohlwollen ein: Der Staat, der sich so klischeehaft als ›antifaschistisch‹ rühmte, ging mit den alten Nazis offenbar härter ins Gericht als die meist erfolglosen Verfolger des Unrechts im Westen. Doch erst jetzt ist bekannt geworden, wie der SED-Staat zu solchen Fahndungserfolgen gekommen ist. Die Nazi-Ermittler im Osten – auch sie gehörten zum Ministerium für Staatssicherheit (MfS) – pflegten in einem … Wohnhaus … zehn Kilometer Original-NS-Akten … Im Ostberliner Archiv findet sich nahezu alles das, was im westlichen Document-Center bislang vermißt wurde … Die entlarvenden Dokumente nutzten die Geheimdienstler stets so, wie es den SED-Oberen ins Konzept paßte.«[662]

Barth hatte sich angesichts des Untergangs des Nazireichs seines SS-Soldbuchs und seiner SS-Uniform entledigt und war infolge einer schweren Kriegsverletzung in einem Lazarett in Schleswig-Holstein als harmloser Zivilist untergetaucht. Dort erlebte er das Ende des Krieges. In Schleswig-Holstein täuschte Barth den Verlust seines Soldbuches vor, gab sich als Leutnant der Schutzpolizei aus und erhielt unter seinem richtigen Namen einen Soldbuchersatz. Die Beibehaltung des Namens war kein besonderes Risiko, da »Barth« weder außergewöhnlich noch besonders selten ist. Die SS-Vergangenheit war damit, wie sich erwies, zunächst auf Dauer vertuscht.

Aus familiären Gründen kehrte Barth 1946 in seine Heimatstadt Gransee zurück. Er war ein unauffälliger, pflichteifriger Mensch, wurde Verkaufsstellenleiter des Textilkaufhauses in Gransee und, nach einem Studium, Vorstandsmitglied der Konsumgenossenschaft Gransee, später ihr Abteilungsleiter für Rationalisierung.

Einen »Muster«-Lebenslauf, in dem mit Ausnahme seiner bloßen Zugehörigkeit zur Hitlerjugend (HJ) keinerlei Hinweise auf eine nazistische Vergangenheit enthalten sind, verwendete er immer wieder.

Kappelt zum Fall: »Die Anklage gegen Heinz Barth als verantwortlichen Täter erfolgte zu einem sehr späten Zeitpunkt, obwohl das Ministerium für Staatssicherheit der DDR über die Zeit vor 1945 umfangreiches Material sammelte, nicht nur über Bürger im Westen, sondern auch über die eigenen Genossen.«[663]

In der Broschüre »Mörder von Oradour« ist nachzulesen, welche langwierigen Ermittlungen bis zur Festnahme Barths am 14. Juli 1981 liefen.[664] Der am 25. Mai 1983 eröffnete Prozeß gegen Barth wurde mit einer Verurteilung zu lebenslänglicher Freiheitsstrafe beendet.[665]

Das Verfahren gegen Barth war Henry Leide Veranlassung, seine Zweifel mitzuteilen. Zunächst hatte er zu bemängeln, daß die DDR keine Materialien aus Frankreich besorgte, obwohl sich das angeboten hätte. Seine Ansicht hat nur einen Mangel: Er vergißt die durch die Obstruktionstaktik der BRD gegen die DDR bewirkte Nichtanerkennung der DDR als souveränen Staat, mit dem dann eben auch Rechtshilfeabkommen auf gleicher Basis abzuschließen gewesen wären. Der Fall Barth war insofern ein Sonderfall, weil die Verfolgung eines Täters von Oradour-sur-Glane in Frankreich[666] mit großer Genugtuung aufgenommen wurde und die Aktenschränke öffnete. Das zum ersten.

Zum zweiten sah Leide eine politische Manipulation von Zeugen. Das MfS hatte elf Zeugen gefunden, von denen zwei angeblich »bestätigten, von Barth während des Massakers in Oradour konkrete Befehle erhalten und ausgeführt zu haben (womit sie sich selbst belasteten, wovon noch zu sprechen seine wird)«.[667] An dieser Stelle verweist Leide in einer Anmerkung auf die Quelle seiner Kenntnisse. Er schreibt wenige Seiten später, es mußte vor Beginn des Prozesses noch ein Problem gelöst werden – das der zwei Zeugen. »Das MfS hatte … zwei Untergebene von Barth in der DDR ermittelt, deren Zeugenaussagen Barth wesentlich belasteten, zugleich jedoch nicht minder sie selbst.« Seitens des MfS wurde erklärt, beide seien dringend verdächtig, arbeitsteilig am Massaker mitgewirkt zu haben. Da Barth von den Aussagen der beiden wußte, so meint Leide, »konnte nicht ausgeschlossen werden, daß die Zeugen und ihre eigenen Taten in der medienwirksam inszenierten Hauptverhandlung zur Sprache kommen würden. Man befürchtete Negativschlagzeilen in der Westpresse.« Die Lösung des Problems nach Leide: »Die Namen und Aussagen der beiden tatbeteiligten Zeugen wurden kurzerhand aus dem Verfahren getilgt. Im MfS-Schlußbericht waren sie noch enthalten – in der Anklageschrift hingegen wird weder direkt Bezug auf ihre Aussagen genommen, noch sind sie als Zeugen zu den Verbrechen in Oradour-sur-Glane aufgelistet. Die Maßnahme erweis sich als erfolgreich, in Hauptverhandlung und Urteil tauchen sie nicht mehr auf.«[668]

Merkwürdig ist nur, daß in der Broschüre zum Prozeß das Folgende zu lesen ist: »Das Stadtgericht Berlin hatte zwei Zeugen geladen, die Barth von jener Zeit her kennen. Sie waren damals siebzehnjährig, beide Barths Kompanie zugehörig. Was sie zu berichten wissen, ist nicht gerade Balsam für das Ohr des Angeklagten. Sie haben ihn als unerbittlichen, gnadenlosen Offizier in Erinnerung; als einen Mann, der Gehorsam um jeden Preis verlangte. Ständig habe Barth seine Gefolgsleute ›angebrüllt‹ und den ›starken Mann‹ gespielt. … Ansonsten beschreiben sie ihn als fanatischen Agitator, als der er sich besonders im politischen Unterricht erwies …«[669] Da diese beiden Zeugen nicht an dem Verbrechen beteiligt waren, wurden sie auch nicht angeklagt.

Der Politikwissenschaftler Ahlrich Meyer von der Universität Oldenburg befaßte sich mit dem Prozeß gegen Barth und schrieb: »Es ist bemerkenswert und wurde seinerzeit bereits von der westlichen Presse hervorgehoben, daß das Ostberliner Stadtgericht bemüht war, nicht die ›faschistische Überzeugung‹ des Angeklagten Barth, sondern seine konkreten Taten zu beurteilen. Staatsanwalt und Richter verwarfen auch, unter Berufung auf Nürnberg, das in Westdeutschland so häufig bemühte Konstrukt des Befehlsnotstandes und gingen von der persönlichen Verantwortung Barths aus, der – wie in einer Vorlage des Ministeriums für Staatssicherheit formuliert wurde – ›ein in seinen Entscheidungen freies Individuum‹ gewesen sei.

So gehört es zu den Merkwürdigkeiten der deutsch-deutschen ›Vergangenheitsbewältigung‹, daß ausgerechnet ein von der Stasi gelenkter Prozeß den Normen des in Nürnberg statuierten internationalen Rechts entsprach, während in der alten Bundesrepublik, wo die meisten Täter unterkamen, zwar jahrzehntelang staatsanwaltlich ermittelt wurde, aber größere Untersuchungskomplexe immer wieder aufgelöst, weitergereicht und verschleppt wurden, bis die Dossiers am Ende wegen Verjährung, Verhandlungsunfähigkeit oder Tod der Beschuldigten geschlossen werden konnten.«[670]

Daß Meyer die korrekte Durchführung des Prozesses, der auf den Ergebnisses des Untersuchungsorgans MfS beruhte, für »merkwürdig« hält, ist dem Vorurteil geschuldet, das dem MfS anhaftet. Dieter Skiba konstatiert deshalb zu Recht, daß die korrekte Durchführung des Prozesses gegen Barth auf der Basis des Strafgesetzbuches und der Normen des Völkerrechts keine bemerkenswerte Ausnahme, sondern in der DDR geltender Rechtsgrundsatz war. Es sei daher nicht zutreffend und bedürfe der prinzipiellen Richtigstellung, wenn in dem Beitrag davon die Rede sei, »daß ausgerechnet ein von der Stasi gelenkter Prozeß den Normen des in Nürnberg statuierten internationalen Rechts entsprach«. Skiba dazu: »Nicht obwohl die ›Stasi‹ involviert war, sondern gerade deshalb, weil die Untersuchungen vom MfS geführt worden waren, ist die persönliche strafrechtliche Verantwortlichkeit des Täters präzise herausgearbeitet worden.«[671]

Das MfS war seit den 60er Jahren für die Untersuchung des Tatverdachts der Teilnahme an Kriegs- und Menschlichkeitsverbrechen das zuständige Organ. Es übte diese Aufgabe mit hohem Verantwortungsbewußtsein aus, weshalb auch in der Vielzahl der nach 1990 angestrengten Rehabilitierungsverfahren festgestellt wurde, daß »hinsichtlich des erhobenen Schuldvorwurfs und des Nachweises von individuellen Tatbeiträgen zu faschistischen Kriegsverbrechen und Verbrechen gegen die Menschlichkeit auch aus ›rechtsstaatlicher Sicht‹ keine berechtigten Zweifel geltend gemacht werden« konnten.[672]

Ein Antrag auf Rehabilitierung war nach dem Ende der DDR auch hinsichtlich des DDR-Verfahrens gegen Barth gestellt worden. Eine Rehabilitierung fand jedoch nicht statt, da man das Verfahren für rechtsstaatlich befand.[673] Allerdings erfolgte nunmehr seine Begnadigung, und nach langen Jahren der Haft wurde Barth in Freiheit gesetzt. Publik wurde die Sache, als bekannt wurde, daß Barth neben seiner Altersrente in Höhe von 2.300 DM auch eine Kriegsopferrente in Höhe von 800 DM bezog. Der Protest gegen die Zahlung der Rente an einen ausgewiesenen Kriegsverbrecher führte im März 1998 zur Änderung des Gesetzes. Nunmehr kann bei Verbrechen gegen die Menschlichkeit und die Rechtsstaatlichkeit eine Kriegsopferrente gestrichen werden. Der gegen diese Entscheidung von Barth eingelegte Widerspruch hatte ein Verfahren zur Folge. Das Landessozialgericht in Potsdam entschied, daß Barth die zwischen 1991 und März 1998 erlangte Rente nicht zurückzahlen muß, aber ab April 1998 keinen Anspruch auf die Kriegsopferrente mehr hat.[674]

Antikommunismus »Sehr gut« – Rechnen »Äußerst schwach«

Im Zusammenhang mit der Diskreditierungspraxis sei noch auf ein politisches Rechenkunststück im *Spiegel* verwiesen, in dem es heißt: »1989 gab der DDR-Generalstaatsanwalt die Gesamtzahl der bis dahin in der DDR abgeurteilten NS-Verbrecher mit 12.881 an. In der Bundesrepublik lag die Vergleichszahl für denselben Zeitraum bei 485.

Die Zahlen verfälschen jedoch die Wirklichkeit. In der DDR-Statistik sind rund 4.000 Waldheim-Urteile aus den 50er Jahren enthalten, in denen meist nicht individuelle Schuld, sondern die Zugehörigkeit zu NS-Organisationen bestraft wurde. Viele Verfahren in der DDR waren zudem reine Entnazifizierungsvorgänge.

Von 1951 bis 1989 wurden in der Bundesrepublik erheblich mehr Nazi- und Kriegsverbrecher verurteilt als in der DDR: 1.257 gegenüber 734.«[675]

Der *Spiegel* verschwieg dabei, daß sowohl die DDR wie auch die BRD ihre Statistik für den Zeitraum von 1945 bis 1989 angeben. Die Zahlen belaufen sich für diese Zeit auf 12.881 (DDR) zu 6.485 (BRD). Selbst wenn man für die DDR die 3.432 Waldheim-Urteile herausnimmt, bleibt der DDR für den genannten Zeitraum 1945 bis 1989 die Summe von 9.449 Verurteilungen.

Der Rechentrick des *Spiegels*: Die eigentlich notwendige Ausgangszeit 1945 nannte er nicht und nimmt dafür still und leise das Jahr 1951. Da in der SBZ/DDR bis Ende 1950 die Überzahl der Verfahren stattgefunden hatte, nämlich 12.147 (bei Abzug der Waldheim-Urteile sind das 8.715), blieben für die DDR von 1951 bis 1989 tatsächlich nur noch 734. So einfach ist das. 1951 bis 1961 fanden dann in der DDR noch insgesamt 638 Verurteilungen statt.

Die Staatsanwältin Ursula Solf von der Ludwigsburger Zentralstelle beklagte nach der Besichtigung des NS-Archivs des MfS, zwischen 1964 und 1989 seien lediglich 88 zentrale Untersuchungen des MfS zur Strafverfolgung an die DDR-Justizbehörden weitergegeben worden. Sie verbindet mit dieser Feststellung die Behauptung, es sei in Ostdeutschland entgegen regierungsamtlichen Verlautbarungen mit der juristischen Aufarbeitung des Nationalsozialismus »nicht weit hergewesen«. Sie lobte ihre eigene Dienststelle mit dem Hinweis, es seien von dieser 7.000 Ermittlungsverfahren eingeleitet und vor bundesdeutschen Gerichten 106.000 Beschuldigte angeklagt worden. Das Ergebnis der Anklagen verschweigt sie vorsichtshalber. Sie behauptet jedoch im gleichen Atemzug, in der DDR habe man bei NS-Tätern »ausschließlich aus Gründen politischer Opportunität entschieden, ob man ein Verfahren einleitet oder nicht.«[676]

Daß ab etwa 1964 in der DDR relativ wenige Verfahren zustande kamen, kann der DDR nicht angelastet werden. Sie trägt nicht dafür die Verantwortung, daß es die Nazi- und Kriegsverbrecher bei einer bis 1961 offenen Grenze für besser hielten, in Scharen in den Westen Deutschlands zu ziehen.[677]

Fußnoten

640 Spiegel Nr. 19 vom 9. Mai 1994, S. 91.

641 Man sollte jedoch nicht annehmen, nur die DDR habe sich an höchster Stelle mit der »Linie« zum Eichmann-Prozeß befaßt. Wenn man wissen will, welche Strategie die BRD zu verfolgen gedachte, um den sich aus der Tatsache der Schonung von NS-Verbrechern möglicherweise ergebenden negativen Folgen des Eichmann-Prozesses für ihr eigenes Ansehen zu begegnen, dann lese man das Buch von Christina Große: Der Eichmann-Prozeß zwischen Recht und Politik. Europäische Hochschulschriften, Reihe II, Rechtswissenschaft, Bd. 1753. Bemerkenswert ist, daß man in einer bestimmten Phase den Bock zum Gärtner machte. Ausgerechnet das Bundeskanzleramt in Gestalt Globkes war zur Begutachtung aufgefordert.

642 Michael Lemke: Kampagnen gegen Bonn, S. 163. Angelika Timm, die die Notiz Gotsches für Ulbricht ebenfalls zitiert, meint allerdings zurückhaltend: »Der zitierte Wortlaut ist unterschiedlich interpretier- und ausdeutbar« (Angelika Timm: Hammer, Zirkel, Davidstern. Das gestörte Verhältnis der DDR zu Zionismus und Staat Israel, Bonn 1997, S. 155).

643 Vermerk von Gotsche für Genossen Ulbricht vom 3. Juni 1961. In: SAPMO-BArch, NY 4181/1121, Bl. 142.

644 Zur Besprechung mit Genossen Ulbricht: SAPMO-BArch, DY/30/IV 2/2.028/3, Bl. 62. Der Hinweis auf das Gespräch Kauls mit Gotsche und der Verweis auf den »19. des Monats«, am 20. Juni 1961 begann im Eichmann-Prozeß der Abschnitt »Verteidigung«, läßt den Schluß zu, daß die Notiz Nordens zwischen dem 4. und 15. Juni 1961 geschrieben wurde.

645 SAPMO-BArch, DY/30/IV 2/2.028/54, Bl. 171 f.

646 SAPMO-BArch, DY 30/IV 2/2.028/2, Bl. 45.

647 Michael Lemke, Kampagnen gegen Bonn, S. 163, Anm. 25.

648 SAPMO-BArch, DY/30/IV 2/2.028/1, Bl. 105.

649 Annette Rosskopf: »Strafverteidigung als ideologische Offensive. Das Leben des Rechtsanwalts Friedrich Karl Kaul (1906-1981)«. In: »forum historiae iuris« vom 9. August 1998, S. 10 (http://www.rewi.hu-berlin.de/FHI/98_08/roskpf_t.htm).

650 Vgl. Bezirksgericht Jerusalem. Strafakt 40/61. Der Generalstaatsanwalt des Staates Israel gegen Adolf, Sohn des Adolf Karl Eichmann. Protokoll der Sitzungen (nicht redigierte und nicht korrigierte Transkription der simultanen Übersetzung), SAPMO-BArch, 99 I s 1/ 7 -19; – Der Staat Israel gegen Adolf Eichmann. Herausgegeben von Avner Werner Less mit einem Nachwort von Jochen von Lang, 2. Aufl., Weinheim 1995 (Wortlaut des Urteils im Eichmann-Prozeß).

651 Als Beispiel sei auf den Mitarbeiter des nazistischen Auswärtigen Amtes, Legationsrat Eberhard von Thadden, verwiesen, der an der Organisation der Judenverfolgung beteiligt war. »Ein Verfahren gegen den ›Judenreferenten‹ von Thadden wegen seiner Mittäterschaft an den Judenverfolgungen, wurde durch einen Gerichtsbeschluß in Nordrhein-Westfalen unterbrochen.« (Dov B. Schmorak: Der Prozeß Eichmann. Dargestellt an Hand der in Nürnberg und Jerusalem vorgelegten Dokumente sowie der Gerichtsprotokolle, Wien-Stuttgart-Basel 1964, S. 345).

652 Globke wurde im Verbindung gebracht mit der Ausarbeitung einer der infamsten nazistischen Rechtsvorschriften, der 11. Verordnung zum Reichsbürgergesetz vom 25. November 1941 (RGBl. I S. 722) (Auszüge in: Kurt Pätzold: Verfolgung, Vertreibung, Vernichtung. S. 320 f.). Diese VO »legalisierte« den Raub jüdischen Vermögens.

653 SAPMO-BArch, DY/30/IV 2/2.028/1, Bl. 105.

654 SAPMO-BArch, DY/30/IV 2/2.28/57, Bl. 210.

655 Gideon Hausner: Gerechtigkeit in Jerusalem, München 1967, S. 707. Vgl. Amtliches Protokoll der Sicherheitsrats, 868. Sitzung, 23. Juni 1960.

656 Hälfte hinter Efeu. In: S, Nr. 21 vom 20. Mai 1991, S. 53.

657 Kappelt II, S. 27.

658 Henry Leide, …, S. 19

659 Christian Dirks, …, S. 332.

660 Dieter Skiba: Brief vom 23. Mai 1991. Im Archiv des Autors.

661 Bei Kappelt II, S. 76 ist die Formulierung noch etwas infamer: »Bevor ›die SED-Oberen den Genossen Barth‹ fallen ließen, zeichneten sie ihn neunmal aus mit der Medaille ›Aktivist der sozialistischen Arbeit‹.«

662 Spiegel Nr. 21 vom 20. Mai 1991, S. 50 f.

663 Kappelt II, S. 76.

664 Peter Przybylski/Horst Busse: Mörder von Oradour, Berlin/DDR 1984. S. 12-18.

665 Vgl. NJ, Heft 10/1983, S. 396-403.

666 Über den Prozeß, der in Bordeaux durchgeführt wurde, berichtet Karl Stitzer: Mordprozeß Oradour. Nach Prozeßberichten der »Humanité«, Berlin/DDR 1954.

667 Henry Leide: ..., S. 134 und Anm. 580.

668 Henry Leide: ..., S. 138.

669 Peter Przybylski/Horst Busse: Mörder von Oradour, Berlin/DDR 1984, S. 49.

670 Ahlrich Meyer: Die deutsche Besatzung in Frankreich 1940-44. Widerstandsbekämpfung und Judenverfolgung, Darmstadt. Zitiert nach: Gerhard Leo: Nürnberger Kriterien. In: ND vom 21./22. Oktober 2000.

671 Dieter Skiba: Leserbrief. In: ND vom 5. Dezember 2000.

672 Ebenda.

673 Ein Antrag auf Rehabilitierung wurde durch Beschluß des LG Berlin vom 16. Juni 1991 als offensichtlich unbegründet verworfen.

674 Vgl. Berliner Zeitung vom 8. Juni 2000; – jW vom 22./23. Juli 2000.

675 Spiegel Nr. 19 vom 9. Mai 1994, S. 87.

676 FR vom 5. März 1991.

677 Ich verweise auf die oben mitgeteilte Ansicht von Helge Grabitz zu dieser Frage.

18. Das MfS als »Heimstatt ehemaliger Nazis«

Nachdem der *Spiegel* schon im Mai 1991 über das NS-Archiv des MfS hinausposaunte, das MfS habe sein »Wissen um die braune Vergangenheit von NS-Schergen« für Erpressungen genutzt[678], legte er im Mai 1994 mit einer »Sensation« nach. Das Cover des Journals teilte mit: »Die Antifa-Lüge. Wie braun war die DDR?«[679] Im Inneren hieß es: »Der letzte Mythos der DDR bröckelt: das SED-Regime, angeblich antifaschistische Bastion, deckte Hunderte von NS-Verbrechern, um sie für seine eigenen Zwecke einzusetzen – etwa als Spitzel der Stasi.«

»Entsetzliches« habe man angeblich »aufgedeckt«. Das DDR-Regime habe »Hunderte von braunen Kriminellen« gedeckt, nutzte »NS-Täter als willfährige Handlanger« und »lediglich für die eigenen Ziele«, habe viele »mit ihrer Vergangenheit unter Druck (gesetzt), um sie als Spitzel und Handlanger gefügig zu machen«.

»In der SED«, hieß es da, »tummelten sich bis weit in die sechziger Jahre zahlreiche Alt-Nazis und braune Mitläufer.«

»Auch die rote Einheitspartei«, so wußte man ganz genau, »war von braunen Ex-Kadern durchsetzt.«

»Selbst in der NVA wimmelte es, nicht anders als in der Bundeswehr, in der Aufbauphase von Offizieren der Wehrmacht.«

»Das Eigenlob vom besseren, weil antifaschistischen Deutschland, so belegen jetzt aufgefundene Unterlagen aus SED-Archiven und dem Fundus des Ostberliner Ministeriums für Staatssicherheit (MfS), war eine der größten Propagandalügen der Deutschen Demokratischen Republik.«[680]

Der Angriff auf den Antifaschismus hatte bis dato noch keine durchschlagenden Ergebnisse, wie man in Hamburg befand, »im Bewußtsein der Ostdeutschen (sei) der Mythos von antifaschistischen Bollwerk DDR ungebrochen. Der aufrechte ›Antifaschismus‹ der SED gehört zu dem wenigen, das viele DDR-Bürger bis heute der ehemaligen Staatspartei gutschreiben.« Also mußte das Sturmgeschütz der Demokratie, wie man sich gern nennt, nachgeladen werden. Breitseite.

Statt Beweise lieferte man Demagogie.

Simon Wiesenthal leistete Schützenhilfe. Wie er selbst erklärte, wird seine »Aversion gegen den Kommunismus, wie er im Ostblock gehandhabt wird«, nur durch seine »Aversion gegen den Nationalsozialismus übertroffen«.[681] Es sei eine Legende, daß die DDR Nazis konsequenter verfolgt habe als die Bundesrepublik. Die DDR-Spionage habe NS-Unterlagen zeitweise einbehalten, um untergetauchte Nazis im Westen zur Agententätigkeit erpressen zu können. Ein Vorwurf, den er nicht zum ersten Male erhob.[682]

Was war nun dran an den Namen und Adressen, die der vermeintlich empörten Leserschaft »erstmals« zur Kenntnis gegeben wurden? Einige Bereiche wurden schon dargestellt. Was fehlte, war das MfS.

Zur antikommunistischen Hetze gehört, das MfS als »Träger des Terrors« mit dem deutschen Faschismus in eine mindestens partielle inhaltliche Verbindung zu bringen. 1994 erklärte der Präsident des BND, der Sozialdemokrat Konrad Porzner: »MfS und Stasi sind mit der Gestapo vergleichbar, nicht mit dem Bundesnachrichtendienst.«[683] Natürlich sind weder der BND noch der Verfassungsschutz, aber ebenso wenig ist auch das MfS mit der Gestapo vergleichbar.

Manche Autoren behaupten, es gebe zwischen dem MfS und der Geheimen Staatspolizei (Gestapo) des Nazistaates Gemeinsamkeiten hinsichtlich der Organisationsform und der Arbeitsweise sowie in bestimmtem Umfang personelle Identität. Inzwischen gibt es allerdings auch seriöse Untersuchungen, die darüber informieren, daß eine personelle Kontinuität nicht gegeben ist.[584] Porzner hätte jedenfalls besser geschwiegen, denn er saß im Glashaus. Sein Dienst wurde von Generalleutnant Reinhard Gehlen, Chef der Abteilung »Fremde Heere Ost« (FHO) der Nazi-Wehrmacht, gegründet. Ihm gehörten in der ersten Generation einstige Mitglieder der Sicherheitspolizei (Sipo), des Sicherheitsdiensts (SD), der Geheimen Staatspolizei (Gestapo) und der faschistischen Wehrmacht an.[685]

Mit einer solchen Liste konnte das MfS nicht aufwarten. Während die »westdeutschen Sicherheits- und Nachrichtendienstorgane überwiegend durch Personen« aufgebaut wurden, die »über entsprechende berufliche Vorkenntnisse und Erfahrungen verfügten, die zum Teil auch in der zur Zeit des Nationalsozialismus erworben worden waren«[686], war das gemeinsame Merkmal derjenigen, die wesentlichen Einfluß auf den Aufbau der Staatssicherheitsorgane in der SBZ/DDR hatten, »die Mitgliedschaft in der KPD, Exil bzw. Aufenthalte in der UdSSR, NS-Haft und KZ sowie die Teilnahme an Partisanenkämpfen wie dem spanischen Bürgerkrieg«.[687] Otto Köhler stellt zu Recht fest: »Kein Zweifel: Auch die Stasi hatte einige Nazileute, doch mit dem BND konnte sie da nicht konkurrieren. Denn der BND war eine Geburt der Organisation Gehlen, und diese wiederum entstand aus der von Gehlen geführten Wehrmachts-Spionage-Einrichtung ›Fremde Heere Ost‹, die ihre Erkenntnisse durch Erpressung und Folterung sowjetischer Kriegsgefangener gewann.«[688]

Es ist hier nicht die Rede von jenen kleinen Nazis, die vom MfS möglicherweise als Zuträger aus der »nazistischen Szene« gewonnen worden sind. Worum es tatsächlich geht, sind jene mit Naziverbrechen belasteten »Spitzenkräfte«, die es in großer Zahl in bundesdeutschen Funktionen gab. Laut *Tagesspiegel* vom 20. Mai 1997 hat es aber solche Leute, wie die Zeitung mit Blick auf die offenliegenden DDR-Archive verkündete, »nach jetzt gesicherten Erkenntnissen« im MfS nicht gegeben.

Jens Gieseke hat sich 1997 in seinem Aufsatz »Erst braun, dann rot? Zur Frage der Beschäftigung ehemaliger Nationalsozialisten als hauptamtliche Mitarbeiter des MfS« sachlich mit dieser Thematik auseinandergesetzt. Mit Recht weist er darauf hin, daß, wenn man versuche, »die Quellenbasis für die in … Veröffentlichungen genannten Einzelfälle zu ergründen … auf eine – als abschreckendes Beispiel geradezu lehrbuchtaugliche – Zitierkette (stoße). Insgesamt zwölf Personen werden in Artikeln und Büchern namentlich als Beispiele erwähnt.«[689] Die »Urquelle« seien Veröffentlichungen des »Untersuchungsausschusses Freiheitlicher Juristen«, die sich ihrerseits auf Aussagen von Überläufern und andere dubiose Quellen stützten.

Gieseke zieht den Schluß, »daß der hauptamtliche Apparat der Staatssicherheit im Vergleich zu anderen Zweigen des SED-Herrschaftssystems ein Feld relativer avangardistischer Reinheit war, in dem das ›Fachwissen‹ zur Ausübung geheimdienstlichen Terrors und zur Überwachung der Bevölkerung nicht von – im leninistischen Sinne – ›bürgerlichen Spezialisten‹ beigesteuert, sondern in erster Linie durch die Anleitung und das Vorbild der sowjetischen Sicherheitsorgane und ihrer Instrukteure vermittelt wurde.«[690]

Daß auch Gieseke nicht unbedingt ein Freund der DDR oder des MfS war und ist, wies er deutlich nach: »Es bleibt weiterer Forschung vorbehalten, näher zu analysieren, inwiefern sich auf anderen Ebenen der Herrschaftspraxis, zum Beispiel des Instrumentariums der Aktenführung, der Verhörmethoden oder der Spitzelarbeit oder auch der ideologischen Legitimationsmuster für den totalen Machtanspruch, Kontinuitäten zwischen den Repressionsapparaten des Dritten Reiches und der DDR finden lassen, die im Widerspruch zur antifaschistischen Legitimationsideologie des stalinistischen Systems standen.«[691] Insofern dürfte er über den Verdacht erhaben sein, er würde das MfS reinwaschen wollen.

Zitiert werden immer wieder die nachfolgend genannten Personen, wobei meist nicht unterschieden wird zwischen hauptamtlichen und inoffiziellen Mitarbeitern des MfS, obwohl bereits hier eine deutliche Differenzierung angebracht war. Und die Zugehörigkeit zu nazistischen Organisationsformen und Machtinstrumenten wird zuweilen als Wahrheit behauptet:

Bruno Beater (1914–1982)[692]; Generaloberst und 1. Stellvertreter des Ministers für Staatssicherheit; 1963-73 Kandidat des ZK, 1973 bis 82 Mitglied des ZK der SED. Lehre als Zimmermann; ab 1931 arbeitslos; 1929 Mitglied des KJVD; 1933 Reichsarbeitsdienst, später Wehrmacht, Ausbilder; Juli 1944 Übertritt zur Roten Armee, Frontpropagandist des NKFD, Aufklärer im Kessel Breslau; Instrukteur und Leiter des Antifa-Aktivs eines Kriegsgefangenen-Lagers; 1945 KPD, 1946 SED; seit 1945 Angehöriger der Sicherheitsorgane. (Kappelt[693] nahm Beater offensichtlich in seine Liste auf, weil dieser in der Wehrmacht Oberfeldwebel war und zur MfS-Generalität gehörte, denn einen konkreten Vorwurf über eventuelle Nazi-Untaten Beaters erhob Kappelt nicht. Aber einen moralischen Seitenhieb unterließ Kappelt dennoch nicht. Beater »kam erst mit seiner Gefangennahme durch die Rote Armee im Jahre 1944 auf antifaschistischen Kurs. Vorher kämpfte er im Rußlandfeldzug als ›Oberfeldwebel‹ der deutschen Wehrmacht gegen seine späteren Bündnispartner.«[694] Besser spät, als nie, kann man dazu nur sagen und auf schlechtere Beispiele verweisen.)

Franz Gold (1913–1977)[695]; Generalleutnant des MfS und Leiter des Personenschutzes. Gold soll seit 1. November 1938 Mitglied der NSDAP gewesen sein. Kappelt schreibt boshaft, es gebe »bedeutsame Beispiele, wo frühere NSDAP-Mitglieder sich beim DDR-Ministerium für Staatssicherheit hochdienen konnten«, wobei er Franz Gold als Beispiel anführte. Tatsächlich war Gold Mitglied des kommunistischen Jugendverbandes und seit 1932 Mitglied der tschechischen KP. Bei Kappelt liest sich das so: »Seine Biographie bog sich Gold nach 1945 zurecht, insbesondere wurde angemerkt, er habe der KPC angehört und dem kommunistischen Jugendverband in der CSR.«[696] Und Karl Wilhelm Fricke zeigte sich bei der 30. Sitzung der Bundestags-Enquete-Kommission am 5. März 1993 empört, als er zum

Thema »Nazigrößen in der DDR« meinte, es habe »selbst in der Staatssicherheit ehemalige Nationalsozialisten gegeben, die bis zum Generalsrang aufstiegen. Ich denke an Franz Gold ..., Mitglied der NSDAP seit 1938. Ein Mann, der, wie viele andere ehemalige Nationalsozialisten, sich erst unter dem Eindruck des Rußlandfeldzuges und der Mitgliedschaft im Nationalkomitee ›Freies Deutschland‹ zum Antifaschisten gewandelt hat.«[697] Tatsächlich wurde Gold 1940 zur Wehrmacht eingezogen und lief bereits im September 1941, mithin zum Zeitpunkt der größten Erfolge der nazistischen Wehrmacht, zur Roten Armee über. Er war 1942/43 Propagandist in deutschen Kriegsgefangenenlagern, 1943 Mitbegründer und Frontbevollmächtigter des NKFD. 1944/45 war Gold Kommandeur einer Partisaneneinheit beim slowakischen Nationalaufstand.

Jens Gieseke schrieb: »Am 2. November 1964 erschien in der Westberliner Boulevardzeitung *B.Z.* eine Meldung mit Foto unter der Überschrift: ›Skandal um Ulbrichts Leibwächter. Gold – erst braun, dann rot‹ ... Die Nachricht schlug als ›neuer Nazi-Skandal in Ulbrichts engster Umgebung‹ Wellen in der westlichen Öffentlichkeit, sie wurde sofort über die Agenturen ... verbreitet. Die Zeitungsmeldung war zwar schnell wieder vergessen, ihr Inhalt fand aber Eingang in den westlichen Wissensschatz über die Staatssicherheit.«[698]

Noch 1994 war diese »Tatsache« für die Enquete-Kommission des Bundestags Veranlassung zu behaupten, »daß es in der SBZ/DDR Kontinuitäten nationalsozialistischen Denkens gegeben hat.«[699]

Giesekes Nachprüfung ergab: Franz Gold war »tatsächlich nie Mitglied der NSDAP, die gegenteilige Behauptung basiert auf einer Verwechslung mit einer anderen Person gleichen Namens, die im Document Center als NSDAP-Mitglied ausgewiesen ist, was aber schon durch einen Vergleich der Geburtsdaten zu erkennen gewesen wäre.«[700] Gieseke merkt an dieser Stelle an: »Das Geburtsdatum war zumindest bei der Erstellung des ›Braunbuchs DDR‹ bereits bekannt; ob es schon bei der ersten Erwähnung 1964 vorlag, ist nicht ersichtlich.«[701]

Von der Verleumdung des Generals Franz Gold einmal abgesehen, muß im übrigen erstens doch wohl angemerkt werden: Wäre Franz Gold 1938 tatsächlich der NSDAP beigetreten, dann wäre er 25 Jahre alt gewesen, ein Alter, in dem unter dem Aspekt der nazistischen Massenhysterie derartige Fehltritte wohl noch entschuldbar waren, sofern nicht verbrecherisches Verhalten hinzukam. Zum zweiten: Selbst wenn Gold der NSDAP beigetreten wäre, dann wäre sein Übertritt zur Roten Armee im Jahre 1941 schon ein antinazistisches Bekenntnis gewesen. Hier aber kam sogar noch weiterer aktiver Kampf gegen den deutschen Faschismus hinzu. Gründe genug, eine vermeintliche NSDAP-Mitgliedschaft differenziert zu bewerten.

Ähnlich verhielt es sich mit Manfred Hummitzsch (*1929)[702]; Generalmajor des MfS und 1968–89 Leiter der Bezirksverwaltung Leipzig; 1945 Wehrmacht; nach 1945 Mitglied der FDJ und der SED, FDJ-Funktionär; 1950 Mitarbeiter des MfS; Dipl.-Jurist. Bei Hummitzsch hielt sich hartnäckig die Behauptung, er sei »1943 mit achtzehn Mitglied der NSDAP geworden« und habe der NSDAP-Ortsgruppe »Bismarck« in Dresden angehört – so auch Kappelt.[703] Die Betrachtung des behaupteten Geburtsjahres 1925 der namensgleichen Personen hätte die Verwechslung aufgedeckt, denn nach dem tatsächlichen Geburtsjahrdatum von Hummitzsch wäre dieser beim Eintritt in die NSDAP 14 Jahre alt gewesen. Aber es hätte so schön gepaßt, einen MfS-General als Nazi präsentieren zu können. Fricke meinte scheinheilig, nachdem auch er Hummitzsch in seinem Beitrag vor der Enquete-Kommission als NSDAP-Mitglied benannt hatte: »Natürlich sollte man dies alles nicht überschätzen, ... aber man muß es im Kontext gerade zur Instrumentalisierung des Antifaschismus sehen. Die DDR-Agitation und -Propaganda hat immer wieder hervorgehoben, wie radikal die Säuberung der Justiz von ehemaligen Nationalsozialisten erfolgt.«[704] Vor allem von jenen, die bereits mit 14 Jahren der NSDAP beitraten.

Gerhard Kegel (1907–1989)[705]; 1928–31 Studium der Staats- und Rechtswissenschaft an der Universität Breslau, gleichzeitig journalistische Ausbildung; 1931 KPD; 1932–35 Hilfsredakteur und Auslandskorrespondent; Beginn des Einsatzes als Mitarbeiter der sowjetischen Aufklärung; 1935 NSDAP; 1935-39 wissenschaftlicher Hilfsarbeiter in der handelspolitischen Abteilung und 1939–1941 stellvertretender Leiter der Abteilung der deutschen Botschaft in Moskau; 1941–43 Mitarbeiter des Außenministeriums; ab 1943 Wehrmacht, Unteroffizier; 1945 Übertritt zur Roten Armee. Nach 1945 übte Kegel in der DDR verschiedene verantwortliche Funktionen aus. Unter anderem war er 1967–71 Kandidat des ZK der SED, 1973–76 Botschafter und Leiter der Ständigen Vertretung der DDR am Sitz der Vereinten Nationen.

Ohne die antifaschistische Kundschaftertätigkeit Kegels auch nur zu erwähnen, schrieb Kappelt: »Am 1.5.1934 Eintritt in die NSDAP ... Mitarbeit in der Ortsgruppe Sektion Auswärtiger Dienst in War-

schau, Korrespondent der *Breslauer Neuesten Nachrichten* in Warschau, Mitarbeiter der Deutschen Botschaft in Warschau, Simon Wiesenthal ... beschrieb Kegel als Mitarbeiter der Gestapo: ›verfaßte für
den Auslandsnachrichtendienst der Gestapo Berichte ... nach dem
Überfall auf Polen schrieb er 1939 eine Arbeit über die nicht ein-
deutschungsfähigen Polen.‹ Die Arbeitsgemeinschaft ›13. August‹ in
Berlin bezeichnete Kegel als Verfasser von Berichten für das Rasse-
und Siedlungshauptamt der SS«.[706]

Das stimmt dem Grunde nach, ist aber dennoch nicht die Wahrheit. Ohne große Mühe hätte Kappelt sich später korrigieren können,
indem er die 1983 erschienenen Erinnerungen Kegels nutzte. Dort
wurde ausführlich über die Ursachen des Eintritts des sowjetischen
Kundschafters Kegel in die NSDAP berichtet und die entsprechende
offizielle Erklärung wiedergegeben.[707] Aber vielleicht hinderte Kap-
pelt daran auch der Umstand, daß Kegel unter anderem von seinem
Zusammentreffen mit dem späteren Bundeskanzler Dr. Kurt Georg
Kiesinger berichtete, der als Mitarbeiter des nazistischen Auswärtigen
Amtes eine kurze Zeit Vorgesetzter Kegels war und maßgeblichen
Anteil an der Goebbelschen Auslandspropaganda hatte.[708] So fand
Kegel in seinem Buch von 1997 dann einfach keine Erwähnung mehr.

Im übrigen kann man zu diesem Kapitel nur sagen, daß sich die
Namen der Gründergeneration des MfS gut ausnehmen, stellt man
die Namen der Gründergeneration des Verfassungsschutzes, des Bundesnachrichtendienstes (BND) und des Militärischen Abwehrdien-
stes (MAD) daneben.[709]

Das MfS kann also als »Heimstatt« nicht gemeint sein.

Wer also dann?

Fußnoten

678 Spiegel Nr. 21 vom 20. Mai 1991, S. 50-56.
679 Spiegel Nr. 19 vom 9. Mai 1994, S. 84-91.
680 Spiegel Nr. 19 vom 9. Mai 1994, S. 84.
681 Simon Wiesenthal: Recht, S. 261.
682 DDR behinderte Naziterror-Aufklärung. In: taz vom 15. Januar 1997; – NS-Dokumente unterschlagen.
In: ND vom 15. Januar 1997.
683 Zit. in: jW vom 1. September 1994.
684 Jens Gieseke: Erst braun, dann rot? Zur Frage der Beschäftigung ehemaliger Nationalsozialisten als hauptamtliche Mitarbeiter des MfS. In: Siegfried Suckut/Walter Süß (Hg.): Staatspartei und Staatssicherheit.
Zum Verhältnis von SED und MfS, Berlin 1997, S. 129-149.
685 Vgl. Mary Ellen Reese: Organisation Gehlen, insbesondere S. 152, 169 ff., 177 ff., 192. Eine Untersuchung, die der US-Geheimdienst über die Zusammensetzung der »Organisation Gehlen« anstellte, fand
heraus, »daß sie nicht nur vormals begeisterte Nazis beherbergte, sondern daß diese zu einer fest umris-
senen Gruppe formiert hatten« (S. 202). In seinem Vorwort zu diesem Buch betont Heinz Höhne: »Hunderte ehemaliger SD-Leute sickerten in die Organisation Gehlen ein« (S. 16), wobei das Wort »sickern«
wohl nicht den tatsächlichen Bedingungen zielgerichteter Integration der Ehemaligen entsprechen dürfte.

686 Bodo Wegemann: Entstehung und Vorläufer des Staatssicherheitsdienstes der DDR. Hefte zur DDR-Geschichte Nr. 46, Berlin 1997, S. 9 Anm. 17.

687 Bodo Wegemann: Entstehung und Vorläufer, S. 9.

688 Otto Köhler: Geschichtsunterricht. In: K, Nr. 11/1993, S. 22. Nach namentlicher Vorstellung einiger führender Nazi- und Kriegsverbrecher, die mit Gehlen verbunden waren, konstatiert Köhler: »Und so gab es Hunderte von NS-Verbrechern, die über die Organisation Gehlen direkt in den Bundesnachrichtendienst übernommen wurden. Doch anders als die Stasi-Akten blieben die BND-Akten für die Öffentlichkeit stets unzugänglich.« (ebenda). Siehe auch: Hans George: »Alte Kämpfer« in den Bonner Diensten. In: ND vom 22. September 1993.

689 Jens Gieseke: Erst braun, dann rot?, S. 129-149, hier S. 132.

690 Jens Gieseke, ... a.a.O., S. 148.

691 Ebenda.

692 Die SED, S. 905.

693 Kappelt I, S. 147.

694 Kappelt II, S. 428 f.

695 Kappelt I, S. 207 f.; – Kappelt II, S. 152, 427.

696 Kappelt II, S. 427.

697 Fricke, S. 140.

698 Jens Gieseke: Erst braun, dann rot?, S.129.

699 Bericht der Enquete-Kommission vom 31. Mai 1994. In: Materialien der Enquete-Kommission »Aufarbeitung von Geschichte und Folgen der SED-Diktatur in Deutschland, Bd. I, Baden-Baden 1995, S. 281; – Protokoll der 30. Sitzung der Enquete-Kommission »Antifaschismus und Rechtsradikalismus in der SBZ/DDR«. In: ebenda, Bd. III/1, S. 141 (Hervorhebung nicht im Original – D. J.).

700 Jens Gieseke: Erst braun, dann rot? S. 139

701 Ebenda (Anm. 37). Man kann es nicht anders als böswillig, aber charakteristisch nennen, daß Kappelt II, wie erinnerlich 1997 erschienen und als Dissertation verfaßt, diese Verleumdung wiederum verzeichnet (S. 152 und 427). Dasselbe trifft, das sei hier angemerkt, auf Manfred Hummitzsch zu, der von Kappelt auf den S. 152 u. 428 genannt wird, obwohl auch bei ihm eine Verwechslung der Geburtsdaten vorliegt.

702 Kappelt I, S. 240.

703 Kappelt II, S. 152.

704 Fricke, S. 140.

705 Die SED, S. 991.

706 Kappelt I, S. 249.

707 Gerhard Kegel: In den Stürmen unseres Jahrhunderts, Berlin 1983, S. 76 ff. Faksimile der Erklärung nach der S. 448.

708 Vgl. Gerhard Kegel: In den Stürmen, S. 280 f., 286, 312 ff.

709 Übersicht für den Vergleich des Führungspersonals der Geheimdienste der DDR und der BRD – nur Gründergeneration. In: Geheimdienste in Deutschland nach 1945. Anhörung der Alternativen Enquete-Kommission am 15. Dezember 1993 in Berlin. IK-KORR Spezial Nr. 2/März 1994, S. 31-35.

19. Die vom MfS »aus eigennützigem Interesse« verheimlichten Nazis

Die Rede wird jetzt insbesondere von angeworbenen Informanten sein. Und die gab es zweifellos, wenn sie auch, verständlicherweise, nicht in der Öffentlichkeit benannt wurden. Das änderte sich mit der Okkupation der MfS-Archive durch die BRD.

Jeder Geheimdienst wirbt, um in ein bestimmtes Milieu einzudringen, Kräfte aus diesem Milieu an. Daß etwa der Verfassungsschutz gern mit V-Leuten zusammenarbeitet, wissen wir nicht erst seit dem Skandal mit der NPD. Da stellte sich bekanntlich heraus, daß das Führungspersonal der rechtsextremen Partei zu großen Teilen an der Leine des Verfassungsschutzes lief, was zu der nicht ganz absurden Behauptung führte, würde man alle V-Leute abziehen, bräche die Partei zusammen.

Der Vorsitzende der Parlamentarischen Kontrollkommission des Bundestages, Penner, entschuldigte 1996 diese Praxis: »Wer im Nachrichtenwesen Erfolg haben will, muß auch im trüben fischen können und dürfen. Das läuft in der Regel auf Gratwanderung heraus. Und manchmal entscheidet sehr zu Unrecht nur Erfolg oder Mißerfolg darüber, ob eine Tätigkeit als lobenswert oder verdammenswert eingestuft wird. Im letzteren Fall schlägt dann die Stunde der Besserwisser.«[710]

Klaus Eichner und Andreas Dobbert fügten diesem Zitat an: »Die Grundmethoden der Geheimdienst-Arbeit scheinen von außen nach formalen Kriterien relativ gleich; es gab jedoch inhaltliche Unterschiede. Die HVA arbeitet nicht mit ›schmutzigen Tricks‹ und ›Sonderoperationen‹, die etwa Menschenleben vorsätzlich einkalkuliere. Entgegen anderslautenden Behauptungen, die die Geheimdienste in ›gute‹ und ›böse‹ einteilen, wobei die HVA naturgemäß zu den ›bösen‹ zu rechnen war, traf dies nicht zu. Man kann der HVA vieles vorwerfen – nur eines nicht: Sie plante weder die Ermordung ausländischer Staatsmänner noch die Inszenierung von Staatsstreichen wie die CIA, sie organisierte keine Sprengstoffanschläge gegen protestierende Greenpeace-Aktivisten wie die DGSE und kooperierte nicht wie der BND mit Geheimdiensten von Folterregimes.«[711]

Hinsichtlich der Anwerbung von Nazis muß allerdings danach gefragt werden, in welchen Funktionen sie eingesetzt werden sollten und welchen Auftrag sie erhielten. Für die Nazis in Bonner Diensten stand es außer Zweifel, daß die antikommunistischen und antisowjetischen Erfahrungen und Praktiken Maßstab und in gewissem Umfang Aufnahmebonus für die »Integration« waren – und zwar unbeschadet der Frage, ob die Betreffenden mit Nazi- und Kriegsverbrechen belastet waren oder nicht.

Für das MfS, so Eichner und Dobbert, spielte das Problem der nachrichtendienstlichen Nutzung von ehemaligen Nazis, Angehörigen des SD, Mitarbeitern des RSHA etc. durch die Sicherheitsorgane der Sowjetunion und der DDR durchaus eine Rolle. Und sei es dadurch, daß es in den politischen Auseinandersetzungen zur Bewertung der Tätigkeit des MfS thematisiert wurde.

Dabei werde meist auf den Befehl 21/1952 Bezug genommen, der über die Suche, Erfassung, Kontrolle und nachrichtendienstliche Nutzung ehemaliger Mitglieder der NSDAP, Angehöriger der SS, Gestapo, ehemaliger Offiziere und früherer Funker orientierte. »Dieser Befehl war eine Reaktion auf die Informationen über eine intensive geheimdienstliche Nutzung dieser Personenkreise durch die westlichen Geheimdienste. Mit Inoffiziellen Mitarbeitern (IM) aus diesen Personenkreisen wurde in den Anfangsjahren des MfS eine aktive und erfolgreiche Blickfeldarbeit zum Eindringen in die Konspiration der westliche Geheimdienste geleistet.

Eine Aufklärung und Werbung von IM aus diesen Personenkreisen schloß immer eine Überprüfung auf eine eventuelle Beteiligung an Nazi- und Kriegsverbrechen ein. Verdachtsmomente in dieser Richtung führten unter allen Umständen zu gründlicher Beweiserhebung und bei Bestätigung zu einer Anklage.«[712]

Klaus Eichner erklärte, daß das MfS unter ehemaligen SD- und Gestapoleuten IM nicht geworben habe, »weil diese Nazis waren, sondern weil diese Nazis, neben anderen Personenkategorien, bevorzugte Zielpersonen der westlichen Geheimdienste waren. Deshalb dienten diese Werbungen der vorbeugenden Abwehrarbeit. Außerdem hat das MfS bei IM unter diesen Personen, auch im Verlauf der Zusammenarbeit mit ihnen, jedes Verdachtsmoment auf frühere Straftaten untersucht.«[713]

Es könnten Fälle nachgewiesen werden, wo auch gegen IM Strafverfahren eingeleitet wurden. Jens Gieseke schlußfolgerte daher: »Daß das MfS beabsichtigt hätte, systematisch zum Beispiel Gestapo-Personal mit seinem Wissen und seinen Fähigkeiten im eigenen Apparat zu nutzen, und sei es nur aus entsetzter Bewunderung für die Effektivität der von einigen selbst erlittenen Verfolgung im Dritten Reich, läßt sich aus keiner der Vorschriften entnehmen.«[714]

Sicher hatte Gieseke recht, wenn er meinte, daß sich Abweichungen von diesen Vorgaben selbstredend nicht ausschließen ließen. Besonders in den 50er Jahren sei das MfS »von der Regelhaftigkeit eines bürokratisch normierten und strukturierten Apparats in mancher Hinsicht noch weit entfernt« gewesen.[715] Eine »Nazifizierung« des MfS ist jedenfalls daraus nicht ableitbar.

Gieseke machte mit Bezug auf die immer wieder verbreiteten Nachrichten zu vom MfS übernommenen NS-Kadern deutlich, daß »sich aus der archivalischen Überlieferung kein Hinweis auf eine pronazistische Rekrutierungspolitik entnehmen« ließe.[716]

Markus Wolf teilt in seinen 1997 verlegten Erinnerungen mit, daß der geheime Entwurf des »Generalvertrages«, mit dem die Integration Westdeutschlands in den Westen als weiterer Schritt der Vertiefung der Spaltung Deutschlands vollzogen werden sollte, von einer Agentengruppe mit dem Decknamen »Kornbrenner« geliefert wurde. An deren Spitze stand ein ehemaliger Mitarbeiter des faschistischen SD. »Geführt wurde der Agent von einem Widerstandskämpfer jüdischer Abstammung, was für diesen Mann eine beinahe unzumutbare Belastung war. Entgegen allen Legenden, die später in Umlauf gesetzt wurden, war der ›Kornbrenner‹-Kontakt der einzige Fall, in dem wir die Netze ehemaliger SS- und SD-Angehöriger nutzten. Hätten wir weniger Skrupel gehabt, wären wir schon in den Anfangsjahren unseres Dienstes leichter und schneller in die Spitzen der westdeutschen Geheimdienste und der Bundeswehr eingedrungen. Der sowjetische Nachrichtendienst ging in dieser Hinsicht mit großem Erfolg sehr viel pragmatischer vor.«[717]

Warum der sowjetische Geheimdienst auch ehemalige SS-Angehörige wie Heinz Felfe, SS-Obersturmführer (Oberleutnant) und Chef des Referates 3 B im Amt VI des Reichssicherheitshauptamtes (RSHA), in seine Dienste nahm, erklärt sich aus vielen Gründen. Beispielsweise tobte nach 1945 im Westen der UdSSR »ein erbarmungsloser Bürgerkrieg ... Diese Kämpfe hätten ohne die logistische Unterstützung durch US-Geheimdienste nach 1945 nicht weitergeführt werden können.«[718]

»Gehlen holte ausschließlich alte Kameraden zu sich. ... Über die Hälfte der FHO-Mannschaft[719] fand den Weg zur Organisation des

Reinhard Gehlen ... Aus 50 Weggefährten wurden schnell 200, und 1949 ... waren es annähernd 700.«[720] Peter-Ferdinand Koch nennt unter anderem Major i. G. Adolf Wicht, Oberst i. G. Hans-Heinrich Worgitzki, SS-Standartenführer Wilhelm Albert, Leiter des SD-Oberabschnitts Rhein, Gestapo-Mann Hans Ehlich, SS-Sturmbannführer Rudolf Fumy, SS-Brigadeführer Ludwig Grauert, SS-Sturmbannführer Helmut Heisig, SS-Standartenführer Wilhelm Harster, Gestapo-Chef von Görlitz Johannes Kalich, SS-Standartenführer Friedrich Klumm.

Der Anteil der SS am Agentennetz des BND betrug 23,5 Prozent.[721] Das Bundesamt für Verfassungsschutz beschäftigte »ehemalige SS-Chargen. ... Das Kölner Bundesamt hörte ... illegal Telefone ab, und die Abhörer waren ehemalige Angehörige der SS, der Gestapo und des SD, des Sicherheitsdienstes.«[722]

Die merkwürdigen Fälle

Zunächst sollen jedoch nicht die bewußt Angeworbenen oder die dafür Vorgesehenen abgehandelt werden. Es geht um mehr oder weniger Dubioses, das der Spiegel als Sensation offerierte.

Neben Franz Gold, der immer wieder fälschlich als Nazi im MfS genannt wird, spielt auch SS-Hauptsturmführer (Hauptmann) Louis Hagemeister eine Rolle. Jens Gieseke hat auch in diesem Fall ermittelt. Behauptet wurde, Hagemeister sei Leiter der Untersuchungsabteilung der MfS-Verwaltung Mecklenburg gewesen, d. h. jener Abteilung, die Verhaftete verhört und Prozesse vorbereitet. »Der Einsatz eines Nazikaders gerade in einer solchen Position würde weitreichende Schlüsse hinsichtlich der direkten Übernahme und Vorbildfunktion von Gestapo-Methoden durch die Staatssicherheit implizieren.«[723]

Die erste Veröffentlichung zu diesem Fall – so Gieseke weiter – stamme aus dem Jahre 1962. Ein geflohener MfS-Angehöriger hatte im Westen behauptet, daß sein Vorgesetzter ein Offizier namens Hagemeister sei, der unter dem falschen Namen Erwin Jung agiere. Im BDC wurde ein SS-Hauptsturmführer Louis Hagemeister ermittelt. Er galt fortan als »Kronzeuge für die These von den Nazis im MfS.«[724]

Es hatte tatsächlich einen Louis Hagemeister in der SS gegeben, der zwanzig Jahre älter als dieser Hagemeister beim MfS war und zudem mit Vornamen Heinz hieß. Die Ermittlungen des MfS ergaben schließlich: Ihr »Hagemeister« hatte 1945 aus ungeklärten Gründen

den Namen Erwin Jung angenommen. Dieser gehörte einem tatsächlich existierenden alten KPD-Genossen. Unter dem Namen machte Hagemeister beim MfS Karriere. Der richtige Erwin Jung zeigte daraufhin Heinz Hagemeister an, dieser wurde wegen Urkundenfälschung zu sechs Jahren Zuchthaus verurteilt. Der »echte« Hagemeister aber blieb verschollen.

»Von einer bewußten Rekrutierung eines Nazikaders durch die Staatssicherheit kann auch in diesem Fall – unabhängig von der Verwechslung mit dem SS-Mann Louis Hagemeister – nicht die Rede sein«, urteilte Jens Gieseke. »Ordnet man den Fall Heinz Hagemeister in den kaderpolitischen Zusammenhang ein, so verweist er vor allem auf die keineswegs perfekten Überprüfungsmethoden der Kaderwerber in den 50er Jahren.« Angeworbene erwiesen sich als ungeeignet, »darunter eben auch einige, die ihre NS-Vergangenheit verschwiegen und getarnt hatten«[72,] ,und »andere Fälle entpuppten sich als ›Fragebogen-Vergehen‹, bei denen Angehörige des MfS ihre NS-Vergangenheit verschwiegen hatten; sie wurden aber, selbst wenn sie sich beim MfS ›bewährt‹ hatten, stets aus ihren Funktionen entfernt und zumeist auch strafrechtlich verfolgt.«[726]

Helmut Bärwald, SS-Unterscharführer (Unteroffizier)[727]. Der *Spiegel* nennt ihn einen »von zahlreichen in der DDR untergetauchten NS-Schergen«, der »im Verdacht (steht), als Blockführer im KZ Sachsenhausen unmenschliche Verbrechen begangen zu haben«. Bärwald würde bis heute unbehelligt in Dresden leben, sei vom DDR-Regime gedeckt worden und straflos geblieben.

Kappelt II übernahm diese Angaben unbesehen, obwohl unmittelbar nach der Veröffentlichung des Spiegel-Artikels einige öffentliche Dementis folgten.

Tatsächlich hatte das MfS in einem operativen Vorgang einen »Vollstrecker« recherchiert, der sich als einer unter den mehr als 130 Positionen des MfS-Aktenbestandes »DDR-Bürger mit NS-Vergangenheit« befand. Bärwald war »Blockführer« im KZ Sachsenhausen gewesen und gehörte dem Kommandanturstab an. Er war jedoch nicht – wie behauptet – Teilnehmer an dem Massenmord an sowjetischen Kriegsgefangenen, da er sich zum Zeitpunkt der Tat (August/November 1941) an der Front befand und erst 1942 nach Sachsenhausen kam.[728]

Der letzte Leiter des NS-Archivs des MfS, Dieter Skiba, erklärte gegenüber *Disput* 13/1994, die Sache Bärwald zeige, »wie so etwas journalistisch aufgearbeitet werden kann. Das ehemalige Archiv …

wird als Dokument-Center des Ostens bezeichnet. Und dann wird gesagt, im Dokument-Center hat man einen Lebenslauf gefunden. Das ist aber das Westberliner Center und nicht unseres. Dieser Lebenslauf stand uns nicht einmal zur Verfügung. ...

Wenn wir seit 1988, als Bärwald in das Blickfeld des MfS für die operative Bearbeitung geriet, auch einige Beweise gehabt hätten für den Nachweis einer strafrechtlich relevanten Schuld ..., dann wäre ein Ermittlungsverfahren auch gegen den Bärwald eingeleitet worden. 1989, als die Hauptabteilung IX/11 ... aufgelöst wurde, haben wir noch an der Beweismittelsicherung in dieser Sache gearbeitet. Wir haben 1988/89 über 50 ehemalige Häftlinge und Leute befragt, die über ihn Auskunft geben konnten. Außer, daß wir ihn faktisch zweifelsfrei als SS-Angehörigen identifizieren konnten, gab es nicht das Schwarze unter dem Fingernagel. Also nichts Strafprozeßverwertbares.«[729] Man stelle sich allerdings einmal die Empörung im Westen vor, wenn die DDR-Justiz bei unzulänglicher Beweislage einen Prozeß gegen Bärwald durchgeführt und ihn verurteilt hätte.

1994 strengte die Staatsanwaltschaft Köln Ermittlungen gegen Bärwald an, die ebensowenig zu einer Anklage führten wie frühere DDR-Recherchen.[730]

Hans Donner, SS-Unterscharführer (Unteroffizier). Der *Spiegel* behauptet, daß Donner, der als Wachmann in Sachsenhausen Häftlinge erschossen haben »soll« und nach dem in den 50er Jahren Kölner Staatsanwälte und auch die Amerikaner fahndeten, 1973 »als Mitarbeiter der Stasi-Kreisdienststelle Altentreptow« verstorben sei.[731]

Es gab tatsächlich einen Stellvertretenden Kreisdienststellenleiter des MfS mit Namen Donner. Allerdings trug dieser den Vornamen Bruno (und nicht Hans), und sein Geburtsjahrgang war 1930. Deshalb heißt es in einem nur mit Initialen gezeichneten Leserbrief an das ND zur MfS-Funktion eines Hans Donner: »Dies (ist) erstunken und erlogen«, denn ein »SS-Mann Donner war niemals MfS-Mitarbeiter in Altentreptow«.[732] Kappelt nahm auch von diesem Leserbrief keine Notiz, und wiederholte noch 1997 die *Spiegel*-Behauptung.[733]

Erich Gust, SS-Obersturmführer (Oberleutnant): Gust war von 1942–1945 Zweiter Schutzhaftlagerführer und Rapportführer des KZ Buchenwald. Im Protokoll der öffentlichen Anhörung, die am 12. Februar 1980 in Berlin über die Behinderung der Strafverfolgung gegen die Mörder Ernst Thälmanns in der BRD stattfand, erklärte Friedrich Karl Kaul in seinen einleitenden Ausführungen: »Der Aufenthalt der gleichfalls von mir angezeigten SS-Mörder Gust und

Warnstedt konnte von den BRD-Strafverfolgungsbehörden bis zum heutigen Tage nicht ermittelt werden.«[734]

Gust war im Krefelder Prozeß gegen den vermeintlichen Thälmann-Mörder Wolfang Otto durch den Buchenwaldhäftlings Marian Zgoda namentlich als Beteiligter an der Exekution des KPD-Vorsitzenden genannt worden. Er habe gesehen, »wie nach und nach in der angeführten Reihenfolge folgende Personen das Krematorium betraten: Otto, Gust ...«[735]

Resignierend erklärte der Mitarbeiter der Generalstaatsanwaltschaft der DDR Günther Wieland 1986: »Da Erich Gust und Walter Warnstedt verschollen sind, erstrecken sich die Ermittlungen zur Aufklärung des Mordes an Ernst Thälmann seit langem nur noch auf Otto.«[736]

Anhand eines Ermittlungsberichts des MfS vom 21. Januar 1969 legte Falco Werkentin dar, daß dem MfS der Aufenthaltsort Gusts zweifelsfrei bekannt war.[737] Das »zweifelsfrei« galt allerdings, so ist hinzuzufügen, lediglich im operativen Sinne des MfS, nicht jedoch im juristischen Sinne. 1992 berichtete »Panorama«, Erich Mielke habe »offenbar wissentlich die Aufklärung des Mordes an ... Ernst Thälmann behindert«.[738]

Das MfS wußte seit 1969, daß Gust unter dem Namen Erich Giese im niedersächsischen Melle bei Osnabrück ein Lokal betrieb, in dem prominente bundesdeutsche Politiker verkehrten. Weil das MfS Gust aber mittels Erpressung für »operative Zwecke« nutzen wollte, habe man bundesdeutsche Behörden nicht informiert und gleichzeitig die bundesdeutsche Justiz beschuldigt, nichts zu tun, um den SS-Mann zu finden.

Folgt man der von Werkentin gegebenen Darlegung der Dokumente und Tatsachen, dann ging es wohl eher darum, bundesdeutsche Prominenz, die in der Gaststätte verkehrte, bei Gelegenheit durch ihren Kontakt zu Gust bloßzustellen.

Nach Behauptung von Alfred Streim, damaliger Leiter der Ludwigsburger Zentralstelle zur Aufklärung von NS-Verbrechen, habe Mielke persönlich angeordnet, Gust zu decken. Auch das ND teilte mit, daß es nach seinen Recherchen als gesichert gelten könne, daß es eine entsprechende Mielke-Order gegeben habe.[739]

In »Gegendarstellungen«[740] bestritt Erich Mielke, den Befehl gegeben zu haben, Erkenntnisse über Gust nicht den bundesdeutschen Ermittlungsbehörden zu übermitteln. Mit Bezug auf die *Spiegel*-Veröffentlichung[741] erklärte Günther Wieland: »So schwer es dem Außenstehenden ohnehin fällt, geheimdienstlich zu denken, ist für ein solches Verhalten kein Verständnis aufzubringen.«[742]

Wilfriede Otto schrieb, daß Tatsachen festgestellt worden seien, die Gust belasteten. »Nach Mitteilung des Sachverhalts an den Minister habe Mielke jedoch befohlen, nichts weiterzuleiten, da es sich um die Ermittlung eines Thälmann-Mörders handelte, was man so nicht nachweisen könnte. Der Befund landete in einem Karton der IX/11 mit der Aufschrift ›Nur vom Oberst zu öffnen‹. Gust starb 1992.«[743] Gusts Mitschuld an der Ermordung Thälmanns wird wohl kaum aufzuklären sein. Dennoch wirft der Umgang (oder Nicht-Umgang) mit diesem Fall ein äußerst schlechtes Licht auf die DDR, und die Art des Umgangs mit dem Fall war zweifelsohne ein politischer Fehler der DDR. Es war ein politischer Fehler, das Wissen nicht öffentlich gemacht zu haben.

Allerdings: Gust war auch den bundesdeutschen Behörden bekannt. Am 7. Juni 1994 erklärte Fred Löwenberg, langjähriger KZ-Häftling und nach 1945 in Bayern lebend, in einer Gesprächsrunde, er müsse etwas sagen, was er noch nie in der Öffentlichkeit gesagt habe: »Ich bin Ende 1952 von einem leitenden Mitarbeiter des Verfassungsschutzamtes in München ... auf Gust aufmerksam gemacht worden ... Ich habe das an Robert Siewert weitergegeben auf einem VVN-Kongreß ... Es ist nichts geschehen. Das ist das, was mich bedrückt.«[744] (Robert Siewert: 1887–1973; KPD 1919; 1935–1945 Zuchthaus und KZ; Mitglied des illegalen Internationalen Lagerkomitees Buchenwald; nach 1945 verschiedene Partei- und Staatsfunktionen, Mitglied des Präsidiums der VVN und der FIR9. Insofern ist der Vorwurf der DDR an die westdeutsche Adresse, sie habe nicht konsequent nach den Thälmann-Mördern gesucht, mindestens ebenso berechtigt wie die Kritik an der DDR. Daraus jedoch eine generelle MfS-Linie zu konstruieren, ist überzogen.

Hilda Zahn[745], Mitarbeiterin der Gestapo. Tätig als Sachbearbeiterin im Ministerium für Verkehr der DDR und als IM angeworben worden. Der *Spiegel* (19/94) zitiert ohne Datum aus dem Bericht eines MfS-Hauptmanns: »Wir hätten genügend Druckmittel, um die Z. zu einer äußerst aktiven Arbeit für uns zu zwingen.« Frau Zahn hatte in ihren Personalunterlagen die frühere Tätigkeit bei der Gestapo im tschechischen Troppau verschwiegen. Was der *Spiegel* allerdings verschwieg: »Die Frau war dort nur Sekretärin.«[746]

An den Anfang der Passage zu Frau Zahn setzt der *Spiegel* in generalisierender Absicht die Aussage: »Die systematische Anwerbung ehemaliger Nazis durch das MfS läßt sich vielfach nachweisen. Typisch ist der Fall der ehemaligen Gestapo-Mitarbeiterin Hilde Zahn.«[747]

Reinhold Tappert lieferte für den *Spiegel* den angeblichen Beweis dafür, daß das MfS sich »der Militärs des Dritten Reiches nach Gusto«[748] bedient habe. Dieser »Offizier der ›Leibstandarte-SS Adolf Hitler‹, brachte es nicht nur in der NVA zum Divisionskommandeur. Das MfS verpflichtet den NVA-Oberst auch als IM – laut Stasi-Bericht spitzelte Tappert fürs MfS aus Überzeugung.«[749]

Jens Gieseke hingegen meinte, daß sich die in dem Band »Pullach intern« aufgestellte Behauptung, Tappert sei Offizier in der Bezirksverwaltung Berlin des MfS gewesen, nicht bestätigen lasse. Tappert sei vom MfS vielmehr »in seiner Funktion als Oberst der NVA erfaßt (worden) und arbeitete mit ihr als inoffizieller Mitarbeiter zusammen.«[750]

Reinhold Tappert war seit dem 1.Februar 1933 Mitglied der NSDAP, ab dem 9.November1933 Angehöriger der Allgemeinen SS, von August 1935 bis September 1936 SS-Scharführer (Unterfeldwebel) im Sicherheitshauptamt des Reichsführers SS und von 1937 bis 1940 Angehöriger der SS-Leibstandarte »Adolf Hitler«. Ab dem 20. April 1941 war Tappert SS-Untersturmführer (Leutnant) der »Waffen-SS« (IR 6).[751] Nach Angaben von Thomas M. Forster[752], der Tappert mit dem Vornamen »Heinrich« aufführt, war Tappert während der sowjetischen Kriegsgefangenschaft 1945 als deutscher Schulleiter der Zentralen Antifa-Schule Krasnogorsk und Assistent des nachmaligen Ministers für Staatssicherheit, Wilhelm Zaisser, tätig. Nach seiner Entlassung aus der Kriegsgefangenschaft war Tappert Oberrat (Major) der VP in Potsdam. Nach einem militärischen Lehrgang in der UdSSR wurde er zunächst Oberstleutnant und Stabschef einer Division der KVP und 1954 Oberst und Kommandeur der 9. Panzerdivision der NVA in Eggesin. Damit, so Daniel Niemetz, war er der »wahrscheinlich einzige ehemalige Offizier der Waffen-SS in der NVA«.[753]

Daß Tappert in der NVA dienen konnte, lag daran, daß er sich in der Nazizeit keiner Verbrechen schuldig gemacht hatte. Im übrigen hatte der Nürnberger Gerichtshof in seinem Urteil, das die SS (mit Ausnahme der sogenannten Reiter-SS) für verbrecherisch erklärte, jene von diesem Verdikt ausgeschlossen, »die vom Staate zur Mitgliedschaft in solcher Weise herangezogen wurden, daß ihnen keine andere Wahl blieb, und die keine solche Verbrechen begingen.«[754]

Dr. Paul Reckzeh (*1913)[755]: 1933 NSDAP; Arzt. Er »verriet während des Krieges Widerstandskämpfer an die Gestapo. Einige Mitglieder des sogenannten Solf-Kreises aus Berlin-Charlottenburg wurden gehängt. 1945 verhafteten die Sowjets Reckzeh. In Waldheim wurde er zu 15 Jahren Zuchthaus verurteilt, nach zwei Jahren aber begnadigt. 1952 ging Reckzeh – vermutlich als KGB-Mitarbeiter – nach Westberlin. Dort machten ihn Angehörige der Opfer ausfindig. 1955 sollte Reckzeh in West-Berlin wegen Beihilfe zum Totschlag der Prozeß gemacht werden. Er floh in die DDR. Jahrzehntelang arbeitete der Mediziner am Stadtrand von Ost-Berlin als Kreis- und Chefarzt. 1959 führte die Stasi ein ›Kontaktgespräch‹ mit ihm. Reckzeh erklärte sich zur regelmäßigen Zusammenarbeit bereit und betreute fortan Stasi-Mitarbeiter medizinisch. 1964 ermittelte das ›Komitee der Antifaschistischen Widerstandskämpfer in der DDR‹ den Aufenthaltsort Reckzehs. Das Komitee forderte vom Gesundheitsministerium ein Berufsverbot für den Nazi-Denunzianten … Die Stasi führte mit den Protestanten mehrere ›Aussprachen‹, dann war Ruhe. Reckzeh, 80, lebt heute als Rentner in Hamburg. Seine Denunziation ist verjährt.«[756]

Daß Reckzeh Gestapospitzel war und Angehörige des Solf-Kreises, »ein Kreis bürgerlicher Nazigegner um Hanna Solf, die Witwe des deutsche Diplomaten Wilhelm Solf«[757], verraten hatte, ist eine Tatsache. Dafür wurde er 1950 in der DDR zu 15 Jahren Haft verurteilt. Am 6. Oktober 1952 begnadigt. Er ging nach Westberlin. Dort befand man sich nun vor einem Dilemma. Das Kammergericht hatte mit seiner Waldheim-Grundsatzentscheidung vom 15. März 1954 auch das Urteil gegen Reckzeh für »absolut und unheilbar nichtig« erklärt, weil »deren Bestand für die Rechtsgemeinschaft unerträglich« sei.[758] Auf der anderen Seite erschien die persönliche Schuld so gravierend, daß ein (erneutes) Verfahren gegen Reckzeh fällig war. Diesem entzog sich der Mediziner durch Flucht in die DDR. Als Arzt arbeitete er in der Betriebspoliklinik des VEB Schwermaschinenbau Wildau.[759]

Daß, wie Kappelt unter Bezug auf westliche Veröffentlichungen schreibt, die zuständigen Behörden der »Sowjetzone« eine »Zulieferung an die West-Berliner Justiz verweigerten«, halte ich insofern für normal, als es kein Rechtshilfeabkommen zwischen beiden deutschen Staaten gab.[760] Zudem müßte Kappelt wissen, daß im Strafrecht der Grundsatz »ne bis in idem« gilt, d.h., daß jemand für dieselbe Tat nicht zweimal verurteilt werden darf. Bei dem seltsam politisch-situationsgebundenen bundesdeutschen Rechtsstaatsverständnis, das sich, wie man aus der Kommunistenverfolgung der 50er und 60er Jahre und spätestens seit 1990 auch aus den Strafprozessen gegen DDR-Amtsträger weiß, nach politischer Opportunität orientiert, bestand für Reckzeh real die Gefahr, im Westen für dieselbe Straftat noch einmal verurteilt zu werden.

Henry Leide nahm den Fall Reckzeh selbstredend in seine Sammlung auf. Reckzeh gehört zu den Personen, deren sich die Staatsanwaltschaft nach dem Untergang der DDR besonders widmete. An der Situation von Reckzeh änderte sich dennoch nichts. Die Staatsanwaltschaft nahm die Ermittlungen 1991 wieder auf und stellte das Verfahren 1993 »mangels ausreichenden Anlasses für eine Anklage ein.«[761]

Unstreitig ist, daß es auch Ungereimtheiten im Umgang mit Personen gegeben hat, die mit einer NS-Vergangenheit belastet waren. Claus Dümde hat recht, wenn er schreibt, daß an solchen Beispielen erschreckend deutlich werde, daß »auch ein vermeintlich sozialistischer Geheimdienst, der keinerlei demokratischen Kontrolle unterliegt, nach dem Motto ›Der Zweck heiligt die Mittel‹ vor nichts zurückschreckt.« Doch auch sein Unmut über die Entrüstung des *Spiegel* im Beitrag »Antifa-Lüge« ist berechtigt. »Denn in der BRD standen Alt-Nazis bei den Geheimdiensten nicht nur als Spitzel im Solde, sondern gleich als Chefs, wie Gehlen. Doch das bleibt in dem Beitrag unerwähnt.«[762]

Auch Dieter Wittich kann zugestimmt werden, wenn er mit Bezug auf den *Spiegel* bemerkt, der Sachverhalt belege bestenfalls, daß der Antifaschismus in der DDR weder vom Stalinismus noch vom West-Ost-Konflikt unberührt blieb. Das sei aber etwas ganz anderes als das, was der »Spiegel« als seinen Anspruch ausposaune. Wollte man den Zustand des Antifaschismus in der DDR wirklich ernsthaft analysieren, müsse man schon die wichtigsten Bereiche des DDR-Lebens untersuchen. Und Wittich nennt einige der zu stellenden Fragen: »Was wurde vom Faschismus in den Schulen gelehrt? Wie wurde antifaschistische Tradition in der DDR gepflegt? Welches Ansehen besaßen Opfer des Faschismus in der DDR? Wie wurde in der NVA die faschistische Wehrmacht gewertet? Welches Bild vermittelte die Kunst vom Faschismus usw. usw.«[763]

So fragwürdig manche Herrschaftsmethode in der DDR auch gewesen sein mag, meinte Ingolf Bossenz, »eine Bewahrung oder gar Neuauflage des Nationalsozialismus wäre wohl das letzte, was man ihr unterstellen könnte. Und der ehemalige SS-Mann in einer Stasi-

Kreisverwaltung ist nun mal kein Staatssekretär oder Bundespräsident.« [764]

Fußnoten

710 Leipziger Volkszeitung vom 24. August 1996. Zit. nach: Klaus Eichner/Andreas Dobbert: Headquarters Germany. Die USA-Geheimdienste in Deutschland, Berlin 1997, S. 257.

711 Klaus Eichner/Andreas Dobbert: Headquarters Germany, S. 257. (DGSE = Direction génerale de la sureté)

712 A. a. O., S. 31. Siehe als Beispiel den weiter unten dargestellten Fall Hagemeister.

713 Bittere Wahrheiten (II). Antifaschismus in der DDR – ein Bild mit Flecken? In: D, Nr. 13/1994, S. 8.

714 Jens Gieseke: Erst braun, dann rot?, S. 135.

715 Jens Gieseke: Erst braun, dann rot?, S. 136.

716 Jens Gieseke: Erst braun, dann rot?, S. 136.

717 Markus Wolf: Spionagechef im geheimen Krieg. Erinnerungen, München 1997, S. 162. Diese apodiktische Feststellung von Markus Wolf ist allerdings zu relativieren, wie aus dem Buch von Henry Leide erkennbar ist.

718 Peter-Ferdinand Koch: Die feindlichen Brüder, S. 355. Zu Felfe siehe: Heinz Felfe: Im Dienste des Gegners, Hamburg 1986.

719 FHO = Fremde Heere Ost – Bezeichnung des von Gehlen geleiteten nazistischen Geheimdienstes.

720 Peter-Ferdinand Koch: Die feindlichen Brüder, S. 328.

721 Ebenda.

722 Günter Bohnsack/Herbert Bremer: Auftrag: Irreführung, S. 73.

723 Jens Gieseke: Erst braun, dann rot?, S. 141 f.

724 A. a. O., S. 142.

725 A. a. O., S. 143.

726 Hannes Schwenger: Fakten statt Spekulationen. In: TS vom 20. Mai 1997.

727 Spiegel Nr. 19 vom 9. Mai 1994, S. 84. Siehe dazu: Günther Wieland, Wenn Wahrheiten verschwiegen werden … In: ND vom 19. Mai 1994; – Heinz Junge: Was Heinz Junge dem ›Spiegel‹ sagte und was nicht. In: ND vom 31. Mai 1994; – Laura Benedict: Antifaschismus in der DDR seitenverkehrt: In: ND vom 4./5. Juni 1994. Siehe auch: Laura Benedict. In: »die Andere«, Nr. 3/1992 vom 15. Januar 1992. – Kappelt II, S. 459.

728 Günther Wieland: Wenn Wahrheiten verschwiegen werden … In: ND vom 19. Mai 1994.

729 Bittere Wahrheiten (II). Antifaschismus in der DDR – ein Bild mit Flecken? In: D, Nr. 13/1994, S. 7.

730 Vgl. Günther Wieland: Die Ahndung von NS-Verbrechen in Ostdeutschland 1945–1990. In: Günther Wieland: Naziverbrechen und deutsche Strafjustiz. Bulletin für Faschismus- und Weltkriegsforschung, Beiheft 3, Berlin 2004, S. 190, Anm. 363.

731 Spiegel Nr. 19 vom 9. Mai 1994, S. 84.

732 K. N.: SS-Mann Donner war niemals MfS-Mitarbeiter in Altentreptow. In: ND vom 31. Mai 1994.

733 Kappelt II, S. 460.

734 Der Mord, der nie verjährt, Berlin 1980, S. 14. Im Personenverzeichnis der 4. Aufl. von »Buchenwald. Mahnung und Verpflichtung« (Berlin 1983) heißt es zu Gust: »weiterer Verbleib unbekannt« (S. 759).

735 Peter Przybylski: Mordsache Thälmann, Berlin 1986, S. 117.

736 Günther Wieland: Der Jahrhundertprozeß von Nürnberg. Nazi- und Kriegsverbrecher vor Gericht, Berlin 1986, S. 138. Zu Wielands Kritik an der Sache Gust siehe: Günther Wieland: Die Ahndung von NS-Verbrechen in Ostdeutschland 1945–1990. In: Günther Wieland: Naziverbrechen und deutsche Strafjustiz. Bulletin für Faschismus- und Weltkriegsforschung, Beiheft 3, Berlin 2004, S. 193 f.

737 Falco Werkentin: Politische Strafjustiz, S. 218–234.

738 »Warum deckte Mielke den SS-Mann?« In: ND vom 3. November 1992.

739 ND vom 4. November 1992.

740 Tagesspiegel vom 6. November 1992; – s.o. vom 13. November 1992.

741 Spiegel Nr. 19 vom 9. Mai 1994, S. 84.

742 Günther Wieland: Wenn Wahrheiten verschwiegen werden … In: ND vom 19. Mai 1994.

743 Wilfriede Otto: Erich Mielke , S. 400.

744 Auszüge aus dem Gesprächsprotokoll. In: Disput, Nr.12/1994, S. 7 (Hervorhebung nicht im Original).

745 Spiegel Nr. 19 vom 9. Mai 1994, S. 89.

746 Laura Benedict: Antifaschismus in der DDR seitenverkehrt. In: ND vom 4./5. Juni 1994.

747 Spiegel Nr. 19 vom 9. Mai 1994, S. 89.

748 A. a. O., S. 91.

749 Ebenda.

,750 Jens Gieseke: Erst braun, dann rot?, S. 137.

751 Ehemalige Nationalsozialisten, S. 93.

752 Thomas M. Forster: NVA. Die Armee der Sowjetzone, 3. völlig überarb. Aufl., Köln 1966/67, S. 284. Mit Ausnahme des Vornamens, den Gieseke mit »Reinhold« angibt, übernahm Gieseke die folgenden Informationen Forsters. Siehe: Jens Gieseke: Erst braun, dann rot?, S. 137.

753 Vgl. Daniel Niemetz: Besiegt, S. 389, 390.

754 IMT, Bd. 1, S. 307.

755 Kappelt II, S. 88 f, 441 f.

756 Spiegel Nr. 19 vom 9. Mai 1994, S. 91. Siehe auch: Falco Werkentin: Politische Strafjustiz, S. 187 f.

757 Kurt Finker: Zwischen Integration, S. 89. Siehe auch: ders.: Stauffenberg und der 20. Juli 1944, (1. Aufl. 1967), 6., überarb. Aufl, Berlin 1984, S. 212 u. 330.

758 NJW 1954, Heft 50, S. 1901 f.

759 Kurt Finker: Zwischen Integration, S. 90.

760 Kappelt II, S. 88 und 441.

761 Henry Leide: NS-Verbrecher und Staatssicherheit, die geheime Vergangenheitspolitik der DDR, Göttingen 2005, S. 199.

762 Claus Dümde: Mit Halbwahrheiten zur »Antifa-Lüge«. Wie der »Spiegel« zur Gleichsetzung von Nazi-Diktatur und DDR beiträgt. In: ND vom 10. Mai 1994.

763 Dieter Wittich: Eine methodisch fatale »Antifa-Lüge«. In: ND vom 28./29. Mai 1994.

764 Ingolf Bossenz: Idylle mit braunen Flecken. In: ND vom 20. Mai 1994.

20. Nunmehr ist der »Mythos« Antifaschismus endlich besiegt: das MfS nutzte Nazis

Mit dem pejorativen Schlagwort eines angeblich »verordneten Antifaschismus« ist der gelebte Antifaschismus der DDR seit Jahren diskreditiert und diffamiert, kurz »delegitimiert« worden. Und seit Jahren müht man sich, den von der DDR unter anderem mit dem »Braunbuch Kriegs- und Naziverbrecher in der Bundesrepublik und in Westberlin« geführten Beweis einer unvollendeten Entnazifizierung in der BRD zu widerlegen. Dem Nachweis, daß nazistisch Belastete selbst in verantwortlichen Stellungen ungehindert amtieren konnten, versuchte man auch dadurch zu begegnen, daß man auf »Nazis in Pankows Diensten« verwies. Tatsächlich übten ehemalige Nazis, wie oben dargelegt, auch in der DDR nicht nur nebensächliche Funktionen aus. Nur handelte es sich um Menschen, deren inzwischen antifaschistische Gesinnung durch entsprechendes Handeln bestätigt und bewiesen war und die sich keiner Verbrechen schuldig gemacht hatten.

Neben diesem oben dargestellten Versuch, durch eine gewisse Gleichsetzung von BRD und DDR nach dem Motto: »Nennst du meine Nazis, nenn' ich deine Nazis« den antifaschistischen Charakter der DDR in Frage zu stellen, hat sich inzwischen eine weitere ideologisch-manipulierende Hauptkampflinie eröffnet: gegen das Ministerium für Staatssicherheit. Diesem wird neben der Behauptung, es handle sich um das terroristische Unterdrückungsorgan der DDR, vorgeworfen, Nazis absichtlich gedeckt zu haben, um sie zu erpressen und gegen den Westen einsetzen zu können. Insbesondere haben sich Henry Leide: »NS-Verbrecher und Staatssicherheit«[765], und Christian Dirks: »Die Verbrechen der anderen«[766], das Ziel gestellt, dem Antifaschismus der DDR nun endlich den Todesstoß zu versetzen. In diese Reihe gehört auch Annette Weinke: »Die Verfolgung von NS-Taten im geteilten Deutschland«[767].

Welche Bedeutung der bundesdeutsche antikommunistische Zeitgeist der Diffamierung des DDR-Antifaschismus beimißt, läßt sich aus der Tatsache ablesen, daß, man muß schon sagen: weltweit, über das Erscheinen des Buches von Henry Leide berichtet wurde. Die teilweise wortwörtliche Darlegung diverser Meldungen läßt auf ein gezieltes Vorgehen schließen.[768] Unisono berichteten ausländische Medien namentlich über drei bis vier der von Leide genannten Fälle, wobei die Kennzeichnung der DDR ebenso unisono verunglimpfend ist. Die Meldungen im Ausland folgen den Vorgaben aus der BRD mehr oder weniger sklavisch und unkritisch.

»»Eigentlich könnte sein Buch auch den Titel tragen: Das ist der wirkliche Untergang der DDR‹, sagte ein Stasi-Opfer.[769] Erstmals habe ein Wissenschaftler »die Instrumentalisierung von Alt-Nazis durch die Stasi umfassend untersucht«, so verkündete die ARD-Sendung Kulturreport am 16. Oktober 2005 zu Leides Veröffentlichung.

Nun ist »Instrumentalisierung« eine negativ belegte Phrase, die nicht danach fragt, welchen Charakters der Zweck ist, der mit einer bestimmten, vielleicht auch ritualisierten Verhaltensweise verfolgt wird. Die Gedenkstätte »Neue Wache« in Berlin beispielsweise war zu DDR-Zeiten »Den Opfern des Faschismus und Militarismus« gewidmet. Die jährliche zentrale Ehrung war ebensowenig Instrumentalisierung wie der wöchentliche Wachaufzug der Nationalen Volksarmee. Unverzüglich machten die bundesdeutschen Politiker daraus ein zentrales Ehrenmal mit der dehnbaren Formulierung für die »Opfer des Krieges und der Gewaltherrschaft«. Mit der scheinbaren Neutralität dieser Formel wird ideologisch manipuliert. »Die Konsequenz ist klar: Die Ideologie des ›Antifaschismus‹ gehört auf den Schrottplatz der Zeitgeschichte.[770]

Henry Leide und seine Totalerledigung des DDR-Antifaschismus

Zunächst – und das ist jetzt offensichtlich bereits zur Pflichtübung von Autoren dieses Forschungsgegenstands geworden – referiert Leide über Internierung und Entnazifizierung in der SBZ/DDR, den Befehl Nr. 201 der SMAD, die Waldheimer Prozesse, die Integrationspolitik der SED und die Stellung ehemaliger NSDAP-Mitglieder in der DDR sowie in der SED, die Versuche des MfS, vor der Konzentration von NSDAP-Mitgliedern in bestimmten Bereichen zu warnen. Dann geht es zu einzelnen Personen, die man bereits insbesondere aus Kappelt I und II kennt. Danach beginnt die Darstellung des Aufbaus des Informanten-Korpus durch das MfS. Sie wird mit der Vorstellung konkreter Personen beendet.

Immerhin gibt Henry Leide zu – er reduziert das allerdings auf einen Fall –, daß die Behauptungen des MfS von der Notwendigkeit, in die Reihen der gegen die DDR wirkenden Kräfte einzudringen, »offensichtlich nicht gänzlich der Phantasie entsprangen und vermutlich sogar eine gewisse Berechtigung hatten«. Schließlich sei es inzwischen belegt, daß im kalten Krieg NATO-Geheimgruppen mit »rechtsextremen Terroristen und Verbrechern« kooperierten.[771]

Henry Leide bestätigt in einem Kapitel »Alliierte Rekrutierungen« die Anwerbung belasteter Nazis durch die alliierten Geheimdienste, wobei er nur beim sowjetischen Geheimdienst wertet, dieser sei bei der Suche nach Informanten »nicht eben wählerisch« gewesen.[772] Die neuesten Veröffentlichungen hinsichtlich der Schonung von Adolf Eichmann, dessen Aufenthaltsort längst bekannt war, um die Bloßstellung der BRD insbesondere bezüglich der Verwendung von Hans Globke zu verhindern, sprechen da eine deutliche Sprache. »Die etwa 27.000 Dokumentseiten, die der US-Nachrichtendienst jahrzehntelang unter Verschluß gehalten hat …, zeigen …, wie skrupellos amerikanische und deutsche Stellen ehemalige Nazi-Verbrecher beschützten, sofern es ihren Zwecken diente.« Nach Ansicht des Historikers Timothy Naftali »fürchtete sich die westdeutsche Regierung vor einer Festnahme Eichmanns: Der SS-Mann würde vor Gericht sicherlich auch sein Wissen über Hans Globke preisgeben, der damals an den judenfeindlichen Nürnberger Rassegesetzen mitgewirkt hatte.«[773]

Annette Weinke konstatierte, daß »die Indienstnahme von NS- und Kriegsverbrechern für geheimdienstliche Zwecke ein gesamtdeutsches Phänomen darstellte«.[774] Allerdings wird bei dieser Feststellung offensichtlich Ursache und Wirkung mißachtet. Zweifelsohne hat das Anheuern von Agenten seitens der DDR seine Ursache in der grundsätzlich feindseligen Haltung Westdeutschlands gegen die antikapitalistische Alternative im Osten Deutschlands. Das Eindringen in die westdeutschen Geheimdienstzentralen war eindeutig eine Abwehr- und Schutzmaßnahme gegen jene, die aus prinzipiell antikommunistischen kapitalistischen Motiven die nichtkapitalistische Gesellschaftsordnung nicht akzeptierten.

Henry Leide berichtet im ersten Kapitel ferner über die Besorgnis von Antifaschisten in Bezug auf die Integration von Nazis in das gesellschaftlichen Leben der DDR. Breiten Umfang nimmt sodann die auf einen Aufsatz von Michael Lemke zurückgehende Darstellung der »Propagandakampagnen« gegen die BRD ein. Interessant sind an diesem Abschnitt nur die Ausführungen zu den antisemitischen

Schmierereien in der BRD, die sich um 1959 ausbreiteten. Verschiedentlich wurde spekuliert, so Henry Leide, daß diese Schmierereien durch SED, MfS oder KGB gesteuert worden seien. »Eindeutige Beweise für bzw. gegen diese Annahme konnten bis heute noch nicht gefunden werden. Fest steht jedoch, daß die SED davon profitierte.«[775] Das erinnert an den Ausspruch des Patriarchen in Lessings »Nathan«: »Tut nichts, der Jude wird verbrannt.« Und munter wird diese Behauptung weiter verbreitet.

Immerhin gesteht Leide zu, daß bezüglich der von der DDR im Hinblick auf das nazistische »Erbe« der bundesdeutschen Polizei erhobenen Vorwürfe, diese »nicht nur hinsichtlich der Quantität hinter der Realität zurück blieben, sondern auch bezüglich der Qualität der Verstrickung Einzelner«.[776] Ansonsten ist das Kapitel keine Würdigung des Wahrheitsgehalts der in den DDR-Materialien publizierten Vorwürfe, sondern eben nur Abstempelung als »Kampagnenpolitik«. Henry Leide kolportiert im Zusammenhang mit dem Eichmann-Prozeß den an Mielke erteilten Auftrag, die »direkte Zusammenarbeit zwischen Eichmann und Globke zu belegen«, ohne das Ergebnis mitzuteilen.[777] Der Halbsatz bleibt unkommentiert stehen, so das man im Zusammenhang mit der sonstigen Antihaltung gegen das MfS eben nur Bösartiges vermuten kann. Der dubiose Verdacht wird gefördert. Schon in der ersten Auflage meines Buches hatte ich das Ganze aufgehellt. Henry Leide nahm davon offensichtlich keine Notiz.

Warum überhaupt eine Anwerbung?– Ein notwendiger Rückblick auf die Integration von Naziagenten im Westen

Henry Leide befaßt sich fast ausschließlich mit jenen Personen mit nazistischem Hintergrund, bei denen das MfS sich darum bemühte, sie als Inoffizielle Mitarbeiter zu gewinnen. In der »Neutralität« der bundesdeutschen Phrase und in der offenen Parteilichkeit des DDR-Denkspruchs liegt dem Wesen nach auch der Unterschied bei der Anwerbung ehemaliger Nazis für eine geheimdienstliche Tätigkeit. Ein berechtigter Bestandteil der klandestinen Tätigkeit des MfS war die Aufdeckung der gegen die antifaschistische DDR gerichteten Aktionen. Die Integration von Nazis in das bundesdeutsche System hingegen war die »Bereicherung« des antikommunistischen Potentials um die »Erfahrung« der nazistischen Kommunismusvernichter.

Von der Tochter Reinhard Gehlens war über diesen zu erfahren: »Er hatte den Weitblick, Deutschland (*gemeint sind die Westzonen bzw.*

die BRD – D. J.) an das westliche Bündnis anzuschließen, und ich denke, er hat, in der Zeit, wo es auch wirklich so war, die Gefahr der kommunistischen Ideologie gesehen.«[778] Und zur Stärkung der freien Welt gegen diese kommunistische Ideologie sammelte Gehlen in seiner »Organisation« Nazis verschiedenster Profession – von seinem »Kameraden«, wie er selbst sagte, über Angehörige des Reichssicherheitshauptamtes (RSHA) bis zu Mitarbeitern der SS und des SD. Hitlers Spionagegeneral, der Chef von Fremde Heere Ost (FHO), bot sich mitsamt seines Geheimdienstmaterials über die UdSSR den US-Amerikanern an und wurde genommen. Arthur Macy Cox, Auswerter bei der CIA und im US-Außenministerium, erklärte: »Die Organisation Gehlen war die einzige Gruppierung, die über Netze in Osteuropa verfügte, und deshalb haben wir sie angeheuert. Doch daß wir Gehlen angeworben haben, war der größte Fehler, den die USA je begangen haben. Unsere Verbündeten warfen uns vor: Ihr stellt Nazis auf der obersten Ebene eures Geheimdienstes ein, und sie hatten damit recht. Dadurch wurden die Vereinigten Staaten unglaubwürdig.« Das störte allerdings nicht, denn der CIA-Chef Allen Dulles stellte sich hinter Gehlen und erklärte: »Er steht auf unserer Seite, und nur darauf kommt es an.«[779]

Mindestens 100 Mitglieder der SS seien für Gehlen tätig gewesen, erklärte der kanadische Historiker Timothy Naftali, Herausgeber der Akten über die Zusammenarbeit der USA mit NS-Kriegsverbrechern. Wen wundert's, daß er kürzlich Neues von Globke und Eichmann zu berichten hatte?

Man könnte, meinte der ehemalige BND-Chef Hans-Georg Wieck Ende 2004 in Foreign Affairs, über die Zusammenarbeit des CIA mit der Organisation Gehlen denken, was man wolle – auch wenn sie etwa 100 SS-Leute beschäftigte und die sich – möglicherweise – Kriegsverbrechen schuldig gemacht hatten. Aber entscheidend sei das Bedürfnis der USA gewesen, Informationen über die sowjetischen Truppen in Europa und über die kommunistischen Regimes östlich der Elbe zu erlangen.[780]

Die Nazis gewannen nach kurzer Stillhaltepause und »demokratischer Läuterung«, an der die Anfangsbemühungen der Westalliierten zur Entnazifizierung ihren wesentlichen Anteil hatten, im bundesdeutschen Systems an Einfluß, dessen Grundlage der weitergeführte strikte Antibolschewismus/Antikommunismus war. Von Bedeutung für diese Situation war der schonungsvolle Umgang selbst mit beispiellosen NS-Verbrechen. Es gab Verurteilungen, anfangs mehr oder weniger mit Strenge vollzogen, aber mit dem Übergang zum kalten Krieg in Gnadenverhalten umschlagend. 1956 waren alle Inhaftierten durch Amnestien und Begnadigungen freigekommen. Die entsprechende Gesetzgebung insbesondere zu Art. 131 Grundgesetz der BRD sorgte für die Wiedereingliederung in verantwortungsvolle Positionen.

Inzwischen gibt es Veröffentlichungen, die die Folgen der Weiterbeschäftigung von Nazis im Bonner System darlegen. Über die Organisation der Integration antikommunistisch geprägter Nazis in die Institutionen des bundesdeutschen Herrschaftssystems ist inzwischen nicht wenig publiziert worden. So schrieb beispielsweise Norbert Frei: Betrachte man die Intransigenz der Beamtenlobby und führe man sich vor Augen, »mit welchen Tricks und Täuschungsmanövern am Ende sogar die Mehrzahl der Gestapoleute in ihre alten Beamtenrechte eingesetzt wurde«, so werde man von einem vergangenheitspolitischen Dammbruch sprechen müssen. Es sei damals der Mehrheit der Bundestagsabgeordneten wohl entgangen, so meint Frei abmildernd, »daß der Passus des 131er-Gesetzes über die demonstrative Ausschließung der Gestapobeamten im Anfangsteil des umfangreichen Gesetzes nicht in Verbindung mit einer Schlußbestimmung gelesen wurde, die diejenigen ausdrücklich einbezog, die ›von Amts wegen‹ zur Gestapo versetzt worden waren. Das aber waren, da es sich um eine eilends aus den Reihen der Kriminalpolizei aufgebaute Behörde handelte, gerade die dort leitenden älteren Kräfte.«[781]

Bei Joachim Perels kann man zu den Konsequenzen aus der freundlichen Integration der Nazis in das bundesdeutsche System lesen: »Zwischen der wesentlich auf den Grundrechten beruhenden politischen Ordnung und den herrschenden Bewußtseinsformen bildete sich ein jahrzehntelang wirksamer Widerspruch heraus, der die Geltung der rechtsstaatlichen Freiheitsprinzipien blockierte. Das zeigte sich insbesondere an Tendenzen der bundesdeutschen Justiz, die den politischen Widerstand gegen Hitler illegalisierte, Straffreiheit für Schreibtischtäter gewährte, Kriegsverbrechen juristisch nicht in Frage stellte und die Diskriminierungsgesetze gegen die Juden als Grundlage ihrer Auslegung akzeptierte.«[782] Das 131er-Gesetz zur Wiedereinstellung ehemaliger Nazis hatte »absolute Priorität«, meint Joachim Perels und verweist darauf, daß hinsichtlich des Geltendmachens eines Anspruchs auf Einstellung aus Gründen der Wiedergutmachung mit etwa 600 Personen gerechnet wurde, demgegenüber »ging man bei den Angehörigen des öffentlichen Dienstes des Dritten Reiches von etwa 450.000 anspruchsberechtigten Personen aus«.[783] Diese Übernahme der Beamtenschaft konnte nur, ob man das wollte oder nicht, die Übernahme von ausgeprägtem Antikommunismus bedeuten. Perels spricht unmißverständlich von einem »wiederhergestellten Staatsapparat des Dritten Reiches«![784] Er hält auch die generelle These, daß die Nachkriegesentwicklung der BRD als eine rechtstaatlich-demokratische Erfolgsgeschichte zu begreifen sei, angesichts »des rechtlich defizitären Umgangs mit der NS-Diktatur« nicht für aufrecht zu erhalten.[785] Die ideologische Rückständigkeit der »neuen« BRD hatte also nicht nur etwas zu tun mit den ca. 1.000 im »Braunbuch Nazi- und Kriegsverbrecher« genannten Nazis.

Bei Dieter Schenk erfährt man, es könne nicht überraschen, »daß sich im Bundeskriminalamt, das über zwei Jahrzehnte von gewendeten Nationalsozialisten aufgebaut und zwangsläufig auch geformt wurde, Gesinnung tradierte«.[786] Schenk berichtet darüber, daß erst spät organisiert gegen Rechtsextremismus agiert wurde, und meint, trotz aller Maßnahmenkataloge bleibe »der Eindruck der Halbherzigkeit, der ganz und gar nicht zu beobachten war, als das Feindbild im linken politischen Spektrum lag.«[787]

Christian Dirks ist da ganz anderer Meinung. Für ihn ist die BRD in dieser Hinsicht die beste aller Welten. »Von einer Gefährdung der Demokratie durch die braunen Kader konnte allerdings zu keinem Zeitpunkt die Rede sein.«[788] Das stimmt sicherlich, denn der Antikommunismus der Nazis verschmolz problemlos mit der Staatsdoktrin der BRD. Und die Herrschaftsmethoden des Faschismus sind in der BRD nicht opportun.

Kurz gesagt: Gegen die geballte Kraft der antikommunistisch denkenden und handelnden BRD war die Sicherung der sozialistischen Errungenschaften gegen Angriffe aus allen Ebenen der BRD ein Hauptanliegen der Sicherheitsorgane, was die Gewinnung von ehemaligen Anhängern des Nazismus, auch solcher, denen gewisse Untaten zuzuordnen waren, erforderlich machte.

Es gilt: Auch mit den in die BRD integrierten, zum Teil schwer belasteten und sämtlich antikommunistisch geprägten Nazis wurde die fortbestehende kapitalistische Gesellschaft gesichert.

Mit den in die SBZ/DDR integrierten ehemaligen Angehörigen nazistischer Organisationen, die sich vom Nazismus in Wort und Tat abgewandt hatten, wurde eine nichtkapitalistische, im Fortgang der Geschichte zum Sozialismus hin entwickelnde Gesellschaft errichtet. Die Einbeziehung einiger zweifelhafter Personen zur Bekämpfung der

Feindseligkeiten aus westlicher Richtung gegen die DDR änderte am antifaschistischen Charakter dieses Staates nichts.

Ist es unerklärlich, daß die DDR sich der feindseligen Agentenmacht zu erwehren suchte? Daß man bemüht war, in die Höhle des Löwen zu gelangen, ist nur zu verständlich. Für das Eindringen waren »alte Kameraden« am besten geeignet. Antikommunismus jedenfalls hat noch nie beim Einsatz von Verbrechern gegen den Kommunismus gezögert. Dem konnte auch dadurch begegnet werden, indem es gelang, Personen mit zumindest gleichartiger Färbung zu gewinnen. Und hier nun kommt das MfS ins Spiel, das neben der Ermittlung von NS-Verbrechern, die strafrechtlich zur Verantwortung gezogen wurden, auch Anwerbungen für das Eindringen in die feindlichen Reihen vornahm. Aus dieser Tatsache erklärt sich, daß zur Infragestellung des antifaschistischen Charakters der DDR die Meinungsmanipulation jetzt zunehmend gegen das MfS gerichtet wird. Und es erklärt sich, daß Widerstand aus den Reihen ehemaliger Angehöriger des MfS dagegen mit ideologischen Verbalinjurien attackiert wird.

Henry Leide behauptet, es habe in der DDR weit mehr mutmaßliche NS-Täter gegeben als »öffentlich eingestanden werden konnte, ohne die Selbstlegitimation als Staat der Opfer und Widerstandskämpfer infrage zu stellen.«[739] Eine solche »Selbstlegitimation« hat es nicht gegeben. Was es gab, das war die Erkenntnis, wer für den Faschismus verantwortlich war und wer in der Tat vom Anfang an die von den Nazis in erster Linie verfolgten »Politischen« waren. An dieser Tatsache konnte eine noch so große Anzahl von in der DDR lebenden »Nazis« nichts ändern. Und diese Erkenntnis bewirkte auch, daß diejenigen das Sagen hatten, die sich dem Faschismus widersetzt hatten. Die von der DDR angeblich nicht »Eingestandenen« konnten keinen Einfluß auf die Gestaltung der gesellschaftlichen Verhältnisse in der DDR, die eindeutig antifaschistisch waren, gewinnen und ausüben. Zumindest wären sie beim Gegenteiligen entdeckt und verfolgt worden.

Bemerkenswert ist der von Henry Leide gebrauchte unterschiedliche Tonfall bei der Beurteilung der Integration von Nazis einerseits in das bundesdeutsche System und andererseits in die sozialistische Gesellschaft. Die »Integration« selbst mit Verbrechen Belasteter in das bundesdeutsche Herrschaftssystem wird zurückhaltend kritisch-freundlich und verniedlichend bewertet, nicht aber verurteilt. So schreibt Leide, »Beamte mit unschöner Vergangenheit tummelten sich im Personal der (West)Polizei«.[790] Und für Annette Weinke mutiert die zurückhaltende Behandlung der Nazis in der BRD lediglich zu einem »legitimatorischen Problem«: Die nahezu en bloc erfolgte Übernahme des »schwer verstrickten Berufsstandes«« habe sich zu einem »Dauerstreitpunkt der vergangenheitspolitischen Systemkonfrontation« entwickelt. Das Thema der »unbewältigten Justizvergangenheit« sei zur »Achillesferse aller bundesdeutschen Bemühungen zur Ahndung von NS- und Kriegsverbrechen« geworden, denn »das Weiterwirken NS-belasteter Richter und Staatsanwälte in der Strafjustiz (stellte) eine Hypothek dar, die die Effektivität und Akzeptanz des strafrechtlichen Aufarbeitungsprozesses erheblich belastete.« Es sei deshalb keineswegs so, daß das KPD-Verbot des Bundesverfassungsgerichts vom 17. August 1956 nur »aus Sicht der ostdeutschen Parteiideologen der wohl greifbarste Nachweis für das Fortleben der nationalsozialistischen Ideologie in der westdeutschen Strafjustiz bildete«.[791]

Um die Anwerbung von Nazis durch das MfS analysieren zu können, bedurfte es selbstredend des Zugangs zu den Dokumenten. Henry Leide zitiert in seinem Buch oftmals Annette Weinke, die Interessantes über den Umgang mit NS-bezogenen Akten bei der historischen Forschung mitzuteilen weiß. 1960 hätten die zwischen Adenauer und Ben Gurion vereinbarten Waffenlieferungen den Auftakt gebildet für eine langjährige Sicherheitspartnerschaft zwischen dem Bundesnachrichtendienst BND und dem israelischen Geheimdienst Mossad, »die wegen Gehlens Vorliebe für hochrangige, teilweise schwerbelastete SS- und SD-Leute von besonderer politischer Brisanz war«.[792] Der israelische Geheimdienst habe die Beziehungen des BND zu den arabischen Staaten nicht nur dazu genutzt, sich über inoffizielle BND-Mitarbeiter wie den SS-Obersturmbannführer Otto Skorzeny[793] Informationen aus dem Nahen Osten zu beschaffen, sondern bediente sich dieser Personen auch, um die Verstecke hochrangiger Nazis aufzuspüren.

Die Versuche der Autorin, sich für ihre Analyse der Verfolgung von NS-Tätern in beiden Teilen Deutschlands auch im westdeutschen Geheimdienst sachkundig zu machen, seien an Mauern gestoßen. Sie schrieb, daß im Laufe der 50er Jahre in beiden Teilen Deutschlands Angehörige des faschistischen Reichssicherheitshauptamt (RSHA) angeworben wurden. Ein bestimmter Teil von MfS-Unterlagen zu diesem Personenkreis stehe der Forschung allerdings nicht ohne weiteres zur Verfügung. Konkret betreffe dies RSHA-Mitarbeiter, die als Doppelagenten zugleich für den KGB und die Organisation Gehlen, den Vorläufer des BND, tätig waren. Während operative und strafrechtliche Ermittlungsvorgänge gegen in der DDR lebende und arbeitende NS-Verdächtige uneingeschränkt für wissenschaftliche Zwecke genutzt werden könnten, bedürfe es einer Sondergenehmigung, um Akten einsehen zu können, die das MfS über die Tätigkeit von NS-Verdächtigen im Dienste des BND angelegt hat. Ihr – so Annette Weinke – seien personenbezogene Unterlagen nur insoweit vorgelegt worden, als sie nicht deren BND-Tätigkeit betrafen. Die Zusammenhänge zwischen der gezielten Rekrutierung von NS-Eliten für Geheimdienstzwecke und der Amnestiepolitik nach 1949 für die westliche Seite könnten bis auf weiteres nicht untersucht werden.

Dieses Untersuchungsverbot ist durchaus einleuchtend. Es entwertet allerdings ebenso einleuchtend die »sensationellen Forschungen« Henry Leides. Es wäre doch wohl auch interessant zu erfahren, wie »hochrangig« die in der BRD angeworbenen Nazis waren und welcher Verbrechen sie sich schuldig gemacht hatten, die eigentlich zur Verurteilung hätten führen müssen. Und es wäre interessant zu erfahren, welche Agenten mit Nazivergangenheit nicht nur gegen den KGB, sondern auch gegen die DDR und das MfS eingesetzt waren. Die Ungleichheit der »Vergangenheitsaufarbeitung« verwundert selbstredend nicht. Man erinnere sich daran, daß altbundesdeutsche Kundschafter, die für das MfS tätig waren, nach dem Untergang der DDR strafrechtlich zur Verantwortung gezogen wurden. BRD-Agenten gegen die DDR wurden für ihre Feindtätigkeit keineswegs strafrechtlich verfolgt. Sie mutierten zu »Helden«.

Der Zweck bestimmt die Wertung

Das Grundproblem ist die Ausgangsposition, von der her der Umgang mit ehemaligen Nazis im Falle ihrer Einbeziehung in geheimdienstliche Aufgaben zu beurteilen ist. Dem Augenschein nach ist das dasselbe in West wie Ost gewesen.[794] Eine scheinbare Gleichartigkeit. Tatsächlich aber stand Kapitalismus gegen Sozialismus. Die Sympathie bürgerlicher Kreise für den Faschismus als Faktor der Macherhaltung des Kapitalismus bestimmt auch die Sympathie für jene Menschen, die für den Erhalt, die Stabilisierung und die Verbrechen des Nazifaschismus verantwortlich zeichneten und die von ihrer antikommunistischen Haltung nach der Zerschlagung des Faschismus nicht Abstand nahmen.

»Nazis« in der DDR waren dagegen grundsätzlich Menschen, die zum Verständnis der Ursachen des Faschismus gelangten und ihre

Teilnahme am Aufbau einer sozialistischen Gesellschaft als entscheidende Grundlage der Beseitigung von Faschismus und als Form ihrer Wiedergutmachung ansahen. Ein Nazi in der BRD stärkte und verteidigte den Kapitalismus. Ein »Nazi« in der DDR stärkte und verteidigte den Sozialismus, sofern er für sich dem Nazismus abgeschworen hatte. Ein Gleichheitszeichen verbietet sich aus inhaltlichen Gründen. Das trifft generell auch in den Fällen zu, die Henry Leide als Beispiele der Anwerbung für das MfS benennt, wobei hier die konkreten Umstände selbstverständlich durchaus unterschiedlich sind. Es wird nicht bestritten, daß in konkreten Fällen die Furcht vor Bestrafung Vorrang vor einer Läuterung des Standpunktes zur Vergangenheit gehabt haben mag und das Einverständnis zu einer Zusammenarbeit mit dem MfS bestimmte.

Einige der von Henry Leide dargestellten Fälle lassen tatsächlich vermuten, daß vom DDR-Geheimdienst auch Menschen angeworben wurden, die eine strafrechtlich mehr oder weniger relevante Belastung zu verantworten hatten. Zweifelsohne war aber die geballte Kraft antikommunistischer und verbrecherischer Aktivität gegen den sozialistischen Staat der DDR die Veranlassung dafür, den Einsatz auch von belasteten Nazis zu erwägen und gelegentlich zu praktizieren. Es konnte ja erwartet werden, daß bei der Fülle von Nazis, die ihre Wiederverwendung in bundesdeutschen Amtsstuben erlebt hatten, ein Neuzugereister – wenn er zudem noch dem »terroristischen Kommunismus entkommen« war – mit offenen Armen empfangen wurde, sofern er sich als »Gleichgesinnter« erwies. In Komplexe der BRD einzudringen, in denen Nazis eine nicht unwesentliche Rolle spielten, konnte für die DDR mithin ertragreich sein. Wie anders hätte man wohl sonst in manche Bereiche eindringen können, in denen ehemalige Nazis schalteten und walteten. Es ging wesentlich darum, an Positionen zu gelangen, von denen aus die DDR nach allen Regeln der Kunst und auf allen Ebenen bekämpft wurde. Dazu gehörte vor allem das Aufspüren geheimdienstlich gesteuerter Aktivitäten gegen die DDR.

Das Bedenken gegen die Anwerbung Belasteter

Man kann natürlich darüber diskutieren, ob es in der Tat dringend notwendig war, sich bei der Abwehr der Störversuche und -handlungen gegen die DDR auch belasteter Nazis zu bedienen. Im übrigen reflektieren die Akten des MfS auch die Bedenken für einen Einsatz ehemaliger Nazis mit dem Ziel, die sozialistische Gesellschaft zu verteidigen. Denn immer wieder wurden Überprüfungen vorgenommen, wenn neue Fakten bekannt wurden, die auf gravierende verbrecherische Handlungen schließen ließen oder Unwahrheiten im bisher bekannten Lebenslauf deutlich machten. Es ist auch bekannt, daß das Zutagefördern von Beweisen über verbrecherische Handlungen zu strafrechtlichen Konsequenzen führten.

Nochmals: Die Problematik der Rechtshilfe

Mit der Feststellung, die DDR habe sich offenbar im Interesse ihrer Anwerbungsbemühungen nicht darauf eingelassen, die BRD und westliche Staaten um die Gewinnung von Materialien anzugehen, ist Henry Leide bei dem Thema der nicht zufriedenstellenden Rechtshilfe zwischen den beiden deutschen Staaten und dem westlichen Ausland. Leide zeigt eine merkwürdige Unkenntnis der Geschichte, wenn er anläßlich des 1965 seitens der DDR mit Westberliner Staatsanwälten geführten Gesprächs über die Übergabe von Dokumenten bemerkt, die MfS-Rechtsstelle sei »in ihrer Einschätzung erneut in geradezu grotesker Weise um staatliche Anerkennung bemüht« gewesen.[794] Aber genau da liegt der Hase im Pfeffer: Die bundesdeutsche Seite wollte keinen Rechtshilfevertrag mit einem »Gebilde«, das sie als souveränen Staat DDR hätte anerkennen müssen. Leide scheint sich keinerlei Gedanken darüber gemacht zu haben, daß ein Zentralpunkt der feindlichen Position der BRD gegenüber der DDR genau dieses Problem war. Es war kein Streit um eine Nichtigkeit, sondern die Nichtanerkennung der DDR-Souveränität belastete die gesamte Geschichte der Beziehungen zwischen den beiden deutschen Staaten. Und es handelte sich um einen Faktor, der für die BRD wirkte und nicht unwesentlichen Anteil am Untergang der DDR hatte.

Während Annette Weinke zum Beginn ihrer Ausführungen zum Problem noch deutlich machte, daß das entscheidende Hindernis vernünftiger Beziehungen die starre Negierung der Souveränität der DDR war, steigt Leide ohne Bezug auf diese Tatsache mit der Behauptung ein, durch die bundesdeutschen Ermittlungsverfahren und NS-Prozesse sei der »deutsch-deutsche Rechtshilfeverkehr« zu einer Herausforderung für die SED, respektive für ihre Geheimpolizei geworden.[795] Annette Weinke ist da realistischer, wenn sie schreibt, daß sich der Bonner Alleinvertretungsanspruch schmerzhaft bemerkbar machte. Es war, Weinke bezieht sich auf die 60er Jahre, der BRD gelungen, die DDR international zu isolieren, und »die anhaltende Sogwirkung des benachbarten Wirtschaftsystems trug auch dazu bei, sie innenpolitische weiter zu destabilisieren.«[796] Zweifellos hat die westdeutsche Obstruktion gegen die Anerkennung der Souveränität der DDR – Stichwort z.B. die jahrelange Geltung der Hallstein-Doktrin – wesentlichen Anteil an der ablehnenden Haltung der DDR gegenüber der BRD, die nur unterhalb der Anerkennung der DDR-Souveränität mit der DDR verhandeln wollte. Was auch die Rechtshilfe beeinträchtigte, für die es kein Rechtshilfeabkommen gab, weil die BRD ein solches wegen der damit verbundenen Anerkennung der Souveränität der DDR sabotierte.[797]

Bei Weinke ist zu lesen, daß das Bundesjustizministerium im Mai 1963 informelle Richtlinien produzierte, die darauf hinausliefen, die DDR in bezug auf die NS-Richter von Fall zu Fall zu kontaktieren.[798] Die Bundesregierung reagierte im August 1963 unmißverständlich. Sie distanzierte sich davon mit der Begründung, das stelle »eine Aufwertung der DDR dar«.[799]

Die Statusfrage war ebensowenig eine Nebenfrage wie die Nichtanerkennung der Staatsbürgerschaft der DDR, sondern Bestandteil des kalten Krieges gegen die DDR. Und zwar bis zuletzt. Die Nichtanerkennung der Staatsbürgerschaft wirkte insbesondere fördernd auf die Fluchtwilligkeit von DDR-Bürgern. Sie brauchten keinerlei Einbürgerungsprobleme in die BRD oder Auslieferungen aus der BRD zu befürchten, denn sie galten nicht als Angehörige eines anderen Staates, sondern schlicht und einfach als Deutsche. Wer die Staatsgrenze illegal überwandt, hatte nach westdeutscher Ansicht nur einen legitimen Schritt von Deutschland nach Deutschland getan. Das Bundesverfassungsgericht tat mit seinem Urteil zum Grundlagenvertrag zwischen der DDR und der BRD ein übriges, indem es die Staatsgrenze zwischen den beiden deutschen Staaten nicht als eine solche bezeichnete, sondern als bloße Grenze »ähnlich denen, die zwischen den Ländern der Bundesrepublik Deutschland verlaufen«.[800] Das war nicht unbedeutend in bezug auf die Verantwortung der BRD für die Toten an der Mauer. Was selbstredend von den Apologeten der Alleinvertretung mit Vehemenz bestritten wird.

Einzelne Beispiele – Muster für das Ganze

Es ist unmöglich, alle von Henry Leide behandelten Fälle aufzudröseln und darzustellen. Er nimmt sich, was er braucht, um damit den Antifaschismus der DDR über Bord werfen zu können. Leide nennt bunt durcheinander die Namen von unzähligen Personen und knüpft an sie diverse Betrachtungen. Dabei gilt bei ihm offensichtlich die Regel: Hat das MfS nichts zur Bestrafung angeblicher NS-Verbrecher getan, war es selbst sündig gegen den Antifaschismus; hat das MfS hingegen etwas zur Bestrafung tatsächlicher NS-Verbrecher getan, war es ebenfalls selbst sündig gegen den Antifaschismus, weil es nicht rechtsstaatlich handelte. In beiden Fällen wird dem MfS politischer Opportunismus und Unehrlichkeit vorgeworfen. In beiden Fällen habe das MfS mithin gegen den seitens der DDR immer wieder betonten Antifaschismus gehandelt und diesen selbst mithin als absurd offenbar gemacht.

Die Beurteilung der von Henry Leide angebotenen Beispiele ist nicht einfach. Das ist schon deshalb so, weil die von ihm gewählten Ansatzpunkte höchst unterschiedlich sind.

So waren einige der vorgestellten Personen vor ihrer Anwerbung durch das MfS bereits im Dienste des sowjetischen Geheimdienstes gewesen und/oder strafrechtlich belangt worden. Dabei ist inzwischen unbestritten, daß es tatsächlich auch fragwürdige Verurteilungen durch die UdSSR gab, obwohl in der Regel Verbrechen vorgelegen haben dürften. Die Art und Weise der Aufklärung (und Beurkundung) war jedoch oftmals zweifelhaft und unzulänglich. Dennoch wäre es problematisch gewesen, wegen der Unsicherheit der Beschuldigungen erneute Untersuchungen anzustellen. Daß damit Mißtrauen seitens der DDR gegenüber der UdSSR bekundet worden wäre, steht außer Zweifel. Und im übrigen hätte das Ergebnis gegebenenfalls eine wiederholte Bestrafung für eine bereits bestrafte Tat sein müssen, was dem Prinzip ne bis in idem widersprochen hätte (vgl. die Fälle Heinrich Groth, S. 217–223; Kurt Harder (S. 224–228).

Leide lastet dem MfS bei den Angeworbenen mindestens an, diese seien NSDAP- und/oder SA-Mitglieder gewesen. Es kommt dann die Behauptung hinzu, es habe sich um einem V-Mann des SD oder der Gestapo gehandelt, ohne daß Leide konkrete verbrecherische Folgen aus diesem Wirkungsbereich benennt.

Da Leide offensichtlich davon ausgeht, daß alle nazistischen Aktivisten, die vom MfS kontaktiert wurden, NS-Täter gewesen sein müssen, ohne daß dafür im einzelnen dann ausreichende Beweise beigebracht werden, formuliert er die folgende, für einen Historiker allerdings nicht solide Behauptung: »Wie alle NS-Täter, denen die Stasi zu deren großer Überraschung und entgegen der öffentlichen Selbst-darstellung der DDR Straffreiheit in Aussicht stellte«, habe sich der XY anwerben lassen.[801]

Gelegentlich äußert Leide sich zu der Tatsache, daß durch das MfS-Angeworbene auch aus dem Umfeld der Gehlen-Organisation stam-men. Das war insbesondere ein Grund für das MfS, gerade solche Leute zu gewinnen. Aber wie wird diese Realität bei Leide dargestellt? In der Regel beschönigend oder mit zarter Kritik. So wenn Leide nach der Vorstellung des Hans Sommer als »Mann aus dem Umfeld der Organisation Gehlen« schreibt, die von ihm für das MfS verfaßten Dokumente »zeichnen ein Sittengemälde der frühen Bundesrepublik, vor allem weil sie deutlich machen, wie sich die Seilschaften der brau-nen Kameraden gegenseitig protegierten«.[802] Leide stellt fest, daß Reinhard Gehlen selbst eine solche Praxis sanktionierte, und zitiert dazu aus dessen Buch »Der Dienst«: »Abgesehen von der Unmög-lichkeit einer offenen Werbung waren es in erster Linie Sicherheits-überlegungen, die mich veranlaßten, in die ›Organisation‹ immer wieder Mitarbeiter einzustellen, die von Angehörigen des Dienstes empfohlen waren«.[803] Leides Kommentar: »Wie man heute weiß, eine glatte Fehleinschätzung.«[804] So einfach kann das abgetan werden, wenn in der BRD Nazis in das System integriert wurden, von denen einige abtrünnig wurden und sich der DDR verpflichteten.

Zurück zu Hans Sommer. Ihn bietet Henry Leide als ein beson-deres Schulbeispiel gewissenloser Anwerbung durch das MfS an.[805] In den Zeitungsveröffentlichungen anläßlich der Publizierung des Buches von Leide wird, und das ist bemerkenswert, die Tatsache, daß Hans Sommer eine zeitlang an die Gehlen-Organisation gebunden war und sich dann, von dieser enttäuscht, beim MfS verdingte, nicht erwähnt. Sommer wird nur in Bezug auf das MfS als gesuchter 8facher Brandstifter an Pariser Synagogen im wahrsten Sinne des Wortes herausgestellt. Das wird dann breit entwickelt, ohne auch nur zu erwähnen, daß das MfS von dieser Untat keine Kenntnis hatte, da Sommer »seine persönliche Beteiligung an einer folgenschweren Aktion in Paris« verschwieg.[806] Heinz Höhner, der sich auf Jacques Delarue bezieht[807], berichtet, daß Hans Sommer im Auftrage des Beauftragten der Sicherheitspolizei und des SD, SS-Brigadeführer-Max Thomas, Sprengstoff besorgte, um durch Sprengung mehrerer Pariser Synagogen im Oktober 1941 die Endlösung der Judenfrage in Frankreich anzuheizen. Sommer rühmte sich bei einem Trinkgelage der Mitwirkung an dieser Tat und wurde dafür wegen Geheimnisverrats von der Naziführung selbst zur Rechenschaft gezogen.[808] Es kann sein, daß Sommer in der westdeutschen Beurteilung seiner Anwerbung durch das MfS deshalb so prononciert als nazistischer Verbrecher herausgestellt wird, weil er zu den angeworbenen Mitarbeitern des MfS gehört, die für das MfS beste Informationen über die Organisation Gehlen einbrachten. Leide hebt ausdrücklich hervor, daß Sommer dem MfS ermöglichte, bis zum Frühjahr 1958 eine Vielzahl von V-Leuten des Bundesnachrichtendienstes sowie des Bundesamtes für Verfassungsschutz zu enttarnen und Festnahmen von Agenten in der DDR zu vollziehen.

Unter der Abschnittsüberschrift »Der Kommunistenjäger« schreibt Leide, daß in kaum einer Arbeit »der parteilichen Geschichtsschreibung« der Hinweis fehle, daß die KPD die größten Opfer im antifaschistischen Kampf gebracht habe. Dann nennt er die entsprechenden Zahlen, um sodann zu konstatieren, daß dies das MfS nicht daran hinderte, »auch jene für sich einzuspannen, die persönlich dafür verantwortlich waren«.[809] Gemeint ist Willy Läritz, der zunächst im August 1945 von sowjetischen Behörden inhaftiert und dann im November 1945 wieder freigelassen wurde. Er betätigte sich als Informant der sowjetischen Sicherheitsorgane und »lieferte mehrere NS-Verbrecher ans Messer« – so Henry Leide.[810] Im Januar 1948 wurde er erneut verhaftet und vom LG Leipzig wegen Verbrechen gegen die Menschlichkeit zu zwölf Jahren Zuchthaus verurteilt. Acht Jahre befand er sich in Haft und wurde 1956 amnestiert. Das MfS warb ihn 1961 an, und er lieferte zuverlässig Material »zur Entlarvung von ehemaligen Gestapo- und SD-Offizieren«.[811] Wieso jemand, der für seine Verbrechen gebüßt hatte und sich später für die Verfolgung von NS-Tätern einsetzen läßt, ein besonderes Beispiel gegen den Antifaschismus der DDR sein soll, bleibt ein Geheimnis von Henry Leide.

Bei der Behandlung des Falles »Politische Abteilung des Konzentrationslagers Auschwitz – Josef Settnik«, der ebenfalls zu den Top-Beispielen für die Bekanntmachung des Buches von Leide gehört, ist zunächst nochmals an die These zu erinnern, die DDR habe angeblich die Meinung gehabt, alle NS-Täter seien nach Westen gezogen. Daß eine solche Behauptung nicht habe stimmen können, so Henry Leide, sondern sich solche Nazis auch in der DDR befanden, sei eine Tatsache gewesen, der sich auch die DDR stellen mußte. Aber die DDR wahrte »den schönen Schein: Sie hielt die einstigen KZ-Aufseher geheim, erschwerte damit die westdeutschen Ermittlungen und nutzte deren Abhängigkeit, um sie als Informanten zu werben.«[812]

Im Vorfeld des ersten Auschwitz-Prozesses der BRD, der im Dezember 1963 begann und am 20. August 1965 endete, nannte ein ehemaliger Häftling unter anderem den SS-Mann Settnik. Die Frankfurter Staatsanwaltschaft stellte das Ermittlungsverfahren gegen Settnik sowie 56 weiteren Beschuldigten noch vor Eröffnung des Prozesses ein, weil sich »keine konkreten Anhaltspunkte für eine Beteiligung an strafbaren Handlungen ergeben« hatten.[813] Ein Rechtshilfeersuchen an die DDR hatte die BRD nicht gestellt.

Die DDR wurde 1959 auf Settnik aufmerksam. Ermittlungen blieben jedoch ergebnislos bzw. erbrachten keine Belastung. 1961 wurde S. erneut vorgeladen und legte ein Geständnis ab. Unter anderem erklärte er, lediglich Wachdienst auf den Wachtürmen und bei Arbeitskommandos getan zu haben. Er habe niemals auf Häftlinge geschossen. Als »Volksdeutscher« leistete er Dolmetscherdienste in der Politischen Abteilung und habe auch Häftlinge mißhandelt. Es gab Zeugenaussagen von Häftlingen, die S. verbrecherischer Handlungen beschuldigten. Das MfS verzichtete auf tiefere Nachforschungen und meldeten S. auch nicht der BRD als Zeugen. Erst im März 1966 gab es eine Überprüfung der Vita des S., weil ein Zeuge schwere Beschuldigungen gegen S. vorbrachte. Das MfS hatte Zweifel an der Stichhaltigkeit der Zeugenaussage, vollzog aber dennoch eine Prüfung in bezug auf Auschwitz. Diese wurde nach Meinung von Henry Leide ungenau dokumentiert. Und S. konnte weiter für das MfS tätig sein. Erst im Januar 1971 wurde die Zusammenarbeit eingestellt. S. starb im April 1986, »ohne je von einem (weltlichen) Gericht behelligt worden zu sein.«[814]

Man hat in Bezug auf S. ein zwiespältiges Gefühl und fragt sich in der Tat, ob solch ein IM notwendig und zulässig war. Aber bei Kenntnis so mancher Unstimmigkeiten und politischer Animositäten selbst unter den Opfern von KZ-Inhaftierungen dürfte es auch für das MfS nicht so einfach gewesen sein, ein sicheres Urteil abzugeben. Daß es beim MfS durchaus Zweifel gab, wird an den Zeilen deutlich: »Der IM steht auf Grund seiner Vergangenheit unter op[erativer] Kontrolle, da vermutet werden kann, daß er in gewissen Situationen feindliche Handlungen duldet bzw. unterstützt.«[815]

Selbst wenn man es für fragwürdig halten kann, eine solchen Mann anzuwerben, steht doch fest, ein Alois Brunner war er nicht. Dieser aber war als SS-Sturmbannführer (Major) und Stellvertreter von Adolf Eichmann ein tatsächlicher Massenmörder, verantwortlich für die Deportation Tausender Juden in die Vernichtungslager.[816] Brunner war von Gehlen als Resident in Damaskus in seinen Dienst genommen worden. Brunner bildete in Syrien auch Folterspezialisten aus »zum Nutzen Deutschlands und des BND«.[817] Der syrische Geheimdienst stellte Folteropfer bereit, die von BND-Beamten verhört werden konnten. »Brunners Akten beim BND sind nicht aus Rosenholz, sie blieben der ARD fest verschlossen. Denn die SS war die Vorschule der Organisation Gehlen. Und die wurde die Vorschule des BND.«[818]

In einer Zwiespältigkeit befand sich Leide in aller Regel dadurch, daß er dem MfS stets das Teuflische einer Anwerbung von Nazis zur Last legte, ohne aber stets beweisen zu können, daß die Angeworbenen Verbrechen begangen hatten. Das wird besonders bei Helmut W. deutlich.[819] Helmut W. war von seiner in Scheidung befindlichen Ehefrau diverser nazistischer Aktivitäten beschuldigt worden. Zusammengefaßt gesagt, lag dann nach den Ermittlungen der Kriminalpolizei (K 5) gegen W. 1948 eine Anklageschrift vor, und es kam zur Verhandlung vor dem LG Leipzig. »Doch die dürre Beweislage reichte weder der Staatsanwaltschaft noch dem Gericht«, so daß es einen Freispruch mangels Beweisen gab. Leide bewertete das mit den Worten: »Im Unterschied zu vielen anderen NS-Aktivisten, die bei ähnlich dürrer Beweislage oder ganz ohne Ermittlungen in sowjetischen Lagern verschwanden, hatte W. damit von den Rudimenten einer geordneten Justiz profitiert, die sich nicht mit pauschalen Vorwürfen zufrieden gab. Ob er tatsächlich Verbrechen begangen hat, wurde nie geklärt. W. konnte fortan strafrechtlich unbehelligt in der DDR leben.«[820] Daß dieser Mann dann 1958 angeworben wurde, lastet Leide dem MfS nun wieder an, obwohl eine nazistische Schuld eben nicht bewiesen worden war. Es bleibt nur die Feststellung: Was das MfS auch tat, es war immer falsch und hier besonders, weil man einen nicht mit nazistischen Untaten Belasteten anwarb.

Die Voreingenommenheit des Historikers Leide bei der Beurteilung der Tätigkeit und der Absichten des MfS ist paradigmatisch an der Art und Weise abzulesen, wie Leide die nachfolgenden Fälle abhandelt. Es ist erkennbar, daß Leide in seinen Bewertungen mit Vermutungen argumentiert, die stets darauf abzielen, das MfS/die DDR negativ zu beurteilen, was sie aus antifaschistischer Einstellung heraus hinsichtlich der Verfolgung von NS-Verbrechern auch immer taten.

1962 wurde dem MfS in einer Akte bekannt, daß Franz Schilling Dolmetscher der Gestapostelle Chemnitz gewesen war. Er wurde 1963 wegen gefälschter Personaldaten vorgeladen und sollte angeworben werden. Leide benennt die Untaten, deren Schilling beschuldigt wurde und die er bestritt. Nach Leide waren die Angaben Schillings als halbe Wahrheiten anzusehen. Dem MfS, so Leide, erschien die Dolmetscherrolle »aber offenbar besonders ertragsreich, da er die Verbrechen der Geheimen Feldpolizei und die jeweiligen Akteure hautnah miterlebt hatte.«[821] Nach Leide ließ das MfS selbst eingestandene Tatbeteiligung und mögliches Verschweigen des Sch. unbeachtet, obwohl es ausgeschlossen ist, daß es ihm nicht klar gewesen sein sollte, daß Dolmetscher faktisch über Leben und Tod entscheiden konnten. Im Oktober 1963 war Sch. angeworben worden und erwies sich als wenig ergiebiger Informant, so daß die Zusammenarbeit 1969 abgebrochen wurde.

Henry Leide betont, daß ein solch mildes Verhalten wie gegen Sch. als Dolmetscher keineswegs zwangsläufig war. Eine ähnliche Sachlage habe seines Erachtens bei Arnold Kostrowski vorgelegen, der jedoch zu lebenslänglicher Freiheitsstrafe verurteilt wurde (Fall Nr. 1025 der Sammlung ostdeutscher Urteile). Leides Meinung: »Im Falle Schilling waren offenkundig geheimdienstliche Opportunitätsüberlegungen ausschlaggebend für die Vertuschung der NS-Verbrechen«[822], die allerdings nicht bewiesen wurden, was bei K. eben anders war.

Der Fall Johannes Kinder belege, »daß eine langjährige IM-Tätigkeit nicht automatisch vor Verurteilung und Hinrichtung schützte«.[823] Kinder hatte unter anderen als Angehöriger der SS-Einsatzgruppe D Verbrechen begangen. Zunächst war er IM des MfS, bis es 1973 Hinweise auf seine Beteiligung an der Erschießung von Juden gab. Das wurde bewiesen, so daß das Bezirksgericht Karl-Marx-Stadt ihn am 11. Juni 1976 wegen der Begehung von Kriegsverbrechen und Verbrechen gegen die Menschlichkeit zum Tode verurteilte. Und nun Leides Beurteilung: »Die ebenso späte wie für den langjährigen inoffiziellen Mitarbeiter sicher unerwartete Wendung hing offenbar mit Ermittlungsverfahren und Prozessen in der Bundesrepublik zusammen. Aufgrund von Ermittlungen der Zentralstelle Ludwigsburg sowie der Staatsanwaltschaft München I war es mittlerweile zu einigen Verfahren gegen mittleres Führerpersonal der Einsatzgruppe D gekommen. Die in diesen Prozessen verhängten Strafen, durchweg wegen Beihilfe zum Mord, boten der DDR eine günstige Gelegenheit, sich erneut als konsequentere NS-Aufarbeiterin darzustellen. Im Westen wurden selbst Teilkommandoführer lediglich zu Freiheitsstrafen von drei bis fünf Jahren verurteilt. Mit Todesurteilen und lebenslangen Haftstrafen präsentierte sich die DDR in dieser innerdeutschen Konkurrenz als Musterland der juristischen Aufarbeitung.

Zu den Nebeneffekten der Hinrichtung zählte, daß Kinder das Wissen aus seinen langjährigen verdeckten Diensten für die sowjetische und die ostdeutsche Geheimpolizei mit ins Grab nahm.«[824] Immer wieder dasselbe: Der DDR/dem MfS wird regelmäßig mindestens Ungerechtigkeit vorgeworfen, wenn der eine verurteilt und der andere freigelassen wird.

Und die Annahme, es habe sich immer nur um die Wirkung gen Westen gehandelt, die das DDR-Verhalten bestimmte, ist schon fast als ein alles determinierender Wunschtraum des Delegitimierers Henry Leide anzusehen.

Was das angebliche Erschweren westdeutscher Ermittlungen angeht, gibt es eindeutige Aussagen dafür, daß die westdeutsche Justiz einerseits aus der DDR durchaus manchmal »Wäschekörbe voll« Dokumente erhielt, deren Nutzung versandete, und andererseits bekannt ist, daß die BRD-Staatsanwaltschaften die NS-Fälle reihenweise durch Einstellungsverfügungen »erledigten«.[825]

Hier handelt es sich um einen Fall, der genutzt wird, um die These zu stützen, die DDR habe belastete Nazis gewissermaßen »auf Vorrat« gehalten, um sie bei Gelegenheit mit Pomp und Schauwert strafrechtlich zu verfolgen. Das ist selbstverständlich nur zu behaupten, nicht aber zu beweisen, weil es nicht so war. Es wird aber immer wieder behauptet, weil gelegentlich Termine von Prozessen mit politischen Ereignissen in der BRD kongruent waren. Wobei die BRD in Sachen skandalöser Schonung nazistischer Verbrecher permanent Gelegenheit geboten hätte, sich zu empören und die ernsthafte Verfolgung von NS-Verbrechern zu demonstrieren. Wer die Gewissenhaftigkeit des MfS bei der Ermittlung und die Schwierigkeiten der Gewinnung sicherer Beweise zur Kenntnis nimmt, der weiß, daß Langfristigkeit hier unvermeidbar war. Die Prozeßtermine bei »normalen« NS-Tätern waren regelmäßig nicht gezielt. Selbst bei Globke war das nicht der Fall. Die DDR strengte, daran sei erinnert, diesen Prozeß selbst erst an, nachdem dem hessischen Generalstaatsanwalt Fritz Bauer das von ihm angestrebte Verfahren gegen Globke, das er mit Unterstützung von Dokumenten, die die DDR lieferte, betrieb, entzogen worden war.

Noch ein Kämpfer gegen den antifaschistischen »Mythos«: Christian Dirks und der Prozeß des KZ-Arztes Dr. Horst Fischer

Der Reihe ideologischer DDR-Aufarbeiter hat sich Christian Dirks hinzugesellt. Er hat sich die Vorbereitung und Durchführung des Strafverfahrens gegen Dr. Horst Fischer (Fall Nr. 1060) zum Promotionsgegenstand ausgewählt. Das ist ein noch subtileres Vorgehen, denn Dirks konzentriert sich darauf, mit der Analyse eines konkreten Strafverfahren die Fragwürdigkeit des DDR-Antifaschismus zu beweisen. Es ist gewissermaßen filigrane Arbeit unter Nutzung aller generell vorgetragenen Argumente zur Diffamierung der DDR in Sachen Antifaschismus. Fischer war am 25. März 1966 zum Tode verurteilt worden. Die Hinrichtung erfolgte kurz darauf.

Auf einigen Seiten ist das Buch sachlich. Das ändert sich in dem Augenblick, wo sich Dirks mit der DDR und ihrer Praxis bei der Entdeckung und Verfolgung von Nazi-Verbrechern befaßt. Der Kernsatz von Dirks: »Die Analyse des Fischer-Prozesses zeigt geradezu exemplarisch, wie die Ahndung von NS-Verbrechen aus politischen Opportunitätsgründen von der SED-Führung mit Hilfe der Geheimpolizei und einer ihr bedingungslos ergebenen Justiz für die deutsch-deutsche Systemauseinandersetzung instrumentalisiert wurde.«[826] Und wie geht das nach Meinung des Herrn Dirks?

Er nahm sich die während der Prozeßtage erschienene Zeitung *Neues Deutschland* vor und stellte aufgebracht fest, diese habe einen »Bogen zum militärischen Engagement der Amerikaner in Vietnam« geschlagen und Vergleiche mit der Situation in Auschwitz gezogen.[827] Ferner sei in dem Kommentar betont worden, »daß mit dem Verfahren gegen Fischer ›nicht nur einer Vergangenheit der Prozeß gemacht‹ werde, sondern auch die ›verbrecherischen Fortsetzer [dieser Vergangnheit–C.D.] in Washington und deren engste Verbündete aus den Stäben und Kanzleien Bonns‹ vor dem Ostberliner Tribunal stünden.«[828] In der Anmerkung zu diesen Ausführungen heißt es bei Dirks: »Seit den frühen 50er Jahren war dieses antiwestliche Narrativ fester Bestandteil der SED-Agitation. Deutliche Parallelen zur NS-Propaganda sind unübersehbar.«[829] Von allem anderen einmal abgesehen ist zu betonen, daß das von den USA in Vietnam massenhaft und flächendeckend versprühte »Entlaubungsmittel« ein Pflanzengift war, das Menschen gravierend schädigte. Dirks verurteilt diese Tatsache nicht. Und was ist mit der Beurteilung der US-Aggressionen von heute? Still schweigt der See des Herrn Dirks.

Es ist hier anzumerken, daß Literatur, die nicht dem Zeitgeist huldigt, sondern sich gegen die permanent vorgetragenen und die DDR diffamierenden Behauptungen richtet, ignoriert oder selbst diffamiert wird. »Jüngste Versuche, die geheimpolizeilichen Tätigkeiten des MfS als hochqualifizierte Arbeit eines Rechtspflegeorgans umzudeuten, dessen wissenschaftliche Untersuchungstätigkeit zu jeder Zeit der kritischen Prüfung der Gerichte unterlegen habe, müssen hingegen als verschwörungstheoretische Apologien ehemaliger Stasi-Generäle bezeichnet werden.«[830] Diesem Satz fügte Dirks die Anmerkung 73 hinzu: »Grimmer/Irmler/Opitz/Schwanitz (Hg.), Sicherheit. In diese Kategorie gehört ebenfalls das durch die Titelwahl falsche Erwartungen weckende Pamphlet von Joseph, Nazis in der DDR, das in jeder Hinsicht enttäuscht.«

Bemerkenswert ist, wie Dirks aus möglichen Zufälligkeiten Zusammenhänge schmiedet, um gegen die DDR diskreditierend wirken zu können. Die Haltung der BRD zur schleunigsten Verjährung von NS-Verbrechen wurde in der UN verurteilt, und die DDR trat in Erscheinung mit der Akzeptanz der Nichtverjährung und einem Verfahren gegen einen KZ-Arzt.[831] Was ein Zufall war, reflektiert im Positiven die konsequente antifaschistische Position der DDR. Dirks, der das Ganze für eine abgekartete Sache hält, weckt mit dieser Bezüglichkeit allerdings auch ungewollt den positiven Gedanken, daß es die DDR mit dem Antifaschismus eben durchaus ernst gemeint hat.

Bei Dirks wird vor allem das deutlich, was für die bundesdeutsche Behandlung von NS-Verbrechen eben nicht gewollt war. Er kritisiert, daß in den DDR-Verfahren stets das Bemühen bestand, die gesellschaftlichen Hintergründe, insbesondere die Rolle der Großbourgeoisie bei den von den Individuen verübten NS-Verbrechen darzustellen. Das wird als propagandistische Agitprop-Show abgetan. Der BRD-Richter Hofmeyer fertigte Versuche, im Auschwitz-Prozeß auf die Rolle der IG Farben zu verweisen, mit dem Bemerken ab, dieser Themenkomplex gehöre »nicht zur Prozeßmaterie«.[832]

Dirks schreibt regelmäßig, um die Arbeit der DDR-Juristen zu diskreditieren, man habe »im Sinne der SED« gehandelt.[833] Dabei sollte man bedenken, daß das eigentlich eine Anerkennung sowohl für die SED als auch für die Juristen ist – sie wirkten im Sinne des Antifaschismus und gegen den Kapitalismus.

Das erste Anliegen von Christian Dirks ist die Absicht, glauben zu machen, daß Generalstaatsanwalt Josef Streit versucht habe, »die erst 20 Jahre nach Kriegsende erfolgte Verhaftung Fischers zu bagatellisieren«.[834] Tatsächlich hatte Fischer schon am ersten Verhandlungstag des Verfahrens erklärt, wie er gedacht und gehandelt hatte, um einer Verfolgung für seine KZ-Tätigkeit zu entgehen. Das war dem Grunde nach ein für seine Situation völlig normales und unspektakuläres Verhalten: Kurz vor Eintreffen der sowjetischen Truppen entledigte er sich seiner SS-Uniform und vernichtete sie zusammen mit dem Soldbuch. In einem Arztkittel und einem Zivilhemd blieb er bis zum 25. Mai 1945 auf dem Verbandplatz. Das Blutgruppenzeichen hatte er sich entfernen lassen. Aus seiner Wohnung in Berlin-Charlottenburg holte er sich eine Hose und weitere Zivilsachen, sowie seine Approbations- und Promotionsurkunde und seinen mit einem Bild versehenen Reisepaß aus dem Jahre 1932. Er arbeitet danach einige Zeit in einem Weißenseer Krankenhaus, fuhr nach Golzow und wirkte dort als Arzt, weil der an sich dort befindliche Arzt vor der Roten Armee geflohen war. Als Fischer erfuhr, daß einige Arzt-Praxen frei waren, bewarb er sich und nahm am 1. Dezember 1946 die Stelle in Spreehagen an, weil er dort ein Haus beziehen konnte. Der Zufall wollte, daß der früher dort wirkende Arzt ebenfalls Fischer hieß. Er reichte die erforderlichen Unterlagen beim Gesundheitsamt ein. In dem erforderlichen Fragebogen sowie Lebenslauf verschwieg er seine Zugehörigkeit zur SS und seine Tätigkeit als KZ-Arzt sowie die Mitgliedschaft in der NSDAP. Als überprüfbare Daten gab er eine Praktikantenzeit in Königsberg an, damit rechnend, daß das so schnell nicht nachprüfbar sein würde. Insbesondere fühlte er sich sicher, nachdem er erfahren hatte, daß ein KZ-Arzt namens Fischer in einem Nachfolgeprozeß verurteilt worden war.[835]

Dirks mokiert sich darüber, daß den Besuchern der Verhandlung vor dem Gerichtssaal eine Ausstellung offeriert wurde, in der »die Rolle der IG Farben und deren Vertreter vor und nach 1945 in den Mittelpunkt« gerückt war.[836] Schließlich war das Lager Monowitz dafür eingerichtet, IG Farben billige Arbeitskräfte zur Verfügung zu stellen. Die Vernichtung der Juden und anderer KZ-Insassen durch Arbeit war nazistisches Programm. Wem die Arbeitskraft erlahmte, dem stand die Ermordung bevor. Fischer war Handlanger im Dienste der IG Farben. Wenn Dirks darüber berichtet, daß in der Verhandlung auf die Zusammenhänge zwischen den Interessen der IG Farben und dem Wirken von Fischer aufmerksam gemacht wurde, dann ist das begleitet von abwertenden Beiworten. Da ist die Rede vom »propagandistischen Repertoire«, »von üblichen kommunistischen Propagandaformeln« und von einem »mechanisierten Verständnis der nationalsozialistischen Vernichtungspolitik«.

Es versteht sich, daß in der BRD bei adäquaten Strafverfahren unter der Maske der Neutralität einer unpolitischen Justiz alles vermieden wurde, was auf diese Zusammenhänge verwies.

Der tschechische Zeuge Max Kasner, ehemaliger Häftlingspfleger in der Janinagrube des IG Farben-Konzerns, erklärte in der Verhandlung gegen Fischer, wie er in Frankfurt am Main als Zeuge im Auschwitzprozeß abgefertigt wurde. Als er darauf hinwies, daß die Janina-Grube der IGFarben gehörte, bemerkte der Gerichtsvorsitzende Dr. Hofmeyer: »Herr Zeuge, das gehört nicht hierher.« Er habe aber nicht gesagt, so Kasner, warum das nicht dahingehöre.[837]

Fischer, der in der DDR als Zeuge für den Auschwitzprozeß vernommen wurde, äußerte sich auch zur Verantwortlichkeit der IGFarben. Nach Dirks war das »die vom MfS vorgegebene Stoßrichtung«.[838]

Es ist bekannt, daß der KZ-Arzt Fischer sowohl in den Verhören wie auch in der Verhandlung recht klare Worte für seine Verbrechen gefunden hat. Er war sich wohl bewußt, daß es da auch nichts zu leugnen gab. Mag sein, daß er auch damit rechnete, bei bereitwilligem Eingeständnis seiner Verbrechen mit dem Leben davonzukommen. Das war jedoch nicht der Fall.

Wie beurteilt nun Christian Dirks die gezeigte Offenheit von Fischer? Natürlich negativ – und zwar zu Lasten der antifaschistischen DDR. Wie das geht? Ganz einfach. Er erinnert daran, daß es ein in der DDR bekanntes Buch von Andrej Wyschinski gab, seine »Gerichtsreden«. Auf dieses Buch verweist Dirks, und dann legt er los, denn er war bei den Verhören ja anwesend – oder doch nicht?!: »Beim Verfahren gegen Fischer lassen sich klassische Elemente eines Schauprozesses beobachten: Fischer wurde vor Verfahrensbeginn eingehend vom MfS präpariert, ohne daß der Prozeßverlauf bis in jedes Detail durchgegangen werden mußte. Getreu dem Motto des berüchtigten Zeremonienmeisters der Moskauer Schauprozesse, Andrej Wyschinski, nach dem das Schuldeingeständnis ›die Königin der Beweise‹ darstellt, legte Fischer ein umfangreiches Bekenntnis seiner verbrecherischen Taten ab.«[839]

Die Infamie besteht darin, die stalinistischen Prozesse der 30er Jahre, bei denen Wyschinski als Ankläger auftrat und bei denen vor den Verhandlungen Geständnisse mit Folter erpreßt wurden, mit dem Verfahren gegen Fischer gleichzusetzen. Ich erlaube mir, einen kleinen Nachhilfeunterricht zu geben.

Das für die Juristen der DDR damals wichtige Werk war Wyschinskis »Theorie der gerichtlichen Beweise im sowjetischen Recht«. Dort hatte er begründet, daß bei konterrevolutionären Zusammenschlüssen naturgemäß keine materiellen Beweise/Dokumente vorhanden sind, deshalb »gewinnen Erklärungen der Beschuldigten in derartigen Sachen unausweichlich den Charakter und die Bedeutung von Hauptbeweisen, von überaus wichtigen, entscheidenden Beweisen.«[840] Das war eine »theoretische« Begründung für die Durchbrechung der sozialistischen Gesetzlichkeit.

Aber warum verweist Dirks überhaupt auf Wyschinskis Buch? Welche Rolle ein Geständnis in der DDR tatsächlich hatte, konnte man unter anderem in einem 1961 erschienen Lexikon lesen: Geständnis im Strafrecht bedeutet: »Anerkenntnis der von der Anklage erhobenen Beschuldigungen durch den Angeklagten. Das Geständnis enthebt das Gericht keineswegs der Verantwortung für die Erforschung der objektiven Wahrheit im Strafverfahren.«[841] Für die Justiz der DDR galt die Strafprozeßordnung von 1968, deren § 23 »Gesetzlichkeit der Beweisführung« lautete im Absatz 2: »Kein Beweismittel hat eine im voraus festgelegte Beweiskraft. Das Geständnis des Beschuldigten oder des Angeklagten befreit das Gericht, den Staatsanwalt und die Untersuchungsorgane nicht von der Pflicht zur allseitigen und unvoreingenommenen Feststellung der Wahrheit im Strafverfahren.«[842]

Soviel zu Dirks. Man kann dessen zum Buch mutierte Dissertation eigentlich ohne Schaden beiseite legen.

Fußnoten

765 Henry Leide: NS-Verbrecher und Staatssicherheit. Die geheime Vergangenheitspolitik der DDR, Göttingen 2005. Henry Leide ist aktuell hauptberuflicher Rechercheur in der Außenstelle Rostock der Bundesbeauftragten für die Unterlagen des Staatssicherheitsdienstes der ehemaligen Deutschen Demokratischen Republik (BStU), der sogenannten Birthler-Behörde.
766 Christian Dirks: »Die Verbrechen der anderen« – Auschwitz und der Auschwitz-Prozeß der DDR: Das Verfahren gegen den KZ-Arzt Dr. Horst Fischer, Paderborn/München/Wien/Zürich 2006. Dirks arbeitet zur Zeit als Projektkoordinator bei der Stiftung Jüdisches Museum Berlin.
767 Annette Weinke: Die Verfolgung von NS-Tätern im geteilten Deutschland. Vergangenheitsbewältigungen 1949–1969 oder Eine deutsch-deutsche Beziehungsgeschichte im Kalten Krieg, Paderborn/München/Wien/Zürich 2002.
768 Jeweils 2005: Berliner Morgenpost v. 17.10.; Der Spiegel Nr. 42 v. 17.10.; Die Welt v. 18.10.; Medienmodul v. 23.10.; Terra brasil v. 27.10.; AFP/Berlin v. 31.10.; Lifestyle News v. 31.10.; Europa-Press 31.10.; News Telegraph v. 1.11.; Deutsche Welle (engl.) v. 31.10.; The Rhin river v. 31.10.; Daily Telegraph (London) v. 1.11.; Deutschlandradio Kultur v. 7.11.; El Mundo v. 20.11.
769 Sabine Lindner: Der wahre Untergang der DDR–Politische Verbrechen an Deutschland. In: medienmodul@2005-10-23.
770 Sven Felix Kellerhoff: »Antifaschismus«? In: Berliner Morgenpost vom 8. Mai 2006.
771 Henry Leide: NS-Verbrecher, S. 55, Anm. 79.
772 Henry Leide: NS-Verbrecher, S. 32.
773 Roman Heflik: Eichmann und die Nazi-Helfer der CIA. In: Spiegel online vom 7. Juli 2006.
774 Annette Weinke: Die Verfolgung von NS-Tätern im geteilten Deutschland, Paderborn/München/Wien/Zürich 2002, S. 288.
775 Henry Leide: NS-Verbrecher, S. 77.
776 Henry Leide: NS-Verbrecher, S. 79.
777 Henry Leide: NS-Verbrecher, S. 80.
778 Zit. nach: Otto Köhler: Alarm in Gehlens Klo. In: jW vom 11./12. März 2006.
779 Zit. nach: Otto Köhler: Alarm in Gehlens Klo. In: jW vom 11./12. März 2006.

780 Otto Köhler: Gehlens Vermächtnis an das deutsche Volk. In: jW vom 11. Mai 2006.

781 Norbert Frei: Vergangenheitspolitik. Die Anfänge der Bundesrepublik und die NS-Vergangenheit, München 1996, S. 19 f.

782 Joachim Perels: Entsorgung der NS-Herrschaft? Konfliktlinien im Umgang mit dem Hitler-Regime, Hannover 2004, S. 9.

783 Joachim Perels: Entsorgung, S. 136.

784 Joachim Perels: Entsorgung, S. 146.

785 Joachim Perels: Entsorgung, S. 24.

786 Dieter Schenk: Die braunen Wurzeln des BKA, Frankfurt am Main 2003, S. 308.

787 Dieter Schenk: Die braunen Wurzeln, S. 311.

788 Christian Dirks: Die Verbrechen, S. 58.

789 Henry Leide: NS-Verbrecher , S. 124.

790 Henry Leide: NS-Verbrecher, S. 79 (Hervorhebung nicht im Original – D.J.).

791 Annette Weinke: Die Verfolgung, S. 76 (Hervorhebungen nicht im Original – D.J.).

792 Annette Weinke: Die Verfolgung, S. 408, Anm. 38.

793 Otto Skorzeny (1908–1975) war der SS-Offizier, der fast am Ende des Krieges den italienischen Faschistenführer Benito Mussolini aus seiner Haft befreite und unter anderem dafür von Hitler hoch dekoriert wurde.

794 Henry Leide: NS-Verbrecher, S. 94.

795 Henry Leide: NS-Verbrecher, S. 88.

796 Annette Weinke: Die Verfolgung, S. 141.

797 Nebenbei bemerkt. Bis zum 3. Oktober 1990 wurden Rechtshilfeabkommen mit 22 Staaten geschlossen. Im westlich orientierten Europa gab es solche Verträge nur mit den Königreichen Belgien und Schweden.

798 Annette Weinke:Die Verfolgung, S. 169.

799 Annette Weinke: Die Verfolgung, S. 418, Anm. 47.

800 BVerfG, Urteil vom 31.7.1973 – 2 BvF 1/73. Gegenstand war der Grundlagenvertrag zwischen der DDR und der BRD vom 21.12.1972.

801 Henry Leide: NS-Verbrecher, S. 274.

802 Henry Leide: NS-Verbrecher, S. 301.

803 Reinhard Gehlen: Der Dienst, 1973, S. 200. Zitiert nach: Henry Leide, …, S. 307.

804 Henry Leide: NS-Verbrecher, S. 307.

805 Henry Leide: NS-Verbrecher , S. 301-318

806 Henry Leide: NS-Verbrecher, S. 304.

807 Jacques Delarue: Geschichte der Gestapo, Düsseldorf 1964, S. 212 ff.

808 Heinz Höhne: Der Orden unter dem Hakenkreuz. Die Geschichte der SS, München 2002, S. 378 f.

809 Henry Leide: NS-Verbrecher, S. 240.

810 Henry Leide: NS-Verbrecher, S. 241.

811 Henry Leide: NS-Verbrecher, S. 243.

812 Henry Leide: NS-Verbrecher, S. 251.

813 Henry Leide: NS-Verbrecher, S. 253.

814 Henry Leide: NS-Verbrecher, S. 261.

815 Henry Leide: NS-Verbrecher, S. 261.

816 Israel Gutmann (Hauptherausgeber): Enzyklopädie des Holocaust, München/Zürich, 2. Aufl., 1998, Bd. I, S. 244 f.

817 Otto Köhler: Alarm in Gehlens Klo. In: jW vom 11./12. März 2006.

818 Otto Köhler: Alarm in Gehlens Klo. In: jW vom 11./12. März 2006.

819 Henry Leide: NS-Verbrecher, S. 233-238.

820 Henry Leide: NS-Verbrecher, S. 236.

821 Henry Leide: NS-Verbrecher, S. 248.

822 Henry Leide: NS-Verbrecher, S. 249.

823 Henry Leide: NS-Verbrecher, S. 249.

824 Henry Leide: NS-Verbrecher, S. 250 f.

825 Siehe oben: Günter Schwarberg. Die Mörderwaschmaschine

826 Christian Dirks: »Die Verbrechen , Paderborn–München–Wien–Zürich 2006, S. 140.

827 Christian Dirks: Die Verbrechen, S. 273.

828 Christian Dirks: Die Verbrechen, S. 274.

829 Christian Dirks: Die Verbrechen, S. 274, Anm. 321.

830 Christian Dirks: »Die Verbrechen, Paderborn/München/Wien/Zürich 2006, S. 20.

831 Christian Dirks: Die Verbrechen, S. 254 f.

832 Christian Dirks: Die Verbrechen, S. 271.

833 Christian Dirks: Die Verbrechen, S.257, 262.

834 Christian Dirks: Die Verbrechen, S. 261.
835 Schuldig im Sine des Rechts und des Völkerrechts. Auszüge aus dem Protokoll des Prozesses gegen den KZ-Arzt Fischer vor dem Obersten Gericht der DDR, hg. von der Arbeitsgruppe der ehemaligen Häftlinge des Konzentrationslagers Auschwitz beim Komitee der antifaschistischen Wiederstandskämpfer der DDR und dem Nationalrat der Nationalen Front des demokratischen Deutschland, o.O., o.J, (Berlin/DDR 1966), S. 19–22.
836 Christian Dirks: Die Verbrechen, S. 259.
837 Schuldig im Sinne , S. 54.
838 Christian Dirks: Die Verbrechen, S. 242.
839 Christian Dirks: Die Verbrechen, S. 333.
840 Andrej Januarjewitsch Wyschinski: Theorie der gerichtlichen Beweise im sowjetischen Recht, 3. Aufl., Berlin/DDR 1955, S. 280. Schon im April 1956 erschien in der UdSSR ein Aufsatz, der sich scharf mit den gesetzwidrigen Ansichten Wyschinskis auseinandersetzte. Der Artikel von A.A. Piontkowski und W.M. Tschikwadse: Die Festigung der sozialistischen Gesetzlichkeit und einige Fragen der Theorie des sowjetischen Strafrechts und Strafprozesses erschien in deutscher Übersetzung im Rechtswissenschaftlichen Informationsdienst Nr. 19 vom 5. Oktober 1956, Spalte 571 ff »Man muß anerkennen, daß das bloße Geständnis des Beschuldigten, wenn es nicht durch andere Beweise für seine Schuld bestätigt wird, keine Bedeutung als Beweis haben kann« (Sp. 583).
841 Meyers Neues Lexikon in acht Bänden, 3. Band, Leipzig 1962, S. 629
842 Strafprozeßordnung der Deutschen Demokratische Republik – StPO – vom 12. Januar 1968.

21. Was brachte die Überprüfung der Strafverfolgung von NS-Verbrechern?

Der »Unrechtsstaat SED-Regime« steht unter dem Generalverdacht, im Justitiellen grundsätzlich nicht rechtsstaatlich gehandelt zu haben. Und das soll selbstredend vor allem bei den Fällen so sein, in denen politische Gegner, in unserem Fall Nazis, die beschuldigt wurden, Verbrechen begangen zu haben, zur Rechenschaft gezogen wurden oder werden sollten.

Sofort nach dem Untergang der DDR gab es deshalb einerseits die Orientierung, die in den Archiven des MfS liegenden Ermittlungsvorgänge nach Unsauberkeiten im Erledigten wie im Unerledigten zu prüfen. Sofort wurden Staatsanwälte in Marsch gesetzt, um nachzuprüfen und aufzuräumen. Andererseits wurde die Möglichkeit eröffnet, Rehabilitierungen bei gerichtlichen Verurteilungen zu beantragen.

Vorab ist allerdings eine Erinnerung an die Ergebnisse bundesdeutscher Verfolgung von Naziverbrechern angebracht: Voller Stolz berichtete Oberstaatsanwalt Ulrich Maaß, Leiter der Zentralstelle im Lande Nordrhein-Westfalen für die Bearbeitung von nationalsozialistischen Massenverbrechen, bei der Staatsanwaltschaft Dortmund über die Ergebnisse seiner Dienststelle. Von 1961 bis Ende 1999 waren 1.355 Verfahren anhängig. Als Beschuldigte wurden etwa 25.000 Personen verfolgt. In 56 bearbeiteten Verfahren wurde Anklage gegen insgesamt 159 Personen erhoben.[843]

Einen solchen Rechenschaftsbericht muß Dieter Schenk gekannt haben, denn er bemerkte sarkastisch, daß besonders die Dortmunder Zentralstelle in Verruf geriet, weil sie von 1961 bis 1972 »fest in der Hand von ehemaligen NS-Juristen war.« Alle drei Leiter waren ehemalige NSDAP- und SA-Mitglieder, und acht Staatsanwälte »hatten bereits im NS-Staat Karriere gemacht. Nur 4,24 Prozent ihrer Verfahren – gegen 158 von insgesamt 24.275 Beschuldigten – brachten die Dortmunder Juristen zu einer Anklage.«[844]

Diese »erfolgreiche« Arbeit sollte nach dem Anschluß der DDR andersherum fortgesetzt werden. Christian Dirks verkündet in seinem Buch: »Im Rahmen der Ermittlungen zu Verbrechen in Auschwitz wurden seit 1990 alle entsprechenden Ermittlungsverfahren des MfS von der Staatsanwaltschaft in Frankfurt am Main wiederaufgerollt, um nach möglichen ›weißen Flecken‹ in der Strafverfolgungspraxis der DDR-Behörden zu fahnden... Die ZUV *(Zentrale Untersuchungsvorgänge – D. J.)* des MfS boten ›in nahezu allen Fällen‹ Ansatzpunkte für neuerliche Ermittlungen. So wurde von bundesdeutschen Strafverfolgungsbehörden auf der Grundlage des MfS-Materials gegen Angehörige der Stapo- [Staatspolizei-] Leitstelle Dresden und gegen Mitglieder der Geheimen Feldpolizei ermittelt und auch verurteilt.«[845] Dirks nennt in dieser Anmerkung als Quelle Ulrich Maaß. In der Art, wie diese Anmerkung verfaßt ist, wird dem Leser suggeriert, es habe sich wohl um eine Unmenge an Material gehandelt, die Zeugnis ablegt von unsolider antinazistischer Untersuchungstätigkeit des MfS.

Ulrich Maaß hat etwas genauer darüber informiert, was da vor sich gegangen ist. »Allein im Jahre 1993 wurden sechs und 1994, 1996 und 1997 einige weitere Ermittlungsverfahren, die zum Teil 20 Jahre zuvor abgeschlossen wurden, wiederaufgenommen.«[846] Genauere Zahlen nennt Maaß bedauerlicherweise nicht. Der Spekulation ist damit Tür und Tor geöffnet, wie das auch aus der obigen Anmerkung bei Dirks schon deutlich ist. Maaß gibt lediglich folgende Beispiele, die nachstehend referiert werden.

Die Grundlage für die Wiederaufnahme der Verfahren waren, so Maaß, die »›Zentralen Untersuchungsvorgänge‹ (ZUV) des Staatssicherheitsdienstes«. Maaß teilt folgende Vorgänge mit.

1. Die (bundesdeutsche) Ermittlungssache gegen Angehörige der Stapo-Leitstelle Dresden mußte 1976 eingestellt werden, weil die Beschuldigten »unwiderlegt angegeben hatten, an der Erfassung und dem Abtransport der ... jüdischen Einwohner ... nicht beteiligt gewesen zu sein, bzw., soweit ... eine solche Beteiligung im Einzelfall eingeräumt« worden war, behauptet hatten, vom Schicksal der Opfer keine Kenntnis gehabt zu haben.

Der ZUV 74 des MfS war die Grundlage für ein Strafverfahren, bei dem ein früherer Offizier der Stapo-Leitstelle zu lebenslanger Freiheitsstrafe verurteilt wurde.[847] Es heißt weiter: »Die Stasi-Erkenntnisse erbrachten für uns zwar eine weitere Aufklärung der Sache und der personellen Zusammensetzung der Gestapo Dresden, jedoch zu den acht heute noch lebenden Tatverdächtigen keine neuen Beweise.« Was Maaß nicht sagt: Genau aus diesem Grunde dürften die Ermittlungen damals durch das MfS eingestellt worden sein.

2. Bei einem anderen Verfahren handelte es sich um in der BRD

befindliche Angehörige der Gruppe Geheime Feldpolizei, gegen die ein Ermittlungsverfahren eingeleitet wurde, nachdem durch das BG Leipzig am 1.November 1977 ein Angehöriger der GFP zu lebenslanger Haft verurteilt worden war.[848] Das westdeutsche Verfahren wurde eingestellt, weil die DDR dem Ersuchen um Beweismaterial nicht entsprochen hatte. Gefunden wurde das Material aus zwei ZUV. Im Ergebnis der Durchsicht wurden Verfahren gegen zwei konkret Beschuldigte an die StA Bremen abgegeben.

3. In einem 1993 wiederaufgenommenen, aber noch nicht wieder abgeschlossen Verfahren erbrachten die bei der Zentralstelle Dortmund durchgeführten Ermittlungen nach Auswertung der ZUV des MfS konkrete Belastungen gegen zwei Beschuldigte, gegen die jeweils Verfahren eingeleitet wurden, in denen sie 1999 zu längeren Freiheitsstrafen verurteilt wurden.

Summa summarum: Die Durchsicht der MfS-Akten erbrachte vier zu verurteilende Täter. Ich maße mir nicht an, die Berechtigung der Verfahren zu beurteilen. Aber als eine massenhafte Unterdrückung eigentlich notwendig gewesener Verfahren seitens des MfS ist das wohl nicht bewertbar.

Obwohl man das jetzt wohl gern behauptet und zu beweisen versucht.

Henry Leide hat sein Buch unter dem Aspekt geschrieben, daß das MfS Nazis, die eigentlich zu verurteilen gewesen wären, für geheimdienstliche Arbeit angeworben hat oder anzuwerben versuchte. Nur einige Beispiele konnten behandelt werden. An dieser Stelle soll aber auf einen Namen zurückgegriffen werden – Harald Heyns. Erstens, weil er am Anfang der Fallbeispiele steht, und zweitens, weil es einen merkwürdigen Bezug zu der Zentralstelle Dortmund gibt, die vorstehend genannt wurde.

Henry Leide schreibt vom »Lischka«-Prozeß, in dem gegen an der »Endlösung«-Frankreich Beteiligte verhandelt wurde. »Unter den Beschuldigten dieses Verfahrens befand sich jemand, von dem die westdeutsche Staatsanwaltschaft wußte, daß er in Ost-Berlin lebte. Die Ermittlungen gegen ihn wurden jedoch *(im Dezember – D. J.)* 1981 eingestellt, ohne die DDR zu informieren, vermutlich da ihm im Falle einer Verurteilung die Todesstrafe gedroht hätte.«[849] Der »Jemand« war Harald Heyns. Dabei wußte man, daß es durchaus möglich war, eine Information gegebenenfalls an die Bedingung zu knüpfen, daß die Todesstrafe im Falle eines Strafverfahrens nicht ausgesprochen werden würde.

Für mich war bemerkenswert, daß die Einstellungsverfügung durch die Zentralstelle im Lande Nordrhein-Westfalen erfolgte.[850] Denn ausgerechnet vom jetzigen Leiter dieser Dienststelle wurde die Befriedigung zum Ausdruck gebracht, endlich in den MfS-Archiven nachgraben zu können, um unkorrekte Aktionen bei der Verfolgung von NS-Tätern zu ermitteln.

Die Sache Harald Heyns spielte, wie man der oben angeführten Berichterstattung entnehmen kann, bei Ulrich Maaß keine Rolle. Aber für Henry Leide wurde sie ein Musterfall.[851] Vorgeworfen wird dem MfS insbesondere, daß es Beweise, die in Frankreich vorlagen, nicht einforderte. Dabei handelte es sich um den klassischen Fall der Unmöglichkeit, auf offiziellem Wege an Unterlagen zu gelangen. Leide kann frank und frei aus den französischen Unterlagen zitieren, das MfS konnte es nicht. Leide »übersieht«, daß die französische Unterstützung der DDR im Fall Heinz Barth die Ausnahme war. Ansonsten hielt sich Frankreich an die von der BRD verordnete Obstruktion gegenüber der DDR, alles zu unterlassen, was eine Anerkennung der Souveränität dieses Staates bedeutet hätte. Ergo gab es kein Rechtshilfehabkommen. Was, wie die Praxis zeigte, bei einem konkreten Fall durchaus nicht den »guten Willen« ausschloß, unterhalb der offiziellen Anerkennungsebene Dokumente auszutauschen.

Der Fall Heyns selbst war problematisch. Die DDR hatte 1957 wegen des Verdachts, Heyns sei ein Kontaktmann eines US-Spions, eine Ermittlung eingeleitet, die 1964 mit der Festnahme endete. Bei dem Bericht Leides über die Aussagen Heynes gegenüber dem MfS wird nicht eindeutig zwischen den Vernehmungsprotokollen des MfS und anderweitigen Dokumenten, z.B. denen des französischen Innenministeriums, die dem MfS nicht bekannt gewesen sein müssen, unterschieden (vgl. S. 379, Anm. 159, und S. 380, Anm. 163 und 164). Was Leide über die Aussagen mitteilt, die Heyns gegenüber dem MfS gemacht haben soll, geht durcheinander. Zwar schreibt Leide, Heyns habe sich in den Vernehmungen durch das MfS »mit konkreten Details über seine individuelle Beteiligung« zurückgehalten, um dann zu behaupten, daß dessen Aussagen »keinen Zweifel am brutalen Vorgehen der deutschen Sicherheitskräfte und deren französischen Helfershelfern« ließen. Und das untersetzt Leide dann mit Zeugenaussagen gegenüber den französischen Sicherheitsorganen, um dann zu formulieren, die Staatssicherheit habe »mangels Nachfrage von dieser Aussage allerdings nichts« erfahren.[852] Und so geht das im Text fort.

Harald Heyns verwickelte sich bei seinen Aussagen in Widersprüche. Und das MfS verfügte nicht über hinreichende Beweise. Das Endergebnis war die Einstellung des Ermittlungsverfahrens. Sicher, das MfS konnte, wie wir inzwischen wissen, viel auf geheimdienstlichem Wege erledigen. Aber der Einsatz dieses Mittels war stets zu überlegen und logischerweise beschränkt.

Der Schlußpunkt: »1995/96 prüfte die Zentrale Stelle Ludwigsburg die mittlerweile aufgefundenen MfS-Akten, sah aber in den dort dokumentierten Aussagen keine neuen Anhaltspunkte«. Auf eine erneute Befragung Heyns verzichtete auch sie!

Um den »Mythos Antifaschismus« der DDR zu demontieren, reicht die ganze Angelegenheit Heyns allemal. Und Leide tut es. Er resümiert: Obwohl es auf der Hand gelegen habe, daß Ermittlungsfortschritte mit Hilfe französischer und britischer Stellen zu erwarten waren, »vermied das MfS jede offizielle Initiative in dieser Richtung. Zwar ließ sich dies mit fehlenden diplomatischen Beziehungen und Rechtshilfeabkommen begründen, doch wollte die DDR offenkundig in erster Linie vermeiden, daß im Westen etwas über den Fall Heyns publik wurde.«[853] Woher er das weiß, bleibt im Dunkeln.

Anfangs wurden die Trommeln gerührt, die Unsauberkeiten des MfS endlich aufdecken zu können. So wurde Frau Oberstaatsanwältin Ursula Solf im Auftrage der Zentralen Stelle Ludwigsburg in Marsch gesetzt, um zu ermitteln. Über ihren Einsatz in Ostdeutschland berichtete der *Stern*. »Nazi-Jagd im Aktenkeller. Die Öffnung der Stasi-Archive brachte neue Erkenntnisse über unentdeckte NS-Verbrecher. Staatsanwältin Ursula Solf ist ihnen auf den Fersen. Doch die Zeit rennt ihr davon, die Täter sterben weg.«[854] Zunächst wird Frau Solf bedauert, daß sie die Aufgabe allein bewältigen müsse.

Dann wird über einen Fall berichtet: Sie sei auf eine Frau gestoßen, nach der seit 50 Jahren gefahndet worden sei. Sie war Aufseherin in einem Frauen-KZ gewesen. Ihr Versteck fand sie in der DDR. Die BRD habe ohne Erfolg in Ostberlin um Hilfe bei der Suche gebeten. »Dabei wußte Mielkes Mannschaft genau, wer Ingeborg Aßmuß war.« Und in diesem Fall hat Frau Solf sogar recht. Das MfS wußte in der Tat, wer diese Frau war. Es gab jedoch Verfahrenshindernisse im Gesundheitszustand der Frau. Nach operativer Prüfung ihrer Haft- und Vernehmungsfähigkeit durch das MfS mußte vermutet werden, daß sie gesundheitlich dazu nicht mehr fähig war. Man erinnere sich daran, daß das MfS nur bei »wasserdichten« Vorgängen ein Ermittlungsverfahren einleitete. Das kann bedauert und für nicht rechtsstaatlich gehalten werden, aber so war es. Und es war in gewisser Hinsicht auch von der guten Absicht getragen, betroffene Personen nur dann mit den Vorwürfen zu konfrontieren, wenn diese tatsächlich zu beweisen waren und zu strafrechtlichen Konsequenzen führen konnten.

Als Ergebnis der Arbeit von Frau Solf wird mitgeteilt, sie habe auf Grund der Erkenntnisse aus den MfS-Akten »rund zwei Dutzend Ermittlungsverfahren eingeleitet«.[855] Näheres ist nicht bekannt.

Die Ergebnisse der Überprüfung waren für die Gegner der DDR insgesamt offensichtlich keineswegs erfreulich. Die untersuchten operativen und strafrechtlichen Vorgänge des MfS mit NS-Bezug, die in den Status von Ermittlungsverfahren gelangten, waren seitens des MfS korrekt bearbeitet worden. Und Frau Solf bescheinigte dem MfS anläßlich des Fachgesprächs »Die ostdeutschen Strafverfahren wegen NS-Tötungsverbrechen« am 25. Oktober 2002 eine sorgfältige Ermittlungsarbeit. Sie erklärte in ihrem Vortrag über die Ermittlungstätigkeit des MfS zu Naziverbrechen, daß »das MfS gründlich wie eine Kriminalpolizei die Täter und die Straftaten ermittelt hat.« Eine gesetzlich unzulässige Beeinflussung von Beschuldigten habe sie nicht feststellen können. Auch wenn sich das MfS bei seinen Ermittlungen »geheimdienstlicher Methoden« bedienen konnte, müsse das nicht zwangsläufig nachteilig gewesen sein, um zentral zusammenzutragen, was über die betreffende Person an erreichbaren Beweismitteln in be- und entlastender Hinsicht vorlag.

Etwas verwunderlich ist, daß Frau Staatsanwältin Ursula Solf in ihrer Rezension zu dem Buch von Henry Leide einen ideologischen Purzelbaum schlug und erklärte, die Politik der SED habe das Vorgehen des MfS bestimmt. Die DDR als einzigen antifaschistischen Staat von der BRD abzugrenzen und das politisch-operative Interesse der Staatssicherheit zu wahren sei oberste Maxime gewesen, »politische Erwägungen hatten Vorrang vor einer juristischen Betrachtungsweise«.[856] Als seien juristische Entscheidungen unpolitisch. Jura-Studenten lernen frühzeitig, welche Rolle das »juristische Vorverständnis« für die Wahl der Entscheidung, die sie zu fällen gedenken, spielt. Hat Frau Solf sich nie gefragt, wie es kam, daß Nazi-Verbrecher in der BRD mit wohlgesetzter »juristischer« Argumentation schonungsvolle Urteile erhielten? Diesen Entscheidungen muß ein »Vorverständnis« zugrunde gelegen haben, das die faschistische Praxis zumindest tolerierte. Da haben »politische Erwägungen« die »juristische Betrachtungsweise« nicht unwesentlich geprägt.

Die Rehabilitierung – die Prüfung der »Rechtsstaatswidrigkeit« von DDR-Urteilen wegen NS-Verbrechen

Die große Gelegenheit, den Antifaschismus der DDR als »Mythos« zu entlarven, war das Einräumen der Möglichkeit, hinsichtlich erfolgter Verurteilungen wegen NS-Verbrechen Rehabilitierungen zu beantragen und die »Rechtsstaatswidrigkeit« der DDR-Urteile zu prüfen. Wer die zu NS-Strafsachen in der DDR 1989/1990 gestellten Rehabilitierungsanträge und die dazu von bundesdeutschen Gerichten gefällten Entscheidungen betrachtet, kann sich an Hand der Ergebnisse davon überzeugen, daß ein Vorwurf massenhafter rechtsstaatswidriger Urteile absolut unzutreffend ist.

Als Ausgangsmaterial liegt jetzt vor »DDR-Justiz und NS-Verbrechen. Sammlung ostdeutscher Urteile«. Diese Reihe enthält auch die seit 1990 ergangenen Entscheidungen in Rehabilitierungsverfahren. Deren Veröffentlichung verschafft im besonderen »nicht nur Einsicht in das, was die Justiz des wiedervereinigten Deutschland als rechtsstaatswidrig erachtet, sondern auch in die Rechts- und Wertvorstellungen dieser Justiz in bezug auf NS-Verbrechen und ihre Ahndung«.[857] Um das allerdings voll verstehen zu können, müßte man sich zum Vergleich sowohl die Rüterschen Bände mit den westdeutschen Urteilen[858] als auch die von Jörg Friedrich publizierten speziellen Sammlungen bzw. Beurteilungen westdeutscher Urteile ansehen.[859]

Christiaan Frederik Rüter legte dar, daß es hinsichtlich der Rehabilitierungsrechtsprechung zu DDR-Urteilen nach 1990 große qualitative Unterschiede gebe. Die Rede ist sogar von Arroganz und Ignoranz. »Ignoranz zeigen jene Richter, die eine Verurteilung wegen Verbrechen gegen die Menschlichkeit gem. Art. II 1c des Kontrollratsgesetzes Nr. 10 für rechtsstaatswidrig halten. Sie hätten eigentlich wissen dürfen, daß deswegen einige Hunderte Angeklagte in den ersten Nachkriegsjahren von westdeutschen Gerichten verurteilt worden sind – davon 3 sogar zum Tode. Und ein wenig arrogant ist, wenn von westdeutschen Rechtsansichten abweichende Völkerrechtsauffassungen als rechtsstaatswidrig abgestempelt werden…Nicht mehr komisch ist es, wenn die Verurteilung von SA-Wachposten des KZ Hohnstein für rechtsstaatswidrig erklärt wird, weil eine solche Verurteilung Ausdruck einer Kollektivschuld sei [LG Dresden 23.9.1996, Fall Nr. 1430]. Man staunt, denn wer Menschen, die schwer mißhandelt und sogar erschlagen werden, daran hindert, sich dem zu entziehen, ist doch zu allermindest Gehilfe. Und gar nicht komisch sind vereinzelte Reha-Ansichten zum Partisanenkrieg. Was dazu – und zur Geiselerschießung – unter Berufung auf westdeutsches Schrifttum und westdeutsche Rechtsprechung der 50er Jahre ausgeführt wird (Fall Nr. 1013, insbes. Beschluß Nr. 1013b, abgedruckt in DDR-Justiz …, Bd. I, S. 361 ff.), enthüllt beunruhigendes über in der deutschen Richterschaft der 90er Jahre bestehende Ansichten.«[860]

Zu den Merkwürdigkeiten »rechtsstaatlicher« Rehabilitierung gehört jene Entscheidung, die ein Urteil des LG Magdeburg aus dem Jahre 1952 aufhob. Professor Rüter berichtete darüber. Der damals verurteilte Otto Göh (Fall Nr. 1160) hatte 1940 deutsche Frauen angezeigt, die Umgang mit Polen pflegten. Die Polen wurden gehängt, die Frauen kamen ins KZ. Eine verstarb 1943 in Auschwitz. Der Denunziant wurde auf der Grundlage des Kontrollratsgesetzes Nr. 10 wegen Verbrechens gegen die Menschlichkeit zu zwölf Jahren Zuchthaus und Einziehung des Vermögens verurteilt.

Dieses Urteil wurde nun aufgehoben. Das LG war der Ansicht, daß der im KG Nr. 10 beschriebene Tatbestand für die Strafbarkeit einer Denunziation nicht bestimmt genug sei. Zudem bestünden gegen das alliierte KG erhebliche Rechtsstaatsbedenken, weil es sich rückwirkend auf NS-Taten bezog. Ein Hauptargument der Verteidiger im Nürnberger Hauptkriegsverbrecherprozeß, das grundsätzlich zurückgewiesen worden war. Das 1952 eingezogene Vermögen wurde den Erben rückübertragen. Die Verfahrenskosten und -auslagen wurden erstattet.

Sarkastisch bemerkt Professor Rüter: »Das kann der Bundesrepublik Deutschland noch teuer zu stehen kommen. Denn in der DDR wurden NS-Verbrecher fast ausnahmslos unter dem Gesichtspunkt des Verbrechens gegen die Menschlichkeit verurteilt, darunter rund 475 Personen wegen Denunziation mit Todesfolge.

Aber auch für westdeutsche Verfahren eröffnet diese Entscheidung interessante Perspektiven. Denn auch da wurden Denunzianten auf Grund des Kontrollratsgesetzes Nr. 10 verurteilt, einer sogar zu lebenslänglichem Zuchthaus. Also: Gleiches Recht für alle! Für Helene Schwärzel zum Beispiel, die einen der Verschwörer des 20. Juli 1944, den später gehenkten ehemaligen Leipziger Oberbürgermeister Karl Goerdeler, denunzierte. Sechs Jahre Zuchthaus bekam sie 1947 vom Landgericht Berlin. Ihr Vermögen, 1 Mio RM, die sie als Belohnung erhalten hatte, wurde eingezogen. Helene Schwärzel lebt nicht mehr. Aber: Sie hat Erben. So könnte die Ahndung von NS-Verbrechen auch aus aktuellem Anlass wieder zu Thema werden.«[861]

Statistisch stellt sich die Sache so dar: 107 Anträge wurden insgesamt gestellt. Die Entscheidungen: 44 Urteile sind nicht rechtsstaatswidrig, bei 33 war (nach bundesdeutscher Rechtsauffassung) nur die Vermögenseinziehung rechtsstaatswidrig, bei neun wurde die Strafe reduziert, zwei Verfahren wurden eingestellt, in drei Fällen erfolgte Freispruch, drei Urteile wurden als teilweise rechtsstaatswidrig betrachtet, wobei die Strafe aber unverändert blieb, 13 Urteile waren voll rechtsstaatswidrig. Mithin sind bei fast dreivierteln der Anträge das Urteil nicht oder nur hinsichtlich der Vermögenseinziehung aufgehoben, während die Strafe bestehen bleibt. Ganze 13 sind laut der Reha-Rechtsprechung voll rechtsstaatswidrig. »Und davon sind dann noch mindestens zwei aus völlig unsinnigen Gründen für rechtsstaatswidrig erklärt worden.«[862]

Hat das MfS Urteile gegen NS-Verbrecher manipuliert und manipulieren können? Das MfS – ein Untersuchungsorgan der DDR

Es ist an dieser Stelle sinnvoll, auf ein weiteres Problem einzugehen – das Verhältnis von MfS und Staatsanwaltschaft der DDR. Das MfS arbeitete als Untersuchungsorgan auf gesetzlicher Grundlage.

Und das war so, obwohl bundesdeutsche Autoren im Widerspruch zur Wahrheit das Gegenteil behaupten, weil diese Systematik strafverfahrensrechtlicher Verfolgungsorganisation nicht den bundesdeutschen Regeln entsprach. Es ist eine Form arroganter Ignoranz, nur das eigene System als das einzig richtige anzupreisen und zu akzeptieren. Es gehört offenbar zum Ritual der »DDR-Vergangenheitsbewältiger«, alle Formen gesellschaftspolitischer Tätigkeit der DDR-Organe mit bestimmten Beiworten zu »schmücken«, die insbesondere hinsichtlich des MfS das Ziel verfolgen, zu diskreditieren.

Christian Dirks ist in seinem Buch über den Prozeß gegen den KZ-Arzt Horst Fischer in dieser Hinsicht ausnehmend fleißig. »Schauprozeß« (S. 330), »rechtsstaatlichen Nimbus evozieren« (ebenda), »das antifaschistische Anliegen der SED authentisch erscheinen zu lassen« (S. 331), das Verfahren sei in der Auseinandersetzung mit der Bundesrepublik »politisch instrumentalisiert« worden (S. 334), der Kriterienkatalog der DDR-Justiz sei »nicht nur juristisch, sondern vor allem politisch-propagandistisch bestimmt« (S. 336), die Festnahme Fischers sei für das MfS und die SED »eine ebenso unerwartete wie willkommene propagandistische Bescherung« gewesen (S. 336).

Es geht widersprüchlich zu bei Dirks. Zunächst war, was er betont, das MfS über die NS-Vergangenheit von Fischer zu diesem Zeitpunkt nicht informiert, »obwohl man«, so behauptet Dirks, »dies hätte sein können: Ein Blick in die Auschwitzliteratur hätte genügt, um festzustellen, daß der Landarzt mit dem KZ-Arzt identisch war.«[863] Ein schwerer Vorwurf. Aber dieser Vorwurf ist merkwürdig. Denn an anderer Stelle des Buches ist anderes zu lesen: »Aufgrund der fehlenden Systematik bei der Verfolgung von NS-Verbrechen konnte das MfS auch gar nicht von dem KZ-Arzt auf dem Landarzt schließen.« Außerdem, so weiter Dirks, habe man hinsichtlich unentdeckter NS-Täter ausschließlich nach Westen geschaut »und die eigenen Defizite bei der Strafverfolgung von NS-Verbrechen verdrängt«.[864] Erst seine Westkontakte hätten das MfS auf Fischer aufmerksam gemacht.

Henry Leide hingegen ist der Meinung, die großen KZ-Prozesse der 60er Jahre in der BRD hätten das MfS zu hektischer Betriebsamkeit veranlaßt. »In aller Eile« sei ein Prozeß »gegen den im Frankfurter Auschwitz-Prozeß [1963] zur Sprache gekommenen Lagerarzt Horst Fischer zu arrangieren, der sich bis dato unbehelligt in der DDR aufgehalten hatte«.[865] Weiter behauptet Leide, Fischer sei »nicht zuletzt auf Forderung Kauls« noch vor dem Abschluß des Frankfurter Prozesses zum Tode verurteilt worden.[866] Dirks hingegen weiß, daß der als Landarzt tätige Fischer seit Ende der 50er Jahre nicht im Rahmen einer systematischen Fahndung nach NS-Tätern verhaftet wurde, sondern aufgrund einer Einschätzung des MfS, die Fischer als politisch unzuverlässig einstufte, weil er unter anderem offenbar nur mit Personen verkehrte, die eine negative Haltung zur DDR hatten.[867] Erst im November 1964 war Fischer unter anderen wegen seiner Westkontakte wiederum unangenehm aufgefallen und wurde deshalb genauer observiert.

Aufgerufen ist mithin die Stellung des MfS als Untersuchungsorgan.[868]

Die Konzeptionen der Verfolgung von NS-Verbrechern waren in beiden deutschen Staaten offensichtlich unterschiedlich. Das MfS arbeitete auf gesetzlicher Grundlage.[869] Und das war auch so, obwohl bundesdeutsche Autoren im Widerspruch zur Wahrheit das Gegenteil behaupten, weil diese Systematik strafverfahrensrechtlicher Verfolgungsorganisation nicht den bundesdeutschen Regeln entsprach.

Die Konzeptionen der Verfolgung von NS-Verbrechen waren in beiden deutschen Staaten unterschiedlich. Die DDR – und das heißt hier das MfS mit seinem Untersuchungsorgan – ging davon aus, die

Ermittlungsverfahren grundsätzlich entscheidungsreif vorzubereiten. Und das hieß, NS-Verbrecher sollten verurteilt und nicht, wie das in Westdeutschland häufig der Fall war, freigesprochen werden. Das setzte voraus, daß bis in letzte Deteails die Beweise hieb- und stichfest sein mußten. Man kann darüber streiten, ob das eine wirklich sinnvolle Vorgehensweise war oder ob man nicht besser den Gegenstand hätte gerichtlich erörtern lassen, selbst wenn dann Freisprüche denkbar gewesen wären. Wobei ich keineswegs die Illusion habe, daß eine solche Verfahrensweise etwas an der Art und Weise geändert hätte, mit der heutzutage alles kritisiert wird, was und wie es die DDR handhabte, speziell dann, wenn das MfS beteiligt war.

Das MfS war rechtlich befugtes Untersuchungsorgan. Die Ergebnisse der Ermittlungen wurden der Staatsanwaltschaft in einem Schlußbericht übergeben. Die Staatsanwaltschaft ihrerseits akzeptierte den Schlußbericht des MfS weitgehend und übernahm ihn für die Anklage. Wenn es dann zur Anklage und zum Urteil kam, entsprach das Urteil nach der Verhandlung in der Regel der Anklage. Es gab aber durchaus die Möglichkeit, daß von dieser Vorgangsfolge abgewichen wurde. Nämlich dann, wenn die Beweisaufnahme Fragwürdigkeiten aufscheinen ließ, weil die Beweisführung nicht in allen Punkten bestätigt werden konnte, insbesondere dann, wenn sie auf Zeugenaussagen beruhten, die in der Verhandlung nicht in gleicher Weise vorgetragen oder sogar zurückgenommen wurden. Dann wurden die Urteile auch von dem ursprünglichen Schlußbericht und – sofern die Anklage ihm ohne Änderungen gefolgt war, auch von dieser abweichend gefällt. Die DDR war in den letzten 25 Jahren, so urteilt Christiaan Frederik Rüter, »vor allem bemüht, als der bessere deutsche Staat dazustehen, in dem NS-Verbrecher verurteilt und nicht, wie in Westdeutschland, freigesprochen werden.« Man erreichte das dadurch, »daß man nur schwere, hieb- und stichfeste Sachen anliefert(e) und alles andere nicht zur Anklage« brachte. »MfS und Staatsanwaltschaft gingen davon aus, daß sie für eine Verurteilung wasserdichte Beweise brauchten, und die DDR-Gerichte in NS-Sachen somit weder nach Instruktionen des ZK urteilten, noch der verlängerte Arm der Stasi waren.« Das kann man im übrigen in der Urteilssammlung lesen: »Zieht der Angeklagte sein beim MfS abgelegtes Geständnis in der Gerichtsverhandlung zurück und gibt es keine anderen Beweismittel, dann erfolgt insoweit Freispruch.«[870] Das dargestellte Verfahren des Funktionierens der Ermittlungs- und Entscheidungsorgane, das auch bei der Verfolgung von NS-Verbrechern galt, wird bundesdeutsch als rechtsstaatswidrig bemängelt. Als seien damit unrichtige und rechtsstaatswidrige Entscheidungen programmiert.

Bejubelt wird hingegen das System, das die BRD zur Ermittlung und Verfolgung von NS-Verbrechen kreierte.

Das westdeutsche Verfahren verlief zweispurig. Grundsätzlich ermittelte zunächst die Zentrale Stelle der Landesjustizverwaltungen in Ludwigsburg. Diese ermittelte und ermittelte. Das Ergebnis dieser Ermittlungen waren Vorermittlungen. Denn die Zentrale Stelle selbst durfte eigenverantwortlich nicht ermitteln. Sie mußte die Ergebnisse ihrer Vorermittlung an die zuständigen örtlichen Staatsanwaltschaften abgeben. Bis dahin funktionierte der Rechtsstaat also vorzüglich. Die Staatsanwaltschaften ihrerseits verfuhren nun eigenverantwortlich nach Gutdünken mit den ihnen übergebenen Vorermittlungen. Bekanntlich mit Unlust und unter kräftiger Nutzung des Rechts zur Einstellung eines Verfahrens.

Wie beispielsweise Kriegsverbrechen der Wehrmacht mittels der »juristische(n) Betrachtungsweise«, deren angebliches Nichtvorhandensein Frau Staatsanwältin Ursula Solf der DDR vorwirft, bundesdeutsch gedeckelt wurden, beschreibt Joachim Perels: »Staatsanwälte der Ludwigsburger Zentralen Stelle für die Aufklärung von NS-Verbrechen haben tausend Vorermittlungsverfahren wegen Kriegsverbrechen der Wehrmacht eingeleitet. Alle diese Verfahren sind von den örtlichen Staatsanwaltschaften eingestellt worden.«[871] Günther Schwarberg hat das in seinem Aufsatz mit dem sarkastischen Titel »Die Mörderwaschmaschine. Wie die bundesdeutsche Justiz die Verbrechen der Faschisten mit Hilfe von Einstellungsbeschlüssen bewältigte oder: Von den Massenerschießungen abgesehen, war die Sterblichkeit gering« dargestellt.[872]

Es ist etwas merkwürdig, daß Henry Leide sich auf den Seiten 111 bis 113 lobend über die Akribie der MfS-Ermittlungen ausspricht. Man habe Wert gelegt auf eine »absolut prozeßfeste Beweislage, die zudem eine sofortige Inhaftierung bei Eröffnung des Ermittlungsfahrens rechtfertigen mußte.« »Freisprüche mangels Beweisen oder öffentlich nachvollziehbare Verfahrenseinstellungen sollten unbedingt vermieden werden.«[873] Merkwürdig deshalb, weil Leide dagegen in den folgenden Darlegungen immer wieder sein Unverständnis darüber ausdrückt, daß wesentlich mehr Personen eruiert und verkartet wurden, als man dann mit Ermittlungsverfahren belastete. Leide vermerkt z. B. bei den Ermittlungen gegen Angehörige von NS-Polizeieinheiten, daß sich bis zu mehreren Dutzend DDR-Bürger fanden, und obwohl man jeweils davon ausging, daß sie als tatverdächtig gelten mußten, »blieben die strafrechtlichen Erträge mager«.[874]

Eine sprichwörtliche Beurteilungsarroganz ist unverkennbar, denn Leide meint zu wissen, daß »Fälle, die sich möglicherweise eher im unteren Bereich der vorgesehenen Strafmaße ansiedeln ließen ... offenkundig gar nicht zur Anklage gebracht« wurden.[875] Und warum das alles? Weil ein »signifikanter Prozentsatz« von NS-Tätern in der DDR noch existierte und »bis dato in der Masse der DDR-Bürger mitgeschwommen war. Wohlfeile theoretische Konstrukte über den Klassencharakter des Faschismus halfen hier nicht weiter – in der DDR gab es mutmaßliche Täter, und zwar weit mehr, als öffentlich eingestanden werden konnte, ohne die Selbstlegitimation als Staat der Opfer und Widerstandskämpfer infrage zu stellen.«[876] Leide wäre zu fragen: Bei wie wenigen »mutmaßlichen Tätern« wäre er denn bereit, die antifaschistische Selbstlegitimation des Staates DDR zu akzeptieren?

Günther Schwarberg befaßte sich in seinem Aufsatz auch mit der bundesdeutschen Zahlenjongliererei. Von 90.921 Verfahren gegen Naziverbrecher (bis zum 1. Januar 1986) wurden 84.000 durch Einstellungsbeschlüsse »erledigt«, ohne daß die Öffentlichkeit eine Kontrollmöglichkeit gehabt hätte. Der Autor stellte und beantwortete die Fragen: »Wie hat die Justiz es ... fertiggebracht, aus Mord ein einstellungsfähiges Minimaldelikt zu machen? Wie haben Juristen das Recht gebrochen?«

Und zu einigen der bis 1986 tatsächlich durchgeführten und abgeschlossenen 6.479 Verfahren lese man das Buch »Freispruch für die Nazi-Justiz«.[877] Im Lichte dieser Publikationen sind die Vorwürfe aus Ludwigsburg gegen die DDR einzig als Pharisäertum zu werten.

Dennoch: Mit Zahlen läßt sich vieles und nichts beweisen. Und hinter jeder Ziffer steckten Menschenschicksale – der Täter und der Opfer. Bei der Bewertung der Vergangenheit neigt man zur Abstraktion, was vielleicht nötig ist, um die notwendige Distanz zum behandelten Thema zu gewinnen. Da spielen dann einzelne Biographien kaum noch eine Rolle.

Wir wissen, daß ein Rechtsstaat und Gerechtigkeit zwei verschiedene Dinge sind, die selten zusammenkommen. Trotzdem sollte man sich – ob nun aus christlicher Ethik oder mit sozialistischer Gesinnung – darauf verständigen, daß es nicht nur wenig Sinn macht, Urteile und Leichen gegeneinander aufzurechnen. Es ist überdies makaber und würdelos. Und moralisch nicht zu rechtfertigen.

Ob das MfS Urteile manipulierte, ist eine Frage, die man im Zusammenhang mit der Rehabilitierungsproblematik stellen sollte, denn 1991 konnte man in einer Zeitung über die Situation der in der DDR verurteilten NS-Verbrecher, die noch inhaftiert waren, lesen: »Im brandenburgischen Justizministerium steht man den Urteilen der DDR-Justiz skeptisch gegenüber. ›In diesen Fällen hat ausschließlich die Staatssicherheit die Untersuchung geführt‹, sagte Robert Damman, abgeordneter Regierungsrat im Potsdamer Justizministerium. Die Urteile seien ›ideologisch überfrachtet‹ gewesen.«[878]

Vernehmen wir Professor Rüter als unparteiischen holländischen Wissenschaftler: »Die Beteiligung der Stasi an der Ahndung von NS-Verbrechen bietet für manche Leute eine angenehme Angriffsfläche. Wer aber, zum Beweise, daß die ostdeutschen NS-Verfahren nichts taugen können, ›Stasi, Stasi‹ rufend durchs Land zieht, befindet sich voll auf dem Holzweg. Einmal, weil 1960 die Masse der ostdeutschen NS-Verfahren schon gelaufen war, so daß die Stasi in über 94 % der Verfahren überhaupt nicht involviert war. Und zum Zweiten, weil die Stasi im NS-Bereich ›gründlich‹ und ›wie eine Kriminalpolizei‹ ermittelt hat.

Das ist das Urteil einer Juristin, an deren Objektivität und Expertise es wenig zu deuteln gibt. Sie war nämlich als Staatsanwältin der Zentralen Stelle 1990 nach Berlin abgeordnet worden und hat alle Ermittlungsvorgänge der Stasi wegen NS-Verbrechen in jahrelanger Arbeit von vorn bis hinten durchgearbeitet.

Und was die Rechtsstaatlichkeit anbetrifft: mit Ausnahme des Oberländer-Urteils sind alle ab 1960 erfolgten Verurteilungen in den nach der Wende angestrengten Rehabilitierungsverfahren aufrechterhalten worden.«[879]

Zu den vom ihm herausgegebenen Urteils-Sammlungen West und Ost konstatierte Christiaan Frederik Rüter: Als das Projekt in den sechziger Jahren anfing, sei es in beiden deutschen Staaten auf wenig Gegenliebe gestoßen. Die DDR habe zwar einige ausgewählte Urteile geschickt, aber als man mehr haben wollte, sei Schluß gewesen. »Und in der BRD wurde das Projekt als ›eine politische Gefahrenquelle‹ eingeschätzt, von einer ›weiteren Förderung‹ wurde abgeraten, über Kontakte wurde akribisch Buch geführt und genau angeordnet, was gezeigt – und vor allem auch nicht gezeigt – werfen durfte.« Rüter merkt dazu an: »So nachzulesen in einer Verschluß-Akte, die sich jahrelang beim Leiter der Ludwigsburger Zentralstelle in einem dort als ›Giftschrank‹ titulierten Stahlschrank befand.«[880]

843 Ulrich Maaß: Die Zentralstelle Dortmund – Tätigkeit und Verfahrensgegenständen. In: Justizministerium des Landes NRW (Hg.): Die Zentralstellen zur Verfolgung nationalsozialistischer Gewaltverbrechen – Versuch einer Bilanz, Geldern 2001 (Juristische Zeitgeschichte NRW, Bd. 9), S. 19. In seinem Beitrag »Beschreibung der Zentralstelle Dortmund und Darstellung der Verfolgung von NS-Tätern im 21. Jahrhundert an einem Fallbeispiel« (in: Alfred Gottwaldt/Norbert Kampe/Peter Klein (Hg.): NS-Gewaltherrschaft. Publikationen der Gedenk- und Bildungsstätte Haus der Wannsee-Konferenz, Bd. 11, Berlin 2005, S. 413 f.) brachte U. Maaß die Zahlen auf den neuesten Stand: Von 1961 bis Ende 2003 waren 1.376 Verfahren anhängig. In 57 bearbeiteten Verfahren wurde Anklage gegen 160 Personen erhoben.

844 Dieter Schenk: Die braunen Wurzeln des BKA, Frankfurt a. Main 2003, S. 251.

845 Christian Dirks: »Die Verbrechen der anderen«.Auschwitz und der Auschwitzer Prozeß der DDR: Das Verfahren gegen den KZ-Arzt Dr. Horst Fischer, Paderborn/München/Wien/Zürich 2006, S. 24, Anm. 84 (Hervorhebungen nicht im Original – D.J.).

846 Ulrich Maaß: Die Zentralstelle Dortmund – Tätigkeit und Verfahrensgegenstände. In: Justizministerium des Landes NRW (Hg.): Die Zentralstellen zur Verfolgung nationalsozialistischer Gewaltverbrechen – Versuch einer Bilanz, Geldern 2001 (Juristische Zeitgeschichte NRW, Bd. 9), S. 27 f.

847 Der Darstellung nach handelte es sich um Henry Schmidt, der am 28.September1987 verurteilt wurde (Fall Nr. 1003).

848 Der Darstellung nach handelte es sich um Julius Hans Krause (Fall Nr. 1019).

849 Henry Leide: NS-Verbrecher, S. 126

850 Vgl. Henry Leide: NS-Verbrecher, S. 126, Anm. 524 und 525 sowie S. 389. Dort heißt es: Zwar standen die Erschießungsbefehle für die (bundesdeutschen) Staatsanwälte außer Frage, »doch fehlte es ihnen an Beweisen für die Erfüllung eines Mordmerkmals wie der ›grausamen Ausführung‹, das nach bundesdeutschem Recht allein eine Fortführung des Verfahrens gestattet hätte.«

851 Henry Leide: NS-Verbrecher, S. 373-391.

852 Henry Leide: NS-Verbrecher, S. 380.

853 Henry Leide: NS-Verbrecher, S. 382.

854 Walter Wüllenweber: Nazi-Jagd im Aktenkeller. In: Stern Nr. 48 vom 23. November 1995, S. 94 ff.

855 Walter Wüllenweber: Nazi-Jagd, S. 98

856 Ursula Solf: NS-Verbrecher im Visier der Staatssicherheit. In: Newsletter Nr. 28, Frühjahr 2006. Fritz Bauer Institut. Studien- und Dokumentationszentrum zur Geschichte und Wirkung des Holocaust. Über die »unpolitische« Strafverfolgung von Nazis in der BRD schreibt Dieter Schenk: Die braunen Wurzeln des BKA: »Mehr noch als Unfähigkeit oder Blockade auf Seiten der Staatsanwaltschaften verhinderten politische Einflüsse eine angemessene Strafverfolgung. Zum einen durch Amnestie und restriktive Verjährungsbestimmungen …, zum anderen durch politisches Einwirken der Landesregierungen auf ihre Justiz. Staatsanwälte sind weisungsgebunden, und wenn von der Landesregierung eine intensive Aufarbeitung der NS-Vergangenheit nicht gewollt war, dann gab der Generalstaatsanwalt, der als politischer Beamter von seinem Justizminister abhängig ist, entsprechende formelle oder informelle Weisungen« (S. 252).

857 Christiaan Frederik Rüter (Hg.): DDR-Justiz und NS-Verbrechen. Sammlung ostdeutscher Strafurteile wegen nationalsozialistischer Tötungsverbrechen. Verfahrensregister und Dokumentenband, Amsterdam/München 2002, S. 3f .

858 Justiz und NS-Verbrechen. Sammlung deutscher Strafurteile wegen nationalsozialistischer Tötungsverbrechen, Amsterdam 1968 ff.

859 Jörg Friedrich: Freispruch für die Nazi-Justiz. Die Urteile gegen NS-Richter seit 1948. Eine Dokumentation, Berlin 1998; ders.:Die kalte Amnestie. NS-Täter in der Bundesrepublik, Frankfurt am Main 1988.

860 Christiaan Frederik Rüter: Die Ahndung von NS-Gewaltverbrechen im deutsch-deutschen Vergleich. In: Die Linkspartei.PDSFraktion im Landtag Sachsen-Anhalt (Hg.): Konferenz zum 60. Jahrestag der Befreiung vom Faschismus, Halberstadt 2005, S.76 f.

861 Christiaan Frederik Rüter: Erfassen–Erhalten–Erschließen. Erfahrungen und Erkenntnisse bei der Edition deutscher Urteile wegen NS-Gewaltverbrechen. In: Claudia Kuretsidis-Haider Winfried R. Garscha (Hg.): Keine »Abrechnung«. NS-Verbrechen, Justiz und Gesellschaft in Europa nach 1945, Leipzig/Wien 1998, S. 278.

862 Christiaan Frederik Rüter: Die Ahndung … S. 77

863 Christian Dirks:Die Verbrechen, S. 203

864 Christian Dirks:Die Verbrechen, S. 205.

865 Henry Leide: NS_Verbrecher, S. 88.

866 Henry Leide: NS_Verbrecher, S. 88.

867 Vgl. Christian Dirks: Die Verbrechen, S. 203.

868 Karli Coburger/Dieter Skiba: Die Untersuchungsorgane des MfS (HA IX im MfS/Abt. IX der BV. In:

Reinhard Grimmer/Werner Irmler/Willi Opitz/Wolfgang Schwanitz (Hg.): Die Sicherheit. Zur Abwehrarbeit des MfS, Bd. 2, Berlin 2002, S. 426–494.

869 Genaueres dazu kann man entnehmen: Reinhard Grimmer/Werner Irmler/Willi Opitz/Wolfgang Schwanitz (Hg.): Die Sicherheit. Zur Abwehrarbeit des MfS, Berlin 2002: Bd. 1, S. 200–216, 227–238; Bd. 2, S. 426–456.

870 Christiaan Frederik Rüter: Die Ahndung von NS-Gewaltverbrechen im deutsch-deutschen Vergleich. In: Konferenz zum 60. Jahrestag der Befreiung vom Faschismus …, S.76.

871 Joachim Perels: Wahrnehmung und Verdrängung von NS-Verbrechen durch die Justiz« In: Ders., Entsorgung der NS-Herrschaft? Konfliktlinien im Umgang mit dem Hitler-Regime, Hannover 2004, S. 151 f.

872 Günther Schwarberg: Die Mörderwaschmaschine. Wie die bundesdeutsche Justiz die Verbrechen der Faschisten mit Hilfe von Einstellungsbeschlüssen bewältigte oder: Von den Massenerschießungen abgesehen, war die Sterblichkeit gering. In: Gegen Barbarei. Essays Robert M.W. Kempner zu Ehren. Hg. von Rainer Eisfeld/Ingo Müller, Frankfurt am Main 1989, S. 325.

873 Henry Leide: NS-Verbrecher, S. 111.

874 Henry Leide: NS-Verbrecher S. 123.

875 Henry Leide: NS-Verbrecher, S. 124.

876 Henry Leide: NS-Verbrecher, S. 124.

877 Jörg Friedrich: Freispruch für die Nazi-Justiz. Die Urteile gegen NS-Mörder seit 1948. Eine Dokumentation, Berlin 1998.

877 Berliner Zeitung vom 25. September 1991.

879 Christiaan Frederik Rüter: Die Ahndung von NS-Gewaltverbrechen im deutsch-deutschen Vergleich. In: Die Linkspartei.PDS-Fraktion im Landtag Sachsen-Anhalt (Hg.): Konferenz zum 60. Jahrestag der Befreiung vom Faschismus, Halberstadt 2005, S. 74.

880 Christiann Frederik Rüter: Die Ahndung …, S. 65 und 79.

22. MfS-Angehörige mucken auf – das Deutungsmonopol ist in Gefahr

Gegen die andauernde Verunglimpfung der ehemaligen Angehörigen des MfS beginnen sich diese zur Wehr zu setzen, was die Gegner dieses Staatsorgans der DDR zutiefst beunruhigt. Schließlich will man mit der Verteufelung des MfS dem Antifaschismus der DDR einen entscheidenden Stoß versetzen. Denn schließlich war das MfS seit 1965 verantwortlich für die Ermittlung von Naziverbrechern. Mit der Diffamierung des antifaschistischen Wirkens des MfS ist man bemüht, dieses Staatsorgans in den Bösewicht der DDR schlechthin zu verwandeln. Offenbar ist es eine Form verspäteter Rache über die Niederlagen, die die westlichen Geheimdienste durch das MfS erlitten haben. Nunmehr wird nach Strich und Faden verteufelt. Dabei spielt objektive Beurteilung der Tatsachen keine Rolle. Die »Gedenktafeln« an den Wirkungsstätten des MfS sind sakrosankt. Wie auf die Meinung der Zeitzeugen, die MfS-Angehörige waren, reagiert wird, weiß man spätestens seit der ominösen Versammlung vom 14. März 2006 und den nachfolgenden »Empörungen« der »Guten« über den »Skandal« des Auftritts der MfS-Zeitzeugen. Gegenstand war die angeblich dringend notwendige Markierung des Geländes in Berlin-Hohenschönhausen, auf dem sich unter anderem zunächst ein Internierungslager der SMAD und später die Untersuchungshaftanstalt des MfS befunden hatte, mit diffamierenden Tafeltexten.[881] MfS-Angehörige beteiligten sich sachkundig an der Diskussion und bewiesen die historische Unzulässigkeit. Das war zuviel. Unisono wurde dagegen protestiert, daß es auch die MfS-Angehörigen gewagt hatten, vom Recht der freien Meinungsäußerung Gebrauch zu machen und als sachkundige Zeitzeugen in Erscheinung zu treten.

Schnell wurden Wendungen verbreitet von der »Geschichtsrevision alter Stasi-Kader«, der man sich »entgegenstemmen« müsse. So beispielsweise der Linkspartei-Politiker Thomas Flierl.[882] Der Parlamentspräsident von Berlin, Walter Momper (SPD), sprach bei einer im Abgeordnetenhaus stattfindenden Versammlung von »Stasi-Schergen«, »Stasi-Pöbel« sowie »Folterknechten« und verkündete, man werde »einen solchen Geschichtsrevisionismus … nicht dulden«.[883]

Diese Attacke geht einher mit einer seit Jahren anschwellenden Flut von Veröffentlichungen, auf der Grundlage der DDR-Archive die Tätigkeit des DDR-Schutzorgans kritisch zu »durchleuchten«. Und bekanntlich sind einzig die Akten der DDR zugänglich. Von allem anderen einmal abgesehen, kann schon aus diesem Grunde von Objektivität der Untersuchung nicht die Rede sein.

Nun haben diejenigen, die seit 1990 verteufelt werden, der Woge an schmähender Literatur einige Publikationen und Verlautbarungen entgegengesetzt. Veröffentlich wurde beispielsweise ein Zweibänder mit dem Titel »Die Sicherheit. Zur Abwehrarbeit des MfS«.[884] Erwähnt werden sollen zudem zwei Schriften, die sich gegen die Gedenkstättenpraxis im allgemeinen und die Mißinterpretation der U-Haftanstalt Hohenschönhausen im besonderen richten.[885]

Es ist mit dem hier Behandelten keineswegs beabsichtigt, die Sicherheitspolitik der DDR und deren Verwirklichung durch das MfS schönzureden. Zweifellos gab es Repressionen gegen tatsächliche und vermeintliche Gegner der sozialistischen Gesellschaft, unter anderem ausgeübt von diversen Dienstbereichen des MfS. Zweifellos ist manchmal insbesondere in den Anfangsjahren der DDR praktiziert worden, was mit rechtsstaatlichen Grundsätzen kaum vereinbar war. Was es jedoch nicht gab, das war eine vorsätzliche »Willkür« und ein vorsätzlicher »Terror«, wie der Inhalt der Gedenktafeln weißmachen will. Zum einen – und nicht zum letzten ist die historische Situation zu beachten, in der gehandelt wurde. Was allerdings regelmäßig nicht getan wird. Überzogene Reaktionen der DDR waren nicht selten das Resultat der Feindtätigkeit gegen die Sicherheit und Existenz dieses Staates, der, wie es in einem Buchtitel heißt, vom ersten Tag seines Daseins an mit allen Mitteln befehdet wurde.[886] Zum anderen sollte man nicht übersehen, daß diejenigen, die heute als »Opfer« in Erscheinung treten, sich in aller Regel gegen die Gesetze der DDR betätigt haben und es deshalb tunlichst vermeiden, davon zu sprechen. Die aggressive Haltung gegenüber der DDR und ihrer gesellschaftlichen Ordnung ist hinreichend, um Reaktionen gegen diese Ordnung heutzutage als gerechtfertigt, ja als »Heldentum« zu qualifizieren. Und schließlich ist nicht außer acht zu lassen, daß sich die gesamte staatliche Tätigkeit in der DDR auf der Grundlage gesetzlicher Vorschriften vollzog, wie oben für das MfS bereits angemerkt.

Verhöre von Festgenommenen können nirgendwo mit »freundschaftlichen Gesprächen am Kamin« verglichen werden, und Inhaftierungen sind in keinem Falle angenehm. Daß allein das Eingesperrtsein psychische Belastung bedeutet, wird niemand bestreiten. Daraus gegenüber der DDR aber »Willkür«, »Unrecht« und »Gewaltherrschaft« zu machen ist bösartig. Zumal es die eindeutige Tendenz gibt, die DDR mit dem Nazireich auf eine Stufe zu stellen. Wie selbstverständlich wird inzwischen von den »zwei deutschen Diktaturen« gesprochen. Nun bereits mit der Tendenz, daß es bei den Nazis eigentlich »so schlimm« nicht gewesen ist, unter anderem deshalb, weil die Nazis ja nur zwölf Jahre die terroristische Herrschaft ausübten, während die DDR vierzig Jahre existierte.

Von der Güte der antikommunistischen Anwürfe gegen das MfS konnte man sich erst kürzlich ein Bild machen, als man darüber informierte, daß das Ermittlungsverfahrens gegen den angeblichen DDR-Auftragskiller des MfS nach zweieinhalb Jahren angestrengten Suchens der »Opfer« eingestellt wurde.[887] Man erinnert sich, mit welchem Medienrummel vor Jahren über die Entdeckung des »Stasi-Auftragsmörders« berichtet wurde.

Und in die Strategie der Herabwürdigung des MfS gehört es eben auch, die vom MfS getragene Verfolgung von Nazi-Verbrechern zu diffamieren. Davon betroffen ist selbstverständlich auch die DDR-Justiz, der eine blinde Hörigkeit gegenüber der SED-Führung und dem MfS unterstellt wird.

Fußnoten

881 Auf zwei Tafeln ist unter anderem von einer »über vierzigjährigen kommunistischen Diktatur« die Rede (vgl. Berliner Morgenpost vom 28. April 2006), und an Gebäuden, in denen sich das MfS befand, wird behauptet, das MfS habe »durch politische Willkür, Terror und Überwachung der Bevölkerung die Diktatur der SED« gesichert (vgl. ND vom 9. Januar 2004).

882 ND vom 8. Mai 2006.

883 ND vom 6. April 2006. Im vorab gedruckten Text seiner Rede hatte Momper sich noch auf »Stasi-Schergen« beschränkt. Aber es gilt, wie ausdrücklich angemerkt, »das gesprochene Wort«.

884 Reinhard Grimmer/ Werner Irmler/Willi Opitz/ Wolfgang Schwanitz (Hg.): Die Sicherheit. Zur Abwehrarbeit des MfS, 2 Bände, Berlin 2002 (1. Aufl.). Von besonderer Bedeutung für das Verständnis der Situation von Inhaftierten ist das Buch von Hannes Sieberer/Herbert Kierstein: Verheizt und vergessen. Ein US-Agent und die DDR-Spionageabwehr, Berlin 2005. Es unterscheidet sich wohltuend von den Horrormeldungen, mit denen die Öffentlichkeit überschwemmt wird.

885 Horst Schneider: »Erinnerungsschlacht« ohne Ende. Anmerkungen zum Streit um die aktuelle deutsche Gedenkstättenpolitik, Berlin 2005; ders.,: Das Gruselkabinett des Dr. Hubertus Knabe(lari), Berlin 2005.

886 Eberhard Heinrich/Klaus Ullrich: Befehdet seit dem ersten Tag. Über drei Jahrzehnte Attentate gegen die DDR, Berlin/DDR 1931

887 »Geplatzte(n) Gruselstory«. In: jW v. 8./9.April2006.

Anstelle eines Schlußwortes:
Am Neonazismus im Osten
Deutschland ist
natürlich die DDR schuld

Es zeugt von einer merkwürdigen Blindheit in bezug auf gesellschaftliche Prozesse nach dem Untergang der DDR, wenn Lothar
Bisky, Vorsitzender der Linkspartei.PDS, in einem Rundfunkinter-
view verkündete: »40 Jahre Verbot jeglicher faschistischer Propaganda
haben auch nicht den dauerhaften Erfolg gebracht.«[888] Das Einströ-
men der in der Alt-BRD geformten neonazistischen Führungskräfte
einerseits und insbesondere die nach dem Untergang der DDR unter
den »blühenden« kapitalistischen Verhältnissen entstandene mißliche
Situation in allen Schichten der Bevölkerung, sowohl hinsichtlich der
grassierenden Arbeitslosigkeit und unter den jugendlichen hinsichtlich mangelnder Ausbildungsplätze waren entscheidende Faktoren des
sich entfaltenden Rechtsextremismus. Hinzu kommt die bewußte
ideologische Manipulation zur der Delegitimierung der DDR und
Diffamierung ihrer Akteure. Wobei die Verteufelung des Antifaschismus ein Übriges tat. Die aus diesem Konglomerat für den einzelnen
resultierende Hoffnungs- und Aussichtslosigkeit hinsichtlich einer
antikapitalistischen gesellschaftlichen Alternative förderte die Bereitschaft, den Neonazis Gehör zu schenken. In der *taz* liest sich das so:
»Vielerorts mündeten die im real existierenden Sozialismus propa-
gierten und gepflegten antiwestlichen Ressentiments in nationalso-
zialistisches Denken.«[889]

In einer Betrachtung zur Programmatik der Rechten wurde konstatiert, daß zu den dominierenden Themenkomplexen die Behauptung gehört, »die Nazi-Verbrechen würden benutzt, Deutschland
international in Schach zu halten und das deutsche Volk als Paria der
Weltgemeinschaft abzustempeln. Dabei würden die Nazi-Verbrechen
übertrieben; andere Völker hätten Vergleichbares getan; nach über 50
Jahren müsse Schluß sein mit der Vergangenheitsbewältigung.«[890] Nun
wird man feststellen, daß das keine gültige Argumentation sein darf.
Im Nürnberger Hauptkriegsverbrecherprozeß haben sich die Vertei-

diger der Angeklagten dieser Argumentation bedient. Und man muß feststellen, daß die Beschönigung des deutschen Verhaltens im Zweiten Weltkrieg vor allem die deutsche Wehrmacht betraf. Man erinnere sich der Angriffe gegen die Wehrmachtsausstellung.

Es darf nicht übersehen werden, daß Rechtsextremismus in der BRD seit Jahrzehnten nicht ernsthaft bekämpft worden ist. Das hat sich in den sogenannten neuen Bundesländern fortgesetzt, als diese in den Einflußbereich der Rechtsextremisten gelangten. Seit 1990 gibt es immer wieder »Bilanzen« rechtsextremistischer Gewalttaten, die zwar als »erschreckend« bezeichnet werden, eine konsequente Bekämpfung jedoch nicht auslösen. Sie werden dem Grunde nach lediglich registriert. Wie beispielsweise in den Berichten des Bundesamtes für Verfassungsschutz. Regelmäßig ist die Registrierung neonazistischer Aktivitäten mit einer Bilanz des sogenannten Linksextremismus verbunden. Antifaschistische Aktionen genießen die Ehre, als ein solcher be- und verurteilt zu werden.

Die 1998 noch existierende Zeitschrift *Die Woche* fragte in einem Interview: »Warum sind rechte Einstellungen in den neuen Ländern viel stärker verbreitet? Liegt das an der autoritären DDR-Vergangenheit mit ihrem verordneten Antifaschismus?« Die Antwort des Interviewten: »Die Jugendlichen in der DDR waren, entgegen oder gerade wegen der offiziellen Propaganda, nationalistischer als ihre westlichen Altersgenossen. Darauf können die Rechten heute aufbauen.«[891] Alles in allem also: Der kommunistische »verordnete Antifaschismus« ist schuld, und deshalb ist er endgültig auszurotten.

Tatsächlich hat es in der DDR ernsthafte, gezielte und erfolgreiche Bemühungen gegeben, um die Hintergründe der Entstehung und Rolle des Faschismus – und damit auch des deutschen »Nationalsozialismus« – zu erfassen. Es galt und gilt: Ein Antifaschismus ist nicht vorstellbar, der nicht gegen die »aggressivsten Teile des Finanzkapitals« wirksam ist. Die Verantwortlichkeit des deutschen Großkapitals und des Großgrundbesitzes für die »Machtergreifung« des deutschen Faschismus wurde in der DDR unmißverständlich dargestellt. Es versteht sich, daß die Verleumdung des DDR-Antifaschismus diese Tatsache im allgemeinen in beredtem Schweigen umgeht. Wenn darauf überhaupt einmal Bezug genommen wird, dann in einer abwertenden Diktion, so wenn es heißt, der »strikte Klassencharakter des Nationalsozialismus« werde »vor allem von der marxistischen Geschichtswissenschaft behauptet«[892], und gemeint wird, »die Frage der finanziellen Unterstützung Hitlers durch die

Industrie ist nicht zuletzt infolge der unzureichenden Quellenlage ein weites Feld ideologisch eingetrübter Spekulation«.[893]

Die Delegitimierung des DDR-Antifaschismus als »verordnet« erfüllt mithin zwei Funktionen: Zum einen ist es die Verteufelung des Charakters des sozialistischen Staates als Fortsetzung einer »totalitären Diktatur« und zum anderen das Verdecken der tatsächlichen Verantwortlichkeit für die faschistische Schreckensherrschaft. Arnold Schölzel schrieb am 20. April 2000 dazu in der *jungen Welt*: »In Brandenburg werden heute einige Gaststätten geschlossen bleiben, weil sie nicht für Hitler-Gedenkstätten herhalten wollen. Daß dies nötig ist, hat weniger mit mangelnder Zivilcourage der Ostdeutschen zu tun …, sondern u. a. damit, daß die Bundesrepublik Deutschland ein Rechtssystem hat, das seinen Grundstein in der Mißachtung des Potsdamer Abkommens hat. Die dort angeordnete Ausrottung des Faschismus wurde in den Westzonen und der BRD zur Fortschreibung des faschistischen Antikommunismus, der mit einem staatlich verordneten Anti-Antifaschismus identisch war …Wer von den ostdeutschen Nazis reden will, sollte vom bundesdeutschen Selbstverständnis nicht schweigen. In dem kommt ein Potsdamer Abkommen nicht vor.«[894]

Mit Blick auf die zwar schüchterne, aber dennoch noch immer erkennbare Existenz sozialistisch-kommunistischer Denkweise ist es verständlich, wenn die Reaktion die antikommunistische ideologische Manipulation zu verstärken trachtet. Unter diesem Aspekt sollte man auch die Bemühungen in der Parlamentarischen Versammlung des Europarates sehen, eine Totalverdammung des Kommunismus zu beschließen. Es handelt sich um eine Entschließung und eine Empfehlung zur »internationalen Verurteilung von Verbrechen totalitärer kommunistischer Regime«.[895] Die »Entschließung« wurde mit einfacher Mehrheit beschlossen, die »Empfehlung« erhielt nicht die erforderliche Zweidrittelmehrheit.

Interessant ist die im »Anhang I« gegebene Anmerkung, die dem Grunde nach deutlich macht, daß die Furcht vor der Wirkung kommunistischer Ideen ungebrochen ist. Es heißt dort, daß es an der Zeit sei, eine Bestandsaufnahme der Verbrechen des totalitären Kommunismus vorzunehmen »und den Kommunismus feierlich zu verurteilen. Wenn wir dies nicht tun, könnte sich ein Gefühl der Nostalgie in den Köpfen der jüngeren Generationen als Alternative zur liberalen Demokratie festsetzen.«[896]

Es muß also gelten: Unser Engagement für den Antifaschismus und für seine Verteidigung ist und bleibt eine Daueraufgabe!

888 DeutschlandRadio Berlin, 3. Februar 2005, 6.50 Uhr.
889 taz vom 21. Januar 1997.
890 Jürgen Dittberner: Eine Bedrohung für die Berliner Republik. In: Tagesspiegel vom 24. März 1997.
891 Starker Trend nach Rechts. In: Die Woche vom 12. Juni 1998.
892 Joachim Fest: Hitler. Eine Biographie, Ulm 2003, S. 1114.
893 Joachim Fest: Hitler, S. 1118
894 Arnold Schölzel: Nazi-Sachen. In: jW vom 20./21. April 2000.
895 Text des Dokuments in: jW vom 30. und 31. Januar 2006.
896 Frau Birthler scheint von derselbe Sorge geplagt zu sein. In einem Interview sagte sie: »Der Kampf um die Köpfe ist noch im Gange. Die alten Tschekisten versuchen jetzt, panisch das Ruder herumzureißen, weil sie – nicht ganz zu Unrecht – spüren, daß sich ihre Deutung der DDR nicht durchsetzen wird. Vor Jahren haben sie ja schon das zweibändige Buch ›Die Sicherheit‹ herausgegeben. Das war der Auftakt dieses offensiveren Verhaltens. In Unterschied zu dem eher verdrucksten der Vorjahre. Für mich ist das ein Anzeichen dafür, daß es in der Tat noch offen zu sein scheint, als was die DDR einmal in die Geschichte eingeht« (Berliner Zeitung vom 17./18. Juni 2006– Hervorhebung nicht im Original). Eine etwas merkwürdige Darstellung, aber im letzten Satz voller Sorge!

Personenregister

Abkürzungsverzeichnis

a.a.O.	Am angeführten Ort
a.D.	Außer Dienst
Abs.	Absatz
AG	Arbeitsgemeinschaft
APuZ	Aus Politik und Zeitgeschichte (Beilage zu „Das Parlament")
Aufl.	Auflage
B.Z.	Berliner Zeitung (aus dem Hause Springer)
BArch	Bundesarchiv
Bd.	Band
BDC	Berlin Document Center
BDO	Bund Deutscher Offiziere
BGBl.	Bundesgesetzblatt
BGH	Bundesgerichtshof
BKA	Bundeskriminalamt
Bl.	Blatt
BND	Bundesnachrichtendienst
BRD	Bundesrepublik Deutschland
BStU	Bundesbeauftragter für die Unterlagen des Staatssicher-heitsdienstes der ehemaligen Deutschen Demokratischen Republik
BT	Bundestag
BT-Drs.	Bundestags-Drucksache
Btl.	Bataillon
BVerfG	Bundesverfassungsgericht
BZ	Berliner Zeitung
BzG	Beiträge zur Geschichte der Arbeiterbewegung
CDU	Christlich-Demokratische Union
CIA	Central Intelligence Agency
CSU	Christlich-Soziale Union
D	Disput
d.h.	das heißt
DASR	Deutsche Akademie für Staats- und Rechtswissenschaft
DB	Deutscher Bundestag
DDR	Deutsche Demokratische Republik
Ders.	Derselbe, dieselbe
DM	Deutsche Mark
Dr.	Doktor
DRK	Deutsches Rotes Kreuz
Drs.	Drucksache
dt.	deutsch
DVP	Deutsche Volkspolizei

DZVfJ	Deutsche Zentralverwaltung für Justiz (der SBZ)
eingel.	eingeleitet
erw.	Erweitert
F	Freitag
f.	für
f., ff.	folgende, fortfolgende
FAZ	Frankfurter Allgemeine Zeitung
FDP	Freie Demokratische Partei
FR	Frankfurter Rundschau
GBl.	Gesetzblatt der DDR
Gestapo	Geheime Staatspolizei
GG	Grundgesetz
GWU	Geschichte in Wissenschaft und Unterricht
HA	Hauptabteilung
hg., HG, Hg	herausgegeben, Herausgeber
HJ	Hitler-Jugend
HVA	Hauptverwaltung Aufklärung
HVAb	Hauptverwaltung Ausbildung (der KVP/NVA/VP)
ID	Infanterie-Division
IM	Inoffizieller Mitarbeiter
IMT	Internationales Militärtribunal
J	Jahr
J.	Jahr
Jg.	Jahrgang
jur.	juristisch
jW	junge Welt
K	Konkret
KdPB	Kandidat des Politbüros
KdZK	Kandidat des ZK der SED
KJVD	Kommunistischer Jugendver-band Deutschlands
KPD, K.P.D.	Kommunistische Partei Deutschlands
KPdSU	Kommunistische Partei der Sowjetunion
KVP	Kasernierte Volkspolizei
KZ	Konzentrationslager
Lev	Leviathan
LG	Landgericht
LPG	Landwirtschaftliche Produkti-onsgenossenschaft
LT	Landtag
LVZ	Leipziger Volkszeitung
MdI	Ministerium des Innern
MfS	Ministerium für Staatssicherheit
Mitgl.	Mitglied
MOZ	Märkische Oderzeitung
NATO	North Atlantic Treaty Organisa-tion
ND	Neues Deutschland
NDPD	Nationaldemokratische Partei Deutschlands

NJ	Neue Justiz	VEB	Volkseigener Betrieb
NKFD	Nationalkomitee Freies Deutschland	VEG	Volkseigenes Gut
		VfZ	Vierteljahreshefte für Zeitgeschichte
NKWD	Narodnij Kommissariat Wnutrennich Del (Volkskommissariat für Innere Angelegenheiten – sowjet. Geheimdienst)	VGH	Volksgerichtshof
		vgl.	vergleiche
		VK	Volkskammer
Nr.	Nummer	VO	Verordnung
NS	nationalsozialistisch	VP	Volkspolizei
NSDAP	Nationalsozialistische Deutsche Arbeiterpartei	W	Die Welt
		WamS	Welt am Sonntag
NSRB	Nationalsozialistischer Rechtswahrerbund	WM	Wehrmacht
		Z	Die Zeit
NVA	Nationale Volksarmee	z. B.	zum Beispiel
o.J.	Ohne Jahr	z.B.	zum Beispiel
o.O.	Ohne Ort	ZfG	Zeitschrift für Geschichtswissenschaft
P	Das Parlament		
PB	Politbüro des ZK der SED	zit.	zitiert
PDS	Partei des Demokratischen Sozialismus	ZK	Zentralkomitee
RAD	Reichsarbeitsdienst		
RGBl.	Reichsgesetzblatt		
RM	Reichsmark		
RSHA	Reichssicherheitshauptamt		
S	Der Spiegel		
S.	Seite		
SA	Sturm-Abteilung		
SAPMO	Stiftung Archiv der Parteien und Massenorganisationen der DDR		
SBZ	Sowjetische Besatzungszone		
SD	Sicherheitsdienst		
SED	Sozialistische Einheitspartei Deutschlands		
SMAD	Sowjetische Militäradministration in Deutschland		
SPD	Sozialdemokratische Partei Deutschlands		
SS	Schutz-Staffel		
StPO	Strafprozeßordnung		
SZ	Süddeutsche Zeitung		
taz	Tageszeitung		
TS	Der Tagesspiegel (Berlin)		
TU	Technische Universität		
u.	und		
u.a.	und andere		
UdSSR	Union der Sozialistischen Sowjetrepubliken		
UFJ	Untersuchungsausschuß Freiheitlicher Juristen		
UN	United Nation		
US	United States		
USA	United States of America		
VdgB	Vereinigung der gegenseitigen Bauernhilfe		

ISBN-10: 3-360-01081-7
ISBN-13: 978-3-360-01081-0

© 2006 Das Neue Berlin Verlagsgesellschaft mbH
Neue Grünstraße 18, 10179 Berlin
Überarbeitete und stark erweiterte Auflage des Buches »Nazis in
der DDR« (© 2002 Das Neue Berlin Verlagsgesellschaft mbH)

Titel: ansichtssache – Büro für Gestaltung, Berlin
Druck und Bindung: Salzland Druck, Staßfurt

Titelfoto:
Lee Miller, Dachau am 30. April 1945. KZ-Aufseher nach dem
gescheiterten Versuch, in Häftlingskleidung zu entkommen.

Die Bücher der edition ost und des Verlags Das Neue Berlin
erscheinen in der Eulenspiegel Verlagsgruppe.

www.edition-ost.de